大禹
与中国传统文化研究

（第三辑）

刘家思◎主编

时代出版传媒股份有限公司
安徽文艺出版社

图书在版编目（CIP）数据

大禹与中国传统文化研究.第三辑/刘家思主编.—合肥：安徽文艺出版社，2020.8
ISBN 978-7-5396-6898-7

Ⅰ.①大… Ⅱ.①刘… Ⅲ.①禹－文化－中国－文集 Ⅳ.①K827=1

中国版本图书馆 CIP 数据核字（2020）第 031986 号

出 版 人：段晓静
责任编辑：秦　雯　　　　　　　装帧设计：张诚鑫

出版发行：时代出版传媒股份有限公司　www.press-mart.com
　　　　　安徽文艺出版社　　www.awpub.com
地　　址：合肥市翡翠路 1118 号　邮政编码：230071
营 销 部：(0551)63533889
印　　制：合肥创新印务有限公司 (0551)64456946

开本：710×1010　1/16　印张：19.5　字数：350 千字
版次：2020 年 8 月第 1 版　2020 年 8 月第 1 次印刷
定价：58.00 元

（如发现印装质量问题，影响阅读，请与出版社联系调换）
版权所有，侵权必究

《大禹与中国传统文化研究》（第三辑）编委会

学术顾问（按姓氏汉语拼音字母为序）：

范子烨　刘　勇　王建华　杨剑龙　张高评　赵敏俐　钟振振

主　编：刘家思

副主编：韩　雷　赵红艳　毛文鳌　刘丽萍

编　委（按姓氏汉语拼音字母为序）：

储晓军　丁太魃　丁晓洋　丁　新　贾　娟　姜兴鲁　江远胜
李贵连　刘家思　刘丽萍　毛文鳌　孟国中　涂序南　余　群
俞晓栋　张慧玲　曾　恺　赵红艳

目 录

前言　大禹文化研究应该把握的几个问题 …………………… 刘家思 / 001

大禹史料与文物遗迹

东汉以前有关大禹治水的文物佐证 …………………………… 李德书 / 003
浙江禹迹与禹神话传说的特殊性研究 ………………………… 刘丽萍 / 012
王坛祀舜、青坛祀禹——绍兴一古迹也许是有待考证的禹迹 …… 那秋生 / 030
《太平御览》大禹资料整理校释 ……………………………………… 贾娟 / 032
大禹文化拾零 …………………………………………………………… 毛文鳌 / 037

域外大禹史料及其文化研究

日本禹门建筑的特征及意义 ………………………… 植村善博 著　谢曼 译 / 045
从大禹信仰看当代日本人的中国观 …………………………………… 王敏 / 049
韩国的大禹史料和韩国丹阳禹氏的现况 …………………………… 禹成旼 / 056

大禹文化及其当代意义

大禹精神的时代价值 ………………………………………… 常松木　常泽儒 / 067
略论大禹从错误中学习的优秀文化 ………………………………… 潘铭基 / 078

大禹文化对当代精神文明建设的启示 ………………………… 王云飞 / 090
从大禹治水看中国神话叙事的缝隙 …………………………… 韩雷 / 096
论大禹文化对当代大学生的教育意义 ………………………… 尹夏燕 / 104

大禹形象与文学艺术书写

论鲁迅小说《理水》的大禹原型书写及其思想指向 …………… 刘家思 / 113
浙东唐诗之路上的禹迹——唐代士人的历史重访 ……………… 周丹烁 / 129
大禹与当代戏剧创作初探 ………………………………………… 许哲煜 / 137

大禹文化教育与大学生习得

地方高校如何开展中国传统文化教育
——以浙江越秀外国语学院《大禹文化导论》为例 ………… 赵红艳 / 149
《洪水时代》与大禹书写 ………………………………………… 张清 / 157
浅谈大禹形象 ……………………………………………………… 应温柔 / 162
论《尚书》等文献中的大禹形象 ………………………………… 王倩 / 172
一心为公,方能守住初心——浅谈大禹形象 …………………… 申屠雪雯 / 178
浅谈大禹的治国策略与人格魅力 ………………………………… 周嘉琪 / 184
浅谈《尚书》中的大禹书写 ……………………………………… 吴斌斌 / 189
《尚书》中的大禹形象初探 ……………………………………… 周凌祎 / 196

文化广场与文化开发

清朝入关之前的儒学风气 ………………………………………… 李贵连 / 205
论梅尧臣的儒、释、道三教思想 ………………………………… 涂序南 / 221
浅谈《全唐诗》中的上巳诗 ……………………………………… 周焕 / 231
明清象数类等韵文献产生的社会背景 …………………………… 曾恺 / 249
"古雅说"缘何难抵"境界说" …………………………………… 潘海军 / 253
应修人与浙东优秀传统文化 ………………………………… 刘钧元 刘桂萍 / 260
现代乡村地域性特色及其品牌建设问题研究
——以塔头底古村落的发展为例 ……………………………… 林存厅 / 267

简　　讯

我校举行大禹文化与现代教育国际高峰论坛举行……………………… 王薇／283
大禹与中国传统文化研究中心专家出席四川两个大禹文化研讨会…… 韩雷／285
第七届日本全国禹王峰会在日本岐阜县海津市召开………………… 吴镏萍／287

编后记………………………………………………………………………… 291

前言 大禹文化研究应该把握的几个问题

刘家思

大禹,不仅是中华民族的始祖,也是人类文明重要的开创者。大禹不仅孕育并建构了中华文化的基本形态与核心体系,而且形成了人类生存和发展的精神维度和价值取向。自古以来,大禹已经成为东方的精神之神,润泽着东方世界,成为东方人的精神灯塔,启迪着人们的思想,引导着人们的行为,指示着个体崇高的境界和人类理想的状态,是建构理想社会,推动人类进步的强大力量。大禹文化精神不仅在中华大地上代代相传,不断光大,而且被东亚诸国广泛接受和宣扬,无论是在日本还是在韩国,以至于在琉球群岛等地,都影响深广。因此,研究大禹文化,学习大禹精神,弘扬文化正能量,促进社会发展,不仅仅是中华民族,而且也是东方民族世世代代永不止息的精神选择。大禹文化博大精深,大禹精神辉耀寰宇。今天,我们在追求和实现中国梦的伟大征程中,研究和学习大禹文化,弘扬大禹精神,传承中华优秀传统文化,不仅十分必要,而且意义重大。

前些年,学界提出了禹学和大禹文化学两个概念,以期更好地弘扬大禹精神,传承中华优秀传统文化。今天我们研究大禹文化时,还必须对这两个概念的内涵与外延有一个初步的把握,以期使我们的研究更有基础。

禹学这个概念最早是由魏桥先生1995年提出的。[①] 魏桥先生倡导将禹学扎扎实实地建立起来,认为建立禹学理由有三:其一,关于大禹的研究,早已引起学者们的关注,而且是长期以来争论不休的一个大课题;其二,禹学应该是一门综合性的学问,只有进行多学科的综合性研究,才能有所突破,取得成效;其三,建立

---

① 魏桥:《何不建立一门禹学》,《浙江学刊》1995年第4期。

禹学可以促进大禹研究的经常化、规范化，通过研究进一步弘扬大禹精神，有效地为现实服务，也可以培养造就一些专家。2007年，周幼涛先生撰写了《大禹学研究刍议》一文，正式向学界和社会推出了大禹学这一概念。后来，周幼涛先生在《筚路蓝缕共创禹学——大禹文化学学科体系研究报告》中又提出这一概念，并在2013年4月浙江越秀外国语学院举行的第二届大禹文化国际学术研讨会上得到学界同人的支持。为此周幼涛先生主编《中国禹学》，出版了两辑。但是，这一概念的提出，立即被一些不研究大禹的学人质疑，甚至有人旗帜鲜明地反对。应该说，这里的分歧是各自所站的学术立场以及对这个概念理解和把握的不同所导致的。就一般理解而言，禹学应该侧重于大禹本体研究，其内涵与外延比较明确。而关于大禹，由于年代久远，历史文献记载比较少，且往往语焉不详。尤其是，人们通常停留在神话传说层面来理解大禹，认为他只是一个神话人物。神话是被定格了的，其研究的可能性空间非常小，如果成为一门研究和学习的专门学问，那是存在明显局限的。因此，一般人对禹学这一概念进行质疑或者直接反对，是可以理解的。遗憾的是，反对者并不理解提倡者的泛禹学立场。

其实，无论是正式提出者还是倡导者，他们所提出的禹学概念都不是狭隘的大禹本体研究的禹学概念，而是宽泛的大禹文化学概念，是指围绕大禹而形成的丰富的文化形态与现象，只是他们在表述中作了简略的处理。应该说，大禹文化学这个概念是成立的，也是比较科学的。大禹文化学的内涵和外延是比较清楚的，也是很丰富的，不仅包括大禹本体研究，而且包括对大禹文化传播流变的各种文化形态与现象的研究。因此，其研究的对象是综合性的、全方位的，要涉及不同的学科知识。如魏桥先生所说的："大禹研究离不开历史学，在《史记》《尚书》《孟子》《左传》《国语》《淮南子》《越绝书》《吴越春秋》等等文献中已有不少记载，但又存在一些矛盾需要研究；离不开历史地理学，大禹治水关系到当时的地理变迁、气候冷暖、海退海进等，禹会诸侯之涂山，究竟在何地，就有不少不同说法；离不开考古学，从良渚文化遗址上发现的厚厚淤泥，可以证明当时洪水的严重和大禹治水的真正背景，今后通过考古发掘，出土文物还将提供有力的证明；离不开政治学，禹为开国之君、'家天下'之祖，主张虚怀从善、谨严律己、卑官菲食、克俭克勤、反腐倡廉等很有政治意义的内容；离不开文学，关于禹的神话故事、颂禹的诗词歌赋和文学创作为数不少；离不开水利工程学，禹总结鲧治水失败的教训，从水患的实际出发采用科学的方法治理洪水，变害为利；离不开民俗学，历代祭禹，关于祭品、祭器、祭期、祭文及享殿陈设、民间风俗等都很有讲究；离不开谱牒学，据1995年3月17日《文汇报》载《浙江发现大禹家谱》，在这部光绪元年所修的《姒氏世谱》中记载了从大禹开始到禹的第 141 世后裔的情况,提供了不少值得研究的资料。此外,在大禹研究中还会涉及其他一些学科。从另一方面看,如果仅仅局限某一学科来研究大禹,就可能会顾此失彼。"① 如此,大禹文化学研究的对象就非常丰富,研究的范围非常广泛,无疑可以形成一门专门的学问。

自然,我们在研究中不可能一一穷尽其所涉及的学科,只要就其涉及的主要学科对象展开一些研究,就非常不容易了。我们运用大禹文化学导论,就是对大禹文化的主要方面进行一些梳理与鸟瞰,以期对大禹文化有一个基本的把握,为深入研究做一个铺垫。

由于历史的久远,对于大禹建立夏朝,开创中华民族的国家体制,并不是所有的人都认知;对于他孕育并形成的中华文明的基本体系与形态及其向度,更不是所有人都能理解和把握。至今,很多人还认为大禹是个神话传说的人物,对历史存在的大禹产生质疑。因此,研究大禹文化,还必须对神话和历史这两个概念予以辨认,厘清其联系与区别。只有对这两个概念有所认识,我们才能更好地对大禹文化进行研究,才能使大禹文化彰显出深入研究的价值。众所周知,对于历史与神话这两个概念,中外已经有诸多阐释和表述。这里仅就这两个概念最基本的内涵进行一些梳理,以期我们对这两个概念形成基本的共识。

一是神话。我国古代没有"神话"这个词,它是一个外来词,是近代引进来的。但要解释什么是神话并不容易。希腊语中的"神话",本义为寓言。因此,至今的解释有种种不同的表述。综合起来看,国内外对神话的定义主要可以归纳为几种观点。

1. "环境创造"理想说。关于"神话",《现代汉语词典》(第 6 版)这样解释:"关于神仙或神化的古代英雄的故事,是古代人民对自然现象和社会生活的一种天真的解释和美丽的向往。"高尔基则说:"一般说来,神话乃是自然现象,对自然的斗争,以及社会生活在广大的艺术概括中的反映。"② 马克思认为:"任何神话都是用想象和借助想象以征服自然力,支配自然力,把自然力加以形象化;因而,随着这些自然力之实际上被支配,神话也就消失了。"③ 也就是说,神话是远古先民对征服自然、改造自然、改善生存环境的一种理想。

---

① 魏桥:《何不建立一门禹学》,《浙江学刊》1995 年第 4 期。
② 高尔基:《苏联的文学》,转引自袁珂:《中国古代神话》,北京:中华书局 1960 年版,第 13 页。
③ 马克思:《〈政治经济学批判〉导言》,《马克思恩格斯选集》,中文第 2 版,第 2 卷,第 29 页。

2. "远古史话"记录说。正如有的学者所指出的:"最近几十年各国学术界在使用这一术语时,一般指人类童年时代对天地宇宙、人类种族、万事万物来源的探讨和对祖先伟大功业、重大历史事件的叙述。"①科林武德把神话称为一种"准历史学"(queasy - history),他强调:"我们在美索不达米亚的文献中也找到了它的例子,那就是神话。尽管神权历史学根本不是有关人类的历史学,然而就故事中神明人物是人类社会的超人统治者这个意义来说,它仍然与人类活动有关;因此他们的活动就部分地是向人类所做出的。"②简而言之,神话就是对人类远古历史的一种记录。

3. "神灵怪异"传奇说。茅盾认为神话是"一种流行于上古民间的故事。所叙述者,是超乎人类能力以上的神们的行事,虽然荒唐无稽,但是古代人民互相传述,却信以为真"③。吴天明说:"'神话',顾名思义,就是关于神仙、神灵、神怪、神鬼、神人的故事,这些故事的主角往往是各种各样的神祇,故事的情节往往具有超现实的色彩。"④《现代汉语词典》(第6版)对"神话"的解释其二:"指荒诞,无稽之谈。"显然,在他们看来,神话是"神灵怪异"的传说。

4. "文学叙事"形态说。有人说:"神话传说就是一种特殊的文学样式,它是古人对天地自然的一种最原始的想象、探索和解说。"⑤"神话是有关神祇、始祖、文化英雄或神圣动物及其活动的叙事(narrative)。它解释宇宙、人类(包括神祇与特定族群)和文化的起源,以及现时世间秩序的最初奠定。"⑥《简明不列颠百科全书》认为:"神话是一个集合名词,用以表示一种象征性的传达,尤指宗教象征主义的一种基本形式。以别于象征性行为(崇拜、仪式)和象征性的地点或物体(庙宇、偶像等)。"袁珂说:"神话是非科学,但却联系着科学的幻想的虚构,本身具有多学科的性质,它通过幻想的三棱镜反映现实并对现实采取革命的态度","在原始社会往往表现为对自然的征服。在阶级社会则往往表现为对统治者及统治思想的反抗。"⑦《辞海》(1979年版)对神话这样解释:"反映古代人们对世界起源、自然现象

---

① 吴天明:《中国神话研究》,北京:中央编译出版社2003年版,第4页。
② 科林武德:《历史的观念》,何兆武、张文杰译,北京:社会科学出版社1986年版,第16页。
③ 茅盾:《神话研究》,天津:百花文艺出版社1981年版,第3页。
④ 吴天明:《中国神话研究》,北京:中央编译出版社2003年版,第2页。
⑤ 王小娜、王娟改编:《中国古代神话与传说》,长春:吉林出版集团有限责任公司2013版,第3页。
⑥ 杨利慧:《神话与神话学》,北京:北京师范大学出版社2009年版,第5页。
⑦ 袁珂:《再论广义神话》,《民间文学论坛》1984年第3期。

及社会生活的原始理解,并通过超自然的形象和幻想的形式来表现的故事和传说。它并非现实生活的科学反映,而是由于古代生产力的水平很低,人们不能科学地解释世界起源、自然现象和社会生活的矛盾、变化,借助幼稚的想象和幻想,把自然力拟人化的产物。神话往往表现了古代人民对自然力的斗争和对理想的追求。……历代文艺创作中,模拟神话、假借传说中的神来反映现实或讥喻现实的作品,通常也称神话。"

尽管对于神话的解释不同,但其基本指向是一致的。

1. 神话是想象的虚构。神话作品只是古代人民对世界起源、自然现象及社会生活的原始理解,并非现实生活的科学反映,不可能有考古和文物做支撑。因此,神话本质上是一种文学作品,是古代人民的创作,给予的是一种文学理想,隐喻的是当下现实。譬如嫦娥奔月、女娲补天、盘古开天辟地、夸父追日等等,都是一种想象。

2. 神话主体是神性的。鲁迅说:"神话大抵以一'神格'为中枢。"① 神性、神格,是神话人物的根本特征。不仅其力量是超常的,而且其性格是单一的。神总是可以为所欲为,不管是正面形象的神还是反面形象的神,所有的神都是这样。但是,神话人物的性格是平面的,缺乏人的性格的丰富性和生动性。没有人类命运的完整性,其生平是无法考证的,只有超自然的属性,没有普通的人性。如女娲炼石补天、精卫填海、夸父追日、伏羲画八卦、钟馗捉鬼等神话中的神,都是单一的、平面的,并没有人的复杂性和丰富性。

3. 神话反映的环境都是困厄的、恶劣的。这种恶劣的环境,有时是整个人类的生存环境,有时又是神自身面临的。如果是人类,他们在这种恶劣生存的环境面前,只有饱受其磨难,无法战胜它,最后只有依靠神。神一出来,就能以其超人的力量去战胜它,改变它,造福人类。这种力量不管科学不科学,甚至可以不合逻辑,但只要想象得出来就行。如果是神自己遭遇困境,他就会坚决斗争,毫不妥协,不择手段,拼一个你死我活,或战胜环境,或被环境所击倒,最后甚至殃及人类。如神农氏尝百草、钟馗捉鬼、伏羲画八卦、刑天舞干戚等等,都是这样。

4. 神话是对人类起源的混沌追忆。在科学不发达的远古时代,人类对自身历史浑然无知,便编织了口耳相传的神话,试图加以阐释。因此,神话传说总是非常神奇而瑰丽的,具有很强的魅力,能够将人们带进充满梦幻和智慧的境界中。但

---

① 鲁迅:《中国小说史略》,《鲁迅全集编年版》(第二卷 1920—1924),北京:人民文学出版社 2013 年版,第 377 页。

是,神话终究是一种不真实的记忆,后世无法找到其历史真实存在的痕迹。自然,这种自我想象的神话传说作为古人对人类社会与宇宙自然的原始探索和阐释,反映了人类幼年时期混沌与虚幻的状态。

二是历史。历史是一个汉语词汇。《现代汉语词典》(第6版)对其的解释有四种:1.自然界和人类社会的发展过程,也指某种事物的发展过程或个人的经历;2.过去的事实;3.过去事实的记载;4.历史学。这四种解释是至今通行的,也是比较全面的。"百度百科"对其的解释是:"历史,简称史,一般指人类社会历史,它是记载和解释一系列人类活动进程的历史事件的一门学科,多数时候也是对当下时代的映射。"这里的解释包含前者第一和第四种解释。应该说,历史虽然是过往的,但它是过去的客观存在,是一种真实的存在。

综合起来看,历史具有如下几种特点:

1.历史不可虚构。不管是什么情况下,历史都是曾经的存在,人们可以对历史有种种解释或表述,但是绝对不可虚构。历史书写可以有不同的立场,但历史本身的存在是不可被怀疑和被否定的,它总是会有各种材料来证明其存在的真实性。

2.历史的书写重视正向性。被历史记载的,不是普通的人物,而是在历史发展中,对历史事件起过推动或阻碍作用的错综复杂地交织在一起的正面和反面人物。正面人物让人吸取进步的思想,反面人物让人吸取历史的教训,给人以进步的动力。但是,更多的情形下,历史记载的是正面人物,是那些推动历史进步的主导者。

3.历史人物总是呈现人性的复杂性。历史人物,无论是盖世英雄,还是普通民众,总是拥有思想性格的多面性和丰富性,并呈现出人性的复杂面貌。通常,历史人物的生平事迹是可考的,其身世是明确的。历史人物的思想精神是系统的、全面的、立体的,这与神有神格而无人的精神的系统性、全面性完全不同。这正是判断文献记载是历史还是神话的一个关键。

4.历史的叙述拥有多种话语系统。一个是口耳相传的话语系统,一个是文献书写的话语系统,对于远古历史来说,还有文物考古学系统。[1] 通常情形下,对历史事实的认定主要依据历史文献的书写系统,有清晰的文献记载,就能认定历史的基本状态。如果口耳相传的话语系统与其达成了一致,其历史的真实性就更加能够确定。然而,对于远古历史而言,因为文字出现得较晚,所以口耳相传一度是其主要的历史记述形态,而文献记载往往比较晚,且通常较多的情形是不充分的追述。如果文物考古学话语系统能够与前两者遥相呼应,那么其历史的真实状况就

---

[1] 李伯谦:《在考古发现中寻找大禹》,《光明日报》2018年8月5日。

能确定。

5. 历史往往能够被神化。在历史叙述的口耳相传话语系统中，因为后世出于对民族和国家历史的自豪感以及对历史人物的敬仰，往往在叙述中会自觉不自觉地添加一些想象性的夸张与神话的内容，因此历史的神化往往在所难免。在这种情形下，历史叙述与神话传说就有了密切的联系。所以，上古一些神话传说往往能够被文物考古学予以一定程度的证实，显然这种神话传说是对历史人物和历史事件的变形性叙述。这样，"神话则是认识人类思想的历史和发展规律的一种手段"①就成为可能。然而，历史可以被神化，但神话不能等同于历史。其判断的依据就是历史文献的记载传播与文物考古的证明。

当我们把握了上述两个概念之后，大禹是神还是历史人物的问题就不言而喻了。从《尚书》等历史文献对大禹的立体性记载状况来看，大禹与纯粹的神话人物迥然有别，足以说明他的历史真实性。历史叙述存在考古学、文献典籍和口耳传说三个话语系统。至今，这三个话语系统已经有比较充分的互证关系，不仅证实夏文化的存在，而且大禹作为历史人物的真实存在也得到了证实。著名的考古学家李伯谦指出："将考古学上发现的与'禹会诸侯''禹伐三苗'有关联的遗存，同此前已做过研究并确认的'禹都阳城'登封王城岗大城、'羿浞代夏'新密新砦二期遗存、'少康中兴'至桀亡时期的二里头文化联系起来，在考古学上就形成了一个相对完整的证据链，证明文献所记大禹事迹和夏朝历史是确实存在、符合实际的可信的历史。今后随着研究的深入，肯定会有一些增补，甚至不排除某些地方有所修正，但夏史的基本框架应该不会有大的改动。"②

大禹作为中华民族的一个英雄人物，在上古历史发展中，为中华民族的生存和发展立下了不朽的功勋。他以自己非凡的能力，不仅结束了中国原始部落联盟的松散状态，开创性地建立了中国第一个组织严密的朝代夏朝，而且建构了中华文明中政治、经济、宗教、社会教化等基本形态，成为中华文明的重要源头。这已经被近年来的考古历史成果所证明。然而，因为远古时期文字记载不多，对历史演进缺乏科学认识，那些为人类发展做出重要贡献的英雄人物，在民间总是被人民口耳相传着，因此中国古史的传说日积月累，渐渐地不自觉地染上了虚构的神话色彩。于是，大禹作为夏朝的立国始祖和民族统一的英雄，在口耳相传的叙事形态中，渐渐

---

① 杨丽娟：《世界神话与原始文化》，上海：上海社会科学院出版社2004年版，第6页。
② 李伯谦：《文献所见大禹事迹与考古发现如何对应问题的若干思考》，《黄河·黄土·黄种人(华夏文明)》2017年第10期。

地被神化。这就成为一种不容回避的文化现象。因此,如何认识大禹及其文化,如何认识中华文明的起源,就是非常重要的问题。今天,当我们对大禹文化进行系统探讨的时候,尤其需要坚持一种科学的认识论,要区分唯物史观和历史虚无主义这两个概念。

唯物史观是科学认识人类社会历史一般规律的基本理论和方法论,是马克思主义理论的重要内容。它认为,历史正是所有事物的来源。人类社会历史是不以主观意识为转移的一个客观发展过程,其决定因素是社会生产力。但人类社会是由低级向高级有规律地运动和发展的。它从原始社会开始,依次发展为奴隶社会、封建社会、资本主义社会,再到社会主义社会和共产主义社会。然而,人类历史的主体是人,历史是人的活动。人类追求自己的目的,从而构成了历史。在客观历史发展过程中,环境创造人,人又创造环境,也创造了历史。历史的人不是幻想的,也不是与世隔绝或离群索居的,而是活生生的,如现实中的人一样是鲜活存在的。我们可以通过经验观察到历史发展过程中的人,只有以那些促使人类发展的物质生活条件为抓手,准确地站在现实历史的基础上,对人及其活动进行观察,反观历史,才能描绘出人类发展的真实过程。"历史造就英雄",不同的历史环境造就不同的英雄人物。许多历史事件看起来有点不可思议,但只要联系当时的时代背景就不难理解,对造就这些历史事件的历史人物也就容易理解。因此,研究人类历史必须充分地占有材料,进而展开分析,把握客观存在的历史事实,揭示历史发展的内在联系,理性地评判历史人物和历史事件,从而得出相应的结果。显然,唯物史观为我们研究大禹文化提供了正确的思想方法。

然而,在大禹文化研究中,以往存在貌似客观的数典忘祖,否定远古历史的现象,否定大禹历史真实的现象。晚清以来,西方兴起的疑古主义思潮对中国史学界影响不小,日本学者白鸟库吉别具用心的"尧舜禹抹杀论"穿着客观的外衣迷惑了不少人,尤其是20世纪20年代以顾颉刚为代表的"古史辨"派否定夏朝和大禹的历史真实存在,主导了一段历史时期内的学术取向。这种"疑古主义"的学术取向,实际上已经滑向了历史虚无主义的泥潭中,客观上张扬的是民族历史的虚无主义。因此,我们必须认清历史虚无主义的本质。虚无主义,是德文 Nihilismus 的意译,出自拉丁文 nihil(虚无)。尼采把否定历史传统和道德原则的现象称为虚无主义。历史虚无主义是唯心主义的历史观。它否认历史的规律性,孤立地看待历史中的错误现象,并透过这种个别现象否认历史本质,否定整体过程。历史虚无主义者在历史研究中总是以个人的欲望支配着对历史的态度,打着"学术研究"的幌子,违背实事求是的原则,片面引用史料,否定历史事实,任意主观妄议、歪曲,甚至消解历史中的重大事件、重要人物和重要问题。甚至有的人打着"客观""公正"的幌子,混淆是非,糟蹋历史。历史虚无主义以学术外衣重新包装、粉墨登场,不仅混淆历史事实,而且传播了错误的思想观念,具有极其严重的社会危害性。

大禹文化研究,必须坚持唯物史观,反对历史虚无主义。一方面,对大禹文化中一些没有弄清楚的问题,不能简单地主观臆断其虚无,更不能滥用西方貌似客观的理论走进虚无主义的圈套中,以此怀疑甚至抹杀中华民族的远古历史,否定大禹的存在。傅斯年指出:"以不知为不有,是谈史学者极大的罪恶。"[①]20世纪20年代,顾颉刚否定大禹的真实存在,就是"以不知为不有"的典型,影响很广,"罪恶"自然不浅。他"以不知为不有"的结论如今已经被考古学等历史研究成果所推翻。另一方面,不能以为大禹文化诞生于久远,后人许多都没有弄清楚,就可以做假生造,以讹传讹。如今,这里也有大禹遗迹,那里也有大禹遗迹,就需要辨别,弄清源流,更不能像安徽某地在没有充分的文献依据下硬生生创造出涂山氏遗迹,树立涂山像。因此,我还是要记住罗家伦先生的话:"古史者,劫灰中之烬余也。据此烬余,若干轮廓有时可以推知,然其不可知者亦多矣。以不知为不有,以或然为必然,既违逻辑之戒律,又蔽事实之概观,诚不可以为术也。"[②]

显然,在大禹文化研究中,既要严防不顾历史发展的历史虚无主义,又要严防肆意虚构捏造大禹文化历史形态,维护大禹文化的严肃性,保持历史文化研究的严谨性。这对于科学地认识大禹的历史真实性及其在中国历史上的伟大业绩,正确认识大禹文化的历史流变及其影响,具有重要的意义。

研究大禹文化,必须理解和把握大禹文化研究的基本形态,认识和理解各种形态之间的密切关系。这样,我们才能将大禹研究推向深入。大禹文化从古流传至今,存在着多种形态,展示了大禹文化的博大精深和强劲的生命力。从传承的物质形态和记述的主观立场来说,主要有如下几种基本形态:

1. 口述记忆形态。口述史在世纪之交,成为学术界的一个关注点。但口述史的起源是在远古时代,是一种非物质形态。当时没有文字,也许在结绳记事之前,人们对历史的记载,就是靠口耳相传的方式进行的。鲁迅说:"昔者初民,见天地万物,变异不常,其诸现象,又出于人力所能之上,则自造众说以解释之:凡所解释,今

---

① 傅斯年:《战国子家叙论·论春秋战国之际为什么诸家并兴》,《民族与古代中国史》,石家庄:河北教育出版社2002年版,第199页。
② 傅斯年:《性命古训辨证》,上海:上海古籍出版社2012年版,第132页。

谓之神话。"①"迨神话演进,则为中枢者渐近于人性,凡所叙述,今谓之传说。传说之所道,或为神性之人,或为古英雄,其奇才异能,神勇为凡人所不及,而由于天授,或有天相者。"②自古至今,有关大禹的神话传说一直广泛流传着。主要有大禹出生神话、大禹治水神话和大禹婚姻传说等。神话传说在传播的过程中,往往越传越远,越来越偏离客观真实,人类历史也往往被神化,历史人物越来越偏离真实,附着神性,传奇荒诞,既显示虚构浪漫又夸张和理想化。日积月累,大禹神话传说就在大禹身上附着了神性。

  2. 史书记载形态。历史书写是以一种客观记叙的方式来记录大禹其人其事的,通常应该是写实的,是真实的记录。虽然有时会因为历史书写者的立场有所选择和舍弃,但总体上说是比较客观真实的记载。从《尚书》《竹书纪年》到《史记》,不仅中国先秦时期的历史典籍比较客观地记述了大禹其人其事,而且汉以后的历史典籍也基本上能够保持一种比较客观真实的记载。王国维指出:"夫自《尧典》《皋陶谟》《禹贡》皆记禹事,下至《周书·吕刑》亦以禹为三后之一,《诗》言禹者尤不可胜数.固不待籍他证。"③史书记载,是大禹文化得以广泛传承的基础。

  3. 文物铭文形态。考古文物也是一种客观的历史书写形态。这种形态存在两种基本形态,一是考古遗迹,如河南登封的考古遗迹显示了大禹的历史真实性;二是文物记载。这不仅指文物本身所反映的历史时代及其特征,而且指文物上刻印的文字记载。如遂公盨、秦公簋、齐侯镈钟等文物上的铭文都客观地记载了大禹的事迹。王国维就秦公簋和齐侯镈钟的铭文指出:"故举动此二器,知春秋之世东西二大国无不信禹为古之帝王,且先汤而有天下也。"④21世纪初发现的西周中期的青铜器遂公盨上的铭文与《尚书》记载十分吻合,这是对先秦历史典籍记录的一种佐证材料。著名考古学家李学勤认为这些铭文的发现提供了关于大禹治水传说的最早物证。

  4. 史迹遗存形态。文化遗迹、遗存包括地下和地面两种形态。地下遗存形态要通过考古发掘才能发现,通过考古学测试和论证才能认定,有待不断发掘。例如

---

① 鲁迅:《中国小说史略》,《鲁迅全集编年版》(第二卷 1920—1924),北京:人民文学出版社2013年版,第377页。
② 鲁迅:《中国小说史略》,《鲁迅全集编年版》(第二卷 1920—1924),北京:人民文学出版社2013年版,第378页。
③ 王国维:《古史新证》,北京:清华大学出版社1994年版,第5—6页。
④ 王国维:《古史新证》,北京:清华大学出版社1994年版,第5—6页。

夏文化的考古发掘表明,中国远古的夏代是客观存在的,与"禹都阳城"的历史记载是吻合的。再者,从河姆渡文化遗址到小黄山遗址到余杭的良渚文化考古遗址的发掘成果表明,早在大禹治水之前,江南就有人民在此长期生息,并且形成了国家,其标志一是种植水稻,二是发现了象征宗教与权力的玉琮。因此,大禹治水到会稽会诸侯有了可能性。地面形态主要有各种庙宇、塑像、坟墓和碑刻等。这些地面遗存形态,实际上是后人所为。大禹的地面遗存非常丰富,不仅国内很多,而且遍及日、韩、琉球和南亚等地。

5.民俗风情形态。民俗风情形态是由非物质文化形态和民间风俗习惯发展而成的。大禹文化在传承发展中形成一种生活习惯,进而发展成为一种民间风情,人们已经将它内化为一种日常生活中的固定内容和仪式,显示了永不衰竭的生命力。有关大禹的民间风俗习惯,不同的地区有不同的内容和形式,其中有些项目已经上升为一种国家级的政府行为。例如大禹祭祀,在各处都有,不同地方时间、规模和等级不同,但缅怀大禹,传承其精神,祈福祝愿,则是共同的主题。绍兴大禹陵的祭祀,历史久远,现在已经发展成为国家级的盛大祭祀。年年有祭祀,每两年一中祭,每五年举办一次大祭,在海内外影响很大,成为大禹纪念活动中历史最悠久的纪念活动。

此外,从主体传播的角度而言,大禹文化还有文学叙事形态和艺术呈现形态。文学叙事形态是指一种以想象和虚构为基础,以语言文字为工具讲述故事和表现主体期待的非物质形态。历史文学的叙事,是指以历史为因由和原型来进行的文学构思和创作,或传承历史精神,或以历史隐喻来批判现实,或礼赞历史人物,或借历史人物来抒发主观理想。自古以来,大禹文化就成为文学创作的基本原型被不断演绎着。从《尚书·五子之歌》《诗经》《楚辞》,一直到唐代李公佐的小说《古岳渎经》和唐诗宋词,再到鲁迅的《理水》、郭沫若的《洪水》,再到当代一些作品,大禹文化被广泛书写着,成为一种重要的大禹文化传播的形态。相对文学而言,大禹文化的艺术呈现形态,见诸文字记载的比较晚,但形式多样。艺术呈现形态,是指区别于文学表现的音乐、舞蹈、绘画、雕塑、建筑以及集大成的戏剧等形态。大禹文化作为一种艺术呈现的原型,无论作为哪种样式的艺术,都旨在传承大禹精神,弘扬中华优秀传统文化。从大禹图像到大禹音乐,从大禹舞剧到大禹戏剧,形式丰富多样。如1935年,国民党中央广播电台创作的广播剧《大禹治水》表现了大禹带领人民治水的丰功伟绩,影响很深广;2002年,江西人民广播电台推出的《大禹的传说》表现了大禹舍家治水、公而忘私的崇高精神,获得了"五个一"工程奖。

大禹文化研究,必须掌握正确的理论,拥有正确的认识论和方法论,打牢研究基础，这样才能不偏失。我觉得，上述一些问题不解决，将会制约我们的研究。只有对这些问题有一定的把握，才能形成创新性成果，才能有所作为，为弘扬大禹文化做出自己的贡献。

大禹史料与文物遗迹

东汉以前有关大禹治水的文物佐证

李德书[①]

大禹是人类历史上最伟大的治水英雄,是华夏立国之祖、儒学之祖和建学之祖,全世界华人对大禹莫不称颂。到了20世纪30年代,由于疑古派的影响,不少人对大禹其人、大禹治水及夏王朝产生了怀疑,逐渐把大禹及大禹治水分别说成了神话人物和神话传说。21世纪初,国家"九五"重点科技攻关项目——"夏商周断代工程"结论及"夏商周年表"的公布,以及"中华文明探源工程"——禹会村遗址发掘成果的公布,使当今学术界对大禹及大禹治水有了共识。但信者居多,疑者亦有。笔者通过对东汉以前有关大禹治水的文物佐证的梳理,确证大禹实有其人,大禹治水确有其事,夏王朝的存在不容置疑。

一、禹会村遗址证实了"禹会诸侯于涂山"的真实性

2013年12月22日下午,"禹会村遗址与淮河流域文明研讨会"学术成果正式予以公布。

禹会村遗址是淮河中游地区时处龙山文化晚期阶段的重要遗址,中国社会科学院考古研究所历经五年的规模性发掘,取得了丰硕的学术成果。在发掘和研究

[①] 作者系西南科技大学文学与艺术学院教授,四川省社科院禹羌文化研究所名誉所长,中国非物质文化遗产研究院研究员,中国欧阳修研究会副会长,中国三国演义学会副秘书长,中国先秦史学会特聘理事、禹羌文化研究中心执行主任,四川省大禹研究会常务副会长,四川省川剧理论研究会副会长,四川省李白研究会顾问,四川省嫘祖蜀锦研究中心顾问。

过程中,该研究领域的专家给予了高度关注,多次到现场对遗迹进行考察和论证,对文化特征进行比较、分析和研究,先期已将遗址定性为"大型礼仪性建筑基址"(图1、图2、图3)。

图1 祭祀台基全貌　　图2 柱洞位于遗址西侧

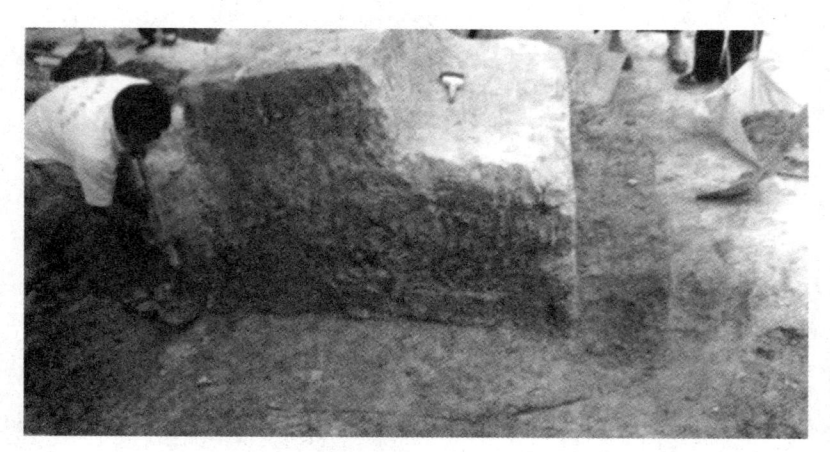

图3 方土台,版筑而成,原高度不详,现长宽均1米

本次研讨会上,来自中国社会科学院考古研究所、历史研究所、中国先秦史学会、北京大学,以及天津、河北、上海、江苏、浙江、山东、河南、湖北、四川、安徽等地的相关专家60余人,进行了全面、深入的论证。通过对考古资料的多学科研究,并

结合文献记载和对涂山地望的考证，大家对禹会村遗址的遗迹现象、文化特征得出以下共识：

禹会村遗址的发掘成果，是自《左传》和《史记》以来两千多年考证、研究"禹会诸侯于涂山，执玉帛者万国"之"涂山"地望的最重要的考古学证据，其学术上的说服力是五种"涂山说"中最充分的。禹会村遗址与文献记载的"禹会诸侯"事件密切相关，遗址中所展现的经过精心设计营建、面积达2000平方米的大型而别致的"T"形坛和以祭祀为主的器物组合，以及不同区域的文化特征，大体再现了当时来自不同区域的氏族部落曾在此为实施某项重要任务而举行过大型聚会和祭祀活动，由此证明"禹会诸侯于涂山，执玉帛者万国"这一历史事件发生的真实性。

此外，"中华文明探源工程"在淮河流域的实施，给该地区提供了发掘和研究的空间，通过禹会村遗址所展示的考古成果，在学术上确立了淮河流域（尤其是淮河中游地区）是中华文明起源的重要地区之一，并对黄淮、江淮地区早期文明的发展产生了重要的影响。禹会村龙山文化晚期遗存，为研究该地区社会复杂化进程提供了考古学证据。因此，禹会村遗址发现的重要现象，对国家形成的探索起到了重要的学术支撑作用，为夏商周断代工程的结论画上了圆满的句号。

二、西周青铜器"遂公盨"有大禹治水的记载

2002年，北京保利艺术博物馆展出了与大禹有关的国宝文物青铜器"遂公盨"（图4）。现在，把这段铭文（经李学勤先生标点断句）用通行汉字抄给大家：

> 天命禹敷土，随山濬川，迺差地设征，降民监德，迺自作配享民，成父母。生我王、作臣，厥贵唯德。民好明德，顾在天下。用厥绍好，益干懿德，康亡不懋。孝友，訏明经齐，好祀天废。心好德，婚媾亦唯协。天釐用考，申复用祓禄，永御于民。遂公曰：民唯克用兹德，亡诲。

图4

余世诚先生将这段铭文译成今文,其大意为:上天命大禹布治下土,随山刊木,疏浚河川,以平定水患。随之各地以水土条件为据交纳贡赋,百姓安居乐业。大禹恩德于民,百姓爱他如同父母。而今上天生我为王,我的子臣们都要像大禹那样,有德于民,并使之愈加完善。对父母要孝敬,兄弟间要和睦,祭祀要隆重,夫妻要和谐。这样天必赐以寿,神必降以福禄,国家长治久安。作为遂国的国公,我号召:大家都要按德行事,切不可轻慢!

遂公盨的这篇铭文,一反其他青铜器铭文的老套,以大禹功德为范例,是一篇提倡君臣要为政以德,民众要以德行事的有论有据、有头有尾的政论文章。这不能不让今人折服和震惊!更让人震惊的是,铭文中的观点,甚至言辞竟和七百年后的《尚书》《诗经》等古典文献相一致!

经孔子编序的《尚书·禹贡》篇开首即曰:"禹敷土,随山刊木,奠高山大川。"意即大禹布治大地,沿大山砍木为记,确定各州名山大河。孔夫子为该篇作序时,也使用了"禹别九州,随山浚川,任土作贡"的词句,说大禹沿山砍木为记,疏通江河,划分九州,依据土地条件规定贡赋。《尚书·益稷》篇更是记述了大禹治水的具体情况,文中再次出现了"随山刊木"字句。关于"德政",《尚书·大禹谟》篇中记载了禹本人的高见:"德惟善政,政在养民。水、火、金、木、土、谷惟修,正德、利用、厚生惟和,九功惟叙。"意思是,君主的美德在于搞好政事,政事的根本在于养护百姓。修水利、存火种、炼金属、伐木材、开土地、种五谷,还有抓教育、厚民生、促和谐,这九件事要常常讲。

三、战国楚简《容成氏》中有大禹九州治水的记载

上海博物馆收藏的战国楚简《容成氏》(图5)中,不但有九州治水的记载,而且州名不同于其他传世文献。兹用通行汉字引简文如下:

> 禹亲执耒耜,以陂明都之泽,决九河之阻,于是乎夹州、涂州始可处。禹通淮与沂,东注之海,于是乎竞州、莒州始可处也。禹乃通蒌与易,东注之海,于是乎蓏州始可处也。禹乃通三江五湖,东注之海,于是乎荆州、阳州始可处也。禹乃通伊、洛并瀍、涧,东注之河,于是乎叙州始可处也。禹乃通泾与渭,北注之河,于是乎虘州始可处也。

杜勇先生著文指出:简文中的夹州为《禹贡》所无,然《禹贡》兖州有九河,知九

河所在的夹州当即《禹贡》的兖州。明都,古泽名,《禹贡》作"孟猪"。叙在豫州,地在今河南商丘东北,与徐州邻近。而《容成氏》另有叙(豫)州,则明都所在的涂州,当属《禹贡》徐州的一部分。竞州、莒州的淮、沂二水,《禹贡》叙在徐州,则竞州、莒州亦当在《禹贡》徐州境内。《职方氏》所指青州有沂山,而莒地又近沂水,或莒州略当《禹贡》的青州。蒇州亦为《禹贡》所无,所属萎(溇)水与呼沱相连。《山海经·北次三经》云:"呼沱之水出焉,而东流注于溇水。"又《史记·苏秦列传》说:"(燕)南有呼沱、易水。"则萎水、易水所在之蒇州当在《禹贡》冀州境内。叙州所在的伊、洛、滙、涧,《禹贡》属豫州。叙与豫通,《尔雅·释言》:"豫,序也。"

图 5

则叙州即《禹贡》豫州。荆州、阳(扬)州与《禹贡》同名,州域亦略相当。虡州有泾、渭二水,相当于《禹贡》的雍州。可见《容成氏》的九州说,虽然州名与《禹贡》九州多有不同,但其州域合起来仍不出《禹贡》九州(除梁州外)之范围。

此简文中没有提到梁州,因为《容成氏》,特别是九州章,很可能是春秋时期的文本,而《禹贡》九州中有梁州则是因为其为战国时期的文本。

四、东汉武梁祠画像石有关大禹治水的记载

图6 山东嘉祥县武梁祠东汉石刻古代帝王像

武梁祠石刻画像（图6、图7）在今山东嘉祥县武翟山（旧称紫云山）下，是东汉末年嘉祥武氏家族墓葬的双阙和四个石祠堂的装饰画。其中以武梁的祠堂为最早，故名。现存画像石四十三块，画像石多用减地阳刻法，雕刻精细，造型生动。画像内容丰富，取材广泛，包括历史人物、历史故事、孝义故事、烈女故事、神话传说和各种车马出行、宴筵乐舞、庖厨、水陆攻战、祥瑞灾异等，从不同的角度反映了东汉时期的社会状况、风土人情、典章制度、宗教信仰，不仅是精美的古代石刻艺术品，也是研究东汉时期政治、经济、文化的重要实物资料。

图7　武梁祠东汉石刻夏禹像拓片及复原图

武梁祠建于东汉桓灵二帝时期，是一位举孝廉而不愿做官的文人武梁所建。他将汉代人认同的上古帝王画像刻石并题以文字简介，以期流传后世。武梁祠画像石中的历代帝王像及文字题记，在北宋之前一直不为官方和学界关注，直到被宋代文学家、史学家、金石考古学家欧阳修发现后才引起重视。欧阳修将画像石中的华胥氏、伏羲、女娲、少昊、神农、黄帝、颛顼、帝喾、尧、舜、禹、启等人物像的文字题记收入《金石录》中，传承后世。其中大禹石刻画像题记为："夏禹长于地理，脉泉知阴，随时设防，退为肉刑。"尤为珍贵。这些石刻帝王像，成为今天我们能够看到的最早的上古帝王画像。而今更是受到国家的高度重视，得到国家经费的支持而修复。陕西黄帝陵享殿中的黄帝像即是依据武梁祠中的黄帝像复制的，现行小学历史教科书中的大禹像即是依据武梁祠中的大禹像复制的。

五、东汉《景云碑》有关大禹治水的记载

三峡考古中发现的东汉巴郡朐忍令景云碑(图8),于 2003 年 3 月在云阳县旧县坪发掘出土,现存重庆中国三峡博物馆。2005 年 5 月《中国书法》杂志公布了此碑初拓照片及丛文俊先生考述。2006 年 4 月《四川文物》发表了四川师范大学魏启鹏先生的研究文章《读三峡新出东汉景云碑》。该碑碑文为阴刻隶书,凡 13 行,每行约 30 字,全文共 367 字。碑成于隶书成熟和鼎盛的东汉后期,不仅是近百年来巴蜀出土汉碑中罕见的精品,而且为巴蜀古史增添了前所未有的新证。根据魏启鹏先生的断句标点,现将碑文抄录于下:

汉巴郡朐忍令广汉景云叔于,以永元十五年季夏仲旬己亥卒。君帝高阳之苗裔,封兹楚熊,氏以国别。高祖龙兴,娄敬画计,迁诸关东豪族英杰,都于咸阳,攘竟(境)蕃蓳(卫)。大业既定,镇安海内。

图8

先人伯沇(枕),匪字慷慨,术禹石纽、汶川之会。帷屋甲怅(帐),龟车留遗,家于梓潼(潼),九族布列,裳绕相龙,名右冠盖。

君其始仕,天资明括。典牧二城,朱紫有别。强不凌弱,威不猛害。政化如神,蒸民乃粒。州郡竝(并)表,当享符(符)艾。大命颠覆,中年殂殁。如丧考妣,三载泣怛。退勿八音,百姓流泪。魂灵既载,农夫则(恻)结。行路抚涕,织妇喑咽。吏民怀慕,户有祠祭。烟火相望,四时不绝。深野旷泽,哀声切切。追歌遗风,叹绩亿世。刻石记号,永永不灭。呜呼哀哉!

赞曰:皇灵炳壁,郢令名矣。作民父母,化治平矣。百工维时,品流刑矣。

善劝恶惧,物咸宁矣。三考绌来力,陟幽明矣。振华处实,退声矣。重曰:皇灵禀气,卓有纯兮。惟汶降神,梴斯君兮。未升卿尹,中失年兮。流名后载,久而荣兮。勒铭金石,表积勋兮。冀勉来嗣,示后昆兮!

熹平二年仲春上旬,朐忍令梓潼(潼)雍陟字伯宁,为景君刊斯铭兮。

根据魏启鹏先生的解读论考,该碑的大意如下:

第一段说的是,东汉巴郡朐忍(今重庆市云阳县)令,为广汉郡(治地梓潼)人景云(字叔于),于永元十五年(103)季夏卒。楚之景氏乃以地为氏,景氏与熊、屈、昭虽同为高阳之苗裔,然分支已在鲧禹一脉,"祖颛顼而宗禹",应是禹之后裔,当属姒姓。

第二段说的是,景氏的先祖伯杼(沆为杼或予),他志向慷慨,遵循大禹在石纽、汶川召集宗族各支盟誓和盟会之训。(在夏代历史上从太康到夏桀,只有伯杼一人被后世公认是遵循大禹治国之道的君主,被后世尊重和祭祀。)伯杼在少康中兴后,为遵循术"禹石纽、汶川之会"的遗训,曾甲帐龟车,前往蜀中巡狩,瞻仰祭奠祖宗出生地。此时,包括景氏祖辈在内的鲧禹后人,九族迁徙,"家于梓潼"。九族子孙全套礼服,世代隆重祭祀先祖,让伯禹、伯杼的英名保佑夏后氏族裔绵延宏大,世为官宦。

第三段是说,景云为朐忍县令,政声显赫,百姓拥戴,贤才尚未大展却中年早逝,未能晋升到二千石官阶。

第四段是说,先祖的光辉照耀景云成名,景云美好的声誉,盛传四方。不愧有汶山郡所降神禹的遗风。

第五段是说,熹平二年(173)仲春上旬,朐忍县令梓潼人雍陟(字伯宁),为景云立碑刊铭。此时,梓潼为广汉郡属县(郡治已迁离),与景云同为老乡,所以雍陟要为景云树碑立传,彰显声名。

东汉景云碑,为我们今天研究巴蜀古史提供了以下新证:

其一,提供了古蜀国与中原夏王朝紧密联系的新证。传世典籍中除了夏桀伐岷山而娶琬、琰二女(传为妹喜,即最早的雅女)之外,几乎是一片空白。大禹率族人向东发展之后,禹乡旧地如何?景云碑记述了禹后七世王、少康之子伯杼,在少康中兴后,曾按照夏王的礼制,带着悬有龟蛇之旗的车骑仪仗队伍,巡狩回蜀的史实。

其二,提供了大禹在石纽、汶川两地召集宗族各支举行盟誓和盟会的新证。碑文记述的石纽、汶川两个地名,东汉时均不是县名,而是小地名,分属汶山郡广柔县和绵虒县。西汉扬雄《蜀王本记》、三国蜀汉谯周《蜀本记》、西晋陈寿《三国志·蜀书》、晋代常璩《华阳国志·蜀志》中均无汶川县之称谓,却均有禹生石纽的记载。今北川县禹里乡石纽山"因有两块巨石,石尖纽结为一,曰石纽"。"石纽"二字为阳刻汉篆,传为扬雄所题。此外,今汶川县、茂县、理县也有石纽山及题刻,盖因汉时同属汶山郡广柔县。但这三县的石纽山均无《四川通志》所载"因有两块巨石,石尖纽结为一"的奇观,其"石纽山"题刻均为楷书或行书,且年代较近。今北川县禹里乡石纽山下的白草河与青片河汇合处,尚有大禹治水告别家乡父老举行治水盟誓的誓水柱遗址及石刻拓片。誓水柱有禹书虫篆体十二字,宋《淳化阁帖》释为:"出令聂子星纪齐春其尚节化。"其义深奥难懂,当为大禹治水出发时的誓言。另外,大禹"岷山导江"时,在汶川召集宗族各支亦举行过盟会。因此,景云碑才有"术禹石纽、汶川之会"的记述。

其三,提供了北川县禹里乡禹穴沟内"一线天"绝壁上虫篆体石刻"禹穴"二字来源的新证。《四川通志》说是"为大禹所书",现在根据景云碑的记述,是可以相信的,也不排除为禹后七世王伯杼巡狩回蜀拜访大禹出生地禹穴沟时所书。

其四,提供了今北川县坝底乡、梓潼县、三台县景福乡等地景氏家族均来源于伯杼宗族的新证。《蜀典·禹伐尼陈山梓》记载:"蜀记:夏禹欲造独木舟,知梓潼县尼陈山有梓,径一丈二寸,令匠者伐之。树神为童子,不服,禹责而伐之。"伯杼令九族迁徙,"家于梓潼",正是为了继承大禹治水兴国为民的遗志。

其五,提供了古蜀国通往夏王朝交通要道的新证。《尚书·禹贡》记载:"华阳黑水惟梁州。岷嶓既艺,沱潜既道,蔡蒙旅平,和夷厎绩。……西倾因桓是来,浮于潜,逾于沔,入于渭,乱于河。"现代考古发掘证明,从宝鸡北首岭、广元营盘梁、绵阳边堆山到广汉三星堆,早在5000多年前,即已形成了从中原到蜀中的入蜀之道。夏代蜀中的贡品正是从广汉三星堆,经绵阳边堆山、广元营盘梁,经沔水上溯,翻过秦岭,入渭水,转黄河,运往夏都。而禹后七世王伯杼在距今3800多年前,正是经现在的宝鸡、广元、梓潼、绵阳到北川禹里朝拜禹生圣地。

(作者单位:西南科技大学)

浙江禹迹与禹神话传说的特殊性研究

刘丽萍[①]

一、浙江的特殊地理与水文

浙江,简称"浙",省会杭州,位于中国东南沿海。浙江的特殊性首先表现为特殊的地理与水文。浙江省境内最大的河流是钱塘江,因江流曲折多弯,故被称为"之江""折江""浙江",省以江名。地形上有"七山一水二分田"的特点。全省地势自西南向东北倾斜,按照地形特征不同分为:浙北平原、浙西丘陵、浙东丘陵、浙南山区、浙中盆地和滨海区六大块。水系方面,浙江境内自北向南有苕溪、京杭运河(浙江段)、钱塘江、甬江、灵江、瓯江、飞云江和鳌江八大水系,钱塘江为第一大河,上述八条主要河流除苕溪、京杭运河外,其余均独流入海。前三甲的河流灵江[②]、

[①] 刘丽萍,南京师范大学文学院博士,浙江越秀外国语学院中文学院讲师,大禹与传统文化研究中心秘书长。

[②] 灵江:浙江八大水系之一、台州市第一大水系、浙江省省级河段之一,被誉为"台州人民的母亲河"。发源于浙江省仙居县与缙云县交界处的天堂尖,永安溪和始丰溪在白马山三江村汇合后旧称临海溪,即现在的灵江;灵江东南流经临海市区,至两水北折流至棕棚埠,右有义城港汇入,左有大田港汇入,至三江口右有永宁江汇入,以下河段别称椒江,曲折向东至椒江区牛头山颈入海。

瓯江①和钱塘江，且有三江交汇处。另有东钱湖、西湖、鉴湖、南湖四大湖泊，密布着杭嘉湖、姚慈、绍虞、温瑞、台州五大平原河网。

二、中国的禹迹区与非禹迹区

国内现存的禹迹区主要集中在长江以北和黄河以南的流域，包括淮河和汉水两大水域及周边地区。中国包含禹迹的省、直辖市、自治区有20个，按照所处方位八大区陈列如下：

1. 华北（北京、河北、山西）
2. 华东（江苏、浙江、江西、安徽、福建、山东）
3. 中南（河南、湖北、湖南）
4. 西南（重庆、四川及云南部分）
5. 西北（陕西、甘肃、青海、宁夏）
6. 华南（无）
7. 东北（无）
8. 港澳台（台湾）

东北的辽宁、吉林、黑龙江三省和北部地区的内蒙古，西北地区的新疆，西南地区的贵州、西藏，华南地区的广东、广西、海南和香港、澳门，华北地区的天津，华东地区的上海，目前还没有发现相关禹迹或祭禹的踪迹。

（一）东北三省和内蒙古非禹迹区

它的历史特点是属于草原文明，非农业文明所在区，因此在文化上区别于传统的农业文化。蒙古族和满族曾入主中原，既受到汉族文化的强烈熏染，又借助政治、军事等外力保持了诸多本民族的传统文化。蒙古族具有草原文化及游牧民族豪放爽朗的气质。满族对祖先的崇拜及民俗的祭祀，突出地表现了满族人民重视历史的传统，其中以萨满教及其祭祀仪典最具特色。其宗教神灵世界的系统性与南方少数民族的原始宗教形成对比。

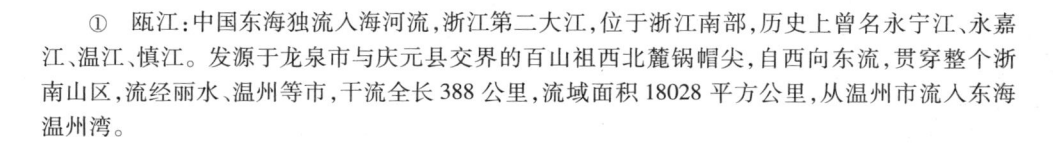

---

① 瓯江：中国东海独流入海河流，浙江第二大江，位于浙江南部，历史上曾名永宁江、永嘉江、温江、慎江。发源于龙泉市与庆元县交界的百山祖西北麓锅帽尖，自西向东流，贯穿整个浙南山区，流经丽水、温州等市，干流全长388公里，流域面积18028平方公里，从温州市流入东海温州湾。

（二）西北的新疆非禹迹区

其特点是历史上该地区多数民族信奉伊斯兰教，在其规范下，民族文化和祭祀趋向同一，具有宗教节日雍容庄重、自成体系的特色。

（三）西南的贵州、云南大部、西藏非禹迹区

这一地区民族种类最多，祭祀神灵和神迹最为丰富灿烂。其缘由不仅是因为它拥有众多的民族，自然形成了较为丰富的神话及其文化景观，还由于其山高谷深、河川纵横的大地，自古以来就是文化的发祥地、古人类的摇篮、人类文明史的活化石。除了四川西北地区是沿甘青高原南下的氐羌文化，受绵亘中国南部及东南亚地区的百越文化影响深厚；云南本土的百濮文化，以及西藏的印度文化、古波斯文化、太平洋文化，或者沿江而上，或者攀缘马帮小道，通过各种文化传播通道将异域、异质的文化引入、汇聚、碰撞、再流播四方。

（四）华南的广东、广西、海南非禹迹区

该地区除了与西南区一样拥有众多的百越族系，从而盛行"三月三"等传统节日外，又因其濒临海域，华侨众多，形成了影响数千万华人的妈祖信仰、佛教信仰及祭祀的特殊形态。

（五）三大城市非禹迹区

指华北地区的天津、华东地区的上海和华南地区的深圳。天津史称三会海口，海河五大河入渤海处，历史上无洪灾可治。其名源于隋朝修建京杭运河后，可以说天津起于一个南北交汇的交通要道。南宋金国贞祐二年（1214），在三岔口设直沽寨；元朝改为海津镇，成为漕粮运输的转运中心；明代永乐二年（1404）改名为天津，即天子经过的渡口之意。上海同样地处古代南北文化交汇点和长江入海口，无内陆洪灾。因在晋朝出于松江下游被称为"扈渎"，以后又改"扈"为"沪"。从唐代的华亭县到元朝的上海县，再到明代1553年为防御海盗而建的上海城，归松江府治，清代不变，可以发现上海在历史上一直是个不被重视的小县城。它后来的兴起与近海和海外战略防备有关。深圳紧邻珠海入南海口，无内陆洪灾。其源于秦的南海郡辖地，东晋设宝安县，作为南方海陆贸易的交通要道，因中华人民共和国成立后人口集中，工业发达，于1979年1月撤销宝安县，设立深圳市。

（六）香港、澳门非禹迹区

两大城市都是国际大都市，地形上都属于岛城，受秦汉文化影响最大。广东受两广百越文化影响很大，尤其广东早期几乎不受夏文化辐射，所以港澳地区对大禹文化的吸纳几乎可以忽略。

综上，排除非禹迹区，那么在剩下的禹迹区中，江淮河汉在夏禹时代最终能治

水毕功便是在浙江。2019年,经过绍兴市水利局和绍兴市广电旅游局联合进行的浙江省内的禹迹调查,一幅囊括浙江省境内209处古禹迹的《浙江禹迹图》出炉了。这里的禹迹包括三类,既涉及夏代大禹治水的种种原生禹迹,也涉及后世人们的再生遗迹,如各类禹庙、禹祠的建立,还有各地文化遗址。由此展开对浙江大禹神话传说及其禹迹在全国范围内的特殊性研究提供了非常翔实的新资料。

三、浙江禹迹和禹神话传说的特殊性

概览浙江禹迹,全省下辖11个地级市,分别是:杭州市、湖州市、嘉兴市、金华市、丽水市、宁波市、衢州市、绍兴市、台州市、温州市、舟山市。根据研究者多年的研究,禹迹,"指大禹作为治水英雄在地理上留有的治水遗迹、立国遗迹和生活遗迹;也指后人根据神话传说新造的禹迹"①。2019年,绍兴市文化广电旅游局、绍兴市水利局编写了《浙江禹迹图》一书,收纳了209处禹迹,其中大多是古代禹迹。在这些禹迹中,结合浙江流传的大禹神话传说,我们可以发现,浙江的神话传说从典籍到地方志,从口传神话再到考古遗迹都有一些特殊性是现存国内其他禹迹区所没有的。

浙江11个市级行政区禹迹分布的特殊性及其分析:

(一)杭州是大禹治水时乘船登陆的地方

大禹曾在今杭州"舍航登陆",故此地名杭州。大禹弃舟的地方,叫"禹航",后因音同,错讹为"禹杭""余杭"。古代余杭、杭州之名,至今沿用不废。其次还有"舟枕山"、"缆船坞"(烂船湾)、大禹堰(桥)都集中在杭州余杭区。除该地区外,其他地区未有再见过类似的和大禹乘船登陆有关的地名风物群。

古代的"禹杭",见于《太平寰宇记》卷九十三:"《郡国志》云,夏禹东去舍舟登陆于此,因为为名。"②"舟枕山"传说是大禹系舟处。"缆船坞"传说是大禹乘船之处。

口传神话具体以《中国民间故事集成》之《禹王搬涂山》③为例具体分析。讲述时间是1987年,讲述人是时年62岁的孙金发,他是杭州萧山区欢坛乡涂里坞村农

---

① 见拙作:《禹迹与禹神话传说的关系研究》,收录于2018年第二届华东师大的《中华创世神话上海论坛论文集》。
② 乐史:《太平寰宇记》卷九十三,光绪八年。
③ 中国民间故事集成全国编辑委员会主编:《中国民间故事集成·浙江卷》,北京:中国ISBN中心1997年版,第65页。

民。故事梗概：由于海水漫灌，禹王和"涂山福主"（类似土地爷）——一只千年修行的"乌龟"就搬涂山事宜发生了冲突，幸亏有涂山姑娘前来指点。涂山姑娘指引路过涂山的禹王"引山水挖川"，禹王最终带领百姓治水成功，涂山姑娘也嫁给了禹王，人们称她为涂山氏。这个民间故事，解释了大禹和涂山氏联姻的缘由，故事中大禹得到乌龟帮助，恰足以印证了《拾遗记》中禹得玄龟助力的故事。"禹尽力沟洫，导川夷岳，黄龙曳尾于前，玄龟负青泥于后。玄龟，河精之使者也。龟颔下有印，文皆古篆，字作九州山川之字。禹所穿凿之处，皆以青泥记其所，使玄龟印其上。"①

这个故事解释了洪水发生的缘由是海水漫灌，这和讲述者生活在东海边，认为洪灾的发生与大海漫灌有一定关系。洪水被治理的合理化元素是海潮的出现。

这个故事解释了"涂山"的来由，认为它和一只千年修行的乌龟有关，挖起海涂堆砌了两座大山才使海水退去。这两座大山分别是太阳山和太平山。大禹搬山治水过程中遭遇重创，涂山姑娘教导他"地是大王造，山是土地搬"，"大王治水，本来就是湮疏并用，如今这座山正可堵海潮，何必定要搬走？大王引内水，开江河可以绕道，引山水可以挖川"。大禹的行为得到了老百姓的支持，所以乌龟神也来助阵了。

这个故事在流传过程中出现了一些确认无疑的地理风物，如涂山（福主乌龟和涂山氏）、太阳山和太平山。在杭州萧山有个太平山，杭州淳安有个太阳山。

这则民间故事的结构是：涂山神主造山，禹王引水到此，搬山不成，得涂山姑娘相助。终得百姓拥戴，乌龟助力，开江挖河成功，涂山姑娘嫁给了禹王，她就是涂山氏。整个故事对禹王治河的感情倾向是拥护的，对大禹治水与本地姑娘涂山氏出谋划策的情节侧重较多。该口传故事中本土助力者涂山姑娘参与大禹治水的事实，间接反映了治水故事主体曾是涂山姑娘。

其中涂山氏唱山歌一节在故事中反复出现，这表明涂山氏所在部族有唱山歌的传统。中国科学技术大学宁业高教授，主要研究安徽巢湖和有巢氏的关系，他认为大禹所娶的妻子在涂山县的司集，"禹娶涂山在司集"，名字叫"偃攸"②。

（二）湖州是防风国主要势力范围，是大禹和防风氏神话融合的地方

湖州市德清县是防风氏遗迹遗存、信仰及其后裔保留得最多、最集中的地方。由此扩散的防风文化圈包括今湖州市及所属德清、安吉、长兴三县，杭州余杭区的

---

① 王嘉：《拾遗记》，北京：中华书局1986年版，第33页。
② 宁业高：《"禹娶涂山"在巢湖甄辨》，《合肥学院学报》2015年第6期，第68—75页。

彭公、瓶窑、良渚一带乡镇及江苏省吴江市。这三地是钱塘江与太湖流域的古防风国的大致范围,都城设在今德清县三合乡的二都防风山,中心方圆200余里。地形以浙北杭嘉湖冲积平原为主。水文方面,苕溪和京杭大运河穿过,苕溪是一条从南向北的逆流河流,最终流入太湖;京杭大运河①是沟通南北运河的交通枢纽。而这两条大河流经的地方正是杭州余杭区、湖州和嘉兴,恰恰就是古代防风国主要势力范围。

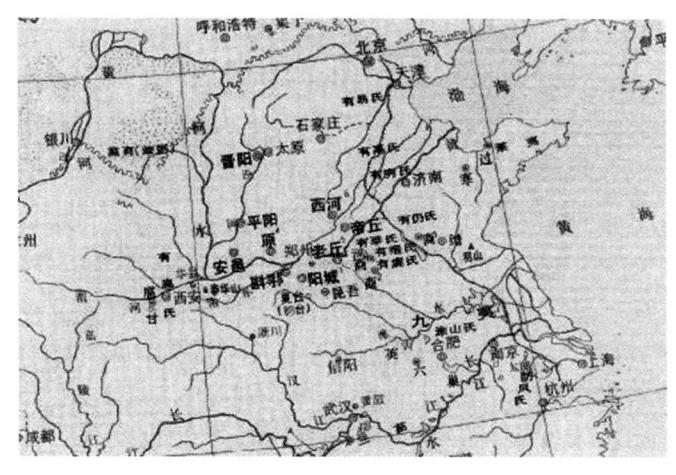

夏时期全图②

这幅夏时期全图来自于《中国历史地图集》一书,但是在这幅图中防风氏的位置标得太靠近太湖了,应该是以浙江东部湖州德清为中心,由此辐射出去的是钱塘江和太湖流域,这才算得上是正确的防风古国国域。

目前,研究防风氏的学者已经有不少成果发表出来了,如:

1.关于防风氏神话传说的采录,见于浙江公开发表的16篇资料(见《防风神话专号》与《湖州市故事集》》③)。这些"活化石"对于详细考察大禹和防风氏之间的渊源和历史都大有裨益。

2.对封、禹二山及封山防风氏庙、廉德防风庙等文化遗存的考察与记录。如钟伟今、钟铭《防风故土考察报告》,张长工《仁和廉德乡防风庙寻访记》。

---

① 京杭大运河,春秋吴国为伐齐国而开凿,隋朝大幅度扩修并贯通至都城洛阳且连涿郡,元朝翻修时弃洛阳而取直至北京。
② 《中国历史地图集》,北京:中国地图出版社1982年版,第9页。
③ 这16篇防风氏口传资料见于钟伟今、欧阳习庸主编:《防风氏资料汇编》(增订本),哈尔滨:黑龙江人民出版社2013年版,第337—339页。

3. 对防风氏、丈人坞、寒露坑等文化遗存的考察。如吕洪年《防风氏神话的文化遗存》。

4. 对现存德清县博物馆的《新建风山灵德王庙记》碑文及有关方志对防风氏记载的研究。

5. 从吴越民俗及民间信仰追溯防风氏神话与历史,如立庙塑像、祭祀防风氏、奏防风乐、跳防风舞。从山川地名、民间俗语、民间中草药以及吴越民间树木崇拜等方面追踪防风氏。秦寿容撰文从太湖渔俗方面探讨禹杀防风氏问题,他认为太湖渔民尊奉的"五相公",与防风氏及其"四弟相公"是同源的。太湖渔民对禹敬而畏之,对防风氏则是敬而亲之,其心灵的天平是向防风氏而不是向大禹倾斜的。见莫高《防风神话与吴越民俗》、王水《防风神话与树木崇拜》、秦寿容《防风之死与"相公"之谜》。

(三)绍兴是大禹会稽诸侯、斩杀防风氏、治水功成及其葬地所在,禹迹繁多,价值重大

浙江地区禹迹最多的地方是绍兴。由《中国历史地图集》选录和本人田野调查考订发现,目前绍兴和大禹有关的地方风物有 32 处。

考察这些地名可以看出绍兴地区的禹迹有以下特点:

第一,主要以大禹葬地和治水为核心内容兴建禹迹。

如大禹岭、禹穴、禹陵村、平水镇、宛委山、禹山、会稽山、夏履镇、夏履桥、禹降村、金帛山、夏盖山、禹峰、了山、了溪、禹溪村、余粮山、余粮岭。这些地名的记载基本上集中于明清之际的典籍上。如明万历《绍兴府志》《三江所志》及清《嘉泰会稽志》《乾隆绍兴府志》《清一统志》。涉及内容较多的典籍是《史记》《越绝书》《吴越春秋》。如"平水镇"的得名,《中国古今地名大词典》记载,"相传大禹治水时,杭州湾海潮可直达这一带的沼泽平原,浪潮涌至此处而水平面"[1]。"宛委山"的得名据晋代张勃的《吴录》:"本名苗山,一名覆釜,禹会诸侯计功,改曰会稽。上有孔,号曰禹穴也。"[2]《吴越春秋》卷四云:"禹案黄帝中经九山,东南天柱,号曰宛委。"[3]又"夏履镇""夏履桥"得名是据《吴越春秋》载,公元前 21 世纪,大禹治水"冠挂不顾,履遗不蹑"[4]就发生于此。后人感念其功,建桥以志,命名"夏履桥",地因桥而得

---

[1] 绍兴市平水镇镇政府官网发布的该地区地名的由来,见 http://www.shaoxing.gov.cn/index/sxzw/tszf/pszf/xzfbm1.htm

[2] 马持盈注:《史记今注》,台北:"商务印书馆"1983 年版,第 3352 页。

[3] 赵晔:《吴越春秋》,北京:中华书局 1985 年版,第 126 页。

[4] 赵晔:《吴越春秋》,北京:中华书局 1985 年版,第 126 页。

名。另有"禹会乡""禹会村"的来源：此地有座红桥，在涂山下，相传禹斩防风氏血流至此，故名，今称红桥头。涂山以南，今华舍境内一部分，南宋时称"禹会乡"，今湖门村当年称"禹会村"。华舍还曾建有纪念大禹的禹会桥、禹会殿。另外和禹有关的地方风物是在嵊州市北郊的"了山"，也叫"禹余粮山"。新昌县大市巨镇的东岕山有"禹余粮石"。

接下来分析一则关于《禹余粮》[①]的口传神话。讲述时间是1980年3月，讲述人是嵊州市浦口镇的退休工人丁方正，时年64岁，文化程度为高小。故事梗概：舜皇封夏禹为司空治水，夏禹吸收父鲧的教训，改用疏导宣泄的方法见效。暴雨导致剡地被淹，剡溪浊浪滚滚，又被大山迎头挡住，水位越涨越高。夏禹勘察后决定劈开山的一角，将洪水导入舜江（今曹娥江）。当地百姓知道后纷纷劈山挑土，夜以继日地干了起来。山冈被打通，汪洋大水被引入了舜江，直注杭州湾。人们在平整的土地上种庄稼，放牛羊。有一天晚上，夏禹夫人涂山氏带了一篮馒头到工地给夏禹当点心，突然在八里杨村的山上，听得一声巨响。只见一只庞然怪兽，用粗长的鼻头拱山，涂山氏惊吓得跌倒，手中篮子骨碌碌滚到山下去了。怪兽正是夏禹的化身。听见妻子尖叫，夏禹连忙恢复原形跑过来。见篮子里只剩下四五个馒头了，涂山氏要去捡，禹说："谁捡到就给谁，算是我的余粮吧。"从此，山上有许多馒头形状的石团子，当地人叫它"禹余粮"或"禹粮石"。

故事讲述了长江下游绍兴剡溪的治水经历。夏禹主要采用的治水方法是劈山导水，导水的目的地是曹娥江。讲述者结合了剡地、剡溪等地的山水风物，并由禹妻涂山氏引出了"禹粮石"这一段故事。其中的曹娥江，东海独流入杭州湾，是钱塘江的最大支流。东汉时期才得此名，在此之前是叫舜江。

相传，禹治水功毕，弃余粮，化为石。石磊磊如拳，碎之，内有赤糁，名禹余粮，或余粮石。宋王十朋《余粮山》诗云："禹迹始壶口，禹功终了溪。余粮散幽谷，归去锡元圭。"乡人俗称"石馒头"，视为稀罕之物。

宋代学者高似孙编撰的《剡录》曾记载："禹治水止于此。山中产药，称禹余粮，盖余食所化。"[②]此与涂山女给大禹送饭受惊一事有关。明朝李时珍《本草纲目》"矿物药石部"第十卷记载："空言质，青言色，杨梅言是也，诸石药中，惟此最贵。"又云："禹余粮，乃石中黄粉，生于池泽。久服耐寒暑不饥，轻身飞行千里，延

---

① 中国民间故事集成全国编辑委员会主编：《中国民间故事集成·浙江卷》，北京：中国ISBN中心1997年版，第67页。
② 高似孙：《剡录》卷六下，台北：成文出版社1970年版，第201页。

年不老。"又载："禹余粮,性寒,味甘,可治眼疾、骨节酸痛、四脚不仁、痔瘘等疾病。益脾、安瘴气、定六腑、镇五脏。"①

搜索资料,细细考究后发现,禹余粮又称魂石、响石、空青、药石、空石,是浙江嵊州独有的石类,也是难得一见的石中珍品。其为氧化物类矿物褐矿之一种,主要由含铁矿物,经氧化后,再经水解汇集而成。采集后去净杂石即可作药用。禹余粮性味甘涩,归脾、胃、大肠经,有涩肠止血的功能,主治久泻久痢等。煎汤,或入散剂、丸剂,外用适量,可研末后撒或调敷。现代科学验明,禹余粮(魂石)其外壳及内核由许多微量元素组成,它在科研、核能、医学等方面都有极其重要的作用。

第二,绍兴是大禹斩杀防风氏的地方,是夏文化打败长江下游防风国文化的地方,并由此延伸出二人(神)之间的神话传说和诸多禹迹。

绍兴是距离防风氏传说中心辐射区较近的地方。防风氏的事迹最早见于典籍《竹书纪年》卷上："(禹)八年春,会诸侯于会稽,杀防风氏。"②《国语·鲁语下》记载："昔禹致群神于会稽之山,防风氏后至,禹杀而戮之,其骨节专车。"③这个传说系统最初在典籍中就是被当作禹的敌对者出现的,后代提及甚少。1993年,神话学家袁珂先生在《中国神话通论·禹逐共工》④一文中说"禹致群神于会稽之山"。目的安在呢？古书并无直接回答,直到袁康、吴平《越绝书·外传记地》说："禹始也,忧民救水,到大越,上茅山大会计,爵有德,封有功,更名茅山曰会稽。"似乎禹到会稽大会群神是为了"忧民救水"。如果真是这样,那么禹会群神和对付共工便应该大有关系了。没有群神的助力,要去"攻""伐""逐"那么豪强的水神共工是很难的,但这又好像是治水大功告成后,禹召集群神去论功行赏似的。因此记叙得相当含混矛盾。如果真是"忧民救水""爵有德,封有功",防风后至,功成不居,正是他"大树将军"、谦逊美德的表现,何至于因此竟遭杀戮呢？所谓"爵有德,封有功"者,或者已是会稽山的第二次群神会了。第一次群神会就是为了对付凶恶的兴起洪水为害的共工,防风怠惰后至(说不定与共工还存在着某些联系),所以遭戮。

绍兴标志大禹会盟群神的禹迹都集中在柯桥区,有古禹会乡禹会村、禹会殿、禹会桥、诸侯江、禹降村、禹会桥。这六处遗迹是大禹会稽诸侯的明证。又有和大禹、防风氏相关的三个地名"型塘、型塘岭、防风庙",这种关联进一步说明大禹在

---

① 李志庸、张国骏主编:《本草纲目大辞典》,济南:山东科技出版社2007年版,第919页。
② 沈约注,洪颐煊校:《竹书纪年》,上海:商务印书馆1937年版,第7页。
③ 韦昭注:《国语》,上海:上海古籍出版社1978年版,第213页。
④ 钟伟今、欧阳习庸编:《防风神话研究》,合肥:安徽文艺出版社1996年版,第2页。

绍兴柯桥区会盟诸侯,斩杀防风氏的史实。

这三个名称的由来。《大清一统志·绍兴府志》地理志卷三:"会稽志云,防风氏其身三丈,刑者不及,禹乃筑高塘刑之,故曰刑塘。"①后改作型塘。南朝梁代任昉《述异记·卷上》记载:"今吴越间防风庙土木作其形,龙首牛耳,连眉一目。昔禹会涂山,执玉帛者万国。防风氏后至,禹诛之,其长三丈,其骨头专车。今南中有姓防风氏,即其后也,皆长大。越俗,祭防风神,奏防风古乐,截竹长之三尺,吹之如嗥,三人披发而舞。"②另在柯桥区安昌街道涂山东南麓有斩将台,今称作"平台"。这些遗迹的存在说明绍兴柯桥区正是当时禹会盟诸侯之地。1996年钟伟今先生主编的《防风神话研究》对防风氏事迹进行了重新考订,发现防风氏是以湖州为中心区域的治水英雄。浙东、浙北、苏南都流传着防风氏的传说,在绍兴、海宁、湖州和德清等地曾经建有纪念防风氏的防风庙,现在德清三合乡二都的防风庙从晋朝开始,每年都会举行盛大的秋祭防风庙会,作为民间活动至今长盛不衰。

那么大禹的治水传说和防风氏的关联,究竟是叠加、融合,还是取代？禹迹和传说的差异,恰恰形成我们研究的一个课题。

第三,了山、了溪的出现,印证了大禹治水功成确实是在此地。

这是巧合,还只是地方性改编？《国语·鲁语下》:"昔禹致群神于会稽之山。"③地方志中,明万历《绍兴府志》"金帛山在府城西北四十三里,世传禹至涂山,诸侯执玉帛朝会于此,其岭有九龙池"④;清《嘉泰会稽志》"了山在(嵊)县东北一十二里,南有余粮岭,其地产禹余粮";《嘉泰会稽志》卷九"了山……南有余粮岭,其地产禹余粮"⑤。

绍兴的文史专家何信恩整理的《大禹在绍兴的传说》,概括了十二个大禹在绍兴的民间传说:禹治洪水、三过家门不入、栉风沐雨禹步、大禹劈山、禹娶女娇、毕功了溪、禹诛防风、克勤克俭、下车泣罪、禹铸九鼎、禹葬会稽、会稽鸟田。从禹迹到大禹传说,都是和大禹治水立国有关的,且传说被改编时加入了对大禹精神的弘扬,如克勤克俭、下车泣罪。总的看来,关于绍兴地区的禹的神话传说遵循了"改旧编新"的原则。民间文学大家钟敬文先生曾说过:"我们现在采集到的神话,是仍在群众中口头流传的民间神话,不是原始神话,原始神话是经过社会长期的流传,在

---

① 《大清一统志》,上海:上海古籍出版社2008年版,第294页。
② 任昉:《述异记》,上海:中华书局1931年版,第1页。
③ 韦昭注:《国语》,上海:上海古籍出版社1978年版,第312页。
④ 李亨特、平恕等修:《绍兴府志》,台北:成文出版社1970年版,第85页。
⑤ 施宿:《嘉泰会稽志》,台北:成文出版社1983年版,第142页。

流传中大浪淘沙,不可能全部保留下来。对于原始神话,我们只能在典籍中看到。民间神话是现时的神话,如果我们用原始神话的概念讲现时神话,那能保留的就太少了。所以我们要从实际出发,根据实际改变我们的一些观念。"① 这对于传说也同样适用。那么"实际"是什么? 是对历史现实的尊重,是对人们当下精神信仰的尊重和对未来人们精神建设的美好期许。

(四)宁波是大禹沿着东海海岸线停泊船只,拦海造山的地方

宁波的禹迹有天封塔,传说这是大禹治水所乘船只的旗杆。宁波当地流传的大禹神话传说有《破船变陆地》《禹船城》等。传说大禹治水成功后,将所乘木船拴在会稽山下。这木船本是大禹降服的大鱼精所变,它挣脱了锁链从甬江逃入东海,一头撞在北仑龙王身上,变成了北仑山,而木船也变成了陆地,这地方就是现在的宁波。它的地形像倾覆的船只。所以该城也叫禹船城。

接下来重点分析一则宁波地区流传的口传神话《鲧山禹河》②,见于《中国民间故事集成·浙江卷》。这个故事是于1987年由宁波市宁海柴溪铁江村时年63岁,初中文化程度的职工邬荣绍讲述的。在内容上连接了创世神话和洪水神话。传说盘古开天辟地时,还没有今日的山川。接着出现了洪水泛滥,此时已然出现了"地王",这个地王先后指派鲧和禹去治水。但是鲧和禹治水的方略迥然不同,鲧认为水从北方来,所以偷来天帝的"天土",从北到南四处筑堤,筑起了一座座高山,就是现在一系列东西走向的山脉。地王因鲧未治服洪水,却导致大地高低不平,所以把他杀了。

鲧死后,从其肚子里跳出了禹。禹说水是从西方来的,就从西到东开沟挖渠,挖出的一条条江河,就成了今天的大江大河。地王见禹治服了洪水,就把王位让给了禹。

这里出现的几组对应的元素:天帝——地王,鲧造山——禹治水,洪水北来——洪水西来;从开辟天地的盘古到再造山川的鲧禹,他们都是创世神。这则民间传说最重要的价值:一是指出了称帝和称王的不同,涉及天地不同的空间;二是说明治理自然洪水带来的人为结果是群体长时间的造山和挖河运动。山脉在神话里人们认为是鲧的个人行为造成的,而不是一开始就有的;进一步可以联想到,从尧帝就开始的洪水经过了漫长的治理,只不过在这个过程中,最有创造性意义的就是以鲧为首

---

① 杨利慧:《神话与神话学》,北京:北京师范大学出版社2009年版,第54页。
② 中国民间故事集成全国编辑委员会主编:《中国民间故事集成·浙江卷》,北京:中国ISBN中心1997年版,第66页。

的造山运动,以及以禹为首的挖河运动。

这个故事里有个偶然性因素:"天土"的出现。传说中它是一种能阻止水的泥土。中国的主要山脉中,大多数南北走向的山脉是由最初的地壳运动造成的。但是在鲧所在的时代,人们认为洪水来自北方高处,因为当时人们所处的范围为伊洛颖中原地带,限制了人们的思考,他们认为只有建立东西走向的"堤坝"(山脉),才能阻挡源源不断从北而来的水。我国东西走向的山脉主要有3列(主要包括5条山脉):北列为天山—阴山,中列为昆仑山—秦岭,南列为南岭。东北—西南走向的山脉多分布在中国东部,主要也有3列(主要包括7条山脉):西列为大兴安岭—太行山—巫山—雪峰山,中列为长白山—武夷山,东列为台湾山脉。西北—东南走向的山脉主要分布在中国西部,著名的山脉有两条:阿尔泰山和祁连山。

然而鲧的这种判断和造山行为没能治理好洪水,所以禹接替鲧治水工作后,改换了思路,去挖沟凿渠了。"天土"这个词是老百姓的说法,与《山海经·海内经》中的"息壤"①很不一样。"天土"有两种可能,一种是从北方运来的土壤,能吸收更多的水;还有一种可能是"共工触不周之山",直接在北方凿山以形成阻水的效果。南京师范大学王青教授的论文认为共工其实就是"鲧"的谐音,鲧触山其实就是为了争取黄河中下游的用水权,结果造成灾祸。另外,还有一种属于神话范畴的思考,北方有座可直通天帝的山,从那里可以偷来能阻挡洪水的神奇土壤。

从讲述形式上来说,整个故事对鲧禹治水的分解合情合理,对鲧禹治水缘由、治水思路、治水结果的阐释入情入理。这则故事讲述者是宁波宁海人,他讲述时唯一与自己身份有关的是,"天土"是吸水的,而不是像"息壤"那样自行生长的土壤。这反映了对治理洪水的阐释思路是"土吸水",而不是"土自长",这是由于内陆高山与近海丘陵地带生活环境不同,而导致人们思维的不同。

(五)台州、金华、丽水三地以大禹祭祀为主,属于大禹周代以后的信仰圈

台州、金华、丽水属于中部盆地和东部丘陵地带。盆地,顾名思义,就像一个放在地上的大盆子,有下凹和隆起的部分,是一种四周高(高原或山脉)、中间低(丘陵或平原)的地形。丘陵一般海拔在200米以上、500米以下,相对高度一般不超过200米,高低起伏,坡度较缓,由连绵不断的低矮山丘组成。这和海拔在200米以下的浙东北杭嘉湖平原不一样,那里地势高低起伏大,海拔又相对较高。这一大禹信仰圈出现了大量禹庙、禹王庙或叫平水王的庙。台州出现了29座,金华出现

---

① 《山海经·海内经》:"息壤者言土自长息无限,故可以塞洪水也。"表明息壤是一种可以自己生长、膨胀的土壤。

了10座,丽水出现了25座。

1. 台州地区所属的水系是椒江,椒江曾名灵江,是浙江第三大水系。这个地方出现的29座禹庙大都与周代及以后各朝承袭周朝关于大禹祭祀的制度有关。《礼记》是我国古代一部重要的典章制度选集,其中记录了夏后氏的祭祀礼仪和殡葬礼仪,以及养老、车马、饮酒、着装制度等。《礼记·祭法》:"尧能赏均刑法以义终,舜勤众事而野死,鲧彰鸿水而殛死,禹能修鲧之功。"①这四位都是符合古代圣王祭祀制度准则的。"夫圣王之制祭祀也:法施于民则祀之,以死勤事则祀之,以劳定国则祀之,能御大灾则祀之,能捍大患则祀之。"②《大戴礼》引用了孔子对大禹的德行功绩的评价。《礼记·大戴礼》:宰我曰:"请问禹?"孔子曰:"高阳之孙,鲧之子也,曰文命。敏给克济,其德不回,其仁可亲,其言可信;声为律,身为度,左准绳,右规矩,履四时,据四海,平九州,戴九天,明耳目,治天下。"由此可见,儒家文圣对大禹,从其出身、其德行、其制度设计和功绩等多方面做了总结。

2. 金华地区所属的水系是钱塘江水系,因为大禹在浙江地区主要治理钱塘江,所以金华地区的确在"浦江县"③留下了一些大禹治水的原始遗迹,如禹塘、大禹山、黄伞羽畈、夏禹桥、康侯山、禹潭。另外磐安县也有一点遗存,如夹溪桥、玉山台地、大禹十八涡。除了以上两个区,其余的禹王庙大都是夏代之后建立的,比较有名的有建于北宋的禹王庙,以及明清建立的禹王村、禹阳村、禹东村。

接下来具体分析一篇口传神话《大禹丢水》④。讲述者是金华市婺城区时年73岁的洞前村退休工人方廉忠,高中文化程度,讲述时间是1989年。

故事梗概是:大禹王治好洪水后,带着他的妻子一边游览山水,一边察访民情。一天,他们走到尖峰山⑤(又称芙蓉峰,在金华城北)。据尖峰山的百姓反映,由于大禹治水导致整个村子"断滴流",所以请大禹想办法。于是大禹和其妻考察了整个村子,终于在溪坑处⑥,大禹将其妻头上的银簪往水坑里"一丢",地下泉水就喷出来了。从此人们就有了可饮用的泉水。

---

① 明崇祯刻本,《礼记注疏》卷四十六(毛氏汲古阁本)。
② 明崇祯刻本,《礼记注疏》卷四十六(毛氏汲古阁本)。
③ 金华市境内设婺城区、金东区2个市辖区,兰溪市、义乌市、东阳市、永康市4个县级市以及武义县、浦江县、磐安县3个县。
④ 中国民间故事集成全国编辑委员会主编:《中国民间故事集成·浙江卷》,北京:中国ISBN中心1997年版,第66页。
⑤ 尖峰山,又称芙蓉峰,屹立于金华城北,海拔427米。
⑥ 溪坑处,现称溪坑村,位于金东区澧浦镇东南角,原名"巧溪"。

故事中禹王治水后"带着老婆一边游览山水,一边察访民情",这个背景和大禹接受舜帝禅让后的巡狩和崇德报功有关系。人们将尖峰山泉水的来历,与大禹相连——将银簪丢入水坑,由此地下泉水冒出来了。这则口传神话是对地下水为民所用方法的解释。

3. 丽水处于浙南山区,山脉属武夷山系,主要有仙霞岭、洞宫山、括苍山,山脉呈西南向东北走向,分别向西北部、西南部和东北部延伸。海拔1000米以上山峰3573座,1500米以上山峰244座。这里基本上是明清至民国时期的禹王庙。

接下来重点分析一则丽水地区流传的口传神话《禹封巨灵神》①,见于《中国民间故事集成·浙江卷》。讲述时间是1981年,讲述人是时年70岁的丽水市城关镇居民吴玉生,初小毕业。故事梗概:盘古开天辟地之后,由于大水汪洋,人们深受其害,于是大禹带领大家开山堕不得不璾川,加高堤岸,但还是会发生倒堤坍岸的事。有个大汉让大家不停地供他吃喝三年,他就把大地四沿高凸的"边"打开缺口,让盛积的水流出去,最终实现治水。果然三年后,这个大汉身子长得和大地的长短不差上下了,他一个翻身,举起巨掌,把大地地沿蹬开了一个大缺口。随后大脚又奋力一蹬,积水向缺口涌泻而去。人们欢呼起来,大汉却用完了全部精力,再也起不来了。大家为了纪念大汉,将他用巨掌劈开涌出的水流叫作"掌江",大脚蹬开涌出的水流叫作"皇河"。年代一久就叫成"长江""黄河"。大禹模仿大汉的法子,把地沿打通许多大小缺口,积水便畅通地流出去了。

这个神话故事明显是大禹治水神话和巨灵神②故事的结合。丽水的地形水势和早期大禹治水的关系不大。大禹治水时期,地理学上著名的海侵海退说仍然成立,洪水要退去的时候,丽水还是尚未浮出水面的水下盆地。等到后来如该口传神话说的,"大禹模仿大汉的法子,把地沿打通出许多大小缺口,积水便畅通地流出去了"。盆地积水退去,人们才能在这里生活,所以这个地方夏代的文化遗址应该是没有的。至少目前尚未发现。而后代受周代祭祀礼仪制度的影响,在这里建了很多禹王庙。

这个巨灵神是神话传说中劈开华山的河神,源于道教中的神仙,足证这里的大禹信仰掺杂了周代以后,特别是汉代道教神仙思想的影响。干宝《搜神记》:二华

---

① 中国民间故事集成全国编辑委员会主编:《中国民间故事集成·浙江卷》,北京:中国ISBN中心1997年版,第64页。

② 巨灵神出自中国四大名著之一《西游记》中的《孙悟空大闹天宫》,是托塔天王帐下的一员战将,使用的兵器是宣花板斧,他舞动起沉重的宣花板斧,就像凤凰穿花,灵巧无比。在托塔天王率十万天兵天将征讨造反的孙悟空时,巨灵神为先锋大将,可见其武艺与法力不同一般。

之山,本一山也,当河,河水过之,而曲行;河神巨灵,以手擘开其上,以足蹈离其下,中分为两,以利河流。今观手迹于华岳上,指掌之形具在;脚迹在首阳山下,至今犹存。故张衡作《西京赋》称"巨灵赑屃,高掌远跖,以流河曲"。

(六)温州是与大禹同时代的,百越东瓯族的族属地,因汉代亡国灭族,故禹迹具有原始宗教与后世道教混合信仰的特点

温州水系主要属于瓯江,市内包括4个市辖区、2个县级市、5个县。其中鹿城区、文成县、平阳县、瑞安市和苍南县有和禹迹所产生时代相关的考古遗址。比如鹿城区老城的三官殿巷、苍南县的三官庙。三官殿巷供奉的三官大帝是唐尧(天官)、虞舜(地官)和夏禹(水官)。这个庙宇明显和道教传播有关系。三官大帝都是道教较早供祀的神灵,是道教在中国本土化过程中对中国古代神话的吸收。道经称天官赐福,地官赦罪,水官解厄。

人民出版社2018年出版的康武钢《温州沿海平原的变迁与水利建设》,梳理了温州地区山地、内河、海塘的水利建设与区域社会的发展。该书融合自然地理与人文地理、社会史与经济史的研究范式,综合考虑了以水利为核心形成的政治、经济、文化、宗教、民俗、环境等区域性社会权力关系的整体形态。例如,温州海滩山在宋雍熙三年(986)曾建有大禹王行祠,祈求镇水安民。全国各地的平水王庙以祈祷抵御水灾为主题,多以中国上古治水领袖大禹为主祭神灵。以上各庙宇均有祭祀传统,清代以前春分、秋分两日官方都有祭祀,水旱灾害发生时民众前往祈福,另外主神生辰往往也有一次大型祭祀活动。除此之外,逢年过节,常有庙会活动。今日祠庙上村者以民间信仰祭祀为主。清钱沃臣《蓬岛樵歌》载诗一首,描写了舟山平水庙的庙会盛况,可窥一斑:"大夏王宫灯事奢,石炉古庙竞于夸;秧歌一队前街去,又蛮连厢唱采茶。"大夏王宫即主祭夏禹的平水庙,遗址尚存。该诗记载了平水庙元宵灯会盛况,表演秧歌、灯戏的场面热闹非凡,观灯看戏的群众络绎不绝。①

历史上,夏商周时期温州地属百越之东瓯。楚威王七年(前333),楚威王破越国,杀越王无疆,越部分族迁东瓯定居;秦始皇三十七年(前221),温州地属闽中郡;西汉惠帝三年(前192),温州地属东海国(俗称东瓯国)。汉武帝建元三年(前138),东瓯国灭,有过亡国灭种的经历。直到东晋明帝太宁元年(323),建郡城于瓯江南岸。南朝宁武帝永初三年(422),谢灵运贬于永嘉,遍历山水,多有题咏。又有郑缉之撰《永嘉群记》地方志,永嘉山水遂成名天下。温州市境内有畲族、土家

---

① 《中国社会科学报》2019年4月30日第6版,登载了复旦大学历史地理研究中心罗诚教授《治水活动促进非遗保护传承》一文。

族、苗族、侗族、布依族、回族等少数民族。畲族是温州市主要少数民族,也是在温州居住生活历史最为悠久的少数民族。畲族原分布在闽、粤、赣三省交界处,是粤族的一支,元明清时期,从原住地陆续迁徙到浙南山区。浙南山区多保存了一些与大禹时代临近或者较其稍早的文化遗址。如曹湾山遗址、老鼠山遗址、鲤鱼山古遗址、凤山遗址、大坪遗址、山前山遗址,都属于新石器时代文化遗址。

(七)衢州在海侵之前多有文化遗址留存,大禹时代因海侵海退文明消失,直到清代才多建有新禹庙

衢州的地形属于浙江中西部盆地区,水系是钱塘江上游,因为是盆地,所以禹庙应该是清朝和民国时期所建的。如在开化县的长芦大禹庙,建于民国时期。另外近些年挖掘出的文化遗址大都早于大禹时代。如距今6000年的新石器时代遗址,位于衢江区上方镇龙祥村的葱洞遗址;还有早于大禹时代的观音洞遗址,龙游县龙洲街道寺后村的青碓遗址距今约9000年。

(八)舟山是群岛行政区,历史上未曾直接参与大禹治水,故多是明清后的新禹迹

舟山地形上属于群岛,位于浙江省东北部,东临东海,西靠杭州湾,北望上海市。地势由西南向东北倾斜,南部岛大,海拔高,排列密;北部岛小,地势低,分布稀,四面环海。所以在西北海拔高的位置留有一些与大禹同时代的文化遗存,如马岙遗址、大舜庙后墩遗址和孙家山遗址。在考古学上,和来自杭州湾的良渚文化、余姚的河姆渡文化最接近。说明岛上先民曾在大禹时代存在过,但没有参与治水,也就是说不是禹迹区。即便是新禹迹,如大禹王庙、禹王殿、禹王湾、禹贡通衢坊,也是明清以后所建。比如禹贡通衢坊就是明代嘉靖四年(1525)建立的;大禹王庙、禹王湾、禹王殿都是建于民国时期。

四、浙江省禹迹和禹神话传说特殊性的意义

通过研究者这些年对中国20个省(包括台湾)及日本和大禹有关的禹迹和传说进行梳理,发现著名的《水经注》研究专家、浙江大学教授陈桥驿先生提到的"禹的传说在内容上和地域上都有进一步的扩大。神话和传说本来不必如同历史一样认真对待,但应该承认,它们仍然是值得研究的"[1],是个有益且具有开拓性的问题。

---

[1] 《浙江学刊》1996年第5期,第107页。

考察禹迹在地理上的分布,基本上可以得出以下结论:

第一,禹迹集中的范围的确是《史记·夏本纪》所写的九州、九川。江淮河汉是大禹主治的水域范围,其中以黄河和长江为主。以宋代地图为代表的不少历史地图名为"禹迹图",充分说明古代地理概念的确是按照大禹划分的九州、九川而来的,也间接说明了禹迹的研究对中国早期版图和历史的更新式认识作用巨大。

第二,南北方地区禹迹和禹神话传说概要。大禹神话传说在黄河流域呈现密集性、雷同化分布的特点,且河南、山西、陕西、山东仍是传说主要流布区,但与典籍中的大禹神话传说相比改编力度不大。甘肃宁夏的传说虽典型但数量稀少。另外每个地区都对大禹传说进行了有益于民俗传播的当下化、地方化、民族化改造。长江流域,包括江苏浙江(江浙)、湖南湖北(两湖)、安徽、四川重庆(巴蜀),从禹迹到大禹神话传说改编力度最大,地方特色也最明显。古史辨派代表顾颉刚先生曾下结论"禹是南方民族的神话人物"。恰恰因为南方地区原始文化、原始神话保留得较好,原始文化遗存保存得较完善,所以才能结合自身文化,忠实于历史真实,保留下来更多原味的大禹神话,进而可以说南方地区大禹神话传说的改编力度比北方大很多。

第二,长江流域其他三大禹迹区特点不同。尽管江苏、两湖、安徽和巴蜀地区有较多大禹文化遗产,可还是不能与浙江同日而语。如两湖的大禹遗迹和神话传说多是春秋战国楚国兴起后对夏文化的追崇,以近现代新造禹迹为主。即便如衡山岣嵝峰上的岣嵝碑,字形如符篆,但学界仍然不能说明此碑之确切时代,何况孤证还不能全面论证两湖与大禹时代的联系。又如安徽禹迹区以蚌埠市为代表,既有考古遗迹大型祭祀场所"禹墟",也有禹王宫、大禹像、禹会村、涂山、禹墟、启母石(望夫石)、崇伯观、启王殿、禹王亭等。该地区最大的特点是和淮河水神"支祁川"①的联系。巴蜀地区以四川北川为代表的禹迹主要围绕"大禹出生娶妻"传说改编并进行地上建设。大量纪念性禹庙附有政治教化的功能。如石泉禹庙,因传说禹生于石纽而建;重庆涂山禹庙,因传说禹娶涂女而建。重庆禹迹在建设内容上偏离典籍,地方性改编尺度较大,神道色彩浓厚,想象力发达。该地大量的禹王宫主要建于清代,民国时期改称会馆,而这些会馆大多是清代由外来移民所新造的

---

① 《勘淮笔记》:无支祁应是淮河上游的一个部族领袖。他为了本地区的局部利益,反对并破坏治水。淮河中下游的人民群众憎恨他,称他为"水怪""蛟",也有人称他为"淮涡水神"。如果以上的记述能找到史实根据,那么对大禹和安徽地区的关系就会有新的认识。

"会馆式"庙宇。目前有研究者统计"重庆地区有禹王宫122处"①。

第三,浙江禹迹及大禹神话传说最大的突出点是大禹引江河入海,并且是试图将夏文化势力引向南方的重要基点。

浙江省11个市辖区以浙东平原为地形特色,其中杭州、湖州、绍兴、宁波4个地区与大禹治水关系最为密切。杭州是大禹治水时乘船登陆的地方。湖州是防风国主要势力范围,是大禹和防风氏神话融合的地方。绍兴是大禹会稽诸侯、斩杀防风氏、治水功成及葬地所在,所以禹迹繁多,价值重大。宁波是大禹沿着东海海岸线停泊船只,拦海造山的地方。尤其是湖州和绍兴地区,这里有丰富的防风氏神话、大禹与防风氏有交集的神话,足以说明当时社会南北"水神"、南北文化在这一带存在过。

而台州、金华、丽水三地以大禹祭祀为主,大都属于大禹周代以后的信仰圈,明显是周代及后来中原文化逐渐深入辐射的地方。温州地处浙南山区,与华夏族同一时空存在过的东瓯族,其族属地即温州。由于汉代该族所建的东瓯国,仅维持了54年②便灭亡了,故禹迹具有原始宗教与后世道教混合的信仰特点。衢州在海侵之前多有文化遗址留存,大禹时代因海侵海退文明消失,直到清代才多建有新禹庙。舟山是群岛行政区,历史上未曾直接参与大禹治水,故多是明清后的新禹迹,也与宗庙祭祀有关。

(作者单位:浙江越秀外国语学院)

---

① 谢兴鹏:《九州方圆话大禹》,北川:四川省大禹研究会等编印2002年版,第66页。
② 佟册:《关于"东瓯"的历史与考古问题》,厦门:厦门大学2008年硕士论文。

王坛祀舜　青坛祀禹
——绍兴一古迹也许是有待考证的禹迹

那秋生

中华文明历史是从尧、舜、禹开始的,他们都被儒道两家尊为神圣的文化先祖。值得自豪的是,"三圣"与我们越地有着密切的渊源:这儿是尧的巡察地,在稽东山区留有尧郭、车头的地名;这儿是舜的出生地,上虞、舜山、舜水都是历史的明证;这儿是禹的安葬地,每年谷雨的祭禹仪式都会吸引海内外的人前来朝圣。地名是活化石,也是古越文化的瑰宝,绍兴南部山区尚有祭祀的双坛即王坛、青坛,是该揭示其名称扑朔迷离之原因的时候了。

研究唐诗之路,翻阅千百诗篇,我们会发现著名诗人张继留下的诗《会稽郡楼雪霁》:"江城昨夜雪如花,郢客登楼齐望华。夏禹坛前仍聚玉,西施浦上更飘纱。帘枕向晚寒风度,睥睨初晴落景斜。数处微明销不尽,湖山清映越人家。"该诗为我们发掘研究上古舜禹文化提供了宝贵的线索和佐证——"夏禹坛前仍聚玉",这里也许就能发现王坛、青坛两地名的渊源。

这就说明早在唐代,禹陵之南向就有了祭坛。一是"夏禹坛",它不是专门用来祭天地的,而是与禹陵配套祭祀的祭坛,这就是所谓"青坛"(青为黑色,越语为乌)。二是所谓的"聚玉",应该就是指"王坛",要知道在古代王与玉是不分的,"王坛"可以写作"玉坛";而且"王"与"黄"同音,也叫作"黄坛"。细想起来,双坛之间不就形成了"青黄相接"的对应关系吗?

不妨解析其中的奥妙,即黄与青的色彩文化。道教将尧、舜、禹分别封为天官、地官、水官"三官大帝"。舜管的是地,五行中的土为黄色,这就是"黄坛"的来历。禹管的是水,五行中的水为黑色,夏朝崇尚青(黑)色,这就是"青坛"的来历。因为舜对禹而言是先王,所以禹承舜之遗风,两者祭祀必定遵守严格的规定。实地查看,青坛与王坛相距不远,连成直线离禹陵仅十里之遥。在会稽山区设立双坛来祭祀两位先圣,完全是理所当然的。

"天下明德,皆从虞舜始。"农历九月二十七日是舜王的生日,王坛的庙会有龙会、铳会、大炮会、罗汉会、马灯会等。既然舜王庙已被证实是王坛的遗迹,那么青坛也应该而且必须找到遗迹,双坛连在一起的地名全国绝无仅有。总之,夏朝国祭舜禹之用的祀坛,唐代已变作道家设醮祭祀的道坛,再因年代久远而化为现在的青坛、王坛地名。

《太平御览》大禹资料整理校释

贾 娟

20世纪80年代以来,有关大禹研究的内容从历史学、神话学扩展到考古学、民族学乃至文化人类学等诸多领域,但从文献学角度对大禹史料做的整理工作还很欠缺。北宋李昉等学者奉敕编纂的《太平御览》是中国历史上"宋汇部四大书"之一。书中共引用古书一千多种,其中十之七八已经亡佚,这也使之成为保存古代佚书最为丰富的类书之一。《太平御览·皇王部》辑录了大量有关大禹的史料,将大禹不同时期、不同样式的相关古籍文献整理出来,能帮助我们把后世文献与五代以前的早期文献进行对比分析,得到关于大禹传说发展和演变过程的准确脉络和轨迹。本文以商务印书馆1935年《四部丛刊三编》影宋本为底本,对一些语句词语进行探讨。

1.《河图》曰:伏牺禅于伯牛,钻木作火。

伏牺,古代传说中的三皇之一,风姓,相传其始画八卦,又教民渔猎,取牺牲以供庖厨,故称庖牺,亦作伏羲、伏戏。《庄子·缮性》:"逮德下衰,及燧人、伏羲始为天下,是故顺而不一。"晋王嘉《拾遗记·春皇庖牺》:"庖者包也,言包含万象;以牺牲登荐于百神,民服其圣,故曰庖牺,亦曰伏羲。"伏羲又叫庖羲、炮牺,"养牺牲以充庖厨""变茹腥之食",故有伏羲钻木取火的传说。我国有燧人氏钻木取火的古老传说,有些古籍记载,伏羲氏、炎帝、黄帝等也曾利用火来为民造福。如《管子·轻重戊》云:"黄帝作,钻燧生火,以熟荤臊,民食之。"《左传·昭公十七年》记载"炎帝氏以火纪",《左传·哀公九年》亦载,晋国史墨为赵鞅占卜,有"炎帝为火师"之语。《论衡·祭意》中也有炎帝作火的类似记载。

伯牛,古地名。《左传·成公三年》:"三年春,诸侯伐郑,次于伯牛,讨邲之役也。"杜预注:"伯牛,郑地。"

"伏牺禅于伯牛,钻木作火"意思是说,伏羲在伯牛这个地方取得帝位,并教人钻木取火。

2.《遁甲开山图》曰:仇夷山四绝孤立,太昊之治,伏牺生处。

仇夷山在古代又叫仇池山、仇维山,在今甘肃省西和、礼县交界处,属于秦岭地区,是古仇池国所在地。《后汉书·西南夷传·白马氏》:"居于河池,一名仇池,方百顷,四面斗绝。"《宋书·氐胡传》:"仇池地方百顷,因以百顷为号,四面斗绝,高平地方二十余里,羊肠蟠道,三十六回。"仇夷山,不仅传说是人文始祖伏羲诞生地,而且是人文始祖神农、轩辕出生地。

也有些古籍记载,伏羲生于成纪。《帝王世纪》记载:"母曰华胥,履大人迹于雷泽,而生庖牺于成纪。"《水经注》记载:"成纪水故渎,东迳成纪县,故帝庖牺所生处。"《续汉书·郡国志》记载:"成纪,古帝庖牺氏所生之地。"《绎史·卷三》记载:"伏羲生成纪,徙治陈仓。"成纪,在今甘肃省秦安县北治平川,与古仇夷山相距仅百余公里。仇夷山,从大的区域说来,属于成纪区域,伏羲的诞生地不论是仇夷山还是成纪,实是一说。又《遁甲开山图》记载:"伏羲生于成纪,徙治陈仓。"

3.魏陈思王曹植《庖牺赞》曰:木德风姓,八卦创焉。龙瑞名官,法地象天。庖厨祭祀,罟网鱼畋。瑟以象时,神德通玄。

木德:木,八卦中巽为木,五行属木,指东南方。《易·说卦》:"巽,东南也。"秦汉方士以金木水火土五行相生相胜,附会王朝的命运,以木胜者为木德。伏羲为东夷部落首领,以木德而王,即以东方圣德而称王,简称"木德王"。

刘歆提出以木、火、土、金、水五行相生的新五德终始说。从《世经》可知,刘歆排列的帝王世系如下:太昊伏羲氏为木德,炎帝神农氏为火德,黄帝轩辕氏为土德,少昊金天氏为金德,颛顼高阳氏为水德;帝喾高辛氏为木德,帝尧陶唐氏为火德,帝舜有虞氏为土德,伯禹夏后氏为金德,成汤为水德,周武王为木德。

"龙瑞名官",《尚书·顾命·传》:"伏羲王天下,龙马出河,遂则其文,以画八卦,谓之河图。"相传伏羲时有龙马自河中负图而出,为圣者受命之瑞。故以龙名官。《左传·昭公十七年》:"太皞氏以龙纪,故为龙师而龙名。"晋杜预注:"太皞,伏牺氏,有龙瑞,故以龙瑞名官。"

4.《山海经》曰:女娲之肠化为神,处粟广之野。

女娲之肠:晋郭璞《山海经注》:"女娲之肠,郭璞云:'或作女娲之腹。'"郭璞注曰:"女娲,古神女而帝者,人面蛇身,一日中七十变,其肠化为此神。"

粟广:《山海经注》:"郭璞注'野名也。娲,音瓜'。"又《山海经注》"处粟广之野"下有"横道而处"。郭璞云:"横道,言断道也。"按:横道而处,当即肠委弃于地之形。

5.《礼》曰:女娲之笙簧。

笙:《说文解字》卷五《竹部》云:"笙,正月之音。物生,故谓之笙。十三簧,象凤之身。大笙谓之巢,小笙谓之和。"《释名》曰:"笙,生也,象物贯地而生。竹之贯匏,以匏为之,故曰匏。"

笙簧:笙中之簧也,先代之乐。《礼记·明堂位》:"垂之和钟,叔之离磬,女娲之笙簧。"《十三经注疏·礼记正义》:"垂之和钟,叔之离磬,女娲之笙簧。垂,尧之共工也。女娲,三皇承宓羲者,叔,未闻也。和、离,谓次序其声县也。笙簧,笙中之簧也。[疏]'垂之'至'笙簧'。正义曰:此一经明鲁有先代之乐。"按:垂之所作调和之钟,叔之所作编离之磬,女娲所作笙中之簧,言鲁皆有之。

6.《庄子》曰:羊肉不慕蚁,蚁慕羊肉,羊肉膻也。舜有膻行,百姓悦之,故三徙成都,至邓之墟十万家。尧闻舜之贤,举之童土之地,曰:"冀得其来之泽。"

羊肉不慕蚁:《庄子集释卷八》云:"夫羊肉膻腥,无心慕蚁,蚁闻而归之。舜有仁行,不慕百姓,百姓悦之。故羊肉比舜,蚁况百姓。"羊肉不会爱慕蚂蚁,比喻舜有仁行,不爱慕功名利禄,无忧乐之志,是犹羊肉不慕蚁也。

舜有膻行:舜有召集百姓,让百姓依附的能力。

成都:《庄子集释卷八》:"成玄英疏:'舜避丹朱,又不愿众聚,故三度逃走,移徙避之。百姓慕德,从者十万,所居之处,自成都邑。'"邓,地名。舜有膻腥的行为,百姓都十分喜欢他,所以他多次搬迁居处都自成都邑,到邓的废址民众就聚合了十万人家。

童土之地:《庄子集释卷八》:"成玄英疏:'地无草木曰童土。尧闻舜有贤圣之德,妻以娥皇女英,举以自代,让其天下。居不毛土,历试艰难,望邻境承仪,苍生蒙泽。'"童,秃义,《进学解》:"头童齿豁,竟死何裨?"童土,地无草木也。尧从荒芜的土地上举荐了舜,希望他能把恩泽布施百姓。

7.《尸子》曰:昔者,舜两眸子,是谓重明。作事成法,出言成章。

重明:又重瞳。《淮南子·修务训》:"舜二瞳子,是谓重明,作事成法,出言成章。"《论衡校释卷第三》:"舜目重瞳。"《春秋元命苞》:"舜重瞳子,是谓滋凉。宋均注:滋凉有滋液之润,且清凉光明而多见"。《宋书·符瑞志》云:"母曰握登,见大虹,意感而生舜于姚墟,目重瞳子,故名舜,龙颜大口黑色,身长六尺一寸。"重瞳,一个眼睛中有两个瞳孔,上下粘连,宛若一个横卧的"8",在古代却是圣人的标志。亦有古书记载,舜有"四瞳""三瞳"。如《尚书大传》"舜四瞳",《荀子·非相篇》

"舜参眸子"。

8.《尸子》曰：舜举三后而四死除。何为？饥渴、寒暍、勤劳、斗争。

三后：《尚书·吕刑》云："乃命三后，恤功于民。伯夷降典，折民惟刑；禹平水土，主名山川；稷降播种，农殖嘉谷。三后成功，惟殷于民。"三后指"伯夷、禹、后稷"。又《淮南子·人间训》云："古者沟防不修，水为民害，禹凿龙门，辟伊阙，平治水土，使民得陆处；百姓不亲，五品不慎，契教以君臣之义，父子之亲，夫妇之辨，长幼之序；田野不修，民食不足，后稷乃教之辟地垦草，粪土种谷，令百姓家给人足。故三后之后，无不王者。"三后指"禹、契、后稷"。按《尚书·吕刑》与《淮南子》异，此三后，古圣贤，不确指。古代圣贤、天子、诸侯皆称后。如《楚辞·离骚》"昔三后之纯粹兮，固众芳之所在"，王逸注"后，君也，谓禹汤文王也"；又如《诗·大雅·下武》"三后在天，王配于京"，毛传"三后，大王、王季、文王也"；《左传·昭公三十二年》"三后之姓，于今为庶"，杜预注"三后，虞、夏、商"。

暍：《说文解字》："暍，伤暑也。从日，曷声"，"热、中暑"义，与"寒"对。《集韵》"于歇切，音谒"；《玉篇》"中热也"；《前汉·武帝纪》"夏大旱，民多暍死"；《大戴礼记》"食肉而馁，饱而强，饥而婪，暑而暍，寒而嗽"；《魏书》"凿曲光海、清凉池，季夏盛暑，不得休息，暍死者太半"。

9.陆贾《新语》曰：舜藏黄金于崭岩之山，捐珠玉于五湖之渊，以塞淫邪之欲。

舜藏黄金于崭岩之山，捐珠玉于五湖之渊：王利器《新语校注：新编诸子集成》："圣人不用珠玉而宝其身，故舜弃黄金于崭岩之山，捐珠玉于五湖之渊，将以杜淫邪之欲，绝琦玮之情。"此处，"藏"作"弃"字。《集韵》："弄，藏也，或作'去'。"《说文解字》："弃，捐也。""藏、弃"均为"去"义，与下文"捐"义同。《春秋左传正义》卷四十八："莒有妇人，莒子杀其夫，已为嫠妇。及老，托于纪鄣，纺焉以度而去之。注：'以度城而藏之，以待外攻者，欲报仇。'裴松之注《魏志》云：'古人谓藏为去。'正义：'此妇人以麻纩度城高下，令长与城等而去藏之。去即藏也。字书以"去"作"弄"，羌莒反，谓掌物也。今关西仍呼为弄，东人轻言为去，音吕。'"又《前汉·苏武传》"掘野鼠，去草实而食之"，去，收藏也；《前汉·遵传》"遵善书，与人尺牍，皆藏弄以为荣"，弄，亦藏也。

10.《春秋元命苞》曰：汤臂二肘，是为神刚。

二肘：汉代王符《潜夫论笺校正》卷八："扶都见白气贯月，意感生黑帝子履，其相二肘。身号汤，世号殷。致太平。"《太平御览》八十三引《雒书灵准听》云："黑帝子汤长八尺一寸，连珠庭，臂二肘。"《论衡校释》卷第三："汤臂再肘。"《白虎通圣人篇》作"三肘"。《太平御览》三百六十九引元命苞又云："汤臂四肘。"《艺文类聚》

十二引元命苞,《初学记》九引帝王世纪、宋书做"四肘"。各说并异。

11.《春秋元命苞》曰:汤之时,其民大乐其救之于患害,故乐名《大护》。护者,救也。

大护:即"大護",乐名。《风俗通义·声音篇》云:"汤作《护》,护言救民也。"《吕氏春秋·古乐》:"汤于是率六州以讨桀罪,功名大成,黔首安宁,汤乃命伊尹作为《大护》,歌《晨露》,修《九招》《六列》,以见其善。"高诱注:"《大護》《晨露》《九招》《六列》皆乐名。"《广雅·释乐》作"大頀",王念孙疏证:"頀,各本讹诈護,惟影宋本不讹。"按:頀、護、濩,古字通。"大护"亦作"大濩""大頀"。頀,《玉篇》《四声篇海(明刊本)》"頀,胡故切,汤乐名,亦作濩";《广韵》"頀,大頀,汤乐明,《周礼》作濩";《集韵》"頀,大頀,汤乐名,通作濩";《字汇》"頀,胡故切,音護,大頀,本作濩,后人去水加音";《正字通》"頀,胡误切,音護。大頀,汤乐名。《周礼》《左传》本作濩"。

（作者单位:浙江越秀外国语学院）

参考文献:

1. 四部丛刊三编[M].北京:商务印书馆,1935.
2. 阮元,校刻.十三经注疏[M].北京:中华书局,2009.
3. 郭庆藩.庄子集释[M].北京:中华书局,2006.
4. 范晔.后汉书[M].北京:中华书局,2007.
5. 郦道元.水经注[M]. 北京:中华书局,2006.
6. 方勇,主编.子藏·道家部·淮南子卷[M].北京:国家图书馆出版社,2017.
7. 王利器.新语校注:新编诸子集成[M].北京:中华书局,2012.
8. 宋翔凤,辑.帝王世纪集校[M].沈阳:辽宁教育出版社,1997.
9. 高诱,注.吕氏春秋[M].上海:上海古籍出版社,1996.

大禹文化拾零[①]

毛文鳌

一、《说文解字》中的禹字

许慎的《说文解字》是我国第一部分析字形、说解字义、辨识声读的字典,其子许冲《上〈说文解字〉表》云:"天地鬼神、山川草木、鸟兽昆虫、杂物奇怪、王制礼仪、世间人事,莫不毕载。"如此看来,《说文解字》(以下称《说文》)也称得上是一部汉代的百科全书,举凡社会制度、物质生产、文化生活、科技医疗皆有涵摄。作为人文始祖之一的大禹以治水、立国之功彪炳千秋,文化创造、精神遗产丰厚,泽被后人,于是其人其事为许慎所关注,《说文》中也屡见禹字或与大禹文化相关的标音、辨形、释义。

许慎在《说文》里对汉字的读音采用两种标注方法:其一,用形声系统说明造字的音读。其二,用"读若"拟出汉代人的读音。首先,许慎对所收的形声字进行字形分析,并标明"从某某声",从而形成了一套完整的形声系统。举例来说,卷一《玉部》:"瑀,从玉,禹声。"按陆宗达的意见,这里"禹"是主谐字,"瑀"是被谐字。主谐字即标音的字,被谐字就是形声字。如果把"禹"字看作一个标音符号,可以在《说文》里找到用"禹"标音的"萬""牙禹"[②]"踽""楀""鄅""瑀"等字。此外,许

[①] 本文系浙江省教育厅课题"先秦诸子、方志与书法文献中所见大禹资料的整理与研究"(Y201738244)的阶段性研究成果。

[②] 原注曰:"或从齿"。鳌按,即龋字。

慎又用"读若"比拟汉代的音读。一般来说，是用今字拟古字之音，而《说文》中拟禹声字者仅有一例：卷十一《雨部》："雨禹，从雨，禹声，读若禹。"《说文》中也采用反切注音，如卷二《牙部》："牙禹，从牙，禹声，区禹切。"又如卷八《人部》："俁，从人，吴声。《诗》曰：'硕人俁俁。'鱼禹切。"但因反切法三国时方传入中国，则《说文》反切乃后人所加，固此处不置论。《说文》所辑的字体包括"古文""籀文""小篆""今文""俗字"等，其中"古文"多是汉代所发掘出的古文经典中的字体。当然《说文》所说的"古文"，不仅仅限于古文经典，春秋时代秦篆以外群书故籍所使用的文字，都叫"古文"。同时，许氏还收集了当时出土的鼎彝铭文的字体，亦称为古文。如卷十四《厽部》："禹，古文𠳎。"由于许氏未言，所以无从了解其所举古文"禹"字的确切出处。此外，《说文》的"籀文"其实是秦始皇之前的秦国文字，其中也有与禹有关的字，如卷七《宀部》："寓，籀文寓从禹。"

《说文》所载禹字不仅关涉字形、标音，而且直接引述大禹治水事迹、大禹文化以释义。如卷十一《川部》云："州，水中可居者。周绕其旁，从重川。昔尧遭洪水，民居水中高土，故曰九州。"吕思勉据此推论："此乃州字本义。后土之所平，禹之所同，皆不过如此。"[①]卷九《山部》曰："崙，会稽山，一曰九江当崙也。民以辛、壬、癸、甲之日嫁娶。从屾，余声。《虞书》曰：'予娶崙山。'"段玉裁释读"会稽山也"谓：

> 《左传》："禹会诸侯于崙山，执玉帛者万国。"《鲁语》："昔禹致群神于会稽之山，防风氏后至，禹杀而戮之。"二传所说，正是一事，故云崙山即会稽山也。崙、塗，古今字，故今《左传》作塗。《封禅书》云："管仲曰：禹封泰山，禅会稽。"《吴越春秋》曰："禹登茅山，以朝群臣，乃大会计，更名茅山为会稽。"《封禅书》又云："秦并天下，自殽以东名山五：太室、恒山、太山、会稽、湘山。"刘向上封事曰："禹葬会稽。"盖大禹以前名崙山，大禹以后则名会稽山，故许以今名释古名也。杜注《左传》曰："塗山在寿春东北。"非古说也。会稽山在今浙江省绍兴府志东南十二里。

段氏又释"一曰九江当崙也，民以辛、壬、癸、甲之日嫁娶"曰：

> 谓崙山在九江当涂也。《地理志·九江郡当涂》："应劭曰：'禹所娶涂山

---

① 吕思勉：《读史札记·共工、禹治水》，上海：上海古籍出版社2016年版，第53页。

氏,国也。'"《郡国志》:"九江郡属县有当涂,有平阿,平阿有禽山。"按,平阿本当涂地。汉当涂即今安徽省凤阳府怀远县,县东南有涂山,非今在江南太平府治之当涂也。《昝繇谟》曰:"予创若时娶于禽山。"辛、壬、癸、甲,郑注云:"登用之年,始娶于涂山氏,三宿而为帝所命治水。"《水经注》引《吕氏春秋》:"禹娶涂山氏女,不以私害公,自辛至甲四日复往治水,故江淮之俗以辛、壬、癸、甲为嫁娶日也。"许云当涂民俗以辛、壬、癸、甲之日嫁娶,正与《吕览》合。郑注《尚书》亦同《吕览》,辛、壬、癸、甲言娶涂山所历之四日也。县之名当涂者,盖以禽山得名。禽、涂,古今字。

《尚书》《离骚》等历史文献记载,禹娶涂山故事贯穿春秋战国时期,是可信的历史记忆。降至东汉,许慎犹深信不疑,故采入《说文》。段注便详尽铺叙禹娶涂山之事,又旁征博引,推定故事发生地涂山的地望。不过,段说只是在《说文》关于绍兴会稽山、怀远涂山两说基础上敷衍其词,并无真正推进。

二、《全元文》所收绍兴文稿校读三则

《全元文》汇辑有元一代之汉文单篇散文、骈文和诗词曲以外的韵文。据整理者所言:"全书所收元文尽可能选用善本、足本为底本,正文一依底本。底本确实有误,予以改正并出校记。一般异文,不出校记。校记附于篇末。笔画小误,显系误刻者,径予改正。"[①]观此,全书校订精审,文字似乎确然可信。不过,我们逐一校读全册70余篇涉绍文稿,发现相较于原文,固然多有纠谬攻错,却仍有"落叶"更待清扫。兹以卷七四五《绍兴路修大禹庙记》、卷一二八四《曹娥碑》、卷一八〇四《南庙镇颂》三文为例佐证前说,并指陈异同,订补异文。鉴于三篇文字皆是碑版文,曾经镌石树碑,故多收入历代绍兴方志内。事实上,今存万历、道光县志内果列其文,于是校读便有案可稽了。为便于省览,此下将以列表形式呈现各文异同。

(一)《绍兴路修大禹庙记》[②]

---

① 李修生主编:《全元文》,南京:凤凰出版社2004年版。
② 原记文后编者注,称文稿采自"万历三年《会稽县志》卷十三"。

序号	《全元文》	万历《会稽县志》	道光《会稽县志》
1	九州之民,耕田宅土。	九州之民,耕田宅上。	九州之民,耕田宅土。
2	泰定甲子,金原王公为守谒庙下。	泰定甲子,金原王公马守谒庙下。	泰定甲子,金原王公为守谒庙下。
3	然则禹庙之在会稽旧矣。	气则禹庙之在会稽旧矣。	然则禹庙之在会稽旧矣。
4	俾性记其成之岁月。	俰性记其成之岁月。	俾性记其成之岁月。
5	若帝来下。	若帝末下。	若帝来下。

根据上表可见,《全元文》成文上版前编者曾校对万历《会稽县志》原文,指瑕摘谬,后出转精。参以道光《会稽县志》,考察致误之由,显见多系手民刻工粗心率意,因字体形近而误,却又不加校雠。比如,"土"与"上"、"为"与"马"、"气"与"然"、"俰"与"俾"、"末"与"来"等都是因形近致误的,本无深意可究。

(二)《曹娥碑》

序号	《全元文》	万历《会稽县志》	道光《会稽县志》
1	当吾父之善泅兮,习婆娑以为戏。	当吾父之善泅兮,习婆娑以戏。	当吾父之善泅兮,习婆娑以戏。
2	扣龙之宫不得其户兮,化精卫而莫为力。	扣龙之宫不得其尸兮,化精卫而莫为力。	扣龙之宫不得其尸兮,化精卫而莫为力。
3	奋轻身于踊擗。	奋轻身于踊蹯。	奋轻身于踊蹯。
4	刚足以锢志。	刚足以固志。	刚足以固志。
5	抱遗骸以祭告兮,异鲍生之刻木。	抱遗骸以致告兮,异鲍生之刻木。	抱遗骸以致告兮,异鲍生之刻木。
6	嫱完父于伤槐兮。	嫱完父于伤魄兮。	嫱完父于伤魄兮。
7	表双阡于江邑。	表双阡于工邑。	表双阡于江邑。
8	得贤长于八厨。	得贤长于人厨。	得贤长于八厨。
9	深石阴之旌语兮。	探石阴之旌语兮。	探石阴之旌语兮。
10	彼小儿之砥犊兮。	彼小儿之舐犊兮。	彼小儿之砥犊兮。
11	昧纲常之大节兮。	昧纲常之大节兮。	昧纲常之大节兮。

续表

序号	《全元文》	万历《会稽县志》	道光《会稽县志》
12	擥江花以为脯①。	揽江花以为脯。	揽江花以为脯。
13	劲吾衷其莫御。	劲吾里其莫御。	劲吾哀其莫御。
14	耿孝魄之长存兮,照江月兮千古。	耿孝魂之长存兮,照江月于千古。	耿孝魂之长存兮,照江月于千古。

看上表,对读《全元文》、万历《会稽县志》、道光《会稽县志》所收《曹娥碑》,文字出入不可谓不大。具体而言,又分为以下两种情形:首先是因字形相近而误的,譬如"户"与"尸","擗"与"蹿","锢"与"固","魄"与"槐","工"与"江","人"与"八","深"与"探","砥"与"舐","味"与"昧","揽"与"擥","衷""里"与"哀"等皆是,其中"踊蹿"与"踊擗"是一对同义词,可以通用,而其余则语义出入极大,甚至不可解,必须加以订正不可,尤其是《全元文》的字词。值得注意的是,由于方志编写的继承性,所以道光志基本沿用万历志的字词,以致呈现出"一荣俱荣,一损俱损"的局面。当然也有例外,譬如,道光县志与《全元文》皆作"八厨",而万历志却书作"入厨",之所以如此,大概是前两书后出,从而有机会订误。更有例外的情形是,序号13句中的"衷""里""哀"三字竟然各不相同!第二种情形是出于文学性考虑而作的变动。上表中的第一句与末一句即是如此,以使音节更悠长谐美。

(三)《南庙镇颂》

序号	《全元文》	万历《会稽县志》	道光《会稽县志》
1	土绳祖武。	上绳祖武。	上绳祖武。
2	道使代祀。	遣使代祀。	遣使代祀。
3	惟神显诚,景明八埏。	惟神顾诚,景贶八埏。	惟神顾诚,景明八埏。
4	六气节宜。	六气节宣。	六气节宣。

《南庙镇颂》中各书文字出入不大,主要是形近而误,比如"土"与"上"(这也见于《绍兴府修大禹庙记》中),"道"与"遣","宜"与"宣"。需要说明的是,"六气节宣"是古文献中的习见语,反映的是古人的一种观念,即阴、阳、风、雨、晦、明六气若

---

① 鳌按,原注云:"'擥江花以为脯',擥,原作'槛',据文渊阁四库本改。"虽说所改较原文稍胜,但因他校本子恶劣,故并不令人惬意。考虑原文系骚体文,模仿屈赋痕迹显目,故当以《会稽县志》所用"揽"字为优。

是疏导、节制得宜,顺应四时,就会国泰民安,身健安康。至于用"显诚"还是"顾诚",因为"顾诚"不成词,故选前者;"景明"抑或"景贶",由于"景贶"专用于祭祀祈福,故应用景贶。宋人蔡戡《定斋集》卷七《明堂大礼贺表》曰:"既取合禋之义,祖功宗德,式昭并侑之文,熙事告成,景贶交至。"可资参照。

综上所述,利用绍兴地方文献,特别是方志中的碑文可以订正《全元文》涉绍文中的异文讹字。

域外大禹文化学研究

日本禹门建筑的特征及意义

佛教大学名誉教授　植村善博　著
浙江越秀外国语学院　谢曼　译

禹门，又叫作龙门，是山西河津黄河附近的一个地名。禹门，位于深邃的峡谷边缘小盆地中，因为禹王（大禹）的功绩，所以又被称为禹门口。禅语中有"禹门三级浪"的说法，来比喻难关，传说是因为当时大禹在治理黄河时，将汹涌的水势分成三部分。也有跨过急流跃上龙门的鲤鱼最终成为龙的传说故事。因此，龙门暗含着将来若出人头地，就必须跨过难关的意思。爱媛县西予市城川町鱼成有一座禹门山龙泽寺，作为曹洞宗的大本山，1432年由仲翁和尚中兴，该寺正殿悬挂着刻有禹门山寺号的匾额。此外，寺中的仁王门上悬挂着一副门联，上书"鱼跃龙门渊"，据说禹门山的寺号就来自鲤鱼跃龙门（禹门）最后成为龙的传说。

目前在日本，已经被确认的叫作禹门的建筑共3处，都是日本庭园的组成要素之一。本文将着重探讨这些建筑物共同的特征及由来。

一、大德寺龙光院禹门

大德寺位于京都北郊，船冈山之北，是临济宗大德寺派的大本山，龙光院是该寺的塔头之一。龙光院因保存着被誉为国宝的书院、茶室密庵席、密庵咸邻墨迹、油滴天目茶碗，以及重点文物昭堂、盘桓走廊、禹门、兜门等而闻名，这些文物一般都谢绝参观，不进行公开展览。龙光院始建于1606年，当时是黑田长政为其父孝高建设的菩提园。之后，寺住江月宗玩又建设了现存的法堂、方丈、仓库，在他去世后的1649年又新建昭堂、盘桓走廊。从昭堂前的白砂亭到黑田庙的途中，有一处被围起来的建筑即是禹门。禹门，木质，宽1.9米、高2.4米，是两侧开放式的唐门。门上方的顶檐部分是用桧皮茸砌的卷棚式封檐板,上面覆盖着鬼瓦和栋瓦。整体来看是庄严肃穆的禅寺风格,又完美地与日式庭园风格融合在一起。门楣上悬挂着记录禹门由来的汉诗的牌匾。上书"禹门","直有西来祖意传,九州岛易地一庭前。庭前柏树现龙树,头角峰峥嵘势凛然。古柏其形如龙而冲西海浪来,故以右之二字钉此门矣"。

根据寺传记载,"禹门"的题字是松花堂昭乘的笔迹,汉诗则是由江月宗玩题写。该汉诗的题材来自《无门关》三十七,记载了有名的"庭前柏树"公案,"有一僧人问赵州,祖师西来之意究竟是什么。赵州回答,庭前的柏树子"。其意是说,"庭院中的柏树枝条如同龙树,枝条末梢锋利,气势十足,如同搅动西海的龙的形态,因此将其命名为禹门"。禹门位于前往祭祀黑田孝高的黑田庙的参拜道路上,这难道不是将院中长势如龙的柏树枝条,同黑田家族不断荣升的美好愿望相联系而命名的吗?

龙光院中的现存建筑物大多于1608年庆长营造和1636年宽永营造时建造,联芳堂和盘桓走廊则于1649年建造。禹门被看作是与盘桓走廊为一体的建筑物。目前较为普遍的看法认为,禹门应是在1608年到1649年的江户时代建立的,命名者是当时的寺持江月宗玩。龙光院禹门与德川美术馆的禹金像、东京国立博物馆的大禹像画,以及高松市的大禹谟等同属日本较古老的禹王遗迹遗存。同时,龙光院禹门也是现存最古老的与大禹相关的建筑物,由庭园中柏树的走势联想到鱼跃龙门的传说,由此被命名为禹门。禹门是日本最早出现的与大禹传说相关的建筑物,且与禅寺庭园相融合而建造,从这一点来说它的建造具有划时代的意义。

二、华顶友禅苑禹门

净土宗总本山知恩园因其拥有巨大的三门而闻名,在门右侧慢坡道的对面是安静的华顶友禅苑。在这座和风庭园中静悄悄地矗立着一座禹门,这是一座高2.2米、宽2.5米古朴的木质门。在标识牌上记载着禹门即龙门,是立身处世之门,从这扇门我们可以体会庭园设计师将山清水秀环境中的茶室庭园与溪流治水相结合的独特匠心。华顶友禅苑始建于1953年,最初是为了纪念宫崎友禅斋诞生300周年而建造的小公园。在这里竖立了友禅斋铜像,还将谢恩碑迁移此处。这些都是由京都纺织品联合从业者,为彰显宫崎友禅大师的功德而支持建造的。1968年知恩园为纪念法然上人开宗800周年,而改造了大约990平方米的大庭园。沿着染系瀑布而下的水流周边分布有池泉式庭园的代表普陀落池、枯山水特色的鹿野园以及以大泽德太郎茶室为特色的华丽庵、白寿庵茶室等八处建筑,知恩园以此八景而自誉为天下名园。

禹门就设置在茶室院子的入口处,这扇门以及溪流的设计者、主持施工者都是京都小林造园株式会社的小林正佳先生。由于小林将佛教思想融入和风庭园的设计理念中,禹门呈现出新的姿态。庭园的设计理念,是通过将禹门设置在仿若黄河水流似的溪流旁边,让人由木门联想起立身处世的艰难。禹门的形态酷似中国古代的木质横门,在茶室的院子入口处,成为日式庭园的组成要素之一。

三、青森市栋方志功纪念馆禹门

出生于青森县,青森县最早的日本文化勋章获得者,青森市荣誉市民第一人,著名版画家栋方志功先生的纪念馆设立在青森市松原町。栋方志功出生于青森的一个铁匠家庭,1924年,18岁立志成为画家的栋方来到了东京。在东京,他逐渐转向版画创作,并一心投入版画创作中,刻苦钻研和学习。随着他先后在圣保罗、威尼斯双年展上获得最高奖项,在日本也渐渐名声大噪起来。栋方纪念馆以及相邻的市民图书馆都是由青森县和青森市共同承担建设的,两馆同时于1974年开始动工,1975年8月竣工。该纪念馆于同年11月17日正式对外开放,栋方本人则于开馆前两个月的9月13日因肝癌去世。

其中负责庭园设计与施工的是京都的小林造园。据说青森市长在看到小林造园建造的正觉寺庭园后,特意邀请小林正佳来设计栋方纪念馆的庭园。图书馆的前庭是枯山水特色的设计,其表现形式是以石块象征幽谷,白沙象征大海,草坪象征白云。纪念馆的主体是池泉洄游式的庭园风格,池中有基础柱石。两者之间不竖立高大的屏障隔离,而是以植物为主的开放空间,其中设置可以通过的中门,被称为禹门。禹门高2.6米、宽1.3米,有两扇可以打开的朴素门扉,考虑到冬季积雪问题,其顶部采用较轻的板葺材质,门框两侧则是由竹篱笆组成。小林设计师曾说,"栋方先生一生跨过象征无数艰难险阻的禹门,才终于成为世界闻名的艺术家,希望青森县可以继续出现许多像栋方先生这样的优秀人才,因此将这扇门称为禹门"。另外,在禹门临近图书馆的一侧,原本悬挂着栋方的支持者竹内知事写的"禹门"的牌匾,但是因为风雨侵蚀,文字模糊不清,现已被纪念馆保管收藏。此门之前一直是敞开并可以自由通过的,但是由于老化严重,现在已经封闭起来了。

到目前为止,日本可以确认的禹门建筑物一共有3件。禅寺龙光院的禹门是日本最早的禹门,大约建立于江户时期。江月宗玩住持因觉得院中柏树枝条的长势像龙的形态,故将其命名为禹门。300多年后的20世纪六七十年代,分别在京都与青森县出现的禹门,则是由京都庭园设计师小林正佳先生在30—40岁设计的作品。作品将象征着立身处世难关的登龙门,具象化地呈现在日式和风庭园中。两者与中国古代的衡门相似,没有治水的意义,而是根据鲤鱼跃龙门后成为龙的民间故事设计的。

谢词:非常感谢大德寺龙光院主持及栋方志功纪念馆小野次郎馆长协助提供资料,并十分感谢佛教大学非常勤讲师新稻法子在匾额的释读方面提供的帮助。感谢京都教委文物保护科的小宫睦在建筑物和文献研究方面的指导和帮助。

从大禹信仰看当代日本人的中国观

王 敏

前言 对日本 97 处祭祀大禹文化景观的调查

在文字还没有出现的日本列岛,日本人第一次接触文字的记载是 5 世纪,主要通过朝鲜半岛的来客王仁携带的《论语》和《千字文》为媒介。从此,日本借用汉字为表述符号,推进了以汉字文明为机轴的进化历程,继而创造了源于汉字的日语体系。因此,日语表述由两个体系合成:古汉语式的汉字体系和源于汉字的日语体系,而主流社会的教化基本上取材于中国古典文化。直至 16 世纪以来西方文化的流入,基于日本和中国之间的这种特殊关系,中国古典文化的精品早已化为日本知识结构和文化素养的一部分,直至今日依然是日本教科书中的组成部分。日本教育大纲明文规定,小学毕业者必须掌握 1006 个常用汉字,完成义务教育者则需掌握 2136 个常用汉字。因此,日本人一般都熟知诸多与中国传统文化相关的知识,尽管从来没有去过中国,但他们通过阅读中国古典和传统文化作品,憧憬古代中国圣人德君和平昌盛的治理。从北海道到冲绳,遍布日本列岛的 97 处大禹景点和文物史迹就是日本人民教化体系中混合流淌着大禹以及中国传统文化血液的印证,而中日关系从根本上难以脱离相互交叉并共同开创的轨迹,因为这是古往今来连接两国民生的生命共同体。

大禹何以"定居"日本?这与四书五经的定位息息相关,从汉字成为日本的国语之时,四书五经就被定位为经典范本和文明开化的教科书。其中,"禹"一共出现了 31 次。大禹乘四书五经之风,东进日本之后,立刻被古来深受地震和水灾之苦的日本人民奉为信仰的对象,祭祀大禹治水的文物和史迹不仅仅是往昔,也是今日日常生活中的真实写照。显然,这也是走近日本,解析当代日本中国观的一扇门窗。

一、发现日本的大禹文化圈

对日本的大禹祭祀进行考察缘于 2007 年的一次会议。我的邻座、原开成町町长露木顺一告诉我该町有几座纪念大禹的建筑。于是,在该町的乡土文化研究会的帮助下,我便开启了对大禹在日本的传播实况进行考察的序幕。

此后,在日本各地的支援之下,全国性的民间研究组织"治水之神禹王研究会"结成。2010 年 10 月 18 日,日本第一届禹王文化节在开成町举办。2012 年 10 月 20 日,第二届禹王文化节在群马县名胜景点尾濑召开。第三届禹王文化节于 2013 年 7 月 7 日在高知县高松市召开。第四届本应在广岛市召开,因为当地突然发生了泥石流,不得不采用网络会议的形式。第五届于 2015 年 10 月在大分县臼杵市成功举办。大禹不仅造福于中华大地,而且成为联结当代中日友谊的桥梁。禹王文化节委员会决定,从 2016 年起,日本禹王文化节隔年在日本发现大禹文物史迹之地轮流举办。

二、日本的大禹文物史迹

(一)日本最早的禹王庙

1228 年建成的京都鸭川禹王庙是日本最早的禹王庙。众多文献中有关于"夏禹王庙"的记载,在京都四条路和五条路之间的禹王庙一直留存到江户前期。

据《日本书纪》"钦民天皇五年"条款记载,位于新潟县的佐渡岛在 544 年曾经存在一个叫作"夏武邑"的部落,"夏武邑"的地名虽然现今不复存在,但自古以来就有大陆移民通过朝鲜半岛来此定居的传统。

(二)日本现存最古老的禹王碑或其他膜拜物

在此仅举两例:

1637 年,香川县高松市的大禹谟碑。

1630 年铸造的禹王金像,高度约为 80 厘米,今为名古屋的德川美术馆收藏。

(三)最早的日本文献记载

712 年编纂的《古事记》序言。

(四)日本最早的禹祭

据推测,1228年建成的京都鸭川禹王庙举办过禹王祭祀,尚需调查考证。

(五)现在的禹祭

持续至今的祭祀地点及其年代:

1708年建立的埼玉县的文命圣庙;

1719年建立的大阪府岛本町的大禹圣王庙;

1726年建立的九匀川岸文命东堤碑和西堤碑;

1740年建立的大分县臼杵市的禹稷合祀坛;

1838年建立的岐阜县揖斐川的禹王灯笼;

1919年建立的群马县沼田市的禹王碑;

2012年建立的兵库县姬路市的禹王碑;

2013年建立的广岛县广岛市大禹谟。

三、重点史迹简介

(一)神奈川鼎南足柄地区的神禹碑

1726年,在德川幕府的支持下,著名农政专家田中丘隅(1662—1729)在神奈川鼎南足柄市主持修建了一座以大禹别名命名的神社——"文命社"(现名福尺神社)。该神社祭奠的神明就是"夏禹王"。然而,明治政府于1909年推行实施"一村一社"政策,将文命社附近的11个神社统筹合并为一处。在此风潮之下,值得庆幸的是,对"夏禹王"的祭祀依然被保留下来,至今连绵传承300多年,治水神大禹护佑了南足柄地区的一方平安。

笔者编著的论文集《共同研究的参考:国际日本学研究》(2013年3月,法政大学国际日本研究所发行)的封面采用了当地文命东堤碑碑文中的一部分。其中的"神禹"二字清晰可见。

(二)群马县片品村的大禹皇帝碑

1874年建于群马县片品村的大禹皇帝碑的碑文,与位于中国绍兴市会稽山的大禹皇帝碑的碑文(篆书体)极为相似。群马县片品村的大禹皇帝碑表彰会的官田胜会长对该碑进行了初步考察,认为还有诸多问题待解。显然,该碑文经何人之手,何时传入日本等问题备受日本各界的关注。

(三)战乱中香火未断的大禹祭祀

从1894年甲午战争开始,直到1972年中日之间正式恢复国家邦交关系正常化,在这漫长的 78 年里,日本对大禹的祭祀活动从未间断。其间,在大阪的淀川、群马的平川以及广岛的太田川等共计 8 个地区增建了大禹纪念碑,成为日本国民对中国文化信赖的佐证。而超越战争,横跨两国交往的大禹文化始终屹立在中日文化交流的最前沿。

四、日本对大禹的传承脉络

公元 2—3 世纪,大和民族统一了日本,开始摸索建国的途径,并于 670 年,将倭国更名为日本。这段时期,日本为尽早实现国家强盛,以吸取来自中国的先进文化和技术为当时之急。为此,有目的有计划地拓展了与中国的多方位交流。当时,日本主动移植中国主流文化主要使用了两条途径。

(一)中国途径

比如公元前 5—前 3 世纪学习种植稻米及打造铁器等先进技术,派遣遣隋使、遣唐使学习中国文化和技术,汉人大举东迁日本等等。

(二)半岛途径

经乐浪、带方东渡的汉人(约 300)与百济半岛人的合流,共同迁移日本(4—6 世纪)之路。

关于大禹的主要日籍文献集中从两个方面推崇大禹。

(一)品德高尚的君王

这类书籍有:《大事记》《三教指归》《性灵集》《徒然草》《太阁记》《政谈杂话》《一人寝》《都鄙问答》等。

(二)治水的丰功伟绩

如《三壶记》《政谈杂话》《诽风柳多留》《风来山人集》《地方凡例录》等。

五、日本帝王教育中的《大禹戒酒防微图》

明清时期出版了许多宣传圣贤的图鉴,如万历本胡文焕刊《新立刻历代圣贤像赞》《古先君臣图鉴》、崇祯刊吕雉祺辑《对贤像赞》等古代君臣群像图描绘的都是当时兴盛和流行的书画中的人物。诚然,这种现象与当时儒学的深入和社会民众的所需息息相关。

当时的日本正值室町、战国、江户时代,之所以也产生了对帝王圣贤图鉴的需求,当与彼时尊王、尊皇思潮和以儒学为核心价值,利统内政的官学发展有关。因此,以大禹为楷模的《大禹戒酒防微图》才东进日本,成为境外大禹文化圈中之一员。

保存在京都御所的御常御殿内的隔扇之上的《大禹戒酒防微图》意味深长。那是一幅描绘酒祖仪狄向大禹献酒的代表性隔扇画。作者鹤泽探真是日本江户末期与明治初期的狩野派画家。狩野派是日本绘画史上最大的画派,活跃于室町时代中期(15世纪)到江户时代末期(19世纪)的400年间。该画派的最大特点之一是专注源于中国的伦理道德体系,并将其全方位地体现于画作中。其画法则结合日本式的欣赏习惯和特色,具有雅俗共赏的效果,长期占据朝野各界的殿堂。

进驻京都御所的其他以中国帝王为原型的狩野派作品还有《高宗梦赉良弼图》和《尧任贤图治图》。这两幅作品也以隔扇画的形式展现在旧都御所的御常御殿内,与《大禹戒酒防微图》合称为"隔扇画三图",这两幅图的作者分别为座田重就和狩野永岳。

《高宗梦赉良弼图》描绘的是商代高宗寻找梦中出现的贤人的场景。《尧任贤图治图》描绘的是尧王用贤人治国的场景。

在京都御所生活过的天皇共有二十八位,从御醍醐天皇到明治天皇,他们从1331年至1868年执政并生活在此,与《大禹戒酒防微图》同呼吸共命运。《大禹戒酒防微图》伴随二十八位君主的目的十分明确:以大禹为楷模,保持传统的自重、自尊、自戒、自勉、自强不息的精神,以成为万众所望的君主。

六、日本的天皇与大禹

自古以来,日本天皇就是学习并引进中国传统文化的推手,他们的日常规诫中基本上以描述中国传说文化中的君王和圣人的仁德的话为座右铭。如《禁秘抄》是顺德天皇撰写的一本研究古代典章制度的古籍,里面记录了作为天皇应该铭记的典章制度。这本书还被看作是天皇必须遵守的准则手册,也被认作是天皇的家训。《禁秘抄》中说,天皇治学的目的,是要通晓历代天皇治理国家的方法,从而更加有的放矢地为政,维系天下太平。而此书是以"帝王学教科书"《贞观政要》中的言行录为标准编写而成的。由此可见,中国的伦理道德融入日本皇室的教化深层,并形成了其言行指南,因此,直至今日,东方式传统的伦理道德更贴近历代皇室所传承的价值体系,更容易被皇室所理解和接受。

作为该体系中的大禹成为皇室楷模的背景也在于此。不过,在圣贤群像中独重大禹的最主要的原因大概是与日本的风土特点有关。众所周知,日本古来多地震和水灾,保障日本民生最优先的工作就是抗洪防震。对于当时处于原始农业生产状态的日本人民来讲,大禹不仅是他们祈求保佑的神明,也是具有超人技能的科学家,他们坚信以疏通为主的大禹治水方法经过在中国的成功运用,再运用于日本也自然有效。直至今日,日本的土木建筑行业依然奉大禹为开拓者。日本传统体育项目中的代表性姿势也来源于大禹治水时代人工垒夯,用脚奋力踏实堤土的动作。日语中也叫"禹步"。

大禹和日本皇室自古就保持这种近距离关系,当今的年号平成便出自《尚书·大禹谟》中的"地平天成",水土治理为"平",万物丰收为"成",短短四个字,鲜明地表达出上古贤王治理天下所期望达到的理想境地。

刻于唐文忠太和四年(830)的《尚书·大禹谟》,包括《周易》《尚书》等12种经书,被誉为"世界上最大最重要的一部书",由114块石刻组成,共计65万余字。

1992年10月26日上午11点,首次访华的明仁天皇夫妇抵达西安碑林博物馆,目睹了《开成石经》中的平成字迹,感慨万千。

综上所述,至少从5世纪汉字传入日本起始,日本皇室就对大禹抱有非同一般的深刻的认识和深厚的感情。大禹与其后的帝王学与帝王图鉴的东进相得益彰,深得朝野拥戴,自然而然地加入日本文化的信仰对象行列中,并逐渐演化为日本的大禹信仰。

结语　以大禹文化解析当今日本的中国观

小文对日本97处祭祀大禹的文物史迹以及祭祀活动的背景予以大致的梳理和浅显的介绍,以大禹为例凸现了中日对传统的汉字文化之共同的传承以及升华的连接点、交叉点。同时也烘托出日本的混合型文化特色,以及对外来文化,尤其是汉字文化的汲取方式的特点和在不同历史阶段的提炼背景,验证了中日间的文化互惠关系在千年的岁月里,吞吐和升腾出用之不竭的文化积累。

然而,由于近代以来,日本的国家价值观在实现富国强兵的过程中趋向称霸,以西方合理主义和实用主义为核心标准,造成了中日之间正常关系的恶化、扭曲。尽管日本曾经致力于战败后的和平建设,于1972年日中邦交正常化以来努力调整并改善与中国的关系,却依然不时坠入恶性循环。那是因为日本16世纪前以中国伦理道德为参照的价值观念发生了根本性的扭转,其结果也导致了国民关注重点的位移,造成了与中国相关的各方面的知识的萎缩和淡化。中国观的内涵也随之逐渐发生了演变。因此,提到"中华"二字,当今日本人最先联想到的大概就是"中华料理"了,相对而言,昔日日本人所关心和热衷的中国文史哲方面的知识框架已近乎古董,而非参照模式。而居住在全方位改装成西式客房里的民众也随之无意识地被调整、被改造。

韩国的大禹史料和韩国丹阳禹氏的现状

禹成旼

被引用于韩国文献史料里的关于大禹(夏禹)的记载较多,但是对其整理和分析的内容却很难在国内外学界找到。最近伴随着中国学界新的考古学发掘成果,大禹文化的研究正走向高潮,然而,韩国学界对它的研究仅仅局限在"通过部分朝鲜后期大邱月村地区丹阳禹氏围绕财产的争端,深层分析乡村社会和地区社会的秩序形成"等研究对象和研究范围中。

因此,本考以《三国遗事》《高丽史》《高丽使节要》《朝鲜王朝实录》《承政院日记》等韩国文献史料和《韩国古代金石文》《韩国古代金石文资料集》等近现代时期的史料为中心,了解古代朝鲜人对大禹(夏禹)的认识。并且,简略介绍对现今韩国社会禹氏的理解和研究成果,并论述将它作为今后国内学界要关注的研究课题的意义。

坐落在韩国咸庆南道利原郡东面寺洞万德山福兴寺后面的云施山(云雾山)有新罗时代的磨云岭真兴王巡狩碑。此碑收藏在咸兴历史博物馆(原咸南利原郡东面云施山)。碑前面10行字,每行26个字,碑后面8行字,每行25个字,碑文第一行有"太昌元年次戊子□□二十一日□□"的字,说明此碑是真兴王二十九年(568)建的。还有,这碑题记部分有"巡狩"一词,证实它是真兴王巡狩该地区所立的巡狩碑。

判读文(崔南善,1946,引用《新订三国遗事》)如下:

(阳面)太昌元年岁次戊子□□廿一日□□□兴太王巡狩□□刊石铭记也　夫纯风不扇则世道乖真□□化不敷则耶为交竞是以帝王建号莫　不修己

以安百姓然朕历数当躬仰绍太祖之基纂承王位兢身自　慎恐违乾道又蒙天恩开示运记冥感神祇应符合□□因斯四方托　境广获民土邻国誓信和使交通府自惟忖抚育新古黎庶犹谓道　化不周恩施未有于是岁次戊子秋八月巡狩管境访采民心以欲　劳赉如有忠信精诚才超察厉勇敌强战为国尽节有功之徒可加　赏爵□以章勋劳　引驾日行至十月二日癸亥向涉是达非里□广□因谕边界矣

太昌元年二十一日，真兴大王巡狩，刻石铭记。凡纯风不起，世道不真，不善德化，则邪恶互争。因此帝王建号要修身，平天下。朕历数已至，继承太祖之业，谨慎行事，唯恐偏离天道。

这里记录的"恐违乾道"，乾道在《书经·大禹谟》里被说成"罔违道以乾百姓之誉"。乾道就是天道，反映了儒教的天命思想。这金石文比现存韩国文献更早引用了《大禹谟》，可推想6世纪以后大禹的影响。

位于现在忠清南道扶余郡扶余邑锦城路的扶余博物馆收藏着描述660年在罗唐联合军进攻百济时立功的唐朝大将刘仁愿的事迹的碑石。此碑是唐高宗龙朔三年（新罗文武王三年，663），刘仁愿平定扶余丰那年立的。据朝鲜中朝书画家李俣（1637—1693）的《大东金石书》，这碑文是刘仁愿写的。这里称许唐太宗，引用了《书经·大禹谟》中的"帝德广运乃圣乃神乃武乃文，皇天眷命奄有四海为天下君"。这虽然是唐碑，但由于它是从百济最后的首都扶余扶苏山城出土的，故有必要考察统一新罗以后唐式碑文以及书体、内容方面的影响。

全罗北道淳昌郡龟岩面龟岩寺所藏的写本（原所在地庆州初月山崇福寺）崇福寺碑文是真圣王（857—?）十年（896）的。众所周知，崔致远是新罗末期韩中友好交流的代表学者，18岁中了唐朝的宾贡科举，28岁（宪康王十年，884）回到新罗成为侍读兼翰林学士。但是孝恭王二年他在阿飡被罢免，开始流浪，后隐居深山度晚年。除《桂苑笔耕》以外，他还留下了《四山碑铭》《法藏和尚传》《佛国寺结社文》等有关佛教的很多著述。此碑文是宪康王十二年命崔致远作的，后来宪康王和定康王接连驾崩，到真圣王时期碑文才完成。

崇福寺源于景文王的母后昭文王后的表叔、景文王妃肃贞王后的外祖父波真飡金云良所建的鹄寺。这里被认为是风水吉地，后来因建元圣王王陵，故崇福寺移到现在的庆尚北道庆州市外东面末方里并改建。景文王即位后，受元圣王之命重修，到宪康王十一年（885）寺名也改为崇福寺。为了建王陵，连原来的寺院都要拆迁，可见当时强占吉地的风水地理说的盛行。碑文的支付地价用来购买王土和公田等内容可作研究新罗末期土地情况的资料。

有唐新罗国初月山大崇福寺的碑铭如下:

> 使幽庭据海域之雄,净刹擅云泉之㜪,则我王室之福山高峙,彼侯门之德海安流斯可谓知无不为,各得其所,岂与夫郑子产之小惠,鲁恭王之中辙,同日而是哉,宜闻龟筮协从,遂迁精舍爰创玄宫两役厄徒,百工葳事,其改创绀宇则有缘之众,相率而来,张袂不风,植锥无地,雾市奔趋于五里雪山和会于一时,至于撤瓦抽椽,奉经戴像,迭相授受,竟以诚成。

这里"龟筮"的"龟"指龟甲,"筮"指筮竹,用龟甲和筮竹占卜也是引用了《书经·大禹谟》的内容。留唐7年,18岁时就中宾贡科举的崔致远精通中国的四书五经,所以他作的碑铭里,引用的《书经·大禹谟》的内容表示他对风水地理说也相当了解。

以上是韩国古代金石文里引用《大禹谟》的事例。下面是1449年(世宗三十一年)开始编撰,到1451年完成的,以纪传体形式整理高丽时代政治、经济、社会、文化、人物等内容的官方史书《高丽史》里引用的事例。有关大禹的记载在《高丽史》中共出现9次,除了《大禹谟》,大部分是大禹作为圣人典范的内容。

1.《高丽史·世家卷》第十四(1116年12月1日)

> 十二月庚申朔御清宴阁,命宝文阁校勘高先柔,讲书《大禹谟》《皋陶谟》《益稷》三篇。

12月庚申初一,王到清宴阁,命令宝文阁校勘高先柔,讲论《书经》中的《大禹谟》《皋陶谟》《益稷》三篇。其中出现《书经》,可见其是高丽时代帝王学习的教科书。

2.《高丽史·世家卷》第十六(1135年闰2月18日阴历,壬戌)
高丽仁宗十三年,王嘱咐歼灭西京叛军,下诏自责,并称颂禹王之德。

> 壬戌下诏曰:"罪己勃兴,鲁史嘉大禹之德,改过不吝,商书载成汤之明,今率前脩,以成其美,朕以后侗之眇,继先世之礼,长于深宫之中,暗诸经国之务。"

壬戌,王下诏说:"禹王自省兴国,鲁的史官称赞禹王之德。汤王善于改过,《尚书》记载了汤王的贤明。如今要吸取前车之鉴,以成大业。朕作为后嗣,继承了祖先的丰富资产,却长在深宫,缺乏经营国家的智慧。"

禹王把百姓犯的错误归结到自己身上,这是在《朝鲜王朝实录》等文献史料中称颂古代圣王美德时常被引用的典型事例。

3.《高丽史》卷一百七《列传卷》第二十,权近劝禑王

高丽末期禑王在位时,历任艺文馆应教、左司议大夫、成均馆大司成、礼仪判书等要职的权近(1352—1409)谏言时提到大禹的勤俭。

> 昔者大禹,勤俭而得天下,其孙太康,盘游灭德,黎民咸贰,厥弟五人,作歌以讽,而不悟以失其国,成汤宽仁而得天下,其孙太甲,纵欲败度,几坠汤绪,伊尹作书以谏,然后悔过迁善,为商令王,武王惇信明义而有天下,其孙昭王,巡游无度而不返,厉王骄侈,拒谏而出奔,宣王有志,申甫补阙而中兴。

朝鲜初期代表性的儒学家权近认为国王是儒教国家的"关键词",他通过著书立说提示了儒教国家理想国王的面貌。当时活跃在朝鲜向儒教国家转变过程中的官僚把勤俭的大禹当成了理想国王的典范。

4.《高丽史》卷一百七《列传卷》第二十

1337(忠肃王复位六年)—1403(太宗三年),高丽末朝鲜初期的文臣朴宜中劝禑王时使用了大禹之戒。

> 昔在有夏太康,尸位以逸豫,灭厥德,厥弟五人述大禹之戒,以作歌曰:"训有之,内作色荒,外作禽荒,甘酒嗜音,峻宇雕墙,有一于此,靡或不亡。"大禹之训,如是其严。

古代夏有个叫太康的人,只占职位不做事,没有功德。他的五个弟弟用大禹之戒,作一首歌说道:"有教训说,只喜欢女色,出去狩猎,醉酒唱歌,大兴土木,如果犯了其中一项,就会必然灭亡。"禹王之戒如此严格,而太康一味贪玩,不改过,最终没能守住王位。

如上所述,为了高丽历代帝王的教育,朴宜中也跟权近一样高度重视大禹之戒。

5.《高丽史》卷一百十八《列传卷》第三十一

高丽末朝鲜初的文臣,高丽末倡议实行专制改革打下朝鲜开国的经济基础,并推举李成桂成为朝鲜王朝国君的开国功臣赵浚,在上书提到关于选拔人才、管制、军政等方面的政策时强调了要学习大禹的爱民思想。

> 潜邸之旧,畏上帝而不敢私以赏,戚里之亲,畏上帝而不敢私以爵,勤咨访,以广其聪明,好学问,以崇其德业,接群下以礼,奉母后以孝,去邪勿疑,令出必行,处九重,则念吾民之不庇于风雨,御八珍,则念吾民之不足于糟糠,服轻暖,则念蚕妇之赤立,而法大禹之恶衣,临宴享,则念农夫之饿孚,而体隋文之一肉,崇俭戒奢,节用爱民,乐直言而恶面从,亲君子而远小人。

勤于询问,广泛学习知识,研究学问,建立功德。以礼对待臣下,孝敬母后。坚决消除邪恶,下达的命令必须执行。处身九重宫殿时,想着我们的百姓在风雨中;享受八珍时,想着我们的百姓吃不上糟糠;穿着轻便暖和的衣服时,想着养蚕的妇女衣不蔽体,效法大禹穿简陋的衣服;赴宴时,想着农夫的饥饿,效法隋文帝只吃一盘肉。崇尚俭朴,警戒奢侈,节约国用,爱惜民众。鼓励直言,警惕奉承,亲近君子,疏远小人。

确立朝鲜基础制度的赵浚为了富国强兵和安定民生强调了大禹的爱民思想,可见,有必要考虑朝鲜时代统治哲学中大禹思想所占的比重。

以上《高丽史》引用的有关禹王的内容证明,禹王被推崇为高丽和朝鲜王朝时代帝王治国当效法的典范。

《朝鲜王朝实录》(编年体,共1893卷888册)是按照年月日的顺序记录朝鲜王朝从太祖到哲宗共25代、472年的历史。其中引用了大禹相关的内容超过372次。本考按年代顺序提示较早的几个事例。

1.《朝鲜王朝实录·太宗实录》三卷,太宗二年四月一日癸丑第一记事(1402年4月1日)里说,内书舍人李之直和左正言田可植谈论国事,上书三府议论,其书上就称颂了大禹的勤俭。上疏中如此写道:

> 故大禹卑宫室恶衣服;成汤昧爽丕显,从谏不咈;文王小心翼翼,卑服即田功,以启(无疆)之休。

正因为从古至今,帝王因勤俭而兴,放任自己欲望的帝王没有不亡国的。所以大禹建造低矮的宫室,也不穿华丽的衣服。成汤半夜就起床,听臣子进谏。文王治国小心翼翼,穿普通的衣服干农活,他们的美名传遍天下。

2.《朝鲜王朝实录·太宗实录》十卷,太宗五年十一月二十一日癸丑第二记事(1405年11月21日)

朝鲜时代统帅百官及总理庶政的最高行政机关"议政府"列举了佛教的腐败状况,并请求革除寺院的土地和人口,回收金刚寺的土地和奴婢。

> 当尧之时,洚水横流,大禹不作,人其鱼鼈矣;夏、商之季,桀、纣为暴,汤、武不兴,民其涂炭矣。

臣听说,天下产生后,有治世就会有乱世。乱世时就有圣人出现,平定乱世。帝尧之时,大水横流。如果大禹没有出现,人民就成了鱼鳖。

本文介绍的就是大众所熟知的大禹治水的政绩。

3.《朝鲜王朝实录·世宗实录》四十九卷,世宗十二年八月十日戊寅第五记事(1430年8月10日)

1376—1453年,朝鲜前期的文臣河演以判吏曹事的身份进入议政府,并负责吏曹事务、创制贡税法(年分九等法、田分六等法)。可以看出他之前在户曹任职时,对贡法进行了很多研究。

> 夫以中国之土、大禹之制,贡法之行,未免不善,况我东方土地之肥瘠,跬步相异,耕田沃饶者,不费人力,而一结之田,可取百石。

在中国的土地上,都在实行大禹的制度和贡法。何况是我国的土地,肥沃贫瘠程度差别很大。如果是肥沃的土地,不需费太多力气,一结的田地,可取百石的粮食。

大禹根据土地的肥沃贫瘠制定了不同的赋税等级。管理财资的官员落实了这个政策,从而使国家的治理变得顺利。

4.《朝鲜王朝实录·世宗实录》五十一卷,世宗十三年二月八日癸卯第一记事(1431年2月8日)

> 河呈图于伏羲之世,洛出书于大禹之时。矧睟润之贞符,由咸通之妙应,钦惟性敦孝敬,仁笃怀绥。

世宗统帅百官之时,与彗星类似的含誉星出现。都捴制成抑参判李孟畛为了祝贺而拜送一篇表笺。表文如下:

圣人御极,开一代之文明;星象缠空,表千年之景况。照临所暨,抃舞惟均。窃闻至治之隆,必有休征之格。河呈图于伏羲之世,洛出书于大禹之时。矧晔润之贞符,由咸通之妙应,钦惟性敦孝敬,仁笃怀绥。

圣人在位,开创一代文明。星象缠空,预表千年曙光。那光照到的地方,到处都一片欢腾。臣听闻,一个地方如果是太平盛世就会有吉祥的征兆出现。伏羲当政时,在黄河有龙马背图而出。大禹掌权时,洛水有灵龟背书而出。

这篇表文里,李孟畛就引用了在大禹时代的太平盛世下,有灵龟背着书出现于洛水作为吉祥征兆的比喻。

这里所谓的"书"就是在禹王平息了洪水后,依据从洛水出现的神龟背上刻的字写成的《书经》及《洪范九畴》。有分析说八卦也是由此而出的。

中国古人认为"河出图洛出书"是上天的吉兆,与麒麟和凤鸟的出现一样,预示着天下太平、国家富强、百姓平安的治世。所以历代皇帝都将此祥瑞之兆归结为上天的旨意,故而在《三国遗事·纪异第一》篇中详细地记录了万民敬仰的河图洛书。

5.《朝鲜王朝实录·成宗实录》七十二卷,成宗七年十月二十一日辛卯第八记事(1476年10月21日)

朝鲜早期的文臣朴孝元等献给成宗三面屏风:《明君屏》《先明后暗君屏》及《贤妃屏》。屏风的题字引用的大禹的故事非常有意思。

成宗命人在屏风上分别画出贤明的君王、起初贤明后来昏庸的君王以及贤德的妃子的事迹,并让文臣分题作诗。命令掌令朴孝元、应教柳眗、进士成聘寿将史迹和诗写在屏风上。在他们完成后,成宗赐给他们每人一件御衣,并赐下"宣酝"酒来招待他们。

《神农图》:神农知天地之道,明于人之性,以有天下。

《帝尧图》:帝尧黄收纯衣,彤车白马,茅茨不剪,土阶三等勤于君道,作布政之官曰衢室。

《大禹图》:禹以五音听治,悬钟、鼓、磬、铎、鞀以待四方之士,为铭于簨簴曰:"教寡人以道者击鼓,谕以义者击钟,告以事者振铎,语以忧者击磬,有狱讼者摇鞀。"一馈十起,一沐三握,以劳天下之民。出见罪人,下车问而泣之,左右曰:"罪人不顺道,君王何为痛之?"禹曰:"尧、舜之人,皆以尧、舜之心为心,寡人为君,百姓各自以其心为心,是以痛之?"诗曰:

  当年足迹遍环瀛,辛苦胼胝绩用成。击鼓撞钟闻理道,摇鞀振铎达民情。哀矜问罪存深爱,吐握迎人见至诚。耻俗不如尧、舜世,至今功化妙难名。

大禹用五音处理政事。将钟、鼓、磬、铎、鞀五种乐器挂起来等待四方的文士。悬挂乐器的木架(簨簴)上刻着这样的文字:"教寡人以道者击鼓,论以义者击钟,告以事者振铎,语以忧者击磬,有狱讼者摇鞀。"吃一顿饭的工夫站起来十多次,洗一次澡的时间三四次绾起自己的头发,担忧天下的百姓。外出看见罪人,下车询问缘由。听后流下眼泪,左右随行的人问道:"罪人不遵守天道,君王为何伤心呢?"大禹答道:"尧、舜治理国家的时候,人民都与尧、舜拥有一样的心思。现在我做了君王,百姓拥有各自的心思,所以我很伤心。"

在这里有几点需要注意的地方,其一《大禹图》的内容。还没有跟韩国及中国学界介绍过的是,《大禹图》引用了《淮南子》里面的记录:大禹用"五音"治理国家的方案。

朝鲜时代的1401年,为了解决百姓受屈的事件,朝廷在宫阙外的门楼上设置了申闻鼓。这与今日韩国社会的国民申闻鼓制度具有同样的作用,意义重大。

最近中国考古学发展迅速。通过研究文献及文物的证明,中国古代的文明工程成果在学界迅速传播,引起了国内外历史学界的特别关注。

特别是在河南省舞阳贾湖遗址出土的8000年前的骨笛,通过这件文物可以推测出古代中国人对音乐的深刻理解。通过编钟也可以了解到当时古代宫廷音乐的兴盛。孔子也强调过用音乐来改变社会风气的教化作用,由此可见中国古代音乐的哲学思想基础及大禹的"五音"调和与政治之间的象征性关系。

国内外学界还没有关注的有关大禹的相当多的报道都可以在国史编纂委员会韩国史网站上搜索到。除"大禹"外,搜索"夏禹"时,也可以搜索到800篇左右的相关文章。

还有值得注意的就是,以日记体形式记录了朝鲜中末期的国家最高会议机关备边司活动的《备边司誊录》所引用的事例。

《备边司誊录》《承政院日记》《日省录》均是朝鲜后期具有代表性的第一手史料。《朝鲜王朝实录》以《备边司誊录》作为基本资料而编撰。因此,《备边司誊录》的史料价值比《朝鲜王朝实录》更高。

最近在韩国,领导人通过学习中国古典文化以提高领导能力已经成为一股潮流。

中国夏朝始祖禹王以特有的领导面貌和领导能力给后代留下了非常大的影响。因为夏朝建国初期的艰难曲折及当时的国家大事——治水事业,大禹13年间与百姓同甘共苦,三过家门而不入。这个故事现在在韩国许多政治家和媒体人中也是广为流传的。

韩国学界几乎没有集中针对大禹的研究成果,关于韩国丹阳禹氏也仅仅发表了少数的论文。由此可见,关于大禹及丹阳禹氏的研究亟待展开与传播。为此需要关注的史料及人物有《丹阳禹氏族谱》和易东的禹倬先生。

1600年(宣祖三十三年),禹倬的后代禹成绩等于易东书院的所在地礼安发行了木版制的丹阳禹氏家谱初刊本《丹阳禹氏礼安本》。由此可以确认,丹阳禹氏族谱的研究中与大禹有关的内容。珍本现收藏于庆尚北道义城郡安溪面校村洞的丹阳禹氏瞻慕堂。

家谱的开头是退溪李滉所著的易东书院的记文,结尾是礼安县监金就义所著的跋文。跋文旁边书写着:陶山书院发行,易东书院保管。这本家谱不仅记录了从第一代始祖禹玄开始至第六代禹仲大的家谱,而且按照祖先的年代重新整理并记载了第六代至第十一代的直系家谱。

始祖禹玄在高丽显宗时,曾进士及第并担任正朝户长的官职。禹玄的第10代孙禹玄宝在高丽恭让王时被封为丹阳府院君。所以,其后代认为这份官职其实是在丹阳担任的。禹仲大的儿子禹天珪就是高丽后期的硕学禹倬。

禹倬(1262—1342),高丽后期儒学学者。他只用了一个月就领悟了《周易》,因《周易》来自东方,所以他被称为"易东先生"。他作为性理学的先行者在丹阳的道东书院被供奉。他文科及第,在担任宁海司录时,撤除了迷惑民心的妖神祠堂。1308年(忠宣王元年),监察纠正时期,禹倬知道忠宣王与淑昌院妃私通的事情后辞官。之后担任成均祭酒一直到退休。他最先研究从元朝传入的程朱学书籍,并将之传授给晚辈,从而成为通达经史与易学的大家。

但是,这里还需要从文献考证学及考古学角度研究禹玄之前的祖先与大禹的关系。综上所述,我很期待关于"大禹与地理学"以及"大禹与古代音乐的关系"等研究范围可以扩大。

(作者单位:韩国东北亚历史财团研究员)

大禹文化及其当代意义

大禹精神的时代意义

常松木　常泽儒

　　大禹精神是大禹文化学界常论常新的话题,已有不少学者撰文概括大禹精神。戴琏璋先生的《大禹精神与中华文化传统》一文认为,大禹精神包括仁德爱民、艰苦奋斗、公而忘私、民主礼让、因势利导等。李永鑫先生的《周恩来与大禹精神》一文认为,大禹精神包括以济天下为己任的精神,廉洁奉公、朴素谦逊的精神,实事求是、因势利导的精神,知人善任、尚贤使能的精神。也有学者将大禹精神归纳为公而忘私、忧国忧民的奉献精神,艰苦奋斗、坚忍不拔的创业精神,尊重自然、因势利导的科学精神,以身为度、以声为律的律己精神,严明法度、公正执法的治法精神,民族融合、九州一家的团结精神。[①] 笔者亦曾在拙著《登封大禹神话》中将大禹精神归纳为十三个方面,兹不赘述。大禹精神跨越时空,具有悠久的历史文化价值,同时也极具现实意义。本文谨就大禹精神的当代价值试加阐释,并请方家指正。

一、弘扬大禹精神有利于传承中华优秀传统文化

　　中华优秀传统文化是中华民族的精神命脉,是最深厚的文化软实力。中共中央办公厅、国务院办公厅印发的《关于实施中华优秀传统文化传承发展工程的意见》的"主要内容"部分指出:
　　核心思想理念。中华民族和中国人民在修齐治平、尊时守位、知常达变、开物成务、建功立业过程中培育和形成的基本思想理念,如革故鼎新、与时俱进的思想,

---

[①] 武培权:《大禹——淮河走出的民族英雄》,引自《第四届淮河文化研讨会论文集》。

脚踏实地、实事求是的思想,惠民利民、安民富民的思想,道法自然、天人合一的思想……传承发展中华优秀传统文化,就要大力弘扬讲仁爱、重民本、守诚信、崇正义、尚和合、求大同等核心思想理念。

中华传统美德。中华优秀传统文化蕴含着丰富的道德理念和规范,如天下兴亡、匹夫有责的担当意识,精忠报国、振兴中华的爱国情怀,崇德向善、见贤思齐的社会风尚,孝悌忠信、礼义廉耻的荣辱观念……传承发展中华优秀传统文化,就要大力弘扬自强不息、敬业乐群、扶危济困、见义勇为、孝老爱亲等中华传统美德。

中华人文精神。中华优秀传统文化积淀着多样、珍贵的精神财富,如求同存异、和而不同的处世方法,文以载道、以文化人的教化思想,形神兼备、情景交融的美学追求,俭约自守、中和泰和的生活理念……传承发展中华优秀传统文化,就要大力弘扬有利于促进社会和谐、鼓励人们向上向善的思想文化内容。

大禹治水十三年三过家门而不入,体现了其顾全大局、公而忘私的家国情怀,自强不息、敬业奉献的奋斗精神,实事求是、因势利导的科学理念,利济天下、以民为先的责任担当,安民惠民、敬民爱民的民本精神等,这些可以说是中华民族的思想理念、传统美德、人文精神的重要源泉和基石。

再者,中华优秀传统文化的主体是儒家文化、源于道家的道教文化和中国化的佛教文化中的精髓。儒道墨学宗大禹,天地人才属圣贤。大禹是儒学之祖,是儒家"尧舜禹汤,文武周公"道统的核心,与周公、孔子并称"三圣"。儒家经典中,大禹是大仁大智大勇的圣王,是儒家所讴歌、提倡的道德典范。在儒家看来,大禹是圣贤的代表,《论语》《孟子》《荀子》《左传》《礼记》等经传中就有许多记载大禹事迹、概括大禹精神的文字,如《论语·泰伯》:"禹,吾无间然矣。菲饮食,而致孝乎鬼神;恶衣服,而致美乎黻冕;卑宫室,而尽力乎沟洫。禹,吾无间然矣!"孔子这段话就是对大禹重视礼仪、勤俭节约、务实为民的精神的高度概括。道教尊大禹为三官中的水官,道士们作法事时踏罡步斗的步法至今仍被称为禹步。浙江南部及福建、台湾等地民间尊大禹为平水王菩萨,这是佛教中国化、在地化、民间化的重要体现。

《文心雕龙·时序》:"文变染乎世情,兴废系于时序。"大禹精神是中华民族传统美德的集中体现,是中华民族精神的重要源泉和重要内核。因此传承大禹文化、弘扬大禹精神有利于传承中华优秀传统文化。

二、弘扬大禹精神有利于促进华夏历史文明传承创新

《河南省委省政府关于印发〈华夏历史文明传承创新区建设方案〉的通知》指

出:"华夏历史文明传承创新区是中原经济区五大战略定位之一,是国家赋予中原经济区的重大文化使命。河南是中华民族和华夏文明的重要发源地,历史悠久、文化灿烂,孕育形成了兼容并蓄、刚柔相济、革故鼎新、生生不息的中原文化。建设华夏历史文明传承创新区,对传承弘扬中华优秀传统文化,建设中华民族共有精神家园,提升国家文化软实力,对推进文明河南和文化强省建设,促进中原文化大发展大繁荣,满足人民群众日益增长的精神文化需求,具有重大现实意义。"

河南以中岳嵩山为核心的嵩洛地区是华夏民族的重要发祥地,《逸周书·度邑》曰:"自洛汭延于伊汭,居阳无固,其有夏之居。"《索隐》曰:"言自洛汭及伊汭,其地平易,无险固,是有夏之旧居。"《史记·封禅书》曰:"昔三代所居,皆在河洛之间。"《国语·周语》曰:"昔伊洛竭而夏亡。"这说明以鲧禹为首的夏部落活动中心以及夏王朝的统治中心即在嵩洛地区。古代,嵩山又称华山,《史记·孙子吴起列传》曰:"夏桀之居,左河济,右泰华,伊阙在其南,羊肠在其北。"《集解》:"瓒曰:'今河南城为直之。'"《集解》说的河南城即指今天的洛阳。《尔雅·释山》亦说:"河南华,河西岳,河东岱,河北恒,江南衡。周官曰:河南豫州,其山镇曰华山,其泽薮曰圃田,其川荥洛,其浸波溠,其利林漆丝枲。"今新郑华阳城遗址据考古发掘即为西南封国华国的都城,《国语》:"虢、郐十邑,华其一也。"《国语》:(太史伯曰)"若克二邑,邬、弊、补、丹、依、䣥、历、华,君之土也。若前华后河,右洛左济,主芣、騩而食溱、洧,修典刑以守之,是可以少固。"此处"华"即指华国。钱穆先生在《国史大纲》中写道:"夏人起于今河南省中部,正是所谓中原华夏之地。鲧与禹又别为一族,其居地殆起于河南嵩山山脉中。曰'有崇伯鲧',崇即嵩也。《山海经》'南望禅渚,禹父之所化',禅渚在河南陆浑。禹都阳城,阳城在嵩山下(又有言,禹都阳翟者。阳城,河南登封;阳翟,今禹县,出入数百里间。游牧之民习于移徙,古人都邑,同时有两三处,不足异),华夏连称者,嵩山山脉亦得华名。国语'前华后河,左洛右济',华在洛东,即今嵩山。华国就位于嵩山南麓,山南水北谓之阳,故曰华阳。"著名考古学家唐兰在《西周青铜器铭文分代史征》中说:"华、地名……在河南省密县,西为嵩山,是夏族旧居,所以华即夏,中华民族起于此。"

华夏历史文明传承创新是中华优秀传统文化传承发展工程的重要组成部分。前者重在创新,后者重在发展,而发展则必然需要不断创新作为支撑。华夏历史文明传承创新契合习近平总书记提出的"创造性转化,创新性发展"思想。作为中华民族精神内核的大禹精神,其重要内涵之一就是实事求是、革故鼎新、遵循规律、因势利导的创新精神,孟子对此有充分的论述。《孟子》:"禹之治水,水之道也;是故禹以四海为壑。"《孟子·滕文公》:"禹疏九河,瀹济漯而注诸海,决汝汉、排淮泗而注之江,然后中国可得而食也。"大禹治水正是在认真总结其父鲧以及共工治水失败教训的基础上,顺应水性,勇于探索,务实求真,提出了疏堵结合、因势利导的治水方略。《孟子·离娄下》:"如智者若禹之行水也,则无恶于智矣。禹之行水也,行其所无事也。如智者亦行其所无事,则智亦大矣。"1939 年 3 月,周恩来在大禹陵瞻拜后说:"大禹在人类向大自然作斗争中,打响了第一炮,在科学萌芽的时代,能同大自然作战是不容易的。中国历代统治阶级都没有学好大禹治水这一课,他们只晓得遏制,不晓得利导,所以成了专制魔王,到处受到人民的反抗。他们是注定要失败的。"周恩来这段话也表明大禹重在"利导",这是对鲧治水方法的重要改革和创新。因此,弘扬大禹精神尤其是改革创新精神,有利于促进华夏历史文明传承创新。

三、弘扬大禹精神有利于深化宗旨意识

中国共产党的宗旨是全心全意为人民服务,而且这是唯一的宗旨,并在党的七大上将其写进党章"总纲"和"党员应尽的义务"中。之后历次党的代表大会,都把"全心全意为人民服务"作为党的宗旨庄严地载入党章。党的宗旨是党的传家宝,是党生存发展的生命线,也是党抵御风浪的基石,更是党和人民事业兴旺发达的根本保证。

《尚书·皋陶谟》中,大禹说:"安民则惠,黎民怀之。"意思是说,使人民安宁,让人民得到实惠,人民就会永远怀念执政者。大禹还说:"德惟善政,政在养民。水、火、金、木、土、谷,惟修。正德、利用、厚生,惟和。"意思是说,德治就是美好的政治,德政就是对人民仁爱体恤,使人民生活得好。《五子之歌》中载有大禹的遗训:"民为邦本,本固邦宁。"大禹这种"敬民、养民、安民、教民"的思想在后世也得到了传承和延续。

"为人民服务""立党为公,执政为民""科学发展观的核心是以人为本"等思想,与大禹的民本思想也一脉相承。《晏子春秋·内篇问上》:"意莫高于爱民,行莫厚于乐民。"权为民所赋,亦当为民所用。能否当好人民公仆,检验的标准是能否真正做到"权为民所用、情为民所系、利为民所谋"。作为党员干部,要时时刻刻把群众的利益放在首位,把群众的疾苦放在心上,要把群众呼声作为第一信号,把群众需要作为第一选择,把群众满意作为第一标准,要想群众之所想、急群众之所急、帮群众之所需,自觉与人民群众同呼吸、共命运、心连心,真正做到"情为民所系,权为民所用,利为民所谋",真正把习近平总书记提出的"多干群众急需的事,多干群

众受益的事,多干打基础的事,多干长远起作用的事"的要求落到实处。唯其如此,我们党才能永葆青春,永续执政。

四、弘扬大禹精神,有利于弘扬家风和推进党的作风建设

《孟子·离娄上》:"天下之本在国,国之本在家,家之本在身。"十八大以来,习近平总书记曾多次在不同场合强调家风。在2015年的春节团拜会上,习近平总书记提出不论时代发生多大变化,不论生活格局发生多大变化,我们都要重视家庭建设,注重家庭,注重家教,注重家风……使千千万万个家庭成为国家发展、民族进步、社会和谐的重要基点。在2016年会见第一届全国文明家庭代表时,习近平提出,要动员社会各界广泛参与,推动形成爱国爱家、相亲相爱、向上向善、共建共享的社会主义家庭文明新风尚。

《五子之歌》就是大禹的家风家训的集中概括,而太康不守家风家训导致了夏朝的危机。中国自古就有勤俭持家的优良传统,而这一传统也源自大禹。《尚书·大禹谟》:"浚水儆予,成允成功,惟汝贤。克勤于邦,克俭于家,不自满假,惟汝贤。汝惟不矜,天下莫与汝争能;汝惟不伐,天下莫与汝争功。"大禹的勤劳、节俭精神堪为古今典范。

《易经》云:"积善之家,必有余庆;积不善之家,必有余殃。"有好的家风,家庭就能兴盛、和顺、美满;反之则会殃及子孙,贻害社会。家风作为一种精神力量,它既能在思想道德上约束其成员,又能促使家庭成员在一种文明、和谐、健康、向上的氛围中不断发展。良好的家风、严格的家教,如同无声的教诲,在润物无声的言传身教中让人终身受益。《五子之歌》体现的大禹的家风家训及太康失国的教训,对当今倡导的家风建设有重要的借鉴意义。

《史记·夏本纪》中说大禹:"声为律,身为度,称以出,亹亹穆穆,为纲为纪。"意即大禹以身作则,严于律己,纲纪严明。《战国策·魏策》:"昔者帝女令仪狄作酒而美,进之禹。禹饮而甘之,遂疏仪狄,绝旨酒。曰:后世必有以酒亡其国者。"大禹从酒的美味中预感到酒有危害性,担心后世出现以酒误国者,因此他自觉戒酒,下达了中国第一道戒酒令,并疏远了善于酿酒的仪狄。大禹对民众的教育很重视,见到犯罪之人能反躬自责。《吴越春秋·越王无余外传》:"见缚人,禹抚背而哭。益曰:斯人犯法,斯合如此,哭之何也?禹曰:天下有德,民不罹辜。天下无道,罪及善人……吾为帝统治水土,调民安居,使得其所。今乃罹法如斯,此吾德薄,不能化民证也,故哭之悲耳。"对于犯罪的人,大禹首先检讨的是自己的德行不够,对他们

教化不力,责任在自身。

党的十八大报告中提出"让权力在阳光下运行"。在2013年第十八届中央纪委第二次全体会议上,中共中央总书记习近平强调反腐倡廉必须常抓不懈,拒腐防变必须警钟长鸣,关键就在"常""长"二字,一个是要经常抓,一个是要长期抓。我们要坚定决心,有腐必反、有贪必肃,不断铲除腐败现象滋生蔓延的土壤,以实际成效取信于民。反腐没有止境,全面从严治党没有终点。习总书记在2014年第十八届中央纪委第三次全体会议上,强调要做到惩治腐败力度决不减弱、零容忍态度决不改变,坚决打赢反腐败这场正义之战的同时,还提醒全党同志要深刻认识反腐败斗争的长期性、复杂性、艰巨性,以猛药去疴、重典治乱的决心,以刮骨疗毒、壮士断腕的勇气,坚决把党风廉政建设和反腐败斗争进行到底。因此,大力宣传大禹勤俭、廉洁、自律的精神,对于领导干部廉洁奉公、拒腐防变,对党风廉政建设和反腐败斗争无疑具有重大现实意义。

五、弘扬大禹精神有利于践行社会主义核心价值观

大禹精神反映了社会主义核心价值观的重要内容。以"八荣八耻"[①]为主要内容的社会主义荣辱观,中央宣传部颁发的《公民基本道德规范》所要求的"爱国守法,明礼诚信,团结友善,勤俭自强,敬业奉献",以及社会主义核心价值观与大禹精神皆一脉相承。党的十八大报告提出,倡导富强、民主、文明、和谐,倡导自由、平等、公正、法治,倡导爱国、敬业、诚信、友善,积极培育和践行社会主义核心价值观。富强、民主、文明、和谐是国家层面的价值目标,自由、平等、公正、法治是社会层面的价值取向,爱国、敬业、诚信、友善是公民个人层面的价值准则。社会主义核心价值观是社会主义核心价值体系的内核,是社会主义核心价值体系的高度凝练和集中表达,体现了中华民族传统美德和时代要求,反映了社会主义世界观、人生观、价值观,明确了当代中国最基本的价值取向和行为准则,是新形势下社会主义思想道德建设的重要指导方针。

大禹治水十三年,三过家门而不入,正是其九州一家的家国精神、无私奉献的

---

① "八荣八耻"是社会主义荣辱观的简称。具体指以热爱祖国为荣,以危害祖国为耻;以服务人民为荣,以背离人民为耻;以崇尚科学为荣,以愚昧无知为耻;以辛勤劳动为荣,以好逸恶劳为耻;以团结互助为荣,以损人利己为耻;以诚实守信为荣,以见利忘义为耻;以遵纪守法为荣,以违法乱纪为耻;以艰苦奋斗为荣,以骄奢淫逸为耻。

敬业精神的重要体现。其治水的目的是让人民安居乐业，禹"卑宫室，而尽力乎沟洫"①，"浚畎浍而致之川"②，终致地平天成。治水成功后，大禹还重视农业生产，重视"正德、利用、厚生，惟和"。"厚生"即"厚民之生"，即要轻徭薄役，使人们丰衣足食，并将此作为平治天下的首务，因而出现了如《孟子》中所言"中国可得而食也"及"男女耕织，不夺其时，故公家有三十年之积，私家有九年之储"的局面。大禹精神是中华民族的精神支柱，弘扬大禹精神可以加强思想道德建设，营造良好的社会风尚，可以树立正确的世界观、人生观、价值观，可以推进社会主义核心价值体系建设。

六、弘扬大禹精神，有利于促进生态文明建设

生态文明是人类遵循人与自然、社会和谐发展这一客观规律而取得的物质与精神成果的总和，是以人与自然、人与人、人与社会和谐共生、良性循环、全面发展、持续繁荣为基本宗旨的社会形态。党的十七大报告正式提出了建设生态文明，建设资源节约型、环境友好型社会。2013年9月7日，习近平总书记在哈萨克斯坦纳扎尔巴耶夫大学回答学生问题时指出，我们既要绿水青山，也要金山银山。宁要绿水青山，不要金山银山，而且绿水青山就是金山银山。2017年5月26日，习近平总书记在十八届中央政治局第四十一次集体学习时的讲话指出，推动形成绿色发展方式和生活方式，是发展观的一场深刻革命。这就要坚持和贯彻新发展理念，正确处理经济发展和生态环境保护的关系，像保护眼睛一样保护生态环境，像对待生命一样对待生态环境，坚决摒弃损害甚至破坏生态环境的发展模式，坚决摒弃以牺牲生态环境换取一时一地经济增长的做法，让良好的生态环境成为人民生活的增长点，成为经济社会持续健康发展的支撑点，成为展现我国良好形象的发力点，让中华大地天更蓝、山更绿、水更清、环境更优美。2018年5月，习近平总书记在全国生态环境保护大会上的讲话指出，生态环境是关系党的使命宗旨的重大政治问题，也是关系民生的重大社会问题。广大人民群众热切期盼加快提高生态环境质量。我们要积极回应人民群众所想、所盼、所急，大力推进生态文明建设，提供更多优质生态产品，不断满足人民群众日益增长的优美生态环境需要。习近平总书记关于生

---

① 程树德：《论语集释》，北京：中华书局1990年版，第561页。
② 王利器：《新语校注》，引自《新编诸子集成》第一辑，北京：中华书局1986年版，第13页。

态文明的一系列重要讲话,充分说明生态文明建设是关系中华民族永续发展的根本大计。

据清黄本骥编纂的《历代职官表》载,舜、禹时期,"虞"既是机构名,又是官衔名,其很大一部分职能与今天的环保部门相同,但所管理的范围更大,山、林、川、泽的保护与治理,都是"虞"的职责范围。而中国古代的环保立法,也可以追溯到大禹时期。《逸周书·大聚》记载,大禹曾颁发了一条禁令:"春三月,山林不登斧,以成草木之长。夏三月,川泽不入网罟,以成鱼鳖之长。"这段话史称"禹禁",从中可知当时春季实行"山禁",夏季实行"休渔",这对保护环境,保证社会经济可持续发展,均起到了积极的促进作用。虽然禁令的本意并非出于环保,而是考虑物产,但仍可以看作是中国最早的环保禁令。另外,大禹首倡薄葬,《墨子·节葬下》:"禹东教乎九夷,道死,葬会稽之山。衣衾三领,桐棺三寸,葛以缄之,绞之不合,通之不陷,土地之深,下毋及泉,上毋通臭。既葬,收余壤其上,垄若参耕之亩,则止矣。"其目的是不占用耕地,不污染地下水,不浪费人力物力,这种爱护环境资源的观念和思想,在今天更是需要提倡的。

禹禁对后世产生了极大的影响。《孟子》:"不违农时,谷不可胜食也;数罟不入洿池,鱼鳖不可胜食也;斧斤以时入山林,材木不可胜用也。"《荀子》:"草木荣华滋硕之时,则斧斤不入山林,不夭其生,不绝其长也。"现在,环保问题日益突出,水、空气、土壤等因环境污染对人类产生了极大的危害,而气候变暖也为世界带来了不少异常灾变,人类正在自食恶果。中国人口众多、资源短缺,亦走上了西方先污染后治理的老路,随着经济的快速增长,生态破坏,环境污染的代价也已经显露出来。李白《上安州裴长史书》:"天不言而四时行,地不语而百物生。"《荀子·天论》:"万物各得其和以生,各得其养以成。"当人类合理利用、保护自然时,自然的回报常常是慷慨的,反之,自然的惩罚必然是无情的。发展经济是为了民生,保护生态环境同样也是为了民生。既要创造更多的物质财富和精神财富以满足人民日益增长的美好生活需要,也要提供更多优质生态产品以满足人民日益增长的优美生态环境需要。因此,禹禁对我们加强环境保护,推进生态文明建设有积极的启示意义。

七、弘扬大禹精神有利于构建人类命运共同体

2012年11月,中共十八大报告明确提出要倡导"人类命运共同体"意识。2015年9月,习近平总书记在纽约联合国总部发表重要讲话指出,当今世界,各国相互依存、休戚与共。我们要继承和弘扬联合国宪章的宗旨和原则,构建以合作共

赢为核心的新型国际关系,打造人类命运共同体。2018年3月11日,第十三届全国人民代表大会第一次会议通过的宪法修正案,将宪法序言第十二自然段中"发展同各国的外交关系和经济、文化的交流"修改为"发展同各国的外交关系和经济、文化交流,推动构建人类命运共同体"。2018年12月18日,在庆祝改革开放40周年大会的讲话中,习近平总书记在总结改革开放40年来我国所取得的伟大历史成就时指出,我们积极推动建设开放型世界经济,构建人类命运共同体,促进全球治理体系变革,旗帜鲜明地反对霸权主义和强权政治,为世界和平与发展不断贡献中国智慧、中国方案、中国力量。

舜帝时三苗叛乱,舜帝命禹讨伐三苗。《尚书·大禹谟》:"禹乃会群后,誓于师曰:'济济有众,咸听朕命。蠢兹有苗,昏迷不恭,侮慢自贤,反道败德,君子在野,小人在位,民弃不保,天降之咎,肆予以尔众士,奉辞罚罪。'尔尚一乃心力,其克有勋。三旬,苗民逆命。益赞于禹曰:'惟德动天,无远弗届。满招损,谦受益,时乃天道……至诚感神,矧兹有苗。'禹拜昌言曰:'俞!'班师振旅。帝乃诞敷文德,舞干羽于两阶,七旬,有苗格。"大禹听从伯益建议,以德和苗,使三苗心悦诚服。《尚书·大禹谟》又载:"人心惟危,道心惟微,惟精惟一,允执厥中。"这是舜传给禹王的治国秘诀,史称尧舜禹十六字心法,现又称为"中华心法"。"允执厥中"的思想对后世儒家的中庸之道、道教的中和之道、佛教的中观学说都产生了极大的影响,作为一种方法论,它已经深深渗入与中国文化有关的每一个元素和成分之中,成为构成普遍的文化心理和社会心理的核心要素之一。

大禹以德和苗、允执厥中的贵中尚和思想启发我们应与不同文化背景的各个国家和谐共处,为构建和谐世界、打造人类命运共同体贡献我们中华民族的智慧和力量。儒家文化圈中的各个国家以及世界各地的华人华侨,深受源于大禹的儒家中庸文化的浸染,有共同的文化心理。经日本治水神禹王研究会的调查,日本已发现130多处禹迹,他们不断组团到中国考察禹迹。古代,日本在治理洪水或某项水利工程竣工后,刻碑纪念时总会感恩大禹,以致留下了如此多的禹迹。另外,日本京都御所悬挂有教导古代皇太子的大禹戒酒防微的古画,这些都足以证明大禹精神对日本的影响。

目前,世界正面临着前所未有的巨大变革,政治多极化、经济全球化、文化多样化、信息多元化,各国间的联系和依存日益紧密,同时还面临粮食安全、资源短缺、气候变化、网络攻击、人口爆炸、环境污染、疾病流行、跨国犯罪等全球非传统性安全问题。因此,应遵循大禹的贵中尚和精神,相互尊重,平等相待,相互包容,相互理解,相互合作,坚持不同的文明兼容并蓄、交流互鉴,坚持合作共赢、共同发展,共同维护和谐的国际秩序,共同打造世界人类命运共同体。

八、弘扬大禹精神有利于凝聚民族精神,早日实现中国梦

中国梦是中共十八大以来,习近平总书记所提出的重要指导思想和重要执政理念,2012年11月29日,习近平总书记在参观国家博物馆"复兴之路"展览时,第一次阐释了"中国梦"的概念:"大家都在讨论中国梦。我认为,实现中华民族伟大复兴,就是中华民族近代以来最伟大的梦想。""中国梦"的核心目标即"两个一百年"的目标:到2021年中国共产党成立100周年和2049年中华人民共和国成立100周年时,逐步并最终顺利实现中华民族的伟大复兴。习总书记强调,实现中国梦必须走中国道路,必须弘扬中国精神,必须凝聚中国力量。笔者以为中国精神的核心就是以爱国主义为核心的民族精神,以改革创新为核心的时代精神。

中国梦包含国家富强、民族振兴、人民幸福三个层面,集中体现了近代以来中国人民的理想和夙愿,表现出了强烈的民族自豪感和爱国主义精神。秉承大禹精神,不断从中汲取正能量,从中提取"精神之钙",在实现中国梦的伟大进程中发挥更大作用。

中华文明是世界四大古文明中唯一存留至今的文明,数千年来之所以能够薪火相传、生生不息,从根本上说,就是因为中华民族拥有刚健有为、自强不息的奋斗精神,天下兴亡、匹夫有责的爱国精神,天人合一、厚德载物的中和精神,追求真理、敬业奉献的担当精神,勤俭节约、自力更生的自强精神,革故鼎新、勇于创造的创新精神,以民为本、注重民生的民本精神等。大禹精神可以说是中华民族精神的源泉,对中华民族精神的形成起到了奠基作用。在大禹的贵中尚和精神影响下,中华传统文化积累了丰富的和平共处的智慧,如"礼闻来学,不闻往教"体现了不同文化之间的相互尊重,反对把自己的价值观强加于人的思想;"和而不同,周而不比"体现了异质文化之间求同存异、和平共处、以和为贵的精神。中华民族反对恃强凌弱,提倡王道、反对霸道,己所不欲、勿施于人,得道多助、失道寡助,四海之内皆兄弟,"远人不服则修文德以来之"等观念早已融入中国人的血液之中。

2006年3月28日,时任浙江省委书记的习近平同志在公祭大禹陵的贺信中说,大禹以其疏导洪患的卓越功勋而赢得后世敬仰,其人其事其精神,展示了浙江的文化魅力,是浙江精神的重要渊源。公祭大禹陵对于坚持以爱国主义为核心的民族精神和以改革创新为核心的时代精神,对于树立以"八荣八耻"为主要内容的社会主义荣辱观,对于弘扬与时俱进的浙江精神,对于加快建设文化大省,都是有

益的。①

综上所述,大禹精神是中华民族精神的源头和内核。大禹忧国忧民、公而忘私的奉献精神,胼手胝足、劳身焦思的奋斗精神,尊重自然、因势利导的科学精神,造井示民、严明法纪的法治精神等,是中华民族精神的优秀基因,早已熔铸在中华民族的血脉里。传承和弘扬大禹精神,有利于推进包括华夏历史文明传承创新在内的中华优秀传统文化复兴工程,有利于深化为人民服务的宗旨意识,有利于弘扬家风和推进党的作风建设,进一步弘扬社会主义核心价值观。另外,还有利于促进生态文明建设,有利于构建人类命运共同体,有利于凝聚民族精神,早日实现中国梦。

(作者单位:河南省郑州市政协文史委,郑州大学历史学院)

---

① 《祭祀大禹的重要历史意义》,www.shaoxing.com.cn,绍兴网 2007 – 4 – 19。

略论大禹从错误中学习的优秀文化

潘铭基

世界各地皆有大洪水的传说,美索不达米亚、希腊、印度、玛雅,皆有之。中国亦不例外。在犹太教的"希伯来圣经"《塔纳赫》和基督教《旧约圣经》里,大洪水的故事皆占一席之位。无论是否有宗教信仰,我们都听说过大禹治水、挪亚方舟、吉尔伽美什史诗,可见大洪水一直留在不同民族、不同国度的历史底蕴中。在中国,大禹治水便是大洪水故事的典范,世代相传,构成中国文化重要的一环。

一、鲧之治水

帝尧在位之时,中原洪水泛滥成灾,百姓苦不堪言。帝尧命令鲧(大禹之父)治水,鲧受命治理洪水水患。鲧使用的是障水法,旨在筑造高坝,防堵洪流。可是,障水法的结果只能使水位越来越高,一旦决堤泛滥,造成的伤害更大。九年过后,鲧未能平息洪水灾祸,帝尧最终命令将其处死。《山海经·海内经》《尚书·洪范》载有鲧治水的情况,乃先秦文献最早关于鲧的记载。《山海经·海内经》云:

> 洪水滔天。鲧窃帝之息壤以堙洪水,不待帝命。帝令祝融杀鲧于羽郊。鲧复生禹。帝乃命禹卒布土以定九州。[1]

---

[1] 袁珂校注:《山海经校注》卷十三《海内经》,上海:上海古籍出版社1980年版,第472页。

上文指出，洪荒时代到处皆漫天大水。鲧偷拿天帝的息壤用来堵塞洪水，而未有等待天帝下令。于是，天帝派遣祝融将鲧杀死在羽山的郊野。禹从鲧的遗体腹中生出。天帝就命令禹整治疆土，禹治服了洪水，从而划定了九州的区域。据郭璞说，息壤是一种能自我生长的土壤，鲧乃用以堵塞洪水。①这里说明鲧用以治水的堵塞法并不可行，无法解决洪水泛滥。又，《尚书·洪范》云：

箕子乃言曰："我闻在昔，鲧堙洪水，汨陈其五行。帝乃震怒，不畀洪九畴，彝伦攸斁。鲧则殛死，禹乃嗣兴，天乃锡禹洪范九畴，彝伦攸叙。"②

箕子指出，听说从前鲧以堵塞之法治理洪水，将水火木金土五行的排列扰乱了。天帝大怒，没有把九种治国大法给鲧。治国安邦的常理被破坏。鲧在流放中死去，禹继承父业，上天于是就把九种大法赐给了禹，治国安邦的常理因此确立起来。这里，同样看到鲧以堵塞之法治水失败之事。

现在看来，鲧是一个失败的治水者，最后更断送了自己的性命。可是，鲧乃当时的人一致推选出来的有能力治水的人。《尚书·尧典》载：

帝曰："咨！四岳，汤汤洪水方割，荡荡怀山襄陵，浩浩滔天。下民其咨，有能俾乂？"佥曰："于，鲧哉！"帝曰："于，咈哉！方命圮族。"岳曰："异哉！试可乃已。"帝曰："往，钦哉！"九载，绩用弗成。③

尧帝询问四方诸侯之长，谓当时洪水危害人民，包围山岭，淹没丘陵。臣民只能叹息，却未知谁有能力治理洪水。待尧提问以后，所有人一致推举鲧，换言之，鲧在当时已颇有名声，堪称治水之才。依此而言，鲧乃当时治水界的人才，其以堵塞之法治理洪水，大抵是有迹可循的，并非胡乱妄为之举。而鲧之所以利用堵塞之法治水，应是前有所承，有过去累积的经验作为支持。可是，尧帝以为鲧违背人意，不

---

① 袁珂校注：《山海经校注》卷十三《海内经》，上海：上海古籍出版社1980年版，第472页。按：郭璞云："息壤者言土自长息无限，故可以塞洪水也。"
② 《尚书正义》，载《十三经注疏（整理本）》卷一二，北京：北京大学出版社2000年版，第353页。
③ 《尚书正义》，载《十三经注疏（整理本）》卷一二，北京：北京大学出版社2000年版，第47—48页。按：《史记·五帝本纪》亦载录此文，然而司马迁并不明引《尧典》之文，而是加以改写翻译，详参古国顺：《史记述尚书研究》，台北：文史哲出版社1985年版，第80—87页。

服从命令,甚至危害族人。因洪荒已急,四方诸侯之长建议仍是起用鲧,让他试试能否解决洪水。结果,尧帝起用鲧以治水,并嘱咐要谨慎行事。可是,过了九年,鲧治水的成效并不好。《史记·五帝本纪》亦采用了《尚书·尧典》的说法,鲧是当时治水的唯一人选,本无可疑。

鲧的失败,在于未能明白"穷则变,变则通"的道理。《易·系辞上》云:"穷则变,变则通,通则久。"①堵塞法乃鲧用以治水之法,用之可行则用之,用之不行则当更易之以他法。然而,鲧不明此理,治水九年只用堵塞之法,故未能解决洪水泛滥之问题。坚持原则与贵乎变动,看似相反,其实不然。儒家文化向来予人一成不变的感觉,然就孔子、孟子生平所见,二人皆能适时变通,值得后人借鉴。《史记·孔子世家》载有一段故事:

> 过蒲,会公叔氏以蒲畔,蒲人止孔子。弟子有公良孺者,以私车五乘从孔子。其为人长贤,有勇力,谓曰:"吾昔从夫子遇难于匡,今又遇难于此,命也已。吾与夫子再罹难,宁斗而死。"斗甚疾。蒲人惧,谓孔子曰:"苟毋适卫,吾出子。"与之盟,出孔子东门。孔子遂适卫。子贡曰:"盟可负邪?"孔子曰:"要盟也,神不听。"②

孔子路过蒲邑之时,刚好遇上公叔氏占据了蒲邑而背叛卫国,蒲人就留住了孔子。孔门弟子公良孺一直跟随着孔子周游各地,其人身材高大,贤德而英勇,他想跟蒲人决一死战。蒲人害怕,跟孔子议和,如孔子不去卫国,便可放行。孔子允诺,脱险后却直奔卫国。孔子行事灵活变通,指出在胁逼下所订立的盟约,神明不会认可,也不一定要遵守。这是孔子处事灵活的明证。可是,对于背弃盟约,子贡表示疑惑。这里的重点自然是盟约为何可以背弃而不遵守。"要盟"即在别人要挟强制下订立的盟约。③《公羊传·庄公十三年》谓"要盟可犯"④,与孔子之意相同。要盟自然是不入道德范畴的,背之可也。至于孟子的灵活变通的最佳例子莫过于"男女授受不亲"的故事:

---

① 《周易正义》,载《十三经注疏(整理本)》卷八,北京:北京大学出版社2000年版,第353页。
② 司马迁:《史记》卷四七,北京:中华书局1982年版,第1923页。
③ 韩兆琦:《史记笺证》,南昌:江西人民出版社2004年版,第3234页。
④ 《春秋公羊传注疏》,载《十三经注疏(整理本)》卷七,北京:北京大学出版社2000年版,第178页。

淳于髡曰:"男女授受不亲,礼与?"

孟子曰:"礼也。"

曰:"嫂溺,则援之以手乎?"

曰:"嫂溺不援,是豺狼也。男女授受不亲,礼也;嫂溺,援之以手者,权也。"

曰:"今天下溺矣,夫子之不援,何也?"

曰:"天下溺,援之以道;嫂溺,援之以手,子欲手援天下乎?"①

在《孟子·离娄上》的这段文字里,载有孟子与淳于髡的讨论。淳于髡是齐国人,曾仕于齐威王、齐宣王和梁惠王之朝。其事迹散见于《战国策·齐策》《史记·孟子荀卿列传》《滑稽列传》等。淳于髡以口才见长,这次他又提出了一个假设性的情况以考验孟子。淳于髡问孟子,男女之间不可以亲手递接东西,是不是一种礼制?孟子道之以是。淳于髡谓嫂嫂掉进水里,我是否能用手去救她?孟子认为嫂嫂掉进水里而不去拉她的话,那便是豺狼的行为。男女之间不亲手递接,这是正常的礼制;嫂嫂掉进水里,用手去拉她,这是变通的办法。淳于髡又说,现今天下的人都掉进水里了,为何孟子不去拯救呢?孟子答之,天下的人只能用"道"来拯救;嫂嫂掉进水里,则用手来救,二者显有不同。据此可知,孟子以为救世只能用无形的"道",而非有形的"手",淳于髡所言差矣。孟子以为人命至重,不分男女,此其变通之举也。

孔、孟儒家在坚持原则之外,又能灵活变通,此即所谓行权也。行权、变通有非常重要的底线,那便是做事的原则。没有原则的不是行权、变通,那只不过是见风使舵而已。鲧之治水,以九年时间之长,而没有认识错误另觅变通之法,终致失败而丧命。

在中国历史上,不懂变通而招致败亡者多有之。举例而言,楚汉相争之时,最后项羽突破垓下之围,逃至乌江,遇见乌江亭长,亭长劝项羽可以回到江东以图东山再起,但项羽以无颜见江东父老为由拒绝,并将自己坐下马赐予亭长。于是,项羽下马步战,一口气杀了汉兵几百人,自己也受了十几处的伤,而后挥刀自刎。事实上,如果项羽坐上乌江亭长之船,逃回江东,或有东山再起之可能。此实为不懂

---

① 《孟子注疏》,载《十三经注疏(整理本)》卷七下,北京:北京大学出版社2000年版,第241页。

变通也。

二、大禹治水——子承父业，以及从错误中学习

大禹治水，是子承父业的举措。父亲虽治水失败，但总算是一个时代的治水专家，儿子无论如何亦能够从中吸取经验与教训。当然，禹之继鲧，实际上也预示了日后启继禹而立，建立了中国古代第一个朝代——夏朝。历史上并无明确记载鲧有没有教导大禹治水之法，然而，父鲧之因治水失败而被处死，本身已是大禹最深刻的烙印。因此，当舜推禹继续其父未竟之业时，禹本身已有大量治水经验的累积。《史记·夏本纪》云："于是舜举鲧子禹，而使续鲧之业。"[1]这样的子承父业，亦可堪玩味。现代社会，人皆追求事业有成，却少有志业之想。所谓"志业"，乃志向与事业之合称。事业有成，旨在赚取金钱然后享乐，是什么样的工作，并不重要。志业则不然。人有志向，然后可以向此奋发，并超越功利。诚然，志向与事业并不冲突，如能以事业作为终生志向，自是美事。次之，当于事业中发掘优点，逐渐变成志向，否则终日营营役役，却对自己的工作毫不热爱。

《尚书·舜典》记载舜帝任命大禹治水：

> 舜曰："咨！四岳，有能奋庸熙帝之载，使宅百揆，亮采惠畴？"佥曰："伯禹作司空。"帝曰："俞，咨！禹，汝平水土，惟时懋哉！"禹拜稽首，让于稷、契暨皋陶。帝曰："俞，汝往哉！"[2]

《史记·夏本纪》亦载有此文。此时尧帝已逝，舜帝于是询问四方诸侯的君长，有谁能发扬尧帝的事业，居百揆之官辅佐政事。群臣建议大禹任司空，舜帝以为然，并指出禹曾经平定水土，更要努力做好百揆之事。禹跪拜叩头，推让于稷、契和皋陶。但舜帝以为还是禹最为适合。大禹治水，出于舜之委任，亦建基于禹对父业的继承。因为志业，才会用心，大禹治水三过家门而不入，便是专心致志之举。为何能够专心致志？纯粹是因为治水乃其志向与事业。今天，不少人只求寻找工作糊口养家，求职时候只追求工资的多寡，这份工作有没有可能成为志业呢？自是

---

[1] 《史记》卷二《夏本纪》，北京：中华书局1982年版，第50页。
[2] 《尚书注疏》，载《十三经注疏（整理本）》卷三《舜典》，北京：北京大学出版社2000年版，第87页。

不可能。能够成为志业的,必定是在工作中找到意义和乐趣,这些都是建立于工资而又超越工资之上的。

得到治水之任命后,禹立即与益、后稷等,召集各部落诸侯前来协助。集思广益,视察河道,并检讨其父治水失败的原因。以前车为鉴,禹总结了父亲鲧治水失败的教训,不再利用堵塞之法,改为以疏导河川为治水之主道,利用水向低处流的自然现象,疏通河道。禹将平地的积水导入江河,再疏通河道,开凿沟渠,将洪水引入海。禹坚忍不拔,勇于开拓,历时十三年,最终解决了中原洪水泛滥的问题。

古代典籍里多有大禹治水的记载,例如《庄子·天下》载墨子所言:

> 昔者禹之湮洪水,决江河而通四夷九州也,名川三百,支川三千,小者无数。禹亲自操橐耜而九杂天下之川;腓无胈,胫无毛,沐甚雨,栉疾风,置万国。禹大圣也而形劳天下也如此。①

墨子以为夏禹治水之法,在于疏浚江河而沟通四夷九州,遍及名川三百、支流三千、沟渠无数。大禹亲自背筐执锹,聚合天下江河;大禹劳动不歇,致使腿肚无肉,小腿无毛;冒雨顶风,只为安置万民。夏禹虽贵为大圣,却为了天下劳苦身形。由此可见大禹治水是经历了艰苦的亲身体验,吃苦无数,坚忍不拔,事业方有所成。大禹采取疏导之法,与父亲鲧所用的堵塞法完全是两回事。贾谊《新书·过秦下》:"前事之不忘,后事师也。"②西汉刘向整理的《战国策》也有类似的记载。③能够累积经验,以前人的成与败作为踏脚石,吸取教训,这是大禹成功的关键。鲧用了九年的时间却没有成功,也为大禹吸取九年治水失败的教训做了铺垫。大禹的成功在于不辞劳苦,亲力亲为,若没有实地的考察,单凭过去的经验也不能解决当前的新问题。毕竟,即使同一个问题,也会有许多不同的细节,能够注意细节的异同,往往是解决类似问题的不二法门。

《孟子·滕文公上》也有大禹治水的记载:

> 当尧之时,天下犹未平,洪水横流,泛滥于天下,草木畅茂,禽兽繁殖,五谷

---

① 郭庆藩:《庄子集释》卷十下《天下》,北京:中华书局2006年版,第1077页。
② 阎振益、钟夏校注:《新书校注》卷一《过秦下》,北京:中华书局2000年版,第17页。
③ 刘向集录:《战国策》卷十八《赵策一"张孟谈既固赵宗"》,上海:上海古籍出版社1998年版,第594页。

不登,禽兽逼人,兽蹄鸟迹之道交于中国。尧独忧之,举舜而敷治焉。舜使益掌火,益烈山泽而焚之,禽兽逃匿。禹疏九河,瀹济漯而注诸海,决汝汉,排淮泗而注之江,然后中国可得而食也。当是时也,禹八年于外,三过其门而不入。①

此言谓尧之时,天下仍未太平,洪水成灾,四处泛滥;草木无限制生长,禽兽大量繁殖,谷物没有收成,飞禽走兽危害人类,到处皆其踪迹。尧为此非常担忧,选拔舜出来全面治理。舜派益掌火,益便用烈火焚烧山野沼泽的草木,飞禽走兽于是四散而逃。大禹疏通九条河道,治理济水、漯水,引流入海;挖掘汝水、汉水,疏通淮水、泗水,引流而入长江。如此中国才可以进行农业耕种。当时,禹八年在外,三次经过自己的家门都不进去。同样描述了大禹治水的过程,其疏导之法,排除洪水,专心致志,不入家门。大禹治水的成功,使国人得以重过农业生活,耕种而食,其功莫大焉。《孟子·滕文公下》又有另一段记载:

当尧之时,水逆行,泛滥于中国,蛇龙居之,民无所定;下者为巢,上者为营窟。《书》曰:"洚水警余。"洚水者,洪水也。使禹治之。禹掘地而注之海,驱蛇龙而放之菹;水由地中行,江、淮、河、汉是也。险阻既远,鸟兽之害人者消,然后人得平土而居之。②

尧帝时,洪水横流,四处泛滥,大地上成为蛇龙之所居,人们无处安身。住在低地的人只能在树上搭巢,住在高地的便打通相连的洞穴。孟子援引《尚书》所言"洚水警余",意即洚水警戒我们。洚水便是洪水的意思。于是,命令大禹治水。大禹疏通河道,使水皆流到大海,并将蛇龙都驱赶到草泽里,水顺着河床流动,长江、淮河、黄河、汉水皆如此。危险至此方告消除,害人的鸟兽也没有了,然后人们才能再次居住于平原。孟子以为人世一治一乱,大禹治水平定了乱事,天下恢复太平。大禹治水乃掘地疏通之法,使洪水可以被排走,老百姓因为大禹之善治水而重过正常生活。

---

① 《孟子注疏》,载《十三经注疏(整理本)》卷五下,北京:北京大学出版社2000年版,第173页。

② 《孟子注疏》,载《十三经注疏(整理本)》卷六下,北京:北京大学出版社2000年版,第209页。

《韩非子·五蠹》亦有相近的记载：

> 禹之王天下也，身执耒臿以为民先，股无胈，胫不生毛，虽臣虏之劳不苦于此矣。①

禹统治天下之时，亲自拿着锹锄带领人们干活，累得大腿消瘦，小腿上的汗毛都磨光了，就算奴隶们的劳役也不比这更苦。这里指出的仍然是亲力亲为的重要性。

凡此种种，皆见于先秦典籍里关于大禹治水的记载。大禹治水距今年代已远，然其中的创新与突破仍然值得今人借鉴。面对过去，是因循守旧，还是突围而出，各有利弊。审时度势，最为关键。鲧之治水沿用堵塞之法，九年而以失败告终；大禹所面对的，不单是治水的成败，其父更因治水不善而丧命，大禹却仍肩负重任，突破樊篱，改用新法，终致成功。大禹之成功，与其父治水之失败有直接而重要的关系。没有前人的基础，大禹亦不可能明白不同治水法之功效。逆向思维，改变套路，故大禹能够成功。然而，这并不代表因循守旧便不可行，一切皆建立于是否审时度势而已。举例而言，汉初萧何主张与民休息，使汉室在战国乱离之后得以喘息。萧何死后，曹参继相，却终日饮酒，不问政事。汉惠帝怪之，以为曹参欺其年少，故意为之。后曹参指出惠帝不如高祖，自己亦不如萧何，不妨萧规曹随，天下大治。结果，如此国策一直沿用，才有西汉中业时候的汉武盛世。因此，突破固然重要，但审时度势更是成功的要素。

三、传统儒家文化如何面对错误

做错了，该如何面对，如何自处？《左传》早已揭示了解决的方法。《左传·宣公二年》载晋灵公不君，赵盾、士季屡谏之，及后晋灵公说："吾知所过矣，将改之。"然后士季稽首而对曰："人谁无过？过而能改，善莫大焉。"② 这就是"错而能改，善莫大焉"的典出。春秋之时，晋灵公无道，滥杀无辜，臣下进谏。灵公当即表示知

---

① 陈奇猷校注：《韩非子新校注》卷十九《五蠹》，上海：上海古籍出版社2000年版，第1088页。

② 《春秋左传正义》，载《十三经注疏（整理本）》卷二一，北京：北京大学出版社2000年版，第685页。

错,一定会改过。于是,士季高兴地表示,人谁无过,能够认识并改正错误,就是最好的事情。可是,晋灵公言而无信,残暴依旧,最终为赵穿所杀。做错并不要紧,最重要的是能从错误中学习而改正。大禹治水正是对其父鲧治水之误而加以改正,并终修成正果,成功解决水患的。

中国传统儒家文化如何面对错误,且以几则《论语》之文论之。例如《论语·学而》:

> 子曰:"君子不重,则不威;学则不固。主忠信。无友不如己者。过,则勿惮改。"(1.8)[①]

孔子指出,君子如果不庄重,就没有威严;即使读书求学问,所学的东西也不会巩固。要以忠和信两种道德为重要的行事原则。不要跟不如自己的人交朋友。有了过错,就不要怕改正。可见,做错了并不要紧,而是怕不改过。《论语·卫灵公》载:

> 子曰:"过而不改,是谓过矣。"(15.30)

孔子以为有错误而不改正,那个错误便真叫错误了。这是不改过的后果。及后《韩诗外传》亦载相近之文,其曰:"过而改之,是不过也。"[②]可见人谁无错,犯错误很正常,贵乎能改,如有过而不改,才是真的错误。孔子面对学生犯错,必循循善诱,革其错误。即使是颜渊,亦有犯错之时,但孔子还是对颜渊推崇备至:

> 哀公问:"弟子孰为好学?"孔子对曰:"有颜回者好学,不迁怒,不贰过。不幸短命死矣,今也则亡,未闻好学者也。"(6.3)

鲁哀公问孔子,孔门弟子之中,哪个最好学?孔子谓从前有一个叫颜回的人好学,从不拿别人出气,也不会犯同样的过失。可惜的是,此人已不幸死了,现在便再没有这样的人,因此也没有听过好学的人了。孔子虽是生活在三千年前的人,但此话听来仍然动人,孔门弟子众多而唯一好学之人已死,可见其痛惜早逝颜渊之心。

[①] 此下《论语》各条,其章节编号据杨伯峻《论语译注》,不另出注。
[②] 韩婴撰、许维遹校释:《韩诗外传校释》卷三,北京:中华书局1980年版,第99页。

人皆会犯错,更多的是犯了同样的错误。颜渊的"不贰过",明显地表现了颜渊能够从错误中学习,因而不再犯同样的过失。试想,如果鲧在治水中发现堵塞法不能解决问题,而转用其他治水之法,也许就不会出现大禹治水。正是因为鲧没有从错误中学习,才会导致最终的失败。

过失当然越少越好,犯错了,我们应该想想如何不再犯。《论语·宪问》有以下一段文字:

> 蘧伯玉使人于孔子。孔子与之坐而问焉,曰:"夫子何为?"对曰:"夫子欲寡其过而未能也。"使者出。子曰"使乎!使乎!"(14.25)

蘧伯玉是卫国的大夫,也是卫国著名的君子。当时,卫国盛产君子①,蘧伯玉派遣一位使者访问孔子。孔子请其坐并问道,蘧伯玉在做些什么。使者答道,蘧伯玉想减少过错却还没能做到。使者辞谢出来,孔子称赞这真是一位能言善道的好使者。我们如果能多动心思,极力避免过失,欲寡其过,必能够减少犯错。蘧伯玉的"欲寡其过",除了见诸《论语》外,亦见诸《庄子·则阳》和《淮南子·原道》。②在这里,我们再次看到传统文化并不惧怕过失,重点在于如何减少损失。

不同类型的人,会犯不同的过错。《论语·里仁》云:

> 子曰:"人之过也,各于其党。观过,斯知仁矣。"(4.7)

孔子指出,什么样的错误由什么样的人犯。仔细考察某人所犯的错误,就可以知道他是什么样的人了。观鲧之治水,一成不变,没有使用其他的方法,实乃故步自封的人。故步自封的人,最后便赔上了自己的性命。尽量少犯错,君子便是这样的,可是,少犯错并不代表不犯错。

---

① 按:《左传·襄公二十九年》:"适卫,说蘧瑗、史狗、史鰌、公子荆、公叔发、公子朝,曰:'卫多君子,未有患也。'"(《春秋左传正义》,载《十三经注疏[整理本]》卷三九,北京:北京大学出版社 2000 年版,第 1273 页。)指出卫国盛产君子,蘧瑗即蘧伯玉,乃卫国君子之一。

② 按:《庄子·则阳篇》云:"蘧伯玉行年六十而六十化,未尝不始于是之而卒诎之以非也,未知今之所谓之是之非五十九非也。"(《庄子集释》卷八下《则阳》。)《淮南子·原道》云:"蘧伯玉年五十而知四十九年非。"(刘文典:《淮南鸿烈集解》卷一《原道》,北京:中华书局 1989 年版,第 25 页。)可见蘧伯玉真的是一个希望少犯错的君子。

子贡曰:"君子之过也,如日月之食焉:过也,人皆见之;更也,人皆仰之。"(19.21)

子贡以为君子的过失好比日食月食:错误的时候,每个人都看得见;更改的时候,每个人都仰望着。因此,君子实为其他人的道德榜样,就如同大禹不再犯其父治水之弊,成为后世借鉴的对象。

有人以为,鲧、禹两代治水的成与败,正是"失败乃成功之母"的典出。姑勿论此说是否可信,大禹确实是在父亲失败的基础上掌握了治水之法。另一方面,所谓"熟能生巧"(practice makes perfect),即使大禹明白堵塞法不可用而改用疏导法,亦需要一段时间才能适应改变,解决水患,所以要花费八年时间才熟能生巧,疏导洪水并解决问题。

四、让孩子在错误中成长

人都不喜欢错误,以为错误没有任何好处,其实不然。颜渊的"不贰过",便是因为能够在过错中寻得根源,因而不会再犯。大禹因为父亲鲧治水之失,而采用他法,终致成功。这些都是犯错的好处。没有人是完美而不犯错的,区别只是犯错的大小以及犯错的频率而已。

孩子都会犯错,当错误已经出现了,我们应该让孩子去寻找原因,然后帮助孩子不再犯同样的错误。很多时候,面对孩子的过失,家长和教师都会暴跳如雷。事实上,孩子犯错必然有其原因,要对症下药,才可以令孩子不再犯错。如果只是大声呼喝,徒有指责,不能让孩子心服口服,并不能令孩子明白自己究竟犯了什么错。

我们都知道发明炸药的诺贝尔。诺贝尔希望研究一种威力巨大又安全可靠的炸药,实现人类移山填海的梦想。为此,他几十次险被炸死,而自己的弟弟和助理都牺牲了,父亲半身瘫痪。邻居也赶走诺贝尔,认为他所研究的东西杀伤力太强大了。可是,在无数次错误过失的基础上,诺贝尔终于成功发明了炸药。失败乃成功之母,这是最佳的例子。

从前,我们对学前儿童关心最多,因其年少而无知。小孩子慢慢长大,到了高中阶段已经相当独立了。升读大学,更代表了孩子已经长大成人。可是,很多父母不忍心子女犯错,一直陪伴在侧,任劳任怨,却对孩子的成长毫无帮助。大学的新生咨询日,以往都是中学生约三五好友自行前来,父母没有陪在一起。可是,近年来的新生咨询,有很多家长追随学生左右,有的家长更为子女代劳,做了学生要做的事。为人父母的,总要学会放下,让孩子从错误中学习而成长,这才是最佳的教学方式。

在大禹治水的故事里,我们学会了犯错要改过的优良美德。错误的经验,积沙成塔,让我们从错误中学习,拨乱反正,步上正途。

五、结语

大禹治水早就存在于我国古代传统文化里,其蕴含的意义一直流传至今。据本文所论,大禹之成功,与鲧之失败密不可分。鲧用堵塞法治水,九年而无所成,以失败告终。禹作为鲧的儿子,父亲的治水过程自是看在眼里。鲧以九年之久,治水之法却未有改变,最后更失去了自己的性命,令人惋惜。

大禹承父业而治水,父子同一事业,世代相传。大禹不辞劳苦,实地考察,八年之内三过家门而不入,专心致志,以疏导之法解决长久以来的水患。大禹之成功,其实建立于鲧的经验与失败的教训之上。没有前人累积下来的成果,后人要做有把握的突破并不容易。

中国传统文化并不惧怕犯错,但错了要改,否则将错就错,那便会变成大错了。鲧之失败,便是将错就错;禹之成功,便是结合两代人经验的"过则勿惮改"。没有人不犯错,我们期待的,只是颜渊所做到的"不贰过",同样的过错不必再犯。

错误可以使人成长,古今中外皆然。当今,父母家长都不愿意让小孩犯错,出现了许多溺爱宠坏的情况。适时地放开手脚,让小孩踏出人生的每一大步,错误一定会犯,但只要让小孩知悉,错的原因在哪里,要如何改善,及早指正改过,就能像鲧禹治水一样,最后由大禹取得成功!

(作者单位:香港中文大学中国语言及文学系)

大禹文化对当代精神文明建设的启示

王云飞

众所周知,大禹是我国最后一位部落联盟首领,同时,也可以说,他是我国第一王朝——夏朝的第一位帝王。[①] 关于大禹的出生地,以及活动地域,有多种说法。先说出生地。据《帝王世纪》:"禹,姒姓也。其先出自颛顼。颛顼生鲧,尧封为崇伯,纳有莘氏女曰志。是为修己。……意感而生禹于石钮。名文命,字高密,长于西羌,西夷人也。"崇伯原在陕西境内,由于地名随族群而迁徙的缘故,后来人们认为其在今河南嵩山,这里尚有所谓启母石等众多五帝时代的遗迹。《史记·五帝本纪》也有类似的记述。又据《山海经·大荒北经》:"禹生均国。"[②]均国在长江支流汉水上游的淅川中上游沿岸的丹江口市(原称均县)。拙著《炎黄源流探微——中华古族寻根》[③]一书指出,大禹部落原生活于我国西部,有一个自西而东的迁徙过程。大禹族鼎盛时期,迁徙到浙江上虞或绍兴一带。在我们的民间传说中,被作为英雄称颂的大禹应当是原始社会后期迁徙到华东地区的禹族首领大禹王。

大禹王有哪些值得赞赏和弘扬的优秀品质呢?我认为,大禹王的伟大精神至少体现在以下几个方面,其至今仍然需要发扬光大。

---

① 关于夏朝开国之王,一般认为是夏启。也有人认为,夏禹的权威表明他已经成为无可争议的帝王。史书记载,大禹在会稽山召开会议,防风氏后至,大禹击杀之。充分显示了其权威已经等同于奴隶制社会的帝王。笔者赞同后一说。
② 袁珂校注:《山海经校注》,上海:上海古籍出版社1980年版,第424页。
③ 参见王云飞:《炎黄源流探微——中华古族寻根》,郑州:郑州大学出版社2017年版。

一、公而忘私,"三过家门而不入"的奉献精神

大禹是我国上古神话传说中的英雄人物,是我国古代的治水英雄。他的主要业绩是治理水患。根据《山海经·海内经》的记载,相传在尧舜之时,发生洪水,帝尧命鲧去治理。"鲧窃帝之息壤以堙洪水,不待帝命。帝令祝融杀鲧于羽郊。鲧复生禹。帝乃命禹卒布土以定九州。"[1]《史记·夏本纪》的记载则说:帝舜"行视鲧之治水无状,乃殛鲧于羽山以死。天下皆以舜之诛为是。于是舜举鲧子禹,而使续鲧之业"[2]。两处记述略有差异,我们采取《史记·夏本纪》的说法。殛,有流放的意思。也就是说,鲧采用堵塞水流的办法来治水,结果失败了,鲧被流放于羽郊。否则就无法解释,鲧何以又生了禹!鲧的儿子禹继承父业,含辛茹苦13年,终于平复水患。大禹采用了什么办法呢?据传说大禹采取的是疏导的办法,即因势利导,疏通河道,清淤清障,使洪水顺流而下,流向大海。我们的先祖大禹,为了公共水利工程,公而忘私,曾经"三过家门而不入"。由于大禹治水有功,德高望重,后来,帝舜禅位于禹,夏王朝由此建立。此外,关于禹的传说,还有逐共工,杀相繇,以及应龙助其治水等情节。《国语》《孟子》《吕氏春秋》《淮南子》等古籍也有关于大禹治水的记载。这充分说明了大禹具有为了部落民众的公共事业废寝忘食的敬业奉献精神。某学者曾经在大众媒体上做讲座,说大禹三过家门而不入,是移情别恋,是在蒙蔽结发妻子。亏他想得出来!大禹时代,刚刚走出群婚时代,在以男权为主的时代大禹王可以实行多妻制。就好比帝舜曾经娶娥皇、女英姊妹二人为妻是合法的一样!大禹实行多妻制还需要躲躲闪闪,蒙蔽他人吗?!道德是随时代而变化的,且不可以今人的眼光、今人的道德观来看待治水领袖大禹!

二、注重感化"袒入裸国",入乡随俗的随和精神

《战国策·赵策二》:"昔舜舞有苗,而禹袒入裸国,非以养欲而乐志也,欲以论德而要功也。"这句话是什么意思呢?在笔者看来"禹袒入裸国",与"舜舞有苗"一样,都是在华夏族形成族团联盟,或者说统一的过程中,实行感化、笼络、入乡随俗的政治策略,而不是入侵、强行兼并,发动血腥的战争!这些也是我们当代人应该

---

[1] 袁珂校注:《山海经校注》,上海:上海古籍出版社1980年版,第472页。
[2] 司马迁:《史记》,北京:中华书局1959年版,第40页。

认真向先祖学习的贤明举措。在我国华南以及东南亚、太平洋土著先民的装饰艺术遗迹中,拔牙、断发、文身、草编衣、裸体、跣足等是几项显著的、特殊的文化因素。传说,大禹治水时,光着脚,连腿毛都磨掉了。这就是所谓"跣足",大禹为了获得南方越濮民族的认同心理,为了获得他们的尊重,光着膀子进入裸体民族地区,这就是所谓"禹祖入裸国"。

从古代史籍和考古资料中可以找到越濮土著"裸以为俗"的历史记述,比较台湾岛"番族"及东南亚、太平洋的南岛语族民族志上冬夏不穿衣的"裸体"习俗,证实了上古华南存在所谓的"裸国",也就是我们古籍上所说的南蛮。在古汉语里,"国"有地域的意思,说明"禹祖入裸国"确有其事。

三、功成身退、谦让不争的无私奉献精神

尧舜禹时期,有一种公推部落联盟首领,前任首领主动让贤的制度。那个时期的所谓"帝王",就实际的社会作用来说,相当于现在建筑工地的"工头"。他们既要操心谋划,又要身先士卒地作为治水等公共工程的先锋和表率。各个部落公选领袖,部落联盟议事会由"四岳"等提出候选人,得到大会批准后,前任首领"禅让"给德高望重的新首领。这个首领即"酋长"。[①] 部落联盟酋长权力很大,但是,我们的大禹王却主动避让君主的位置,来到阳城。《竹书纪年》指出"禹都阳城"[②]。阳城在哪里?阳城的说法有多处:1.一般认为是河南省登封市告成镇王城岗;2.颍川说,即河南省偃师市二里头遗址;3.潞泽阳城说,即今山西晋城西;4.河南省开封市东郊老丘遗址,或虎丘寺遗址。当然,四者所反映的时代有所不同。还有其他一些遗址也被认为是阳城遗迹。根据《夏商周断代工程1996—2000年阶段成果报告》的推定,夏代建立于公元前2070年,又据考古学碳14测定,王城岗遗址距今约4100年,二者相合。传说,夏禹认为,舜应当传位给他的儿子,而不是自己。结果,人们都聚拢到阳城周围居住,大禹受到众多群众的拥戴,最终当上了王。

后来,大禹王为了统一各部落,曾经"征有苗"。《战国策·魏策一》记载:"昔者,三苗之居,左彭蠡之波,右有洞庭之水,文山在其南,而衡山在其北。"这里是指

[①] 共工氏曾经"霸九有",九有即九酋。"酋"在河南南阳就念作"yǒu"。每年写对联,在家具上贴上"酋",当地都念作"有"。谁有呢?当然是"酋长"!有人把"九有"解释为"九州"也可以,严格来说,是九酋。

[②] 李民等:《古本竹书纪年译注》,郑州:中州古籍出版社1990年版,第10页。

整个三苗部落的活动地域,彭蠡、洞庭大致就是后世所说的鄱阳湖、洞庭湖一带,衡山是《水经注·汝水》中提及的雉县(今河南南召县南)的雉衡山,文山地不详。三苗的居住范围,北界在伏牛山南麓,包括了整个南阳盆地。有苗大致生活在现在的江西省、湖南省以及安徽省、河南省南部一带。

四、守时守法的法治精神

《左传·哀公七年》中有"禹合诸侯于涂山,执玉帛者万国"的记载。涂山在哪里?近年来考古界在安徽蚌埠市禹会村发现了一个很大的龙山文化的遗址。该遗址有30多个方形小坑,被猜测为用于参会部落首领插旗杆。这次大会被认为是大禹治水成功后的庆功大会。另有一说,作为部落联盟酋长,大禹王在位于我国现在浙江绍兴的会稽山召集部落联盟首长大会,即"昔禹致群神于会稽之山,防风氏后至,禹杀而戮之"(《国语·鲁语下》)。这句话虽然简略,但是,它给我们提供了不可多得的重要信息。首先,我们的大禹王非常具有时间观念,纪律十分严明;其次,大禹王树立了个人专断的权威,因为这里分明是说大禹王处死了防风氏,而不是说部落议事会合议决定处死防风氏!这件事树立了大禹王空前的权威,从而使他的地位超越了以前的任何部落或部落联盟首领,从而使当时的社会由部落联盟时代走向阶级专制时代。因而,目前一些研究夏史的学者,认为大禹是夏朝第一任君主。最后,需要说明的是,以老虎为图腾的大禹所在的氏族与防风氏产生过矛盾,或者说,大禹因为某些原因削弱太昊防风氏龙族的势力,故判处防风氏极刑。从理论上说,防风氏仅仅迟到了就被处死,是不太人道的,因为在非战争状态的情况下,开会迟到可以给予其他处罚,罪不至死。太昊防风氏为龙姓龙族,大禹为姒姓虎族,世传"龙虎相斗"就是对古代以龙蛇为图腾神的东方氏族部落,与以老虎为图腾神的西方氏族部落长期争斗的形象概括。随着族群的迁徙、融合,我们先民的后裔早已不分彼此。其实,太昊伏羲氏和女娲氏也是自西向东迁徙而来的。所以,我们说中华民族是由许许多多族群融合而成的。

五、顺应自然、疏通水道的科学精神

在五帝时代,据《尚书·尧典》记载:"涛涛洪水方割,荡荡怀山襄陵,浩浩滔天。"①出现了洪水泛滥的现象。另据《山海经·海内经》记载:"洪水滔天。鲧窃帝之息壤以堙洪水,不待帝命。帝令祝融杀鲧于羽郊。鲧复生禹。帝乃命禹卒布土以定九州。"按照山东学者景以恩的意见,九州包括大九州和小九州的范畴。所谓"小九州"是指山东九州,认为大禹王早期的活动范围主要在山东境内,此处"九州",应指小九州。四渎、四岳都与尧舜有关,是治水的范围所在。②他所理解的"四岳"有误。"四岳"本是部落联盟议事会的主要成员,权力相当于后世的宰相、副宰相,但是,地位高于宰相。在部落联盟议事会里,他们有平等的发言权。《史记·五帝本纪》的记述略有不同,其中指出:"帝殛鲧羽山。"我们先对关于舜帝处置禹的两条材料加以甄别。根据《山海经》的材料,舜帝派祝融把鲧杀了;根据《史记》的材料,结合《尚书》孔传,"殛"是流放的意思。《史记》虽然晚出,但是,严肃的史学家司马迁择定古意,孔安国的解释也是正确的。笔者倾向于认为,五帝时代,部落首领的性别尚未确定。"鲧复生禹"又作"鲧復生禹","復"字应是"腹"的古字。传说鲧是中国历史上第一个实行剖腹产的妇女。按照《海内经》的说法,我们无法说明,帝尧已经命人把鲧杀了,何以鲧还能生禹?!帝尧派人把鲧流放到"羽郊","羽郊"在哪里?笔者认为,应在今山东省郯城市,或者在今山东省禹城市,两地均靠近黄河古道,附近不远处均有水泽。"鲧窃帝之息壤以堙洪水",息壤是可以种庄稼的熟土,鲧用熟土去堵塞洪水,惹怒了尧帝和舜帝。舜帝虽怒,但是,对其实行了给出路的政策,给她找了一块靠山靠水可以生存的流放地,去反省自新;又或许因为她怀孕而实行人性化的惩罚,这种处罚是罪罚相当。中国自古以来法律规定妇女怀孕期间犯罪,不实行死刑。否则,就不会有后来的大禹王。传说尧舜是贤明的,果然如此。当然,历史上不只有一个禹。另有"禹生石纽""禹生均国"之说,这三位当是同族同名不同代的人王。

我们在这里谈到的则是东方的人王大禹王。大禹的长辈鲧,用息壤堵塞水道或江河,总是不见功效。自从大禹开始,他吸取了鲧治水的经验教训,疏通水道,加高河堤,或者顺着地势,拓宽河道,因势利导,使水流顺势而下,然后归入大海。数千年来,治水工程负责人基本上都是采用大禹王所首创的疏导之法。大禹王具有顺应自然、改造自然的科学精神和长期坚持正义事业的坚强意志以及大无畏精神,这些精神直到中国兴旺发展的今天,仍然值得被发扬光大,仍然不会过时。大禹王是中国古代民族精神的主要原型之一,是中华民族永远的精神丰碑。大禹是他那

---

① 孙星衍:《尚书今古文注疏》(上),北京:中华书局1986年版,第27页。
② 参见景以恩:《炎黄虞夏根在海岱新考》,北京:中国文联出版社2001年版,第44页。

个时代的伟大的工程师,是兴修水利的鼻祖,是中国历史上当之无愧的民族英雄!

大禹王是上古时期我国部落联盟最后一任首领,同时,也是我国夏王朝的第一任君主。他具有公而忘私的奉献精神,入乡随俗的工作方法,功成身退、为而不争的无私奉献精神,守时守法的法治精神,顺应自然并改造自然的科学精神,以及百折不挠的坚强意志,这些美好品质都是我们当代人应当发扬光大的。

(作者单位:开封教育学院、开封文化艺术职业学院)

从大禹治水看中国神话叙事的缝隙

韩 雷

上古神话是口耳相传的,其存在的历史应远早于文字出现之后而被记录下来的文本。后人想了解文字出现之前的历史,所能依靠的要么是已然被民众口头传承的神话,要么是已经被文字固化的神圣叙事文本,当然地下考古挖掘偶尔也能帮助我们窥探上古历史的一鳞半爪。大禹治水神话流传已久,但最初见于文献的都很不成系统。随着时间的迁移,大禹的神话叙事越来越丰赡,甚至融入了历史的大叙事。这样的灾难叙事反复述说着同一主题,对大禹的礼赞其实也就被赋予了某种疗伤的功能,毕竟灾难从来都没有远离过我们。这篇小文以大禹治水神话为例,试图通过探测中国神话叙事的缝隙,打捞一些历史讯息,抑或有助于还原或丰富神话叙事发生的历史场域。

一、不成系统的神话叙事

中国上古神话叙事零碎、片断化,只有大纲而无细节,留给后人一些需要探索的问题,用美国学者浦安迪的说法,中国神话的叙事性显得相当薄弱,"与希腊神话相比较,中国神话中完整的故事寥寥无几。如果我们肯定神话具有保留'前文字记载时代'的传说(pre‑literary lore)的功能,那么,西方神话注重保留的是这些传说中的具体细节,而中国神话注重保留的却只是它的骨架和神韵,而缺乏对于人物个性和事件细节的描绘。我们在先秦两汉的古籍中,几乎找不到对任何神话人物事迹的完整叙述"①。大禹的神话叙事也是如此。而大禹被视作神话人物,自五四以后在学术界已形成共识。

大禹治水厥功至伟,生活上却克勤克俭,并能敬天。孔子所谓"禹,吾无间然""菲饮食而致孝乎鬼神,恶衣服而致美乎黻冕,卑宫室而尽力乎沟洫",就是在赞美大禹的功劳和品德。有关大禹的历史叙事不连续、片断化,在司马迁时代就已经如此了,很明显司马迁对一些史料的真实程度也没有十足的把握,甚至要通过猜测才能写作。重复部分是仪式性的重复,在叙事效果上起到某种强化其神圣性的作用,再加上古雅的誓词,其叙事的仪式感极为强烈。

大禹神话叙事的核心是治水,因大洪水泛滥成大灾难,才有治理洪水的神话想象。神话想象的背后隐含着世界大灾难的发生,虽然有夸张有变形,但终有真实历史存在的影子或记忆。其他历史灾难事件也曾发生过,唯独洪水灾难能成为神话想象的聚焦点,这说明上古时人们生活的历史现场,水灾所带来的毁灭性的影响实在太大了。先民四顾白茫茫一片汪洋之水,除了高地和大山,几乎无可逃避;能伤及先民的各种陆地动物,也只能逃至高地或大山之上。先秦思想家庄子在《庄子·秋水》中写道:"秋水时至,百川灌河,泾流之大,两涘渚崖之间不辨牛马。"大意是说:秋天淫雨绵绵,河水上涨,所有的小川都灌注到黄河里去了,水流宽阔,两岸及河中水洲之间,连牛马都分辨不清。秋天洪水时常发生,此时再种植作物已然来不及。因此,每当洪水铺天盖地般涌来时,先民自然渴望治水英雄的出现,最好从天而降,或迥异于常人。这样的重任便历史性或神话般地落到了大禹的身上。

先民对洪水这样大灾难的记忆,其实还跟其对大旱灾的记忆连接在一起,二者互相建构着先民的历史记忆。同样是大灾难,对洪水灾难的神话叙事明显多于旱灾,并且治水英雄大禹成为中华民族的文化英雄乃至神灵,而跟旱灾相关的后羿和夸父等就没有如此幸运了。旱灾记忆是如何与太阳崇拜或火神崇拜纠缠在一起,并互相修饰建构的?它们之间是如何调谐生存的?夸父逐日和后羿射日神话的背后是先民对旱灾的记忆。夸父的手杖最后化为邓林即桃树,而桃树能带来阴凉,但能真正改变炎热的气候吗?"夸父与日逐走,入日。渴,欲得饮,饮于河渭;河渭不足,北饮大泽。未至,道渴而死。弃其杖,化为邓林。"(《山海经·海外北经》)当旱灾发生时,人们至少可以选择逃离或迁徙,朝北方逃离或迁徙主要在陆地空间里展开。

洪水神话叙事重新调整了先民生活世界的秩序,也是以神圣的方式进行的。

---

① 浦安迪:《中国叙事学》,陈珏译,北京:北京大学出版社1996年版,第41页。

《史记·夏本纪》的叙事就存有某种仪式感,并通过重复或神圣的歌谣体来表现其神圣性。中国神话里的原型是非叙述性的。但神话本来就是叙事的艺术,且是神圣性的叙述。这样的论述岂不是自相矛盾!但可以肯定的是,中国神话确实很少叙事。中国神话与其说是在讲述事件,还不如说是在罗列事件。浦安迪通过对比后认为,"我们会发现,希腊神话的'叙事性',与其时间化的思维方式有关,而中国神话的'非叙述性',则与其空间化思维方式有关。希腊神话以时间为轴心,故重过程而善于讲述故事;中国神话以空间为宗旨,故重本体而善于画图案"[①]。中国神话叙事为何如此,确实是值得我们探究的问题。人类凭借对洪水灾难的生活体验,对神话口头叙事的时间维度进行弱化,似应在情理之中——大洪水涌来时漫无边际;消退时,大地空间渐次呈现,这对先民认知的影响无疑最为深刻。被洪水围困,或人类漂浮在洪水之上,两者对人类感知世界的塑造是不一样的,以致形成不同风格的神话口头叙事。相对来说,被洪水围困的民众是静止的,而洪水是动态的,洪水涨退最明显的表现是陆地渐次浮出水面,空间驾驭了时间;西方挪亚方舟的神话叙事里则是民众与洪水都在动,陆地虽然也是渐次浮现的,但这是次要的,人与洪水的流动最为重要,因而这里是时间驾驭了空间。

"中国时间性的神话叙事的传统似乎早已亡于周代,甚至在殷商以前就已失传,代之而起的是把现存的神话素材空间化的重礼倾向。"[②]如《史记·河渠书》:"《夏书》曰:禹抑洪水十三年,过家不入门。陆行载车,水行载舟,泥行蹈毳,山行即桥。以别九州,随山浚川,任土作贡。通九道,陂九泽,度九山。然河灾衍溢,害中国也尤甚。唯是为务。故道河自积石历龙门,南到华阴,东下砥柱,及孟津、雒汭,至于大邳。于是禹以为河所从来者高,水湍悍,难以行平地,数为败,乃二渠以引其河。北载之高地,过降水,至于大陆,播为九河,同为逆河,入于勃海九川既疏,九泽既洒,诸夏艾安,功施于三代。"以空间驾驭时间的大禹神话叙事,在司马迁的笔下已经被历史化了,虽然我们能从一连串唯有大英雄或神祇才能有的行动中窥测一点端倪,但过于离奇的事件已经被弱化。以空间驾驭时间的中国神话叙事,必然留下很多缝隙,我们透过这些缝隙也许能打捞到很多有用或有趣的讯息。

二、对洪水灾难的文化记忆

近年来有不少学者从自然科学的角度对这次异常的大洪水进行了分析。有研

---

① 浦安迪:《中国叙事学》,陈珏译,北京:北京大学出版社1996年版,第42—43页。
② 浦安迪:《中国叙事学》,陈珏译,北京:北京大学出版社1996年版,第43页。

究指出,相关遗址所发现的异常洪水地质记录,表明距今 4000 年前后确实是我国北方超大洪水多发的时期,黄河流域、淮河流域和海河流域在这一时期均普遍出现了不同形式的史前异常洪水事件。研究表明,此次异常洪水的出现与这一时期的降温事件有密切关系,气候变冷引发的相对湿度加大和降水量增多可能是造成大洪水的主要原因。①

大禹作为一个重要的文化符号,既有历史的真实又有神话思维的渗透,经过历代的建构,大禹文化蔚为大观。对其研究离不开这一大的背景,甚至还要结合世界各地同时期的洪水神话,如《圣经》所记载的洪水与挪亚方舟。换言之,大禹治水神话应被置于中西文化比较的视域,如此方能深入考量二者发生的背景及传承发展的历史轨辙。挪亚方舟的洪水神话重在惩罚而不是治水,让挪亚一家逃离,以验证上帝的神迹。上帝主宰一切,既能引发洪水,以惩罚不信仰上帝的人或"自作孽不可活"的罪人;涨洪水以毁灭人类,上帝的目的就算达到了。洪水自然会退去,不需要类似大禹这样的治水英雄。上帝本人就是最大的英雄。而中国洪水神话大异其趣,暂且不考究其神话叙事上的动因,单就神话文本而言,中国洪水神话并没有跟人类堕落和上帝的惩罚结合在一起,很有可能归结到命运或天道上;在命运或天道面前,我们祖先尚可勉力为之,想像禹父鲧一样去堵塞命运或天道是不行的,只有顺应天道或命运地去疏才有更好的成效。当然在实际治水的实践中,湮与疏都可能用得上,亦即该湮的湮,该疏的疏——这是另一种意义上的顺天道。以今日眼光视之,湮与疏更多是从文化层面上来说的。

中国的洪水神话叙事为何发展成这样的面相?虽然洪水对中西方民众都是极大的灾难,但为何对它的讲述或叙事如此迥异?治水之所以成为神话,就是因为这对先民来说是重大事件,甚至超出人力之所为,必须借助超自然神灵才能顺利解决;治水工具因而具有神奇威力就在情理之中了。

其次,治水对于先民乃至今人都是非常棘手迫切的;换言之,通过治水可以考验一个人的能力和道德,也是一种最残酷的锻炼,正如《韩非子·五蠹》所言:"禹之王天下也,身执耒臿以为民先,股无胈,胫不生毛,虽臣虏之劳不苦于此矣。"对于大禹来说,治水就是用来考验或考察他的,尤其是对德的考察。顾颉刚先生认为,尧舜与大禹没有关系,系"层垒地造成中国古史"的结果。但当时创造传说的人为何用道德考验去焊接尧舜禹之间的关系呢?治水是一巨大工程,为了应对这样的

---

① 夏正楷、杨晓燕:《我国北方 4 ka B.P. 前后异常洪水事件的初步研究》,《第四纪研究》第 23 卷第 6 期,2003 年 11 月。

挑战,团结认同就显得极为重要了,对抗洪水的共同体要靠道德去凝聚。口头叙事若对这一共同体都加以叙述,显然是不现实的,只能退而求其次,选择其中贡献最大者或组织领导者去大书特书。

第三,从现代的眼光看,禹既不是好丈夫,也不是好儿子、好父亲。历史叙事如此吊诡的是,很少陪儿子很少回家的大禹居然成为中华民族的英雄,仅仅是因为治水有功。这样的叙事肯定是历史的大叙事,个体的喜怒哀乐让位于民族或部落。大禹的父亲鲧因治水不力或违背帝命而被杀死或流放,作为儿子的大禹却踏着前辈的血迹前行,不计前嫌,确实很难想象。历史叙事的缝隙中漏下多少纠结或心酸,我们已经无法从字面上去追索了。这到底是神话叙事的无奈,抑或是当时记载工具简陋使然,都已经不那么重要了。但有一点是可以肯定的,大禹治水神话为了宏大的部落或民族叙事而牺牲了个体的亲情或人情,使之弥漫在非叙述性的禹迹等纪念物上。

在中国古代,"天"尽管具有崇高的神性,但人们对天还有另外一面的看法。《吕氏春秋·有始览》引《商箴》云:"天降灾布祥,并有其职。"天或者自然界,并非完美。现实的自然灾害,在人们的经验知识中是重要的、不可回避的。灾害在现实社会生活中具有破坏作用,因而灾害的观念,必然在人们关于自然界的基本思想中占据一席之地。

天灾有两种,一种是由于天的原始状况并不完美而产生灾害,天灾被看作原始秩序的缺陷,在这个缺陷面前,仍需要神或英雄的力量来挽救,来弥补。《列子·汤问》:"然则天地亦物也,物有不足,故昔者女娲氏炼五色石以补其阙。"这种原始的天灾经过神或英雄二次开创后得到解决,但天灾频发的事实仍需要另一种解释,这就是人间丧德而导致天灾。人间恶行、丧德的事情不断,天灾当然频发。这是天灾发生的第二种原因。这种天灾观念的背后有信仰,在眼前更有现实的政治作用,在西汉时曾被董仲舒等人大肆宣扬。"灾害观念的本质是人文观念,是以人为核心的世界观的产物,离开人的利益,无所谓灾难。"[①]在中国古代的神话传说里,我们可以感受到世界秩序与人类生存的某种对应关系。

大禹治水是历史传说,或者说是神话传说,但神话传说背后的时代特征与传说表述的观念应当是真实的,也就是说任何神话叙事都有现实生活世界的影子。在大禹治水、分划九州的传说中,我们最关心的是对大范围疆域得以整治的积极颂

[①] 唐晓峰:《从混沌到秩序:中国上古地理思想史述论》,北京:中华书局2010年版,第43页。

扬,和对其作一体分区的认知方式。这些东西都是西周时期地理思想史上的重大成就。一些青铜器铭文证据显示,到了春秋时期,无论东方的齐国还是西方的秦国,都存在着这样的颂扬和认知方式。

先民拥有漫长的夜晚,他们有足够的时间去想象。所有神话就是在这一大背景下被讲述的。中国古人将创世称为"开辟"。世界原来是混沌一团的,中国古人称之为"混沌"或"浑沌"。后来混沌一团被开辟出一个有秩序的世界,才有天地之分、江河流淌、山脉纵横等等。从混沌到秩序的发育转变过程就是"创世",创世与建立秩序是同一件事情。人类可以从这个头开始,依次认识世上万物,从自然到人文。诚如《鬼谷子·本经阴符七术》所言:"观天地开辟,知万物所造化,见阴阳之终始,原人事之政理。""对于解释的愿望来源于对某些经验产生一种诧异的反应。"①解释会使诧异变得可以理解,这便是一种认识成果。"从许多传说故事可以看出,水是破坏文明的最广泛、最频繁的环境因素。从环境角度看,制天地之命,主要是解决灾害的问题,其中最要紧的是治水。在中国环境史中,治水仿佛是一个永恒的历史巨影,笼罩着几千年来地理学的发展。中国古人积累了大量治水文献。"②

大禹治水事迹的表层结构虽然呈现为一系列的神话,而其深层结构却完全可以被看作可信度很高的历史。③ 在上古时代的某一时期,由于天降大雨,导致江河暴涨。洪水引发了地震、山崩以及山崖的大规模滑坡,致使许多江河故道堵塞而洪水泛滥。鲧奉命治水,他单纯采用筑堤防水的办法,结果使水路不通,引致了新的山崩或滑坡,使得洪水灾害更加严重。鲧因治水失败而死。死后其子继承了他的事业。禹以十三年的时间,考察水路,疏浚水道,修筑堤坝,终于排干了许多地方的积水,引导开挖了使长江、黄河顺利东行的新水道。

三、大禹治水神话叙事的缝隙

中华民族的神话不能说是贫乏的,就现存的大纲看来,也是相当丰富的,问题是不够详赡。任何一种神话,都只能找到几句话,非常简单的概略,再也不能向前

---

① 大卫·哈维:《地理学中的解释》,高泳源等译,北京:商务印书馆1996年版,第18页。
② 唐晓峰:《从混沌到秩序:中国上古地理思想史述论》,北京:中华书局2010年版,第58页。
③ 何新:《诸神的起源》,北京:北京工业大学出版社2007年版,第65页。

追究,因而古代的神话就成了若有若无的存在。

禹最早被《诗经·商颂·长发》所记载:"洪水芒芒,禹敷下土方……帝立子生商。"顾颉刚认为,这里的"帝"是上帝,这诗的意思是说商的国家是上帝所建立的。禹显然是上帝派下来的神,不是凡人。《尚书·禹贡》对大禹治水的记载虽然简单,但应该也属比较早的:"禹别九州,随山浚川,任土作贡。"大禹治水神话首先是一种神圣叙事,作为正史叙述典范的《史记》,其《夏本纪》部分已经把其神奇和神圣性过滤掉了:"禹乃遂与益、后稷奉帝命,命诸侯百姓兴人徒以傅土,行山表木,定高山大川。禹伤先人父鲧功之不成受诛,乃劳身焦思,居外十三年,过家门不敢入。薄衣食,致孝于鬼神。卑宫室,致费于沟淢。陆行乘车,水行乘船,泥行乘橇,山行乘檋。左准绳,右规矩,载四时,以开九州,通九道,陂九泽,度九山。令益予众庶稻,可种卑湿。命后稷予众庶难得之食。食少,调有余相给,以均诸侯。禹乃行相地宜所有以贡,及山川之便利。"其后的《汉书·沟洫志》《群书治要·本纪》《太平御览·夏帝禹》及《越王无余外传》等,都是在司马迁所记述的基础上进行丰富或增删的,有的记述已几近神奇,如《太平御览·火下》:"昔伯禹随山浚川,起自积石,凿龙门,至窒穴。初入窒穴之时,孔八尺,稍入,幽暗不可复行。禹乃负火而入,有黑蛇长十丈,头有角,衔夜明之珠,以导于禹。"这里的黑蛇和夜明珠已非凡物,能驾驭这些的大禹当然也非常人。

《太平御览·渠》又云:"《汉书》曰:禹作二渠以引河,武帝时,穿渠水岸若崩,乃凿井深四十丈,井下相通,井渠自此始。得龙骨,故龙首渠。起谷口,入栎阳,注渭中,因名渠,民得其饶。歌曰:'田于何所?池阳谷口。郑国在前,白公起后。举锸为云,决渠为雨。'又曰:'张掖郡有千金渠。'"龙骨到底是何物,现在尚存争议,但从很深的地下获得,显然已具神性。《越王无余外传》对鲧鱼的描写就更神奇了:"观鲧之治水无有形状,乃殛鲧于羽山。鲧投于水,化为黄熊,因为羽渊之神。……禹济江,南省水理,黄龙负舟,舟中人怖骇,禹乃哑然而笑曰:'我受命于天,竭力以劳万民。生,性也;死,命也。尔何为者?'颜色不变。谓舟人曰:'此天所以为我用。'龙曳尾舍舟而去。"其中,黄熊、黄龙都能助禹治水。兽与神是混杂的,鲧可化为黄熊。古人对于神和人原没有界限,所谓历史差不多完全是神话。"自春秋末期以后,诸子奋兴,人性发达,于是把神话中的古神古人都'人化'了。"① 人类在社会中本来是喜欢讲故事听故事的,而讲述的英雄故事,和听众的社会状况也不会相差太远,否则就不能真切地了解,而必须加一番修饰了。中国的理性启蒙

---

① 顾颉刚:《古史辨自序》,北京:商务印书馆2011年版,第14页。

比较早,再加上中国是一个历史记载非常完备的国家,历史故事保存既多,就容易满足说故事的人需要,因而详赡的神话也就难以保存下去了。

结语

 在笔者看来,关于大禹的神话叙事首先是不成系统的,必然会留下很多缝隙;我们借助灾难叙事的视角就能打捞到很多有意思的信息,抑或借此能还原有血有肉的大禹及其他叙事对象。其次,被大禹的神话叙事或历史叙事所忽略或排斥在外的内容,也值得我们关注,因为这些对于我们重建历史场域很重要。纵观中国上古神话,其实都存有这样的叙事缝隙。从叙事缝隙溢出的往往更接近历史真实。

(作者单位:浙江越秀外国语学院)

论大禹文化对当代大学生的教育意义

尹夏燕

大禹是家喻户晓的民族领袖与英雄,大禹治水历经13年,行迹遍布全国各地。而大禹在绍兴的行迹在史料中有详细记载,具有诸多史料可考之处。如《尚书·皋陶谟·第二》:"禹娶于涂山。"《国语·鲁语》:"禹致群神于会稽之山。"在《左传》中记载为:哀公七年"禹合诸侯于涂山"。《墨子·节葬下》:"禹东教乎九夷,道死,葬会稽之山。"《史记·夏本纪》:"帝禹东巡狩,至于会稽而崩。"民间传说更是不胜枚举,如大禹之神异诞生、鸟耘陵墓、死而为社、天帝东裔、涂山化石、天作之合、三过家门而不入等。大禹文化不仅是中华优秀文化的代表,也是作为大禹婚嫁、归葬之地的绍兴的核心文化代表之一,大禹文化对越文化从根本上产生了巨大影响。大禹文化对当地民风形成、城市塑造具有一定的物态和精神上的作用。大禹精神在当下仍具有巨大的现实意义和价值,不仅可以应用在城市治理、民风教化、文化经济建设等层面,而且大禹精神承载的"德"与"行"对当下青年大学生的思想教育仍具有很大的价值空间。

一、大禹文化历史传承与发展

大禹文化在几千年的传承与发展中,其文化基因对当地民风教化产生了决定性的影响。大禹文化具有民族文化的典型性。大禹文化精髓是个体与集体的有机融合,构成了一个"大同"的思想观念体系。首先表现为中华文化之家国文化,实现了从个体到集体的升华。大禹忧国爱民、无私奉献精神之"三过家门而不入"就是"为大家、舍小家"的家国天下的典范,承载着厚重的责任感和使命感。随着历史的车轮滚滚向前,在这种家国天下的感召下,山阴之地人才辈出,从越女西施、宋代诗人陆游到近代政治家周恩来、革命家徐锡麟、秋瑾及教育家蔡元培、文学家鲁迅等一批爱国人士,纷纷在特定的历史时期扮演了"为大家"的角色。其次表现为持之以恒的奋斗精神。大禹以身作则、艰苦奋斗的精神,是后世学习的楷模。其后的越王勾践卧薪尝胆,谢安东山再起等也是大禹奋斗精神的传承与发展。其三是集经验与创新为一体的探索精神。大禹昔日治水如同今日治学,贵在经验与创新的并进,以求治水之法。明代王阳明开创了心学,格物致知,探求万事万物之本,也与大禹治水之学有异曲同工之处。徐吉军在《大禹与浙江文化》中,深入剖析了大禹精神在浙江人文精神孕育和地理发展中的呈现。大禹精神仍具有现实的意义和价值,在城市治理、民风教化、立德树人、经济文化建设等层面也有积极的借鉴和指导意义。

二、大禹文化观透视下的大学生思想之现状

(一)本位主义泛滥,利为先行的德行观

孔子在《礼记·礼运》中提出天下为公的大同思想。大禹文化中体现了"家国文化"以及儒家"修身齐家治国平天下"的大同思想体系。中西方文化差别的本质就是集体主义(collectivism)和个人主义(individulism)之间的辩证关系。西方人更崇尚个性独立和自由,强调个体的重要性,所以西方文化推崇个人主义。而东方传统儒家文化中更强调"小我"是"大我"的一部分,推崇集体主义。张耀灿等在《思想政治教育学原理》一书中指出:"集体主义是社会主义和共产主义道德的基本原则,是调节个人与个人之间、个人与集体之间利益关系的根本准则。"我国社会主义体制下,国家和社会发展需要青年具有大同意识,实现从小康到大同的社会发展模式。随着西方文化的渗透,当代大学生群体意识慢慢弱化,个性化特征明显,话语主导权意识鲜明,关注个人名利的得失,无论是求学、行事,还是政治信仰等层面总带着一定的"本位主义"色彩,进一步导致个人主义和功利主义盛行,在行事中侧重考虑回报与得失。这种现象在学生群体中有弥漫之势。

(二)好逸恶劳、缺少奋斗的人生观

改革开放以来,人们物质生活条件得到了很大的改善。"90后"和"00后"的年轻人,基本上生活在吃喝无忧的时代。当代青年大学生在成长中,缺乏一种"忆苦思甜"的人生经历,社会中频频出现"啃老族"现象。这个群体往往年富力强,接受高等教育,毕业后却松懈懒惰,过惯了轻松悠闲的生活,不愿自食其力,以"啃

老"的方式寄生于父母身上。青年强,则国强,从实现中华民族的伟大复兴到社会小家的安居乐业都离不开公民之奋斗精神。习近平总书记提出的"幸福都是奋斗出来的"号召,非常符合现代社会对青年的要求。而当代很多青年大学生却表现为不敢为"苦行僧",学习知识怕苦,缺少蜡梅香自苦寒来的磨砺精神;工作实践怕苦,理想职业就是工作轻松薪水高。放眼未来,这种局面在一定程度上会对社会起到一定的滞后作用,致使很多青年大学生在社会大潮流中难以独当一面。根据某省历届毕业生就业情况第三方调查报告可知,毕业生一年内换岗率很高,很多学生频频跳槽,有些高校毕业生甚至换岗率达到80%,其原因主要为工作辛苦、压力大、薪资低等,这些也可以从侧面看出当代大学生缺乏吃苦耐劳的精神。

(三)浅尝辄止、囿于经验的学习观

大数据时代,价值选择多元化,消费经济也改变了获得知识的途径和方式。当代大学生面对学业心浮气躁,缺乏求知求真之心,遇到问题往往浅尝辄止,而追求却一味好高骛远。首先表现为求学之"存邪念"。很多学生带着几分功利治学,学习追求表层,缺乏深度和质量,表现为治学中"学"与"思"的分离,"知"与"行"的脱节。孔子有云,"学而不思则罔,思而不学则殆"。很多学生只注重外部知识的获得,而不通过思考、实践内化其身,知识体系缺乏累积性,所以无法实现知识的再创新。其次是求知之法不当。受传统应试教育的影响,当代大学生思维模式趋向定势,表现为自主学习能力差、学习过程中缺乏独立思考的能力,对事物的判断随大流。其三,"度娘"式的学习模式。互联网让知识学习成为一种检索过程,且慢慢固化为不良的学习习惯。同时,高校教学缺少第二课堂的支撑,知识获取多以任务型方式加以巩固,而缺乏项目型的过程管理。国外大学生的专业学习需要在课后花大量的时间完成,理论和实践是一个有机的整体。而中国大学生则局限课堂教学,往往脱离实践和应用,忽略了第二课堂的桥梁作用。最后,高等教育中人才培养与社会需求之间存在一种极大的不平衡状态。毕业生面临理想岗位难得之困境,而社会用人单位则往往面临一才难求之窘境。这也是目前高校青年大学生普遍存在的一种亚文化状态。

三、大禹文化的精神内涵及其价值

(一)以古鉴今——塑造核心价值观

文化最隐性的传承方式就是文化基因,这跟生物遗传学有着异曲同工之妙。大禹是我国夏王朝的开创者,其为人之德为后世敬仰,他始终奉行着天下为公、大道在行的价值观。孔子曾在鲁国参加国家祭祀之时,发出感叹,认为汤文武与夏商周相比,缺少君子大同之贤德。所以大禹文化中蕴含着"大我"与"小我"的辩证关系。这就是自古以来中华文化的一种价值取向。从实现小康到实现大同,这也是我国社会发展的必然趋势,所以大禹文化中的核心价值观与当代社会主义的核心价值观是一脉相承的。当代大学生的价值观应该建立在社会主义核心价值观体系之上,围绕社会主义核心价值观。从个人层面来说,首先,"爱国"就应该树立家国天下的情怀,审时度势,与时俱进,追随社会的主流文化,将个体最大限度融入集体中。其次,从"敬业"的角度来说,成长为社会建设的接班人,严守大学生的本分,以知识武装头脑,待步入社会时,发挥"匠心"和"奋斗"精神,参与国家各行各业的建设。其三,"诚信"是考验个体面对名利的试金石,大禹治水任重道远,历经艰难险阻,坚持到底,这就是一种信念的支持,而不是名利的驱动。《春秋左传·襄公二十九年》载:"公子札见舞《大夏》者,曰:'美哉!勤而不德,非禹其谁能修之?'""诚信"让我们面对事业时不能见利忘义、投机取巧。最后是"友善",大禹治水的成功,离不开其平易近人、礼贤下士的友善之品行,通过选贤与能,讲信修睦,联合集体的力量,成功治理水患。这也说明人与人之间的和谐关系,孔子在阐述"大同社会"思想时就提到"不独亲其亲,不独子其子"这样一种和谐友善的社会氛围。所以大禹文化的精髓之处有益于我国现代社会的发展和现代青年核心价值观的树立,有利于从社会集体到个体形成一个科学的辩证体系。

(二)以古为镜——以德修身、立德树人

自古以来大禹之美德为后人所赞美。《太平御览》卷八十二引《吕氏春秋·谨听》曰:"昔者禹一沐而三握发,一食而三起,以礼有道之士,通乎己之不足,则不与物争矣。"大禹沐首捉发严以律己,具有慎独的自律精神和自我完善、不断提升的个人修养。针对当代大学生的思想现状与问题,亟须对其进行道德教育,以德修身、立德树人。德是内化于身、外化于行的,立德离不开"慎独"之自律。大禹作为民族领袖,具有以身为度的慎独精神,并将这种慎独精神运用到为人与治学之中,如"三国家门而不入",就是"慎独"与"奉献精神"的融合,大禹时刻提醒自己水患未平,不得松懈。而当代大学生缺乏这种自律的能力,在外界影响之下,容易让自己的理想信念产生动摇,使自己随大流,迷失在亚文化潮流之中。所以"慎独"就是一盏内心的指明灯,对成长中的青少年在德行上起到规约和省察作用,养成一种道德内化于心、外化于行的自律机制。其次是"完善自我"精神。人是自然人,要在社会中不断实践成长。马克思也充分肯定了人的主观能动性。"自我完善"是人成长历程中很重要的"向心力",也是与"慎独"一脉相承的,通过"慎独"不断反思人生,清楚自己的不足之处,通过学习、发问来不断提升自己,不仅能立德修身,而且能提高自身的学识和能力。其三是"勤而不骄"。大禹虽功成名就,但是勤而不骄,居功不傲。这种精神对于高校大学生的"傲娇"性格来说是一股清流。"勤而不骄"也是一种韬光养晦、厚积薄发的人生境界。

(三)古今传承——艰苦奋斗、薪火相传

大禹治水传承的艰苦奋斗精神与习近平总书记提出的"幸福都是奋斗出来的"相呼应。《孟子·离娄下》曰:"禹思天下有溺者,由己溺之也。"《史记·夏本纪》曰:"禹伤先人父鲧功之不成受诛,乃劳身焦思,居外十三年,过家门不敢入。"艰苦奋斗是社会所需,也是思政工作中所应提倡的。安逸和奋斗是两种人生的境界。很多"90 后""00 后"大学生生活在安逸的和平年代,他们普遍的观念是要更好地享受生活,这也是后现代社会带来的后遗症,即享乐主义的盛行。而奋斗侧重追求个人价值的实现,享受更侧重价值的交换与回报。在逻辑上这是两种衍推方式:前者为没有奋斗,就不能享受更好的生活,这是属于父辈的"过去式";后者为边奋斗边享受生活,这种"并列式"更加适合现代年轻人。但是现实中的如"啃老族""啃爹族"等,不能独立生活、立业,失去了奋斗精神,其实就是丧失了民族战斗力,同时也违背了社会和人类发展规律。一个群体成长的滞后和退化会给社会的进步带来负面影响,所以奋斗的精神仍然是新时代的标签,也是大学生成才之所需。

(四)古为今用——另辟蹊径、有所创新之治学

《吕氏春秋·乐成》曰:"禹之决江水也,民聚瓦砾。事已成,功已立,为万世利。禹之所见者远也,而民莫之知。"此记录了大禹治水成功的远见。其父鲧面对滔滔洪水,采用"堵"为主法治理水患,最终以失败告终,功用不成被殛于羽山。大禹在治水过程中,没有沿用旧经验,而另辟"疏"的蹊径,以"经义"之治,获得成功。创新是一种不断试错的过程,大禹面临的水患复杂多变,地理山川纵横沟壑,但他能够客观、创新性地开展工作,取得成功。创新精神是社会发展所需,经验主义和教条主义只能使我们裹足不前,大学生应格物致知,利用新事物、新手段来进一步学习和提升自身。知识是科学技术的摇篮,当代大学生总有一天要走出摇篮,成为社会的中坚力量,要响应时代的号召,汲取知识,融会贯通,大众创新,从创新走向创业、建业。

四、大禹文化在大学生思想政治教育工作中应用的路径和方法

(一)课程思政与思政课程融合,实现"教"与"育"的知行合一

教育的过程是一个有机的整体,如果说"教"是"传道解惑,启发心智",那么"育"就是"通达内心,培育良知",两者相辅相成。面对当代大学生诸多的思想问题,国家教育部也提出了开展"课程思政"的教育部署,目的就是使当代大学生学识与学品相融合,在高等教育中实现"教"与"育"、"德"与"能"的知行合一,培养有学识、有德行的有志青年。传统文化是民族文化的积淀与传承,对公民的教化起着潜移默化的作用,对特定人群起着德行规约的作用。大禹文化不但在越文化中居于首位,而且是中华传统文化的重要组成部分。所以大禹文化既可以被纳入传统文化通识课程中,也可以被纳入思政等育人课程体系中,如职业规划、社区义工课等通识类素质课程,使理论和实践融为一体,有效实现学生思政理论和实践育人的紧密结合。同时大禹文化被植入课程教学体系中,形成学科与文化效应的融合,可实现育人实践、科研成果提炼、文化品牌打造等诸多功能。

(二)第二课堂为载体,实现项目化运营

文化是一个大范畴,本身具有模糊性。大禹文化也是如此,如何发挥文化的育人作用,应在教育过程中找到其合适的载体,进一步深化与细化。高校作为知识传播之所,第一课堂发挥着传道解惑的作用,而第二课堂则更加丰富多彩。课程教学的延伸,富有更多的内涵和外延,可以根据施教目的开展多元化活动,并通过项目化运营来实现,以成果为产出开展有效性评价,在实践中找到文化育人的载体和路径。大禹文化的育人功能不仅通过课程教育进行内化,更需要第二课堂的实践体系,实现文化由隐性向显性的转化。在第二课堂的载体设计中,形式可以丰富多样,如参与大禹官方祭祀活动,调查大禹的民间行踪、民间信仰、宗谱后裔等,并以大学生科研项目,如大学生创新创业项目、浙江省"新苗计划"项目、国家级大学生创新项目等为平台开展系列研究,以地域文化研究推动大禹文化的传承和发展。

(三)服务地方民生,实现校本转化

文化的起源具有地域属性,大禹文化在古越留痕,在物态和精神文化层面留下了鲜明的文化特征。文化一方面通过历史的传承熏陶教化当地人民,而另一方面文化随着时代的变迁,在特定的社会时期,应承接未来,创新发展,达到新的高度。高校是文化传承的高地,集教、科、研、育人为一体,大学生是文化传承的中坚群体。通过城市文化品牌的树立、文化项目的推广等活动,让学生参与文化志愿服务工作

中,服务当地民生,实现校本转化。目前,我校与绍兴市看守所等机构签订了志愿服务协议,以育新课堂等形式,发挥青年学生的同辈力量,对未成年罪犯开展归正育新的实践活动,起到了"润物细无声"的引导与教育作用。这其中就有国学课堂,其融入了以大禹文化为代表的优秀地域文化和传统文化,实现了文化育人的校本转化。

参考文献：

[1]国语·卷五·鲁语下[M].北京:商务印书馆,1958.

[2]洪亮吉.春秋左传诂(下)[M].北京:中华书局,1987.

[3]李昉等.太平御览[M].上海:上海古籍出版社,1994.

[4]墨子.墨子[M],北京:线装书局,2007.

[5]孙星衍.尚书今古文注疏禹致群神[M].北京:中华书局,1936.

[6]司马迁.史记[M],北京:线装书局,2006.

[7]徐吉军.大禹与浙江文化[J].浙江学刊,1995(4).

[8]张耀灿,陈万柏.思想政治教育学原理[M].北京:高等教育出版社,2001.

大禹形象与文学艺术书写

论鲁迅小说《理水》的大禹原型书写及其思想指向

刘家思

  大禹是中华民族的脊梁和精神之魂,自古以来就是中国文学创作的重要原型。鲁迅自小就接受大禹文化的影响,自觉承传和张扬着大禹精神,在创作上自觉或不自觉地受到了大禹文化原型的影响。这集中体现在小说《理水》中。鲁迅从历史取材,以大禹治水来镜照现实的荒诞,以历史来影射现实,对英雄的大禹予以张扬和歌颂,对民族国家革除现实弊端和摆脱生存危机,进行了积极探索,其隐喻的意义是非常突出的。鲁迅曾经在《故事新编·序言》中指出,《补天》"从认真陷入了油滑的开端",所以很多人在探讨鲁迅的历史小说时,都不能忘却这一点。应该说,这是无可厚非的。但是,鲁迅在《题未定草(六至九)》中说:"不过我总以为倘要论文,最好是顾及全篇,并且顾及作者的全人,以及他所处的社会状态,这才较为确凿。要不然,是很容易近乎说梦的。"[①]因此,我们觉得,阅读《理水》,还应该从鲁迅一向对民族问题的关注和当时中华民族面临的生存危机——日寇入侵的社会状态来思考和探究。纵观《理水》的研究历程,从叙事和修辞视角研究的居多,对于鲁迅处理历史题材的原则及其所显示出来的思想意义的研究,则比较少。可以说,《理水》是大禹治水故事在20世纪30年代民族危机不断加剧的历史情势中的置换变形,显示了鲁迅选取和运用历史题材的严谨性,具有很强的历史讽喻意义。

[①] 鲁迅:《鲁迅全集编年版》第9卷,北京:人民文学出版社2014年版,第266页。

一、远古文化的原型置换与现实隐喻

鲁迅创作历史小说"是想从古代和现代都采取题材"①,因此《故事新编》中的作品都在历史的文学叙事中注入了现实的内容,具有很强的现实指向性。鲁迅在谈到写《补天》时说:"不记得怎么一来,中途停了笔,去看日报了,不幸正看见了谁——现在忘记了名字——的对于汪静之君的《蕙的风》的批评,他说要含泪哀求,请青年不要再写这样的文字。这可怜的阴险使我感到滑稽,当再写小说时,就无论如何,止不住有一个古衣冠的小丈夫,在女娲的两腿之间出现了。"②显然,这是在历史题材创作中直接植入对现实问题的讽喻与批评。由此可见,《故事新编》是根据现实的需要而对历史故事(含神话故事)予以一种新的有意味的书写,其象征隐喻的意味很突出。尤其是《理水》,其现实的指向性更为强烈,无疑是一篇以历史隐喻现实的佳作,是远古文化原型的现实置换与变形。

20世纪30年代,中国遭遇到前所未有的生存危机,这是远古大禹文化原型从潜意识上升到意识层面的契机。《理水》的创作背景有两个重要方面:一是1931年的大水灾。全国17个省、1亿多民众受灾,政府却救灾不力,甚至将修筑堤防的基金和赈灾款挪作他用,有的不法官员还中保私囊,而一些无聊文人则粉饰太平。1932年1月5日,鲁迅在《十字街头》第3期发表了《水灾即"建国"》一文予以讽刺和批判。二是日寇入侵加剧。1931年,日寇发动"九一八"事变,占领东三省后,于1932年1月又进犯上海;同年3月扶植溥仪成立伪"满洲国",然后又对华北虎视眈眈。1933年1月到5月,日军先后占领了热河、察哈尔两省及河北省北部大部分地区,进逼平津,并于5月31日迫使国民党政府签署了限令中国军队撤退的《塘沽协定》,且组建了731细菌部队,残害中国人民。1934年5月,日军在天津南开八里台和吉林依兰县强占民用地修建机场,并用飞机轰炸依兰县,炸死我国民众2万余人。1935年11月,日本唆使汉奸殷汝耕在通县成立"冀东防共自治委员会",冀东22个县宣告脱离中国政府管辖,沦为日本殖民地。应该说,无论是肆虐17个省的洪灾还是日寇入侵的"黄灾",都是中华民族重大的灾难。但是,就国家的利益而言,日寇入侵的"黄患"是比洪灾更加严峻的民族灾难。因此,如何摆脱这场危机,当时许多爱国人士都进行了积极的探讨,鲁迅也认真思考这个问题。《理水》创作

---

① 鲁迅:《鲁迅全集编年版》第9卷,北京:人民文学出版社2014年版,第278页。
② 鲁迅:《鲁迅全集编年版》第9卷,北京:人民文学出版社2014年版,第278页。

于1935年11月,1935年12月被收入《故事新编》①,之前没有发表过,其创作和问世之时,正是北京被日寇围困之时。可见,鲁迅创作这篇小说,虽然不能否认与1931年的水灾有关系,但与日寇入侵的"黄患"的关系显然更为密切。我认为,鲁迅的抗日思考就隐隐约约地体现在《理水》中。与其说《理水》讲述着远古时期大禹治水的故事,不如说是作者对于如何应对这场亡国灭种的民族危机所做出的积极探索,是远古原型的文学置换与变形。

鲁迅以大禹文化原型为基础来构思创作,以大禹治水过程中的所见所闻来讽刺和批判国人的自私与卑怯,他们置民族国家危机于不顾,只贪图个人的安稳。在作品中,洪灾是日寇入侵的隐喻;理水隐含着如何抵制日寇入侵的符号意义。小说一开始用《尚书·尧典》中"汤汤洪水方割,浩浩怀山襄陵"渲染洪灾严重,百姓深受其害的景象,但鲁迅的创作指向并不是真正追忆已经过去了几年的洪灾,而是当下日寇入侵的民族生死存亡的危机。于是,他紧接着就直接切入现实丑相:"只在文化山上,还聚集着许多学者,他们的食粮,是都从奇肱国用飞车运来的,因此不怕缺乏,因此也能够研究学问。"鲁迅这里的"文化山"及其聚集的学者是有所指的,寄寓着强烈的讽刺和尖锐的现实批判。1932年10月,面对日寇不断进逼,国民党政府却准备从华北撤退,试图将值钱的古文物从北平搬到南京的情势,北平文教界贪图个人安逸的江瀚、刘复、徐炳昶、马衡等三十余人,借阻止古文物南移之名,以北平在政治和军事上不重要为由,联合向国民党政府呈送意见书,要求"政府明定北平为文化城,将一切军事设备,挪往保定"②。在民族国家危在旦夕的时刻,这些人不是以社稷民生为重积极宣传抗日,而是以保护文物为名,要求将北京定位为文化城,撤出军事防御,这不仅迎合了国民党政府消极抗日的政策,而且实际上是为侵略者开了路。所以,鲁迅写道:"然而他们里面,大抵是反对禹的,或者简直不相信世界上真有这个禹。"大禹是抗洪的英雄,这里隐喻为抗日的领袖。当时,国民党政府虽未公开确定北平为"文化城",但1933年初将大部分古文物运到了南京,拱手向日寇献出了北平。鲁迅在描写中充分运用暴露和反讽的笔法,对投降主义予以漫画式的展示和鞭挞,显示了鲁迅在国家面临生死存亡危机时的焦虑和忧伤。

通读《理水》,我们发现,鲁迅对日寇入侵的讽喻是非常多的。小说第三部分描写大禹派去巡察水灾的大员回来向他汇报。第三位汇报大员说,"第一要紧的是

---

① 鲁迅:《故事新编》,上海:上海文化生活出版社1936年版。
② 参见《理水》注释6,《鲁迅全集》第2卷,北京:人民文学出版社2005年版,第401—402页。

赶快派一批大木筏去,把学者们接上高原来","一面派人去通知奇肱国,使他们知道我们的尊崇文化",而且说"学者们有一个公呈在这里,说的倒也很有意思,他们以为文化是一国的命脉,学者是文化的灵魂,只要文化存在,华夏也就存在,别的一切,倒还在其次"。这里的"奇肱国"也许是日本的隐喻;"只要文化存在,华夏也就存在,别的一切,倒还在其次",显然隐喻着日寇入侵造成的国家生死存亡的危机。第一位大员汇报说,"他们以为华夏的人口太多了","减少一些倒也是致太平之道。况且那些不过是愚民,那喜怒哀乐,也决没有智者所推想的那么精微的。"太平是与动乱相对应的,之所以要"致太平",是因为发生了动乱而导致不太平,而战乱是毁坏太平的罪魁祸首。显然,鲁迅在这里以巡察大员之口,隐喻着日寇的入侵。而鲁迅描写这位巡察大员要以牺牲民众为代价来换取太平,实际上是对国民党消极抗日的隐喻和批判。鲁迅还描写了一位白须白发的大员,在大禹提出"疏导"方法时的反应:"这时觉得天下兴亡,系在他的嘴上了,便把心一横,置死生于度外。"天下兴亡,本来就是指外敌入侵后产生的危机,此时国民应该承担起救国责任,这里显然隐喻着日寇入侵的危机。同时,小说将抗日的情绪深深地隐含在对鸟头先生漫画般的勾勒中。鸟头先生不仅"吃吃的说",而且"鼻尖胀得通红"地说:"其实并没有所谓禹,'禹'是一条虫,虫虫会治水的吗?我看鲧也没有的,'鲧'是一条鱼,鱼鱼会治水水水的吗?"鲁迅在这里用他一贯擅长的"画眼睛"的方法凸显了人物特征,不仅是对否定大禹存在的历史虚无主义的批判,而且隐喻着对暗中与日寇勾结者的批判。鸟头先生暗指顾颉刚。顾颉刚是"疑古"学派的代表,以否定中国古史为目标,曾以《说文解字》中对"鲧""禹"两字的解释为据,说鲧是鱼,禹是蜥蜴之类的虫。否定大禹是历史人物,就否定了大禹的历史存在,否定了中国悠久的历史,否定了中华民族文化与精神的渊源。顾颉刚的"古史辨"不仅接受了清代崔述《考信录》的"疑古论述"的影响,而且与日本怀疑主义史学创始人白鸟库吉 1909 年前后提出的"尧舜禹抹杀论"[1]遥相呼应。1908 年,白鸟库吉任"满铁"地理历史学术调查部主任,倡导学术为现实政治服务。他先后于 1909 年 8 月在《东洋时报》131 号发表《支那古史传说的研究》,1912 年在《东亚研究》第 2 卷第 4 号发表《〈尚书〉的高等批评》,在《东亚之光》第 7 卷第 9 号发表《儒教的源流》,1915 年在《明治圣德纪念学会纪要》第 2 卷发表《儒教在日本的顺应性》,一再否定尧舜禹上古

---

[1] 参见严绍璗:《跬步斋文稿 严绍璗自选集》,北京:首都师范大学出版社 2016 年版,第 146 页。

三代的存在。①"满铁"地理历史学术调查部是"南满"铁路总裁后藤新平在白鸟库吉的建议下成立的,负责对"满蒙"地区进行调查,这是从"满韩"经营的实际需要出发的,是日本制定的关于中国东北地区政策的智库。他之所以一再突出"尧舜禹抹杀论",是别有用心的,旨在通过抹杀中国上古史来为日本侵华张本,为日本侵占中国东北提供合法性的论证。②顾颉刚的"古史辨"与之如出一辙。王国维指出他"颇与日本之文学士同"③。因此,鲁迅讽刺鸟头先生,实际上深潜着对各类亲日分子的批判。

对于日寇入侵,鲁迅极其不满,对其野心看得十分清楚。1931年9月21日,鲁迅就指出:"这在一面,是日本帝国主义在'膺惩'他的仆役——中国军阀,也是'膺惩'中国民众,因为中国民众又是军阀的奴隶;在另一方面,是进攻苏联的开头,是要使世界的劳苦群众,永远受奴隶的苦楚的方针的第一步。"④而后,鲁迅在《"民族主义文学"的任务和运命》中揭露日寇"大唱'日支亲善'虽然也和主张'友谊'一致,但史实又和口头不符"的丑相;在《新的"女将"》中揭露日寇运用各种手段枪杀中国人民的罪恶;在《"日本研究"之外》中呼唤"战叫",不要做"亡国奴的悲叹";在《"友邦惊诧"论》中揭露消极抗日并压制民众抗日的行径;在《一·二八战后作》中深沉地纪念着英勇抗击日寇的英雄们;在《非所计也》》中批判了国民党对于"暴日"心存种种幻想的妥协行径。此外,鲁迅还在《逃的辩护》《观斗》《论"赴难"和"逃难"》《学生和玉佛》《崇实》《航空救国三愿》《战略关系》《关于战争的祈祷》《伸冤》《曲的解放》《迎头经》《出卖灵魂的秘诀》《推背图》《中国人的生命圈》《真假堂吉诃德》《"以夷制夷"》《文章与题目》《新药》《天上地下》《保留》《再谈保留》《"有名无实"的反驳》《不求甚解》《〈守常全集〉题记》《中国的奇想》《踢》《新秋杂识》《新秋杂识(二)》《同意与和解》《九一八》《礼》《漫与》《黄祸》《冲》《"滑稽"例解》《外国也有》《北人与男人》《刀"式"辩》《偶感》《论秦理斋夫人事》《儒术》《中国语文的新生》《中国失掉了自信力吗?》《奇怪(三)》《中国文坛上的鬼魅》《田军作〈八月的乡村〉序》《萧红作〈生死场〉序》《〈花边文学〉序言》等一系列文章中,或

---

① 参见严绍璗:《跬步斋文稿 严绍璗自选集》,北京:首都师范大学出版社2016年版,第146—151页。
② 参见邓芳宁:《一种文化抵抗的方式——鲁迅小说〈理水〉再解读》,《邢台学院学报》2015年第2期。
③ 李零:《待兔轩文存(读史卷)》,桂林:广西师范大学出版社2011年版,第79—80页。
④ 鲁迅:《答文艺新闻社问——日本占领东三省的意义》,《鲁迅全集编年版》(第6卷1929—1932),北京:人民文学出版社2014年版,第539页。

揭露日寇残暴屠杀中国人民,或批判国民党消极和压制抗日,或礼赞中国军民抗日救国的英勇行动,或对"国联"的假调停予以讽刺,显示了他对抗日救国的呼唤。抗日救国是每个国民的责任,然而一些上层权贵置国家命运于不顾,不敢担当,一味寻求个人安乐。鲁迅除了在前述的一些杂文中予以批判外,还在小说《理水》中对自私卑怯的国民劣根性予以批判,对官场的腐败之风进行批判。洪水泛滥,大禹派出的各路考察专员,不仅前呼后拥地下去,而且高高在上,并不深入调查,只听民众的虚假汇报,大肆搜刮。回来后,不是立即投入救灾工作,而是"在家里休息了几天",然后"水利局的同事们就在局里大排筵宴,替他们接风,份子分福禄寿三种,最少也得出五十枚大贝壳。这一天真是车水马龙,不到黄昏时候,主客就全都到齐了,院子里却已经点起庭燎来,鼎中的牛肉香,一直透到门外虎贲的鼻子跟前,大家就一齐咽口水",酒肉熏天,并讲述着一路看到的风景,品尝搜刮来的民脂民膏,鉴赏着木匣子上写着的呈文。他们如此奢侈腐败,将国家的危难和民众的疾苦抛掷脑后,这显然是对国民党不顾国家危机,腐败从政的尖锐讽刺和批判。

二、力挽狂澜的英雄呼唤与热切期待

《理水》显示了作者在民族国家面临生死存亡危机时对英雄力挽狂澜的热切呼唤与强烈期盼。大禹是中华民族精神的创造者,是一个家喻户晓的完美形象。他迎难而上,具有坚忍不拔的意志与决心;他敢于担当,具有力挽狂澜的气魄;他一心为民,具有舍家为国的献身精神;他身先士卒,具有脚踏实地、吃苦耐劳的优良作风;他着眼全局,胸怀九州,具有运筹帷幄、统一中国的韬略与理想;他善于借鉴,又不守陈规,具有严谨的科学创新精神。大禹铸就了中华民族优秀文化的精神胚胎和基本形态,是中华优秀文化永不衰竭的力量之源和核心之光。鲁迅运用时空穿越的现代技法,将古今杂糅在一起,对大禹形象予以了全面生动的描写,不仅是以理想形象镜照世俗人生,而且寄予着作者对中华民族如何摆脱生死存亡危机的深切思考和理想期待。

大禹之所以伟大,首先在于他能够在逆境中进取,并从不利环境中寻找并壮大有利力量,从而扫除工作障碍。历史上,鲧治水失败,民怨很大,最终被流放,所以大家对大禹忍辱负重来治水,都没有信心。鲁迅在《理水》中再现了大禹治水时这种不利的环境。一个拿挂杖的学者说:"禹来治水,一定不成功,如果他是鲧的儿子的话","我曾经搜集了许多王公大臣和豪富人家的家谱,很下过一番研究工夫,得到一个结论:阔人的子孙都是阔人,坏人的子孙都是坏人——这就叫作'遗传'。

所以,鲧不成功,他的儿子禹一定也不会成功,因为愚人是生不出聪明人来的!"小说首先通过这个形象的勾勒,展示了大禹治水时遭遇的困境。这个"拿拄杖的学者"暗指撰写过《明清两代嘉兴的望族》等书的潘光旦。他照搬西方的"人种说"观点,提出了所谓的"优生学"观点。鲁迅将他的观点加以文学化书写,突出了大禹治水时的不利因素:民众并不相信他能够治好洪水,显然不利于他调动力量。尤其严重的是,一班下属不听指挥、工作不落实。他派下去巡察灾情和调查治水方法的大员们敷衍了事,毫不作为。当他经过认真勘察研究,提出改"湮"为"导"的新的治水方法时,立即遭到下属们的反对。一个勇敢的青年官员愤激地说:"这是蚩尤的法子!"一位白须白发的大员要他"收回成命",说"湮是老大人的成法。'三年无改于父之道,可谓孝矣。'——老大人升天还不到三年"。而一位花白须发的大员——大禹母舅的干儿子说:"况且老大人化过多少心力呢。借了上帝的息壤,来湮洪水,虽然触了上帝的恼怒,洪水的深度可也浅了一点了。这似乎还是照例的治下去。"一位胖大官员见大禹始终一声也不响,以为他就要折服了,脸上流出油汗,轻薄地大声说:"我看大人还不如'干父之蛊'","照着家法,挽回家声。大人大约未必知道人们在怎么讲说老大人罢……"而白须发的老官员则抢着说:"要而言之,'湮'是世界上已有定评的好法子","别的种种,所谓'摩登'者也,昔者蚩尤氏就坏在这一点上。"在这种情形下,大禹没有超常的智慧、胆识和气魄,是很难完成治水大业的。鲁迅描写大禹治水不仅要破除畏难情绪,更要破除守旧意识,还要统一思想认识,这实际上与20世纪30年代组织发动的抗击日寇入侵的情形基本上是一致的。

  小说对大禹崇高的精神品质予以了高度的赞扬。他工作勤勉务实,"走旱路坐车,走水路坐船,走泥路坐橇,走山路坐轿",快速推进治水工作。他全心治水,公而忘私,三过家门而不入,显示了他崇高的精神品格。在小说中,鲁迅表现了大禹的这种精神。大禹出场时一路"奔来","面貌黑瘦","满脚底都是栗子一般的老茧"。正是这样,他一来就"把大家的酒意都吓退了,沙沙的一阵衣裳声,立刻都退在下面"。然而,他"一径跨到席上,在上面坐下,大约是大模大样,或者生了鹤膝风罢,并不屈膝而坐,却伸开了两脚,把大脚底对着大员们",就问大家"查得怎么样",开始听巡察大员的汇报,显示了大禹工作的踏实勤勉。当听到一位大员说"卑职可是已经拟好了募捐的计划"时,便肯定"这很好",而且"向他弯一弯腰"。他重视调查研究,讲究科学,不仅派出巡察专员分路去调研,而且自己深入灾区做细致的研究,做出科学的决策。他说:"我经过查考,知道先前的方法:'湮',确是错误了。以后应该用'导'!不知道诸位的意见怎么样?"他善于把控局面,不仅能够因势利导,而且能够消除副作用。当下属一个个起来反对他改"湮"为"导"的治水方法时,大禹并不妥协,也不泄气,更不立即打断他们,而是在倾听他们的意见后指出:"我要说的是我查了山泽的情形,征了百姓的意见,已经看透实情,打定主意,无论如何,非'导'不可!"这不仅显示了大禹坚定的意志和卓越的胆识,而且显示了他善于及时应对和处理不利情形的智慧。他领命治水,并不摆官威,不讲排场,而是与民众打成一片,"给大家有饭吃,有肉吃","东西不够,就调有余,补不足",因此赢得了民众的支持。大禹为人平易而谦和,他治水成功,带着一大批乞丐似的随员胜利回京,可"前面并没有仪仗",他走在最后面,"临末是一个粗手粗脚的大汉,黑脸黄须,腿弯微曲,双手捧着一片乌黑的尖顶的大石头——舜爷所赐的'玄圭',连声说道'借光,借光,让一让,让一让',从人丛中挤进皇宫里去了"。这显示了他平易近人的品质。正是这种优秀的品质,使他形成了人格魅力,影响了民众,集聚了力量,治水终于取得了成功。显然,大禹为我们树立了风范。

在《理水》中,大禹还是一个尽职尽责的谋臣形象。他不仅自己恪尽职守,安抚百姓,还敢于对舜帝直言,显示了一心为公、勤政为民的精神。大禹这种崇高的品德,从《尚书》开始,一直是史书记载的重点。《尚书·益稷》载,大禹在和舜及皋陶讨论政事时,不仅拜曰"予思日孜孜",而且汇报了治洪水时的状况:"洪水滔天,浩浩怀山襄陵,下民昏垫。予乘四载,随山刊木,暨益奏庶鲜食。予决九川,距四海,浚畎浍距川。暨稷播,奏庶艰食鲜食。懋迁有无,化居。烝民乃粒,万邦作乂。"同时希望舜帝"慎乃在位"。并且提出:"安汝止?惟几惟康。其弼直,惟动丕应。徯志以昭受上帝,天其申命用休。"还说自己"娶于涂山,辛壬癸甲。启呱呱而泣,予弗子,惟荒度土功。弼成五服,至于五千。州十有二师,外薄四海,咸建五长,各迪有功。苗顽弗即工,帝其念哉!"正是因为这样,他敢于利用机会进谏,显示了非凡的气魄与胆识。后来,司马迁根据《尚书》的记载,写了《史记·夏本纪》,进一步强化了这种记载。鲁迅在小说中凸显了大禹崇高的品德。他一回到帝都,不仅向舜帝汇报其治水的情形:洪水泛滥,下民深受其害,"我走旱路坐车,走水路坐船,走泥路坐橇,走山路坐轿。到一座山,砍一通树,和益俩给大家有饭吃,有肉吃。放田水入川,放川水入海,和稷俩给大家有难得的东西吃。东西不够,就调有余,补不足。搬家。大家这才静下来了,各地方成了个样子。"而且向舜帝进言:"做皇帝要小心,安静。对天有良心,天才会仍旧给你好处!"并且说他"讨过老婆,四天就走",去治水了,"生了阿启,也不当他儿子看。所以能够治了水,分作五圈,简直有五千里,计十二州,直到海边,立了五个头领,都很好。只是有苗可不行,你得留心点!"。显然,鲁迅是根据《尚书·益稷》和《史记·夏本纪》的记载写的,表现了大禹作为一个谋臣的家国情怀与民生关怀的主体取向。同时，鲁迅还根据《论语·泰伯》中的记载，对大禹生活朴素、严于律己的品质，善待祖宗生灵和民生予以了表现：大禹"吃喝不考究，但做起祭祀和法事来，是阔绰的；衣服很随便，但上朝和拜客时候的穿着，是要漂亮的"。正是这样，"商人们就又说禹爷的行为真该学"。所以，天下太平，连"百兽都会跳舞，凤凰也飞来凑热闹了"。鲁迅礼赞了大禹的精神品质，歌颂了大禹的民众情怀。

在小说中，鲁迅突出了大禹重视民众的思想，凸显了人民的主体地位。大禹是一个扎根于民族土壤中的英雄人物，他深知民众力量的强大，总是将民众置于创造历史的位置上。《尚书·夏书·五子之歌》之一曰："皇祖有训，民可近，不可下。民惟邦本，本固邦宁；予视天下，愚夫愚妇一能胜予。"在小说中，鲁迅以文学的笔墨传播了大禹的民本思想。在这里，鲁迅是运用他一贯擅长的反复和细节手法来表现的。当大禹听到第一个巡察大员汇报说"华夏的人口太多了"，"减少一些"是"致太平之道"，"况且那些不过是愚民，那喜怒哀乐，也决没有智者所推想的那么精微的"等轻视民众的胡言乱语时，没等说完，就立即打断了他，且心里骂道："放他妈的屁！"充分显示了大禹对反人民者的强烈不满。而且，鲁迅还通过塑造乡下人形象来突出人民坚持真理的品质。乡下人不仅与拿拄杖的学者辩论，而且与鸟头先生争论。他说："不过鲧却的确是有的，七年以前，我还亲眼看见他到昆仑山脚下去赏梅花的。"还说："人里面，是有叫作阿禹的。"并指出："况且'禹'也不是虫，这是我们乡下人的简笔字，老爷们都写作'鼥'，是大猴子……"在乡下"连叫阿狗阿猫的也有"。这个乡下人并不搬家谱，只从实际出发，相信历史的真实性。他说："现在又是这么的人荒马乱，交通不方便，要等您的朋友们来信赞成，当作证据，真也比螺蛳壳里做道场还难。证据就在眼前：您叫鸟头先生，莫非真的是一个鸟儿的头，并不是人吗？"因此，他不仅使"拿拄杖的学者"很气愤，而且使"鸟头先生气忿到连耳轮都发紫了"。他们威胁他，但他不畏惧，说："等您上了呈子之后，我再来投案罢"，于是"跳上木排，拿起网兜，捞着水草，泛泛的远开去了"。显然，这里表现了民众传承民族历史文化精神的坚定立场，无疑是对大禹"民惟邦本"思想的张扬。同时，小说还显示了大禹相信和依靠民众的思想。在《尚书·夏书·益稷》中，大禹和舜帝、皋陶讨论政事，禹曰："俞哉！帝。光天之下，至于海隅苍生，万邦黎献，共惟帝臣。惟帝时举，敷纳以言，明庶以功，车服以庸。谁敢不让，敢不敬应？"也就是要舜帝重视民众和大臣，这恰恰是大禹治水能够成功的根本所在。当大禹提出改"堵"为"疏"的治水方法而遭到一些大员的反对时，他不仅表示这是自己经过科学研究发现的，坚持自己的意见，而且用民众的力量来战胜反对者。他说:"这些同事,也都和我同意的。"鲁迅写道:"他举手向两旁一指。白须发的,花须发的,小白脸的,胖而流着油汗的,胖而不流油汗的官员们,跟着他的指头看过去,只见一排黑瘦的乞丐似的东西,不动,不言,不笑,像铁铸的一样。"小说不仅显示了历史是人民创造的思想,也显示了民族历史是人民维护与承传的思想。显然,这是对大禹思想的传扬。

在历史题材的创作中,以历史隐喻现实,是一个最基本的原则,从《梧桐雨》《汉宫秋》到《三个叛逆的女性》,都遵循这一基本原则。鲁迅之所以要创作《理水》,自然也是出于讽喻现实的需要。他塑造大禹的崇高形象,目的就是如郭沫若后来论及历史剧时所说的那样:要"借古鉴今"①。他说:"历史上都写着中国的灵魂,指示着将来的命运。"②在大禹的身上,显示了中华民族的精魂,在日寇入侵的危急关头,中国人民自然应该像大禹一样,挺身而出,奋起抗击,力挽狂澜。1935年10月,中国共产党所领导的工农红军经过二万五千里长征胜利到达陕北,开展抗日斗争。鲁迅获悉这个消息后,高兴得立即向党中央发去贺电,热情礼赞:"在你们身上,寄托着人类和中国的将来。"③而且,当他听说陕北生活十分艰苦,毛泽东同志领导的红军战士在艰苦的条件下抵抗日本帝国主义的侵略,反击蒋介石反革命军事"围剿"时,他非常感动,曾托人带了两只火腿到延安"。④ 中国共产党北上抗日的行动与国民党最初的消极抗日形成鲜明的对照。虽然我们不能确认《理水》的创作与此有直接的关系,但是我们有理由相信,鲁迅之所以创作《理水》,是因为旨在通过塑造大禹这个为民族国家担当大任、力挽狂澜的英雄形象来镜照现实人生,表达自己的理想期待,对现实寄予批判的态度。

三、以文传史的严谨取材与正史笔调

《理水》作为一篇历史小说,在20世纪30年代的历史境遇中,其话语形态是很奇特的。通读小说,我们无疑可以发现,小说对文化山上一帮市侩文人给予了油滑式的描写与辛辣的讽刺,对巡察大员们进行了漫画式的勾勒,对其巡察行为的描写

---

① 郭沫若:《我是怎样写〈棠棣之花〉》,1941年12月14日《新华日报》。
② 鲁迅:《华盖集·忽然想到(四)》,《鲁迅全集编年版》第3卷,北京:人民文学出版社2014年版,第153页。
③ 辽宁省革命委员会宣传组编:《鲁迅文选》,沈阳:辽宁人民出版社1976年版,第58页。
④ 谢德铣:《大禹——中国的脊梁——鲁迅后期小说〈理水〉的人物形象研究》,《绍兴师专学报》1981年第4期。

赋予尖锐的批判,对国民的劣根性则施以嘲弄和鞭挞,从而使全篇妙趣横生而又意蕴深厚。然而通读全篇,我们也可以发现,鲁迅对大禹的描写则是非常严谨的,不仅注重从正史中取材,而且以科学严谨的精神处理历史题材,既尊重历史文献的记述,又进行独立的思考,维护大禹的历史真实性。小说中描写的大禹事迹,都有历史文献的记载,可以说做到了无一事无来历。正是这种正史的笔调,使小说起到了"以文传史"的作用,显示了鲁迅对大禹的敬仰。

应该说,《理水》对文化山上的文人、巡察大员、劣根性很强的国民,是给予了大力批判的。对于前二者,在前文中已经涉及,无须再啰唆,而对于后者,我们只要对鲁迅描写的笔墨进行一些审视,即可窥一斑而知全豹了。国民劣根性是民族的病根,鲁迅对现代文学的贡献之一就是开创了国民性批判主题,这成为中国现代文学一个重要的母题。在《理水》中,鲁迅将历史与现实融合,也批判了国民的劣根性。首先是看客心理。小说写到一些人听到"大臣的确要到了"的消息,有一个人出去捞浮草时看见过官船,回避得慢了一点,吃了一下官兵的飞石,这就是大臣确已到来的证据,于是,"大家都争先恐后的来看他头上的疙瘩,几乎把木排踏沉;后来还经学者们召了他去,细心研究,决定了他的疙瘩确是真疙瘩",这就显示了国民根深蒂固的看客心理。二是谄媚和欺骗。当考察专员被前呼后拥地来调查灾情时,"绅士们和学者们已在岸上列队恭迎",但并不据实禀报,而是净讲"好话"。从苗民言语学专家到研究《神农本草》的学者,再到五绺长须、身穿酱色长袍的绅士和蓄着八字胡的伏羲朝小品文学家,一个个尽献谄媚之色。三是畏惧和卑怯。中国的民众,由于长期的封建专制统治,主体意识被阉割,统治阶级主宰民众的命运,因此都怕见官,因为见官说"错"了话,可能"命"都不保。小说中写第五天的午后,考察专员传见下民代表,虽然"四天以前就在开始推举的,然而谁也不肯去,说是一向没有见过官。于是大多数就推定了头有疙瘩的那一个",但"他就哭着一口咬定:做代表,毋宁死!"。但在大家连日连夜的软硬兼施的威逼下,他"便下了绝大的决心,到第四天,答应了",可他站在岸上,听到大员们呼唤时,"两腿立刻发抖","又打了两个大呵欠,肿着眼眶,自己觉得好像脚不点地,浮在空中似的"。走到官船上,可面对自己眼前坐着的两位胖大官员,"什么相貌,他不敢看清楚",只是"眼睛看着铺在舱底上的豹皮的艾叶一般的花纹",虚假地回答问话。这就将国民卑怯的性格做了充分的表现。四是奴隶心态。当"头有疙瘩"的乡民以迎合式的"蒙骗",使大人们正中下怀地笑起来,并称赞他"老实"时,他就"非常高兴,胆子也大了,滔滔的讲如何将水苔做滑溜翡翠汤,榆叶做一品当朝羹,剥树皮不可剥光,要留下明年春天树枝梢长叶子以及如果钓到了黄鳝等等法子",几乎是得意忘形了,

"连大人好像不大爱听了,打断他的讲演";当大人们要他们把"吃的东西拣一份"送上去,替代"公呈"和"善后方法的条陈"时,他就大声叮嘱道:"这是送到上头去的呵!要做得干净、细致、体面呀!"他还做进呈的盒子,不仅将两块木片磨得特别光,而且连夜跑到山顶上请学者去写字:做盒子盖的求写"寿山福海",给自己的木排上做匾额以志荣幸的求写"老实堂"。不仅他这样"重视",而且各地民众的贡品都装入"细巧的木匣子,盖上写着文字,有的是伏羲八卦体,有的是仓颉鬼哭体",写着"国泰民安"等虚伪的匾额。这些描写,是鲁迅绝妙的讽刺。

然而,《理水》的重点是描写大禹治水。前述内容都是作为大禹治水时的环境来写的,是一种烘托,为描写大禹治水服务的。在小说中,对于大禹的描写,其笔调则与上述的描写完全不同。鲁迅以极其庄重的笔墨进行严肃的书写,不仅丝毫不敢懈怠,而且绝不戏谑,显得格外恭敬与虔诚。大禹治水,划分九州,建立了夏朝,成为中华民族从原始蛮荒时代走向远古文明时代的重要标志。因此,大禹不仅是中华文明的重要开拓者,而且是中华民族从部落走向统一国家的开创者,是中华民族重要的始祖。中国的历史典籍与文献,都明确记载着大禹的历史业绩和巨大贡献。鲁迅遵循正史的记载,又融入自己独特的思考,呈现出一种正史笔调,彰显了以文传史的创作指向。这种创作原则,不仅反映了鲁迅对大禹的笃信虔诚与恭敬景仰,也显示了"文史不分家"的中国传统的影响力。虽然后来郭沫若主张历史剧创作可以"失事求似"[①],但茅盾仍然主张"通过艺术形象对此一历史事件还它个本来面目"[②],也反映了"以文传史"的传统取向。鲁迅正是因为抱着这样一种创作态度和艺术指向,所以在作品中绝对不轻易改变历史典籍所承传的话语立场,仅仅是对多种不同的历史叙述进行主体性思考、判断和选择而已,文字背后表现的是庄严的民族立场。因此,《理水》中围绕着大禹的身份与生平,就呈现了以历史典籍记载为依据的文学叙事与以学术研究的立论为目标的持重严谨的有机统一。

首先,对于大禹与鲧的父子关系,以及鲧的结局,鲁迅的描写也是以正史为依据的,但做了自己的阐释。鲁迅在小说中据此书写了鲧和大禹的父子关系:在第三部分中,当大禹和大家讨论治水的方法,指出"湮"错了,该用"导"时,一位白须白发的大员阻止:"'三年无改于父之道,可谓孝矣。'——老大人升天还不到三年。"花白须发的大员也说:"况且老大人化过多少心力呢。借了上帝的息壤,来湮洪水,

---

① 郭沫若:《历史·史剧·现实》,《戏剧月报》1943年4月第1卷第4期。
② 茅盾:《关于历史和历史剧——从"卧薪尝胆"的许多不同剧本谈起》,《文学评论》1961年第5、6期。

虽然触了上帝的恼怒,洪水的深度可也浅了一点了。这似乎还是照例的治下去。"一位胖大官员劝他"斡父之蛊","照着家法,挽回家声"。显然,鲁迅在这里书写的大禹与鲧的父子关系是以《史记》为依据的。《史记·夏本纪》载:"夏禹,名曰文命。禹之父曰鲧。""禹之曾大父昌意及父鲧皆不得在帝位,为人臣。""禹伤先人父鲧功之不成受诛,乃劳身焦思,居外十三年,过家门不敢入。"①应该说,这里的依据是充分的。

对于鲧的结局,鲁迅的描写也是以正史为据的,但做了自己的阐释。鲧治水不成而受到惩罚,在《尚书》中有记载。《尚书·尧典》载,当人们推荐鲧治水时,尧因鲧"方命圮族"而不同意,但在众人一再推荐下才让他去,结果是"九载,绩用弗成"②。《尚书·舜典》中记载了鲧治水不成遭受的惩罚:"流共工于幽州,放驩兜于崇山,窜三苗于三危,殛鲧于羽山,四罪而天下咸服。"③箕子乃言曰:"我闻在昔,鲧陻洪水,汩陈其五行。帝乃震怒,不畀洪范九畴,彝伦攸斁。鲧则殛死,禹乃嗣兴,天乃赐禹洪范九畴,彝伦攸叙"④。孔颖达疏《尚书·舜典》认为,"流""放""窜""殛","俱是流徙",鲧是被流放到羽山后死在那里的。从《尚书》原文来看,孔颖达的看法是对的。可见,《尚书》中记载了鲧治水失败及其被流放而死的结局。后来司马迁在《史记·夏本纪》中延续了这种记载:"于是尧听四岳,用鲧治水。九年而水不息,功用不成。于是帝尧乃求人,更得舜。舜登用,摄行天子之政,巡狩。行视鲧之治水无状,乃殛鲧于羽山以死。天下皆以舜之诛为是。于是舜举鲧子禹,而使续鲧之业。"⑤然而,《山海经·海内经》记载:"洪水滔天,鲧窃帝之息壤以陻洪水。不待帝命。帝令祝融杀鲧于羽郊。"⑥因此,一般人通常认为鲧是被舜帝杀于羽山的,显然与《尚书》《史记》关于"殛(于羽山)"而死的记载有别。在《理水》中,鲁迅采用了《尚书》《史记》中的描写:"远地里的消息,是从木排上传过来的。大家终于知道鲧大人因为治了九整年的水,什么效验也没有,上头龙心震怒,把他充军到羽山去了。"显然,这种以史为据的选择,是经过了独立思考后进行的。按常理来说,鲧治水九年,虽然不成,但没有功劳也有苦劳,舜不会因此杀他。从《尚书》中对舜的记载来看,舜杀鲧也不符合舜的性格,《尚书》没有这样的记载,是正确的。至于

---

① 司汉迁:《史记·本纪·卷二·夏本纪第二》,北京:线装书局2006年版,第5页。
② 张馨编:《尚书》,北京:中国文史出版社2003年版,第7页。
③ 张馨编:《尚书》,北京:中国文史出版社2003年版,第13页。
④ 张馨编:《尚书》,北京:中国文史出版社2003年版,第163页。
⑤ 司汉迁:《史记·本纪·卷二·夏本纪第二》,北京:线装书局2006年版,第5页。
⑥ 王学典编译:《山海经》,哈尔滨:哈尔滨出版社2007年版,第266页。

《左传》《随巢子》以及唐代陆德明《释文》、张守节《史记正义》等著作中关于鲧"化为黄熊"以及"三足鳖"的说法,鲁迅也不相信。在《理水》中,大禹说:"有人说我的爸爸变了黄熊,也有人说他变了三足鳖。"可见鲁迅的否定态度。

其次,对于大禹治水从何处开始,鲁迅也做出了自己的思考和选择。小说这样写道:"说禹是确有这么一个人的,正是鲧的儿子,也确是简放了水利大臣,三年之前,已从冀州启节,不久就要到这里了。"在这里,鲁迅遵从了史书的记载。《尚书·禹贡》载:"禹敷土,随山刊木,奠高山大川。冀州:既载壶口,治梁及岐。既修太原,至于岳阳。覃怀厎绩,至于衡漳。厥土惟白壤,厥赋惟上上,错,厥田惟中中。恒、卫既从,大陆既作。岛夷皮服,夹右碣石入于河。"①冀州为古九州之一,大致是现在的河北、山西二省及河南、山东黄河以北地区。尧都平阳,即今山西临汾,在冀州境内,故下文又说"冀州的帝都"。《禹贡》重在叙述九州的划分,当时因为冀州内有帝都,从冀州开始叙述是理所当然的,但它并没有说明大禹治水是从冀州开始的。但是,孔颖达在《尚书正义》中疏:"冀州尧所都也。诸州冀为其先,治水先从冀起,为诸州之首。"②大禹治水是不是从冀州开始的呢?《尚书》中没有说清楚。不过,可以肯定的一点是,大禹领命治水,应该是在帝都冀州。所以,后来《史记·夏本纪》载"禹行自冀州始"③,应该是这个意思。大禹从冀州出发去治水是无疑的,所以鲁迅说大禹"从冀州启节"。启节,旧时指高级官员启程、出发。节,古代使者及特派官员出行时所持的信物。显然,鲁迅在这里是经过了自己的分析、判断而写的。

其三,对禹捉无支祁的神话传说,鲁迅予以了消解。大禹治水,后来有很多传说故事,这无疑是先民因为大禹功绩卓著伟大而在传颂时予以神话的表现,实际上是对大禹功绩的讴歌。但是,诸多神话故事的流传,遮蔽了大禹的历史真实性,容易混淆人们的历史认知。因此鲁迅十分重视将神话传说与真实的历史人物大禹区别开来。在《理水》中,鲁迅对大禹降服无支祁的传说予以了说明。鲁迅在小说中用了这样一段表述:"然而关于禹爷的新闻,也和珍宝的入京一同多起来了。百姓的檐前,路旁的树下,大家都在谈他的故事;最多的是他怎样夜里化为黄熊,用嘴和爪子,一拱一拱的疏通了九河,以及怎样请了天兵天将,捉住兴风作浪的妖怪无支祁,镇在龟山的脚下。"大禹降服无支祁的故事源自唐代李公佐的小说《古岳渎经》

---

① 冀昀主编:《尚书》,北京:线装书局2007年版,第34页。
② 孔国安传,孔颖达正义:《尚书正义》三,北京:中华书局1987年版,第7页。
③ 司汉迁:《史记》,北京:线装书局2006年版,第5页。

的描写:"禹理水,三至桐柏山,惊风走雷,石号木鸣,五伯拥川,天老肃兵,不能兴。禹怒,召集百灵,搜命夔龙。桐柏千君长稽首请命。……乃获淮涡水神,名无支祁,善应对言语,辨江淮之浅深,原隰之远近。形若猿猴,缩鼻高额,青躯白首,金目雪牙。颈伸百尺,力逾九象,搏击腾踔疾奔,轻利倏忽,闻视不可久。……颈镴大索,鼻穿金铃,徙淮阴之龟山之足下。俾淮水永安流注海也。"鲁迅辑《唐宋传奇集》卷三中予以了甄别。鲁迅在这里明确地说明这是百姓在檐前、路旁、树下闲谈的"故事",无疑是对其真实性的消解,从而维护了大禹作为一个历史人物的真实面貌。

其四,小说对大禹的夫人作了人性化的描写。小说运用打乱时空的方法来塑造这个形象,但对大禹夫人姓什么,则作了模糊的处理。大禹治水,三过家门而不入,其夫人抱着孩子,气喘吁吁地从后面追来,但被卫兵拦住了。她用拳头擦着额上的汗,诧异地问:"怎么?你们不认识我了吗?"卫兵说:"禹太太,我们怎会不认识您家呢?"当她要他们放她进去时,卫兵说:"禹太太,这个年头儿,不大好,从今年起,要端风俗而正人心,男女有别了。现在那一个衙门里也不放娘儿们进去,不但这里,不但您。这是上头的命令,怪不着我们的。"听到他们的话后,"禹太太呆了一会,就把双眉一扬,一面回转身,一面嚷叫道:'这杀千刀的!奔什么丧!走过自家的门口,看也不进来看一下,就奔你的丧!做官做官,做官有什么好处,仔细像你的老子,做到充军,还掉在池子里变大忘八!这没良心的杀千刀!……'"关于大禹的婚姻,史书上多有记载,说明是娶妻涂山。《尚书·虞夏书·益稷》中,大禹谓舜帝曰:"娶于涂山,辛壬癸甲。启呱呱而泣,予弗子,惟荒度土功。"[1]这里的"涂山",应该是地点。《楚辞·天问》曰:"禹之力献功,降省下土方,焉得彼涂山女,而通之于台桑?"[2]这里是指地点,还是指姓氏,并不十分明确。后人有说是地名,有说是姓氏,因此并不一致,争议颇多。例如,《帝系》云:"禹娶涂山氏之子,谓之女娇,是生启。"[3]显然是指姓氏。而《吴越春秋·越王无余外传》载:"禹三十未娶,行到涂山,恐时之暮,失其制度……因娶涂山,谓之女娇。"[4]则又是指地点。然而《史记·夏本纪》云:"夏后帝启,禹之子,其母涂山氏之女也。"[5]却又是指姓氏。后来众说纷纭,至今争议不断。尽管如此,大禹娶妻生子,三过家门而不入,却是清清楚楚的,这足以反映大禹公而忘私的精神。因此,鲁迅将禹妻姓氏模糊化,而重在勾

---

[1] 冀昀主编:《尚书》,北京:线装书局2007年版,第31页。
[2] 田晓娜编:《四库全书精编·集部》,北京:国际文化出版公司1996年版,第843页。
[3] 参见司马迁:《史记》,北京:中华书局2008年版,第60页。
[4] 参见闻一多:《天问疏证》,上海:上海古籍出版社1985年版,第46页。
[5] 司汉迁:《史记》,北京:线装书局2006年版,第5页。

勒其性格,以烘托大禹的形象,显示了鲁迅的严谨。

其五,《理水》虽然是一篇小说,但鲁迅在创作中严格遵从史书的记载,以正史的笔调来展开小说的叙事,"是严格地以历史唯物主义观点来处理这一题材的"①,但又注入了自己的独特思考。这样,《理水》虽然是文学书写,但所描写的事件都有据可查,并没有做主观性的虚构,在《尚书》《史记》等历史文献中都可找到其原始的出处,可以说是正史的白话解说。这种笔调,无疑使大禹的身份和治水的历史显得更客观真实。由此,我们不仅可以看出鲁迅对民族历史和民族英雄的尊重和敬仰,也可以看出鲁迅对民族历史、民族英雄的自豪感,深刻地反映了鲁迅以文传史的主体追求。

综上所述,《理水》是现代历史小说的经典之作,具有丰富的思想意蕴,不同的读者会有不同的发现。我们认为,这篇作品是鲁迅在日寇肆无忌惮地疯狂侵犯,中华民族面临生死存亡的巨大危机的背景下,对如何摆脱空前加剧的民族危机所进行的积极思考,寄寓着很强的现实讽喻。在作品中,不仅热情讴歌中华民族英雄大禹救国救民的伟大业绩和崇高精神,而且尖锐地批判了虚妄地否定中国历史、否定大禹的"疑古"主义和民族虚无主义者,热切地呼唤和期盼大禹式的英雄带领民众抗击敌寇,挽救民族危机。鲁迅以正史书写的笔调来描写大禹,不仅对这位英雄人物表现了无比的敬仰,也对中华民族历史表现了无比的热爱,显示了强烈的民族自信心和自豪感,收到了以文传史的效果。1934年9月25日,鲁迅说:"我们从古以来,就有埋头苦干的人,有拼命硬干的人,有为民请命的人,有舍身求法的人,……虽是等于为帝王将相作家谱的所谓'正史',也往往掩不住他们的光耀,这就是中国的脊梁。"②应该说,对于这篇作品来说,这无疑是一个最好的注解。

(作者单位:浙江越秀外国语学院)

---

① 王瑶:《〈故事新编〉散论》,《鲁迅研究》1982年第6期。
② 鲁迅:《鲁迅全集编年版》第8卷,北京:人民文学出版社2014年版,第252页。

浙东唐诗之路上的禹迹
——唐代士人的历史重访

周丹烁

自竺岳兵先生在中国首届唐宋诗词国际学术研讨会上正式提出了"浙东唐诗之路"这一名称,它作为"唐代诗人在浙东行吟聚会的一条旅游线路"[①]渐为文化、旅游、文学、历史等领域的研究者所关注。浙东唐诗之路不啻为一条纵贯古今的文化银河,它由中国传统山水文化、士人壮游文化、诗歌文化、佛教道教宗教文化等部分构成,钱塘江、曹娥江、天台山、鉴湖等各地胜景则是这片灿烂银河中闪烁着的点点星辰。无论是曾经、现在还是未来,它们都将熠熠地散发着大山河川之美、历史人文之光。绍兴的几处禹迹正是其中的几颗明星,大禹文化亦为交融在浙东唐诗之路中的文化之一。

一、浙东唐诗之路上的几处禹迹

唐时,留有足迹于浙东唐诗之路的诗人约432人,创作的诗篇2000余首[②],其中涉及大禹、禹迹的诗歌(以下简称涉禹诗),据笔者统计有70余首。现将出现频率较高的几处禹迹摘录出,并将诗题一一胪列,附于其下,以供参考。将这些禹迹及相关的诗歌直观地排布出来之后,遂知涉禹诗之特殊性:在浙东唐诗之路上约有41个景点,每个景点至少有2首相关的诗,至多有11首诗[③];涉禹诗仅涉及两三个

---

① 邱志荣、陈鹏儿:《浙东运河史·上》,北京:中国文史出版社2014年版,第253页。
② 李志庭:《浙江通史·隋唐五代卷》,杭州:浙江人民出版社2005年版,第250页。
③ 邹志方:《浙东唐诗之路》,杭州:浙江古籍出版社1995年版,第1页。

景点,诗歌创作数量却达到 70 余首,显然是一个卓然独立的作品群。

(一)禹穴

最早提到禹穴的为地方志鼻祖《越绝书》,其中仅有"禹穴之时,以铜为兵"一句模糊描述。[1] 到了唐代,虽然"宛委山里人以阳明洞为禹穴"[2],但是依然缺少足征此论的文献资料、实物证明。郑鲂书"禹穴"二字,立碑于宛委山龙瑞宫,并与元稹合作《禹穴碑铭并序》[3],意为禹穴之位置定说。不过可惜的是,这块唐代禹穴碑也湮没在了历史的风尘中,未能保存至今。

《嘉泰会稽志》之后的各类绍兴地方文献以及《全唐诗》中包含"禹穴"一词的唐诗数量是涉禹诗中最多的,共有 32 首:

孟浩然《与崔二十一游镜湖寄包贺二公》《与杭州薛司户登樟亭楼作》《送谢录事之越》、骆宾王《早发诸暨》、李白《送纪秀才游越》《越中怀秋》《送二季之江东》、白居易《酬微之夸镜湖》《想东游五十韵》、宋之问《游禹穴回出若邪》《游云门寺》、韩愈《送惠师》《刘生诗》、孙逖《寻龙湍》《同邢判官寻龙湍观归湖中》、唐彦谦《游阳明洞呈王理得诸君》、杜甫《送孔巢父谢病归游江东兼呈李白》、张继《会稽秋晚奉呈于太守》、刘禹锡《酬浙东李侍郎越州春晚即事长句》、高适《秦中送李九赴越》、严维《赠万经》、卢纶《送耿拾遗湋充括图书使往江淮》、姚合《送韦瑶校书赴越》、陆龟蒙《袭美见题郊居十首因次韵酬之以伸荣谢其七》《寄怀华阳道士》《京口与友生话别》、方干《僧院小泉井》、吴融《秋日感事》、刘兼《简竖儒》、郭慎微《送贺秘监归会稽诗》、刘长卿《瓜洲驿奉饯张侍御公拜膳部郎中却复宪台充贺兰大夫留后使之岭南时侍御先在淮南幕府》、浙东众诗人《大历年浙东联唱集征镜湖故事》。

在这些诗歌中,有些禹穴为实指,诗人确实在此怀古、游玩,留下诗篇。而有的禹穴则是虚指,或是指代整个会稽地区,如"帝城临灞涘,禹穴枕江干"(骆宾王《早发诸暨》);或是作为方位地标,如"越中蔼蔼繁华地,秦望峰前禹穴西"(刘禹锡《酬浙东李侍郎越州春晚即事长句》)。

(二)禹陵:禹祠、禹庙

大禹陵的历史可谓是"与夏朝同老",启即位天子后,便已"立宗庙于南山之上"[4],汉代之后,始称此地为"陵"。后又经过唐宋元明清等朝,直至今日,大禹陵

---

[1] 主流观点大多将这句话理解为"大禹所在的年代,人们多穴居,并用铜铸造兵器"。见俞纪东译注:《越绝书全译》,贵阳:贵州人民出版社 1996 年版,第 227 页。

[2] 见《嘉泰会稽志》卷九《山》。

[3] 见《嘉泰会稽志》卷九《山》。

[4] 见《吴越春秋·越王无余外传第六》。其中"南山"为会稽山别称。

始终镇于山阴会稽一方。其主体建筑禹庙区重修、翻修多次,其大致方位亦未曾更易。除此之外,根据唐以后的地方志书,唐代时的大禹陵还有其他一些小型建筑,如窆石、禹祠、禹寺等。

据笔者统计,在《全唐诗》及绍兴各类方志中共有23首诗涉此区域。

涉及"禹庙"的有15首,包括宋之问《谒禹庙》、李绅《新楼诗二十首·禹庙》、元稹《送王十一郎游剡中》《拜禹庙》、白居易《答微之见寄》《和微之春日投简阳明洞天五十韵》、温庭筠《江上别友人》、杜甫《无题(禹庙长藤萝)》、孙逖《立秋日题安昌寺北山亭》、薛苹《禹庙神座顷服金紫苹自到镇申牒礼司重加衮冕今因祈雨偶成八韵》、岑参《送李翥游江外》、崔词《谒禹庙》、张祜《忆江东旧游四十韵寄宣武李尚书(四)》、元稹《春分投简阳明洞天作》、钱弘倧《禹庙》。

涉及"禹祠"的有7首,赵嘏《淮信贺滕迈台州》、贾岛《送朱兵曹回越》、罗隐《送辩光大师》、李建勋《春水》、严维《无题(竹使羞殷荐)》、刘长卿《送荀八过山阴旧县兼寄剡中诸官》。

另有张继《会稽郡楼雪霁》,诗中提到"夏禹坛前仍聚玉,西施浦上更飞沙"。笔者推测,此"夏禹坛"应是指当时禹庙殿前专门开辟用于祭祀的一块土地,故一并归入禹陵地区的涉禹诗中。

(三)其他

除了以上两个主要地点之外,还有部分诗歌涉及大禹神话以及一些其他相关的典故。

提到"宛委""阳明洞天"①的有2首,为白居易《和微之春日投简阳明洞天五十韵》、顾况《剡纸歌》。

提到"涂山"②的有1首,为胡曾《咏史诗涂山》一诗,其中还使用了"诸侯玉帛""防风骨"等大禹神话典故。

涉及大禹治水凿山神话的有1首,为陆龟蒙《奉和袭美初夏游楞伽精舍次韵》。

---

① 据说,绍兴宛委山阳明洞是大禹发现山神玉字金简,通晓治水之理的地方。《吴越春秋》卷六《越王无余外传第六》曰:禹乃登山,仰天而啸,因梦见赤绣衣男子,自称玄夷苍水使者,闻帝使文命于斯,故来候之……东顾谓禹曰:欲得我山神书者,斋于黄帝岩岳之下三月。庚子登山,发石金简之书,存矣。禹退,又斋三月。庚子,登宛委山,发金简之书。案金简玉字,得通水之理。

② 《左传·哀公七年》曰:禹合诸侯于涂山,执玉帛者万国。

涉及大禹"鸟耘田"①神话的有3首,为宋之问《游称心寺》《谒禹庙》、崔词《谒禹庙》。

同时提及"秦望""大禹"二词的有1首,为吕温《登少陵原望秦中诸川太原王至德妙用有水术因用感叹》。

同时提及"会稽""夏禹"二词的有1首,为褚朝阳《观会稽图》。

提及"夏禹"与越地的有1首,为无名氏《吴王夫差书一章(并序)》。

较为笼统地提到"禹迹"的有1首,为章孝标《上浙东元相》。

二、唐代士人对禹迹的历史重访

如本文开头所述,浙东唐诗之路多被视作唐代诗人的"山水走廊""旅游路线",其中大量的诗歌确实也围绕着山水之景展开,但对涉禹诗这一独立的作品群,我们应当认识到其创作者不仅仅是诗人,他们同时也多属士人阶层。唐代士人寻访禹迹,并非单纯地观光、游览,写诗时也不似登临怀古那般带点情之所至故而发之的意味,而是有一层刻意寻至此地进行历史重访的含义。

(一)重访禹王

禹治水成功之后,舜将帝位禅让给禹。大禹作为一名帝王,求得德才兼备的皋陶、杜兹益等"七大夫"②辅佐治理天下,可谓求贤若渴;乐于听取他人良言③,可谓善于纳谏;制定五刑、惩恶扶善④,可谓赏罚分明、注重法度;平定苗乱、以德治国⑤,可谓德、武并重。这些,都是唐代士人眼中最为理想的帝王品质⑥。

细看前一段文字中的涉禹诗,其创作时期大多处于史学意义上的盛唐时期,至

---

① 《越绝书》卷八《越绝外传记地传十》云:"尚以为居之者乐,为之者苦,无以报民功,教民鸟田。"传说大禹教越地人民驱使群鸟帮助耕田。

② 《鬻子》卷下《禹政第六》有云:禹之治天下也,得皋陶,得杜子业,得既子,得施子黯,得季子宁,得然子堪,得轻子玉。得七大夫以佐其身,以治天下,以天下治。

③ 《孟子》卷三《公孙丑章句上》有云:"禹,闻善言则拜。"《孟子》卷八《离娄章句下》则曰:"禹恶旨酒而好善言。"

④ 《汉书·刑法志》曰:夏有乱政,而作禹刑。

⑤ 《墨子·非攻》载大禹"亲把天之瑞,以征有苗"之事,在《淮南子·原道训》中亦云:"禹知天下之叛也,乃坏城平池,散财物,焚兵甲,施之以德,海外宾服,四夷纳职,合诸侯于涂山,执玉帛者万国。"

⑥ 如吴兢在唐太宗年间,撰写《帝范》上下卷,以一位政治家、士人的视角,对理想帝王的行为准则加以总结:君体、建亲、求贤、审官、纳谏、去谗、诫盈、崇俭、赏罚、务农、阅武、崇文。

迟则在唐王朝倾覆的末期。当初开元盛世持续了一段时间之后,唐玄宗日渐沉迷在安宁祥和、歌舞升平的氛围中,开始偏宠妃子,疏于朝政。有的士人见其身边围绕着奸佞群小、无能外戚,已经隐隐感觉到了盛世崩坏的先兆。如李白曾作《大猎赋》劝谏唐玄宗"居安思危,防险戒逸",张九龄则上《请诛安禄山疏》曰:"禄山狼子野心,有逆相,宜即事诛之以绝后患。"然而眼看朝廷内恶势力蒸蒸日上,可知此类逆耳忠言收效甚微。自玄宗以后,帝位换代频繁,虽亦有中兴时期,然大唐最终走向了覆灭。故此,士人们南游至会稽时难免怀念古代圣君,如"清庙万年长血食,始知明德与天齐"(李绅《禹庙》)、"伊昔力云尽,而今功尚敷"(宋之问《谒禹庙》);或借重访禹王庙之机,寄托自己心目中的理想帝王形象。试看:

> 惟舜禅功始,惟尧锡命初。九州岛方莫画,万壑遂横疏。受箓尝开洞,过门不下车。诸侯会玉帛,沧海荐图书。玄默将遗世,崇高亦厌居。耘田自有鸟,浚泽岂为鱼。家及三王嗣,殷因百代如。灵容肃清宇,衮服闭荒墟。枣径愁云暮,松扉撤祭余。叨荣陵寝邑,怀古益踌躇。(崔词《谒禹庙》)

崔词为安史之乱后的诗人,曾与越州刺史薛苹等十七人同题禹庙。据竺岳兵先生考,此诗当作于元和三年至五年(808—810)间①。在这首《谒禹庙》中,先是历数了大禹"受禅""得金简""三过家门不入""会计诸侯""教民鸟田""节葬"等事迹,歌颂帝德之圣、禹王行事立身之伟岸,或是因此忆及安史之乱的伤痛,想到前代皇帝的没落,故而后面的"枣径愁云暮,松扉撤祭余"一句透露出了些许悲凉之感。

(二)重访太史公

在涉禹类诗歌中,禹穴是出现频率最高的一处人文胜地,几乎占据该类诗的半壁江山。而在诗歌文本中,名词"禹穴"与动词"探"常常结合在一起使用,如"想到耶溪日,应探禹穴奇"(孟浩然《送谢录事之越》)、"少别商山下,长探禹穴前"(郭慎微《送贺秘监归会稽诗》)等语。"探禹穴"实为一则典故,与太史公司马迁有关。司马迁曾在《史记·太史公自序》中谈及自己的一段壮游经历:"二十而南游江淮,上会稽,探禹穴……"引得后人纷纷效仿。

但这种现象仅仅出于仿效心态吗?实际上,根据前人留下的诗赋作品来看,魏晋时"探禹穴"者少,唐时"探禹穴"者始蔚然。司马迁在《史记》中所塑造的策士、谋士、侠士等一大批士人形象,与传统门阀旧贵族的"士人阶层"大相径庭,而跟隋

---

① 竺岳兵:《唐诗之路唐代诗人行迹考》,北京:中国文史出版社2004年版,第216页。

唐代通过科举进入上层社会的、曾经有过庶人身份的"士人"更加相近,故唐代士人对司马迁其文其人的接受程度更高。司马迁家族世代为史官,他本身也是一位身世极富悲剧性的士人,在描写各类士人时所流露出的悲悯情怀,更是打动了一大批怀才不遇、自恃高洁的唐代士人。因此,浙东唐诗之路上的诗人们所津津乐道的"探禹穴""寻禹穴"等,实在是对典型士人太史公之人生经验的一种重访、巡礼,并以此寄寓自勉之情。譬如下面这首诗:

> 一叶飘然夕照沈,世间何事不经心。几人欲话云台峻,独我方探禹穴深。鸡橄固应无下策,鹤书还要问中林。自怜情为多忧动,不为西风白露吟。(吴融《秋日感事》)

此诗是诗人为表达自身高洁、独立的情操所写就的,这种遗世独立的态度其实与吴融几经宦海浮沉的仕宦经历有关。颔联"几人欲话云台峻,独我方探禹穴深"为其中心句,说的是他人都志在登上高高的"云台"以建功立业,而"我"却独自一人如当年的太史公般执拗地探寻禹穴之幽深,抒发了自己为理想甘守寂寞的情感。

(三)重访道教圣地

唐朝皇族李氏以老子李耳为先祖,崇道之风大盛。特别是盛唐时期的士人们,如李白、白居易等,多有炼丹、游仙等经历。而涉禹诗中,亦常常透露出"炼药""金符""仙穴"等道家意象。

究其原因,一是在唐代时,禹穴所在的宛委山阳明洞天,为道家的洞天福地,亦是大禹发现治水金简之地。道家洞天福地的说法大致起源于晋代,东晋《道迹经》就曾列出十大洞名,到唐时,杜光庭的《洞天福地记》则更加详细地列出了三十六洞天、七十二福地,其中禹穴便榜上有名。而治水金简一说出自《吴越春秋》,前文提到时已出注,在此不再赘述。其中涉及仙使、斋戒、天书等情节,具有浓厚的道教神话色彩。有的谶纬研究者根据《越绝书》佚文认为禹所得到的"金简玉字",正是魏晋道教典籍《灵宝五符》[①]。故诗人们在诗中言及禹穴时,多有"探书禹穴中"(浙东众诗人《大历年浙东联唱集征镜湖故事》)、"去为投金简,来因挈玉壶"(白居易《和微之春日投简阳明洞天五十韵》)之语,这是对道教神话故事的历史重访。

另外一个原因,是大禹在后世被道教奉为神明。依然与上一段所说的金简有关,夏禹得此天书,治理了水患,后世道教尊奉大禹为水官——至少在南朝梁代时,

---

① 李步嘉:《〈越绝书〉研究》,上海:上海古籍出版社2003年版,第173页。

已将大禹的神格与"水"联系了起来。① 因此会稽山禹庙亦有祭祀祈雨的功能,如《全唐诗》中所录薛苹《禹庙神座顷服金紫苹自到镇申牒礼司重加衮冕今因祈雨偶成八韵》一诗,便记录了当时作为越州刺史的薛苹在禹庙为民祈雨的仪式过程。后来唐代李绅亦在禹庙求雪,直至清代时,还有浙江巡抚前来祈雨。② 不仅仅是"禹穴""禹庙""禹祠",与大禹有关的各类"禹迹",实际上都可被视作道教圣地,唐代士人崇道,因而进行重访。涉禹诗中所带有的浓厚道教意韵,也就不再显得突兀了。

三、浙东唐诗之路与大禹文化的交互

涉禹诗的创作建立在历史重访基础之上,是浙东山水文化与延绵不绝的大禹文化交互产生的结果,具有特殊的价值。浙东唐诗之路与大禹文化乍看之下似乎并无交集,但通过对上述各类涉禹诗的分析,可以明确地看出二者是不可分割、相辅相成的。

首先,浙东唐诗之路中所存的禹迹、涉禹诗,能够为大禹文化的研究提供材料。目前对大禹文化的学术探讨,主要立足于早期史书、地方志等文献,搜集相关诗词者则较少。譬如浙东唐诗之路涉禹诗歌中,其内容涉及祭禹的,可让我们了解唐代大禹祭礼的大致情况;而在千余首诗中保存的浙东各地禹迹,亦有助于完善绍兴市禹迹图、浙江省禹迹图,像张继《会稽郡楼雪霁》中提到的"夏禹坛",是否有可能是一处我们未曾考察过的禹迹? 总而言之,浙东唐诗之路中的涉禹诗,对大禹相关的研究能够起到二重证明、查漏补缺的作用,理应重视。

其次,大禹文化能够为浙东唐诗之路的学术研究找到新的切入点。之前,对浙东唐诗之路的专门研究多停留在文本研究、诗歌选辑、源头考辨上,如《唐诗之路综论》《唐诗之路唐代诗人行迹考》《唐诗之路唐诗总集》《唐诗之路唐诗选注》《浙东唐诗之路》等专著,《渔浦——浙东唐诗之路的起讫点》《"有诗为证"说渔浦——萧山渔浦是"浙东唐诗之路"又一源头考》等论文。而通过大禹文化,对浙东唐诗之路中的涉禹诗进行细致分析,能让我们从这一个小小的切口中看到唐代士人之心

---

① 《真灵位业图》中,禹居第三神阶中位之左,在"夏禹"二字下,有注云:"受钟山真人灵宝九迹法,治水有功。"转引自刘白雪、常松木主编:《大禹与嵩山》(下卷),郑州:中州古籍出版社2009年版,第447页。

② 清嘉庆元年(1796)七月浙江巡抚觉罗吉庆在禹庙进行祈雨仪式后,题刻"敬诚"二字。今存于大禹陵景区碑廊中。

态,以及士人之帝王观、对道教之态度等更加细致的维度,证明了浙东唐诗之路尚有值得探寻的空间。

其三,就二者的现实意义来说,大禹文化及其旅游经济发展较浙东唐诗之路更加成熟一些,能够带动浙东唐诗之路旅游经济前进。大禹陵自1981年成为省重点文保单位以来,规划、保护得当。若能对大禹陵景区的部分场馆设施做一定的提升工作,未来可将其作为浙东唐诗之路上的一个重要点位以承办相关的学术研讨会议、文化论坛等等。而在大禹陵景区内,也可设立一些浙东唐诗之路绍兴段相关的文化、旅游宣传设施。待浙东唐诗之路的旅游路线开辟完成,沿线各个景点都能得到推介之后,受益者将不仅仅是大禹陵景区、大禹文化,亦能促进绍兴,乃至整个浙江的旅游发展。

综上所述,浙东唐诗之路作品群中的涉禹诗,是唐代士人对大禹之帝王人格、太史公司马迁之人生经历、道教传说之圣地进行的历史重访,寄寓了向往明君、洁身自好等诸多复杂的感情,并且揭橥唐代道教发展的历史背景之一角。浙东唐诗之路提出至今虽已20余年,但在学术领域依然存有巨大的研究空间,在旅游领域更是方兴未艾,亟待更多各类分野的研究者能够提出洞见,以振此说。

(作者单位:绍兴市大禹陵景区管理处禹文化研究室)

大禹与当代戏剧创作初探[①]

许哲煜

  戏剧是以语言、动作、舞蹈、音乐等形式达到叙事目的的舞台表演艺术。以"戏"映世、以"形"传"意"是戏剧艺术的目的、纲要与精神内核。在戏剧逐步走向市场化、商品化的世界潮流的背景下,观众也面临更多的选择。随着戏剧观念的变革与戏剧功能的变化,戏剧编创者利用当下丰富的艺术表达形式,创作出了一批表现大禹形象和以大禹治水为主题的戏剧作品。这些作品主要包括:浙江绍兴市创编的绍剧《大禹治水》、安徽省花鼓灯歌舞剧院编创的大型民族舞剧《大禹》、四川绵阳市川剧团的新编神话川剧《情系洪荒》、重庆市歌剧院编创的跨界融合舞台剧《大禹治水》、武汉市京剧团创作的改编京剧《洪荒大裂变》、清唱剧《禹王治水》(北京国图艺术中心音乐厅版)、陕西宜川县蒲剧团的蒲剧《河魂》、中福会儿艺剧院出品的儿童剧《大禹治水》、江苏如皋木偶艺术团排演的大型神话木偶剧《大禹治水》、重庆杂技艺术团打造的3D杂技剧《大禹》等。从这些表现大禹的戏剧作品中,可以窥见当代戏剧作品中的反叛、创新和争奇斗艳。它们集中体现在表达形式虚实结合、对叙事空间的挖掘探索和对立意的审美考量上,用新的舞台剧场语汇构建和演绎出一个个生动的大禹故事。

重意与轻实

  20世纪90年代,浙江绍兴市创编的绍剧《大禹治水》进京演出,获得了首都戏

[①] 本文为绍兴市哲学社会科学"十三五"规划2019年度重点课题的最终研究成果(项目编号:135J127)。

曲界广泛而热烈的反响,并斩获了多项国家级奖项。绍剧《大禹治水》气势磅礴地叙述了一个家喻户晓的故事,用深远的意境构造出古朴恢宏的舞台景象。绍剧是浙江三大剧种之一,有300余年历史,以粗犷朴实的音乐、激越高昂的唱腔、洒脱豪放的表演形成了独特的艺术风格。经过百年跌宕,绍剧也在破旧立新中不断谋求发展与变化来契合时代风貌。单从舞台美术来论,从传统的一桌二椅、百搭布景逐步演变为更多元的舞美空间样式。绍剧《大禹治水》中的舞台美术以中性式为基调,突出写意性,又以"歌舞叙述故事"中所体现出的虚拟性和时空转换的灵活性达到写意精神的统一。

  舞美设计中的视觉元素,是指设计师从现实生活中搜集到的、未经整理加工的、感性的、分散的原始形象素材,经过集中提炼、加工再造等艺术处理,最终呈现于舞台、服务于戏剧表演空间的一种语汇载体。在剧中,舞美设计运用中性旋转圆形平台,并在其中用曲线划分出高低不同的台面,以此来暗示远古时期,人与自然的原始生态。而在灯光设计上,强调色彩浓郁,意境深远,并着力打造壮观的场面和惊人的气魄,振聋发聩,欲使观众沉浸在古朴奇观的艺术情境中。服装道具上,传统的绍剧服装也经过了改良与重新设计,赋予了独特的艺术语言和表意符号,使服装和绍剧表演风格统一,兼具古越风韵。在绍剧《大禹治水》的第一个场景中,舞台上光影暗淡、烟雾缭绕,显现出超越舞台本体的意象空间,在恢弘的气势中蕴含着历史命运的必然性,在一片混沌中隐藏着无限变化。舞美设计中视觉元素和其他设计作品最大的区别,是其特有的戏剧性与舞台性。绍剧《大禹治水》开场的舞美设计意图体现在两个层面,首先是立意,通过视觉元素强化立意,通过古朴或者原始的景象产生一种戏剧情境,展现叙事铺展的内涵与基调,观众也得以迅速地进入另外一个时空。其次是彰显戏剧空间的内在精神,通过舞台意象的表达构建写意空间,舞台所构筑的远古时代图景和局部道具的夸张运用,形成了具备象征含义的某种符号,在大禹治水的时空中所彰显的内在精神被隐喻化地表达出来。

  安徽省花鼓灯歌舞剧院编创的大型民族舞剧《大禹》,以安徽蚌埠市禹会村遗址考古挖掘的历史史实为背景,以重意象与轻具象的艺术理念结构全剧,呈现出华彩飘逸的磅礴气势。舞剧作为一种戏剧样式,其语言区别于话剧、歌剧、默剧、音乐剧。而作为一种舞蹈样式,舞剧又是以其结构的复杂性和规模性区别于独舞、双人舞以及群舞、组舞。美学家李泽厚在他的《美学论集·略论艺术种类》一文中指出:"舞蹈艺术的美学特性,在于它主要不是人物行为的复写,而是人物内心的表露;不是去再现事物,而是去表现性格;不是模拟,而是比拟。要求用高度提炼的程式化的舞蹈语言,通过着重表达人们的内心情感活动变化来反映现实。"在民族舞剧《大禹》里，导演用激昂的舞蹈动作设计与丰富的舞台意象组合，通过形体张扬而出的饱满生命力和舞台设计所呈现的写意画风来结构全剧。舞剧《大禹》共有五幕，分别是《洪水》《祭祀》《平患》《离殇》和《火攻》，跌宕起伏的叙事与华彩逼真的舞美配合动人心魄的音乐，营造出远古时代大禹治水的情真意长与波澜壮阔。第一幕《洪水》中大禹之父鲧治水失利，大禹遂子承父业。元代杨载谈"律诗要法"首联之"起"时所说的"要突兀高远，势欲滔天"，在这出声势浩大的戏剧开场中得到了鲜明的呈现，激烈紧张之势也为本剧惊心动魄的特质奠定了情感基调。舞剧的背景为半环形天幕，以天幕来覆盖舞台，营造出一个立体丰满的舞台空间，视觉上颇有水乳交融之感。而天幕同时又兼具意象化，象征其父鲧率众人竭力阻挡洪泛。第二幕是《祭祀》，大禹的妻子怀有身孕被列入祭祀名录中，舞台上的女子群舞表现出献祭的悲壮。在剧中，大禹的妻子女娇的独舞所表现出的生命躁动，不仅产生了强烈的视觉冲击性，而且加剧了戏剧张力，更加坚定了大禹治水的决心与意志。第四幕《离殇》中也同样用意象化的手法展现了大禹的侠骨柔情与坚忍不拔，用优美的舞姿来展现女娇和大禹相识相恋的青春美好记忆，用沉重笨拙的舞姿来表现大禹在前线抗洪时的艰苦与病痛。在最后一幕《火攻》中，开场激昂的群舞展现涂山会盟的盛大庄严，最后用低沉和缓的音乐预示着大禹功成身退，携子回涂山的复杂心境。在这出舞剧《大禹》里，创作者经过了从"意"到"象"的建构过程，舞剧中的情感意象被组合和调动起来，由此获得一种情感想象，并通过舞剧结构和舞段设计进行叙事，最后使观众产生了审美的联结。"长于抒情，拙于叙事"，这是舞蹈艺术的局限，也是舞蹈艺术的特征。结合舞剧《大禹》来说，它并没有力求出新，在叙事上着墨过多，而是在一个大家熟悉的完整的故事框架中，用舞蹈和舞台意象来塑造鲜明生动的人物，营造一曲亘古时期的遥远回响。

四川绵阳市川剧团的新编神话川剧《情系洪荒》，开场的艺术构思和视听设计振聋发聩，也同样让我们感到创作者独运匠心的内涵延展和古朴深远的情怀指向。作者用诗化的手法来刻画《情系洪荒》中的大禹人物形象。开篇大禹之父因治水失败被帝尧诛杀祭灵，重点在于，这里没有使用强烈的戏剧冲突来结构本场戏，即使大禹之父因治水失利而被问罪诛杀这一情节本身就具有丰富的戏剧空间。所以我们知晓，创作者的意图并不是单单要呈现叙事空间的戏剧性以及跌宕起伏的剧情走向，而是从"立意"出发，用开场中的"轻描淡写"勾勒出庄严古朴和沧桑厚重的历史命运感，将大禹治水的艰巨性和重要性用写意的手段凝练出来。开场的舞蹈场面让我们似乎回到了远古时期原始生态的场景中。《情系洪荒》的开场舞与花鼓灯舞剧《大禹》和下文要讲的蒲剧《河魂》不一样，后两者的开场舞虽有写意与写实的区别,但是从叙事本身上来说,它们共同在"立意"的基础上表达一种张扬着生命力的图景。而在川剧《情系洪荒》里,却隐含着创作者另一个层次的哲学思考和理念,即以开场气氛的悲剧性来结构全剧,从宏观上来表达历史沧桑之中的宿命感。

重庆市歌剧院编创的跨界融合舞台剧《大禹治水》,其整体风格并不拘泥于在真实情景中严格叙事,而是把剧作重心放在了器乐及意象表达上,呈现出简约写意的舞台风格。本剧的舞台分为前、中、后三个演区,前面是呈现山峦起伏之状的剪影,中间主舞台搭建斜坡链接前景,后景是一帘纱幕,最终通过多媒体投影技术和灯光控制形成舞台空间变幻。剧中,当大禹站在小山上之后,纱幕上陆续闪现篆体"日月星辰"以及"人"字,前、中、后三处融成一景,契合了"天人合一"的内涵,极具象征意义。而蒲剧《河魂》则选择用诗情画意的视觉奇观来对史诗神话进行世俗化的演绎,呈现戏曲舞台化鲜明的表意特征。演员以群起群伏的舞蹈在舞台上肆意挥洒,来表现大浪滔天的洪泛给人们带来的灾难,这与安徽花鼓灯舞剧《大禹》的开场有异曲同工之妙,通过舞蹈演员的形体和舞台美术的铺陈来呈现人与自然搏斗的壮丽图景。这种内容与形式、形体与舞美的结合凸显了意象化表现手段的丰富旨趣,在增进艺术感染力的基础上进一步升华了大禹治水的主题意蕴。

交融多变与探索创新

在当代戏剧创作中我们看到了诸多变革,不管是内容上的再造还是形式上的出新,都在时代的变迁和审美风尚的变化中不断探索。20世纪90年代,武汉市京剧团创立了一个以艺校毕业生为主的青年实验剧团,随后这个实验剧团创排了一部京剧《洪荒大裂变》,讲述的是史前社会大禹治水的故事。对一个家喻户晓的故事重新编创,展现出创作者新奇大胆、恢宏瑰丽的想象力。大禹治水的故事在民间流传广泛,版本虽多,但枝叶略有疏密,而核心故事不外乎都是鲧堵水失败,大禹继承鲧未竟的事业,三过家门而不入,弃堵为疏,开山导流进而治水成功。可是京剧《洪荒大裂变》却颠覆了我们的既有认知,故事与其说是被修改不如说是被全新演绎,让人觉得新与怪之余,竟也能生出许多意味。剧作的故事发生在洪荒时代,此时华夏大地洪水肆虐,伯鲧上天偷神土息壤以堵治洪水无果,被天帝杀死在羽山,尸首数年不腐而孕育出其子大禹,伯鲧则变为玄鱼。大禹治水三过家门而不入,然而巫龙起浪,无奈之下神女相助杀死巫龙,化为巫山以阻洪水,然而水涨船高又现哀鸿遍野。失魂落魄的大禹回到家投入妻子女娇的怀抱,可仍念念不忘自己的民众,决心变堵为疏。结果遭到所有人的反对,引起人神共愤,化为玄鱼的父亲骂他背德忘祖,支持他的神女瑶姬也被问罪化为神女峰,妻子女娇以死相谏后化为巨石。大禹悲歌向天问,终于在自己的思考中得出答案:"民以活为天,民心就是天!"这样看来,本剧就是一个关于大禹治水的全新的玄幻故事,大量原创情节粘补在故事原型上,体现出对叙事空间延伸的探索性。同时,故事内核深刻,肌理宏大,从母系社会到父系社会,从原始社会到奴隶社会的进化,从对神的敬畏膜拜到对人可胜天的观念反叛,从放弃息壤堵水转而开山疏流的科学方法,囊括了洪荒时代不同方面的转化与裂变。

如何用舞蹈来结构叙事,将中国传统文化和现代审美结合起来,成为安徽省花鼓灯歌舞剧院的舞剧《大禹》秉承的主要创作原则。剧作中对人物情感和舞美设计进行了新的诠释。首先,这出剧在塑造大禹人物形象上强调人性,弱化其神性,从历史传说当中提取范本,绝不拘泥于人物定型化、图谱化的固定表达。在舞蹈写意抒情的语境中,仍然塑造了大禹的人性立体面,体现符合时代发展的以人为本理念。从细腻的人物情感入手,通过多样的形式来展现"凡人"大禹形象,以此来呈现大禹坚忍不屈的精神品质。整部剧用演员的舞姿来结构场景,结合现代化的舞美设计,通过3D和音效处理来呈现形象逼真、造型感十足的舞台空间。

戏剧在时代变化中推陈出新,用多维的手段打造契合时代审美倾向的作品。四川绵阳市川剧团编创的《情系洪荒》通过巧妙的构思融合了现代多种艺术元素和表现手法,体现出戏剧空间上的探索。《情系洪荒》里,生旦净末丑成为人物角色形象,人物被归化成一个个象征符号。川剧中传统的声腔曲牌被改为歌舞剧,程式化的表演模式转换为舞剧化的表演模式,同时大胆加入了当下其他艺术的表现元素。在艺术创新中坚守不破不立,也意味着有失有得。戏剧《情系洪荒》多是基于表现形式的改良,即多种艺术与表现型元素的混搭和融合,中国传统戏曲的程式规范和唱念做打被简单削弱。在绍剧《大禹治水》中我们也看到,创作者使用时下流行的大转台舞台造型和无场次结构,以电影视听语言中的蒙太奇结构、歌剧的抒情化对唱和意识流的穿插等元素,使古老的绍剧重新获得生命力,大禹的故事在剧里被讲述得更为生动和立体,这种贴近感无疑更受观众欢迎。在当下表现大禹故事的戏剧创作中,我们看到了形式多样的挖掘与延伸,而创作者如何在保留戏曲传统精华的基础之上再开拓更多的戏剧表达空间,是当下的戏剧创作留给我们的一个关键命题。

重庆市歌剧院的跨界融合舞台剧《大禹治水》,更是在演绎以历史神话传说为故事原型的基础上体现出交融与探索,让老故事迸发出了新生命。剧中的主要角色的演绎者不是人,而是器乐。用不同器乐的音色来替代舞台上不同的演员,将器乐拟人化。剧中开场的洪水之势被虚拟成琵琶的音响,紧凑脆亮的音符像乖张的孩子,无拘无束、肆意玩耍;二胡之音代表大禹,时而舒缓柔婉时而绵延深切;吹笛的姑娘和打击乐的汉子奏出的音符被当作高山峻岭。同时,混声合唱被用来塑造"民众"群像。我们看到,剧中将器乐拟人化为角色进而外化的形式非常新颖,通过不同乐器的音色特点来辨析人物,通过音乐所抒发的情感使得观众产生共鸣。有评论认为,跨界融合舞剧《大禹》是对艺术、观念以及观众审美的突破,即"破"音乐只能听,"破"演奏家只能奏,"破"中西音乐的分野。剧中的所有演员在手持乐器进行人物形象描绘和叙事勾勒的同时,也随着手里的乐器舞动和演绎,通过器乐、声乐把中西音乐元素和文化搭配融合起来,呈现出丰富的层次感。著名二胡演奏家宋飞表示:"《大禹治水》这种新的跨界融合舞台剧是民族器乐舞台不断探索实践的大方向。剧作家以浪漫主义和象征主义视角,赋予日月山川以人的特征,增添它们的个性与情感,人与器乐的契合达到了乐与情的情感共鸣。"

在戏剧创作中对音乐拟人化的使用,同样在清唱剧《禹王治水》中也得到了巧妙的构思和有益的尝试。清唱剧是一种大型套曲结构,有一定的戏剧情节,由多种声乐曲以及管弦乐队组成,其中包括咏叹调、宣叙调、重唱以及合唱,是介于歌剧和康塔塔之间的多乐章大型声乐套曲,由管弦乐队伴奏,剧中人物不多,也不化妆。《禹王治水》采用西方音乐体裁,全剧分《洪水》《伯鲧》《理水》《涂山》《禹颂》《夏启》和《孳孳》七个乐章,结构严谨,故事完整统一。剧作的艺术特色是中西音乐的结合,采用不同种类的器乐及演奏方式来表达对历史神话中的先贤大禹的崇敬。清唱剧采用声音和乐器来代替对剧中人物行为的阐释,在清唱剧《禹王治水》中,中西方音乐元素的搭配丰富了音乐空间和内在意蕴,既有东方音乐的深度,也有西方音乐的广度。东方古老故事与西方音乐体裁契合成形,表现得流畅清新。

在陕西宜川县蒲剧团编创的蒲剧《河魂》中,编创人员另辟蹊径,对大禹的妻子女娇这一人物形态进行大力挖掘,在呈现女娇对大禹的爱慕和思念之情方面不惜笔墨,进行了细腻而深刻的描绘。蒲剧作为我国一种古老的剧种历史悠久,在陕州、运城和临汾地区比较流行,曾名为蒲州梆子,在中华人民共和国成立之后定名为蒲剧。蒲剧唱腔粗犷豪迈、慷慨激越,但也兼具委婉抒情之韵。这部剧区别于一般剧作直接表现大禹胸怀天下、三过家门而不入的情节,而是从其妻女娇的角度,通过妻子对丈夫的爱慕与思念之情烘托出大禹为治水所做的个体牺牲以及忠于职守、敢于担当的珍贵品质。用女性的柔美反衬大禹的刚烈,用小我之情凸显大禹治水的豪壮图景。可以说,本剧通过在叙事重心上的转移与反衬,从侧面表现出大禹这种"先天下之忧而忧,后天下之乐而乐"的民族忧患意识。反映出编创人员在叙事上别具匠心的构思,以及在当下戏剧创作过程中对"变"的追求。

中福会儿艺剧院新创作的儿童剧《大禹治水》则是用穿越和混搭的叙事方式来呈现了一个新奇童趣、富有想象力的关于大禹治水的故事,在寓教于乐的过程中传播大禹精神。儿童剧《大禹治水》童趣十足,采用了当下流行的穿越形式,让观众梦回远古。剧中的大禹人物形象亲切慈爱,充满智慧。故事在一幅幅美妙的自然画卷中展开,鲜活的神怪形象被演绎得童趣十足,一幅幅富有传统意味的动画背景极大拓展了舞台的时空形象。水旗、竹竿、斧钺钩叉、流星锤、大红纱乃至舞龙,各种戏曲动作及民间歌舞的元素都在《大禹治水》这一儿童剧中得到体现。这些缤纷鲜活的景象不仅能够吸引孩子们的眼球,同时也带给儿童文化艺术的熏陶,其中国粹京剧元素的穿插也彰显出对优秀传统文化的灵活运用。

地域文化与时代审美

地域一般指自然要素与人文要素共同作用形成的综合空间体,大禹作为中华民族的精神标杆,其印记在祖国各地,并延展出不同地域属性中的文化资源和价值载体。体现在戏剧创作上这种属性更为明显,一方面大禹治水作为一种民间传说,其浓厚的神话色彩为故事原型的开拓预留了广阔的想象天地;另一方面,定型的大禹治水故事又限制了其叙事空间的延展和想象。这种纠葛与矛盾给重新创作和诠释大禹的戏剧创作者带来了一定的挑战,即如何在符合现代观众审美风尚的基础上,对实现历史逻辑与叙事逻辑的统一来进行有机阐释。

如何在今天讲好大禹故事,让普罗大众从老故事当中尝出新味道,挖掘更大的叙事空间,并结合当下社会心理表现时代主题?川剧《情系洪荒》就在叙事策略上进行了权衡与创新。本剧里,剧作家打破常规叙事,让大禹避开"疏"与"堵"之争,对其治水事迹轻描淡写,主要精力放在抒写大禹精神要义上,塑造出坚毅刚强、富于创造、勇于开拓的崭新的大禹形象。这样对大禹形象的重新塑造使其获得了现代意义,《情系洪荒》中的大禹已不再是子承父志,治水不止,三过家门而不入的殉道者形象,而是正视生命价值与存在,不断拓展人类生存空间。在绍剧《大禹治水》中,如上文所述,舞台以中性写意为主,并以歌舞演绎故事的立意设计体现中国传统戏曲文化在时代发展中的变革,在遵循民族传统美学的基础上建立新的时代审美观念,以塑造出具有时代感的大禹人物形象,当下舞台艺术创作开始向多空间、多元素、个性化的表达路径开拓。

安徽省花鼓灯歌舞剧院编创的舞剧《大禹》将当地最具代表性的民间舞蹈花鼓灯融入其中,充满了浓郁的地域文化气息。花鼓灯里有歌有舞有戏剧,形式多样、内涵丰富,具有独特的艺术风格。舞剧多个桥段中加入了花鼓灯舞蹈元素,呈现出刚烈朴实、激情欢快的艺术感染力,本土文化的融入使整部舞剧显得真实灵动,充满生命力。安徽蚌埠所流传的大禹治水的故事,用极具风格特色的地方舞蹈强化了大禹治水的本土属性,为大禹形象的塑造增添了厚重的写实色彩。导演所说的创作理念,"将中国传统文化和现代审美风尚相结合,来表现大禹在不屈不挠的治水中所蕴含的中华民族之精神源泉",体现出创作者对理念的实践化表达,从现代化舞美设计到细腻的动作表演以及开创性的意象化表达,都让观众深刻体验出舞剧对时代审美的感知与诠释。

重庆市歌剧院也以"首创精神"为观众呈献了一出跨界融合的舞台剧《大禹治水》,这部剧中将视觉、听觉、现代化的多媒体应用融合在一起,为观众奉献了一场视听盛宴。这种对传统舞剧的颠覆性改编呈现出创作者对当下时代审美的深切感知以及敢为天下先的实践精神。基于中西方文化交融下的先锋性的实践,使人觉得耳目一新又韵味十足。江苏如皋木偶艺术团排演的大型神话木偶剧《大禹治水》,因为其独特的木偶技艺和强烈的地域文化特色,在国内外的戏剧节上屡获佳绩,让作为非物质文化遗产的如皋木偶剧重新焕发了生机。木偶剧《大禹治水》集中体现出了木偶艺人在时代发展下对传统艺术推陈出新,在改良中注重融入现实生活元素和把握时代审美趋向。传统木偶剧进入当下戏剧市场后常常面临着门可罗雀的境地,其中就有造型固化,缺乏当代艺术感,不符合现代观众审美风尚等因素。如何让木偶剧焕发新生又不丧失其艺术性?木偶剧《大禹治水》创造出了一个范例。首先此剧在木偶制作上吸取众长,巧妙地将杖头木偶、提线木偶、灯彩木偶、片子木偶、布袋木偶及民间工艺精华融为一体。另外在舞台表演上打破传统木偶戏的表演格局,综合运用皮影、布袋、提线、灯彩等木偶艺术表演手法,真人与木偶交替表演,开创了木偶艺术人偶同台的先河,形成了独特的艺术风格。重庆杂技艺术团打造的原创大型3D杂技剧《大禹》,以其精彩刺激、炫目多彩的场面让观众应接不暇。除了杂技剧本身具有紧张刺激的娱乐性之外,杂技剧《大禹》也因通过植入重庆的大山大水、城市建设和城市精神,呈现浓郁的巴渝特质,打造了重庆的城市名片。全剧以大禹治水为主题,且融入《山海经》等远古神话,通过"三过家门而不入""胡桂是传说""女娲补天"等故事,用杂技语言讲述大禹精神,展现中华儿女的家国情怀,同时彰显出地域人文的盛情风貌。杂技剧《大禹》通过打造一个具有巴渝特质、中华精神、世界表达的旅游驻场剧目,使其成为重庆的城市符号和文化品牌。原始传说中大禹治水的地点被悄然淡化,运用杂技、舞蹈、造型、灯光、舞美、音乐等综合视听手法,尤其在舞美、服装、道具上打破传统杂技设计,着重突出剧情化和故事感。在音乐上,把富有巴渝文化特色的"川江号子"和"尺八"等元素融进叙事当中,地方文化特色元素结合古老的神话传说,并用极具现代感的叙事策略和视听语言,演绎了一场历史命运与浪漫爱情故事共融并存的现代杂技剧。

大型无场次蒲剧《河魂》不仅如上文所述,通过诗情画意的壮美图景给人视觉的震撼,同时其浓郁的地域文化表达也成为该剧的艺术特色。在蒲剧里,脸谱化表演具有悠久的历史和深厚的传统,脸谱采用现实主义和浪漫主义相结合的手法,勾勒绘制出大禹刚强坚毅和女娇柔婉多姿的个性特征,呈现出蒲剧独特鲜明的风格以及地域文化孕育出的美学特征。浑厚的须生唱腔与优雅的小旦嗓音交互交融,让大禹激昂奋进与女娇婉约柔情的特点得到鲜明的表现。该剧的唱腔设计很有特色,在传统中加入了新的元素,比如伴唱、合唱、重唱等。同时在戏曲程式上又加入了不少舞蹈元素,戏曲与舞蹈相结合丰富了舞台的视听观感,契合了现代观众的审美心理。史前服装的搭配、现代化的舞美设计、夸张的舞蹈动作共同营造出了一幅波澜壮阔的治水画卷,显现出现代技法与传统文化的良性结合以及透过地域文化表征的时代精神指向。

结语

弘扬民族先贤之智,启迪今日之精神气象。在这些表现大禹的戏剧创作中,不同艺术形态兼具地域特色的作品纷纷在传统与现代、东方与西方、传承与突破中变革糅合,契合了时代精神与主题正弦。但是在当下戏剧创作中也面临一些问题,新的舞台语汇、新的剧场形态、新的表达方式在现代社会中层出不穷但又迅速遇冷。在商业市场中,这些戏剧艺术创作规律变得脆弱和无常。在当代有关大禹的戏剧创作中,我们看到了不同风格相互交织、媒介拼贴以及技法的混杂运用,更为重要的是,体现在创作理念与技法融合中所蕴含的探索精神和人文风尚。如何在沸腾喧嚣的当下传播与倡导大禹精神,当代戏剧,给出了自己的答案。

参考文献:

1. 叶长海.戏剧学[M].北京:文化艺术出版社,2015.
2. 吴乾浩.戏剧理论与评论[M].北京:北京时代华文书局,2017.
3. 林克欢.戏剧表现的观念与技法[M].北京:北京联合出版公司,2016.

4. 刘家思. 大禹与中国传统文化研究[M]. 合肥：安徽文艺出版社,2017.
5. 董文虎. 绍剧舞台美术略述[J]. 戏曲艺术,2009(2).
6. 胡万峰. 论当代木偶剧造型艺术的创作[J]. 戏剧,2017(3).
7. 李德书,唐永啸. 论戏剧舞台上的大禹形象[J]. 四川戏剧,2000(4).
8. 吉茹. 评蒲剧《河魂》[J]. 戏友,2017(8).

（作者单位：浙江越秀外国语学院）

大禹文化教育与大学生习得

地方高校如何开展中国传统文化教育
——以浙江越秀外国语学院"大禹文化通论"为例

赵宏艳

引 言

近代以来,西学东渐,一方面促进了中国新学的发展,推动了中国教育由传统向现代的转型;另一方面,在新学与旧学、传统与现代、本土与西方之间,如何取舍与选择,成为百年教育史的重要命题。毋庸讳言的是,现代新式教育是在借鉴西方学科体系的基础上建立起来的,在这个过程中,一个明显的倾向是"去中国化"。百年以来的现代教育用事实证明,"去中国化"的现代教育出现了种种问题,我们的文化建构中出现了无法弥合的裂痕,国人本土文化价值本位的缺失造成了当下信仰真空的泛滥。如何在中小学乃至大学教育中有效推进中华传统文化教育,重塑国人的集体无意识,加强人们对民族文化的认同感,成为迫在眉睫的问题。

2014 年教育部印发了《完善中华优秀传统文化教育指导纲要》(以下简称"《纲要》"),2017 年中共中央办公厅、国务院办公厅印发《关于实施中华优秀传统文化传承发展工程的意见》(以下简称"《意见》")。这两个文件相继出台,体现出国家从政治层面对加强中华传统文化教育的重要性和迫切性的认识,同时也为各级教育部门与机构实施中华传统文化教育指出了明确的方向。

《纲要》指出,要"在课程建设和课程标准修订中强化中华优秀传统文化内容"。在课程建设方面,"鼓励各地各学校充分挖掘和利用本地中华优秀传统文化教育资源,开设专题的地方课程和校本课程","鼓励有条件的地方结合地方课程需要编写具有地域特色的中华优秀传统文化读本"。另外,针对不同年龄和不同教育阶段的学生,又提出"分学段有序推进中华优秀传统文化教育"的策略。其中,大学阶段的主要任务是"以提高学生对中华优秀传统文化的自主学习和探究能力为重点,培养学生的文化创新意识,增强学生传承弘扬中华优秀传统文化的责任感和使命感"。《意见》则进一步提出"构建中华文化课程和教材体系"的理念,"推动高校开设中华优秀传统文化必修课,在哲学社会科学及相关学科专业和课程中增加中华优秀传统文化的内容",而"加强中华优秀传统文化相关学科建设"更是把传统文化建设提升到了学科层面。

由此可以看到,未来高校的传统文化教育是非常重要的一项教学内容。主要围绕修订教学大纲、编订教材、开设必修课、形成教材体系、建设学科等方面展开。修订教学大纲是前提,编订教材是核心工作,开设必修课是实施过程,目标是形成教材体系并建设完善的学科。

自2019年9月起,我校以通识必修课的形式面向全校所有专业开设"中华优秀传统文化"[1]课程,当然,要形成完善的教材体系以及学科,仅仅开设这样一门课程是不够的。"国家知识与地方知识二者应该是互补的,地方课程、校本课程应融入以国家课程为主导的学校课程之中,从而在学校教育领域构建一种和谐发展的课程体系。"[2]完善的课程体系应该由国家课程、地方课程和校本课程三个层面组成。如果说"中华优秀传统文化"是国家课程,各高校如何根据本校教学与人才培养的实际情况,结合地域文化编订合适自己的教材,开发出富有特色的地方课程和校本课程,是接下来高校传统文化教育要摸索和前进的方向。

浙江越秀外国语学院中国语言文化学院承担着全校所有的文学与文化类通识课程教学,如"大学语文""中华优秀传统文化"等。在中文学院《2012年教学大纲》中,有两门课程比较富有传统文化和地方文化意味,即"绍兴地方文化"与"中国民俗学"。《2013年教学大纲》中取消了"绍兴地方文化"。《2015年教学大纲》中增添"汉字与文化""方言与中国文化""中华传统手工制作""软笔书法"四门课程,具有课堂教育与实践教育相结合的特点,但是缺乏鲜明的地域文化特点。《2018年教学大纲》中增加了"大禹文化导论",这是一门具有鲜明地域文化特色的校本课程。这门课程的增补,使我们在教材体系建设上迈出了一大步。大禹文化

---

[1] 本课程所使用的教材是李建中主编:《中国文化概论》,武汉:武汉大学出版社2014年版。

[2] 海路、巴战龙、李红婷:《珍视乡土知识,传承民族文化——传承与校本课程开发研讨会综述》,《广西民族大学学报》2009年第6期。

是绍兴,乃至浙江文化的重要组成部分,如何将大禹文化与现代教育及通识教育、传统文化与地方文化融为一体,构建具有地域文化特色的传统文化教育模式,是本文拟探讨的问题。

一、开展大禹文化教育的价值与意义

大禹文化是中华传统文化的优秀组成部分,大禹文化是浙江文化的一项重要内容。大禹文化在物质层面,表现为浙江省内有关大禹的历史遗迹、传说故事、空间景观、纪念建筑等;在意识层面表现为大禹精神。大禹精神主要体现在:第一,大禹忧国爱民、无私奉献的精神;第二,大禹以身作则、艰苦奋斗、自强不息的精神;第三,大禹勇于创新的精神。大禹精神是大禹文化的核心,也是浙江文化的内核,它塑造了一代又一代浙江人,激励、鼓舞浙江人艰苦创业、奋发有为,从而使浙江在文化等方面都创造了震古烁今的辉煌业绩,赢得了"文物之邦"的美誉。[①] 大禹精神在今天依然具有深刻的现实意义。

(一)重塑核心价值观的需要

《纲要》指出:"大学阶段,以提高学生对中华优秀传统文化的自主学习和探究能力为重点,培养学生的文化创新意识,增强学生传承弘扬中华优秀传统文化的责任感和使命感。深入学习中国古代思想文化的重要典籍,理解中华优秀传统文化的精髓,强化学生文化主体意识和文化创新意识;深刻认识中华优秀传统文化是中国特色社会主义植根的沃土,辩证看待中华优秀传统文化的当代价值,正确把握中华优秀传统文化与中国化马克思主义、社会主义核心价值观的关系。"重塑公民的核心价值观,关系到我国经济、社会能否持续、健康、稳定发展,关系到举国文化竞争力的强弱。大禹精神毋庸置疑是中华优秀文化的精髓,今天我们依然有必要通过教育的方式,让学生深刻领悟,通过各种形式潜移默化地内化为他们的核心价值观。

(二)继承和创新优秀传统文化的需要

华夏文化是中华民族孕育发展的精神土壤,承载着国人几千年休养生息的集体无意识,是华夏儿女精神品格的核心 DNA,传承和发展华夏文化,是每个中华儿女责无旁贷的义务。五四新文化运动在传统与现代之间所造成的割裂伤口至今仍未愈合,需要几代人的努力,才能完成与中华优秀传统文化的有效对接。《意见》

---

① 徐吉军:《大禹与浙江文化》,《浙江学刊》1995 年第 4 期。

指出,实施中华优秀传统文化的重要任务之一就是"深入阐发文化精髓",只有在新的时代文化背景下,对传统文化重新进行有针对性的现代性阐释,才能为今天的人们所接受。勇于创新本就是大禹精神中最为闪亮的一道光辉,正是不走寻常道,勇于反思和敢于突破前人治理水患的窠臼,大禹才寻找出一条以疏导来治理水患的新思路,从而平定水患,使无数生民免于鱼鳖之口,奠定了华夏文化的地理版图。我们今天继承和创新传统文化,依然需要大禹的这种创新精神,这种精神是我们突破自我文化中的落后与陈旧因子的束缚,走出光明坦途的一把利刃。

(三)大学生人格塑造的需要

我国传统文化是历经几千年孕育、发展和实践的产物,是特定地域、土壤、体制和机制的产物,是中华民族几代人,诸多民族集体智慧的结晶,其核心基因具有跨民族、跨时代的特点。大禹文化与大禹精神塑造了一代代优秀的浙江人,他们砥砺向前、奋发向上,今天,我们更应该将其融入当代学生人格塑造的过程中,通过知行合一的理念,将优秀的文化基因植根于新型人格的塑造中。

二、如何实施大禹与中国传统文化教育

学科与课程建设的核心是教材建设。实施大禹文化教育,首先就是教材问题。集体编订教材,设计完整的教学内容,运用合理以及先进的教学方法,是我们对"大禹文化导论"这门课程所做的基本规划。

(一)教材问题:开发具有地域特色的校本教材《大禹文化导论》

传统文化教育在现代高校中往往以通识教育的模式展开,但是教材大一统,缺乏个性色彩,难以引起学生学习兴趣。从韩国和日本的传统文化教育来看,他们非常注重校本特色,不搞大一统,设置专门的传统文化教育的大学和中小学特色学校,使得在国家层面就建构了传统文化教育的体系。我国的传统文化教育多以北京、山东和河南为范本,尚未形成学校的校本特色,即便有特色,也存在模仿痕迹重,与地方文化结合得不够紧密等问题。千篇一律的教育理念势必会影响到学生个性的发挥和全民教育理想的实现。

传统文化教育的推进始终要坚持"以人为本"和"以校为特"的理念,立足学校的自身优势。地方教育管理部门,也有必要对不同的学校进行分类引导和管理,力争实现一校一特色的发展格局。浙江,尤其是绍兴拥有丰富的大禹文化资源,我们结合大禹文化开发具有浙江特色的、适合越秀外国语学院的校本教材《大禹文化导论》,就是对这个教育理念的一次践行与尝试。《纲要》指出,"鼓励各地各学校充

分挖掘和利用本地中华优秀传统文化教育资源,开设专题的地方课程和校本课程",这是我们进行地方与校本教材建设的理论指导。

自2018年以来,我校中国语言文化学院以大禹及传统文化研究中心为纽带,集合学院专业老师进行校本教材《大禹文化导论》的编写工作,目前该教材的编写工作已经完成,即将出版,为接下来的教学工作做好了准备。另外,在2019年最新修订的本科教学大纲中,已经确定该教材为"大禹文化导论"课程的专用教材,该课程为中文系必修科目,学习期限为一学期,学分2分。修订大纲、编订教材,相信该课程的开设对我校构建具有越秀特色的中华传统文化教育模式、逐步完善传统文化课程体系以及学科建设都将大有裨益。

(二)教学内容

大禹文化教育应该围绕大禹史实教育、大禹精神教育、大禹与地方文化传承三方面内容展开。大禹史实教育是基础,主要是让学生了解大禹的历史功绩,治水、治国的经验及其历史地位与影响。大禹精神教育是重点,主要是让学生充分认识和了解大禹精神的内涵,在学习和认同的基础上内化为自我认知,继承和发扬大禹精神。比如大禹治理水患,善于创新;生活中克勤克俭;对工作恪尽职守;治理国家,广开言路,防微杜渐,勇于担当。大禹与地方文化传承,旨在揭示大禹文化与精神在地域文化建构中的地位与作用。作为大禹的葬地,越地秉承了大禹精神的内核,这个内核即《嘉泰会稽志》所谓"其民至今勤于身,俭于家,奉祭祀,力沟洫,乃有禹之遗风焉"的"勤"。宋代诗人陆游论大禹治水成功原因以及总结大禹精神,也是落在一"勤"字上。这种一致性体现出越人对大禹精神与文化的高度认同。鲁迅先生说越人"复存大禹卓苦勤劳之风,同勾践坚确慷慨之志,力作治生,绰然足以自理"(《〈越铎〉出世辞》)。大禹对于陆游、鲁迅和其他越人来说,不仅仅是上古的先王和遥远的祖先,更是精神与文化之象征。深受越地文化濡染的陆游、鲁迅已经把大禹精神渗透到自己的身与心中,在他们诗文作品中的全方位书写体现出他们对大禹精神与文化的高度认同与自觉维护。大禹精神的践行者,春秋时期有卧薪尝胆的勾践,宋代有陆游、吕祖谦、陈亮,明代有刘基、于谦、徐渭、沈炼、王阳明、王思任、刘宗周、祁彪佳、张苍水,清代有黄宗羲、全祖望,近代有龚自珍、葛云飞、秋瑾、陶成章、徐锡麟、章太炎,现代有蔡元培、鲁迅、周恩来、竺可桢、马寅初等,他们也是大禹精神的继承者。今天大禹文化研究应该运用现代理论与方法来重新阐释。

(三)教法问题

传统文化教育进课堂几乎和其他课程一样,更多体现的依然是以师为本。虽然有较为前卫的教学手段作为依托,如翻转课堂等,但还是会受传统思维的限制,对文本的分析过于局限,"标准答案"似的互动思维致使学生的主观能动性难以得到有效的发挥。所以,在"大禹文化导论"课程的教学实施过程中,我们应当汲取以往的经验和教训,广开视野,充分利用新时期各种教育方式践行新式教育理念,将这门课程开好、上好、发展好、利用好。

第一,充分吸收和利用新式教学方法与理念。《纲要》中也充分认识、注意到了这一点,提出要"着力增强中华优秀传统文化教育的多元支撑",主要体现在:"建设不断适应时代需要的中华优秀传统文化网络教育平台","加强校园网络建设,依托高校网络文化示范中心、大学生网络文化工作室等,拓宽适合青少年学生学习特点的线上教育平台","选取一批有代表性的中华优秀传统文化经典诗文,建设'中华经典资源库'","设立中华优秀传统文化教育专栏,进行形式活泼、内容丰富的在线学习"。近几年,我校教学改革中也非常重视新式教学方法的渗透,优慕课、云班课等在线课堂模式在课堂教学中越来越重要,逐渐成为课堂教学的重要组成部分。"大禹文化导论"的课堂教学也应该充分利用这些新式教学方法,开展形式多样、丰富多彩的网络教学,如线上线下互动、话题讨论、师生互评、学生互评等模式。

第二,实践教学法。大禹传说和相关历史文化遗迹在浙江地区分布较广,呈现出以绍兴为圆点和中心,向周边地区辐射的态势。绍兴市鉴湖文化研究会制作的《禹迹图》显示,仅绍兴地区至今有迹可考的大禹文化遗迹就有八十多处。这些遗迹是大禹文化、大禹精神、大禹信仰的物质载体。一方水土养一方人,耳濡目染,生活于其间的诗人成为大禹文化与精神的守护者、传承者,构筑起诗人精神与思想世界的内核。陆游诗歌对大禹历史文化遗迹的书写,则给我们展现了南宋时期大禹文化遗迹的分布、留存情况,是我们研究宋代禹迹分布的重要文献资料,对我们今天研究绍兴地区大禹历史文化遗迹的分布与演变也颇有启示。

实践教学法的形式可以灵活多样。如《纲要》提出,可以"建设不断适应时代需要的中华优秀传统文化网络教育平台建设实训基地","加强中华优秀传统文化校园教育活动。利用学校博物馆、校史馆、图书馆、档案馆等,结合校史、院史、学科史和人物史的挖掘、整理和研究,发挥其独特的文化育人作用",这都为我们开展大禹文化的实践教育提供了思路和方向。

大禹陵是大禹文化的空间与物质载体,它以会稽山为核心地带形成独特的自然风景和与大禹相关的人文景观。有祭祀式建筑,如禹庙、禹祠,有历史遗迹,如禹穴、禹窆,有纪念式文化景观,如禹会桥、禹会乡、禹会殿等,从而构筑起越地自然地理与文化风貌的重要内容。大禹陵是进行大学生大禹教育的实训基地。

组织大学生参加大禹陵公祭,对大学生进行传统文化教育的爱国情感培育以及仪式感培养。《意见》指出,可以"充分利用重大历史事件和中华历史名人纪念活动、国家公祭仪式、烈士纪念日,充分利用各类爱国主义教育基地、历史遗迹等,展示爱国主义深刻内涵,培育爱国主义精神"。大禹祭是中华历史名人的纪念活动,2006年5月20日,由绍兴市申报的大禹祭典经国务院批准,被列入第一批国家级非物质文化遗产名录;2007年,国家文化部批准祭禹典礼由文化部和浙江省政府主办,由绍兴市人民政府承办,大禹祭典成为国家级祭祀典礼。2005年,习近平任浙江省委书记时指示,要办好公祭大禹陵活动。2006年绍兴公祭大禹陵时,习近平致信绍兴市委,对公祭大禹陵活动作出重要指示:"公祭大禹陵是一件十分有意义的事情。大禹以其疏导洪患的卓越功勋而赢得后世景仰,其人其事其精神,展示了浙江的文化魅力,是浙江精神的重要渊源。"要充分利用绍兴大禹陵祭祀这样的重大活动,开展和实施大学生对大禹精神的认知与认同的活动。

总之,"大禹文化导论"这门课程应该充分发挥实践教学的优势,把课堂延伸到课外,组织学生集体采风,观摩大禹遗迹,讨论观摩心得,鼓励学生进行大禹文化遗迹调查,搜集大禹文化资料,撰写调查报告,写作大禹文化研究论文,编选大禹文化优秀论文集,开展大禹文化征文比赛等。

三、需要注意的问题

(一)师资队伍的建设

《纲要》中已经指出师资在加强中华传统文化教育中的重要性,提出要"全面提升中华优秀传统文化教育的师资队伍水平","打造一支中华优秀传统文化教育骨干队伍"。具体措施是,在"教学名师评选中,增加传统文化教学和研究人才比重,培养和造就一批中华优秀传统文化教学名师和学科领军人才",另外"加强面向全体教师的中华优秀传统文化教育培训……提高各级各类学校教师开展中华优秀传统文化教育的能力"。编订教材,需要专业教师;讲好课,需要专业教师。教师是传统文化教育的第一责任人,所以,培养教师、鼓励教师积极加入中国传统文化教育中去,培养、建立和完善一支学历高、专业扎实、与时俱进、掌握现代教学理念与方法的教师队伍就非常必要。

我校中国语言文化学院师资力量强大,专职专任教师资源丰厚,他们学历高、专业知识扎实,是进行传统文化教育的有生力量。从本学期开设"中华优秀传统文化"课程来看,教授、副教授、博士都加入了课程建设中。从专业来看,主要由古代文学、现当代文学教师授课。接下来,如何稳定这支教师队伍,鼓励更多老师加入传统文化教育中去,加强对教师队伍教学能力的培育与提升,相关政策的后续跟进非常必要。

(二)完善中华优秀传统文化教育的评价和督导机制

《纲要》在加强中华优秀传统文化教育的组织实施和条件保障上认为,要"完善中华优秀传统文化教育的评价和督导机制。研究制定中华优秀传统文化教育的评价标准,将中华优秀传统文化教育作为教育现代化监测评价指标体系的重要内容……将中华优秀传统文化教育纳入课程实施和教材使用的督导范围,定期开展评估和督导工作"。另外,"加强中华优秀传统文化教育教学研究。充分利用传统文化优势学科、重点研究基地和相关科研力量,深入开展中华优秀传统文化教育教学研究,为中华优秀传统文化教育教学提供理论基础和学理支撑"。

每个学校应根据自身情况,在《纲要》的指导下,出台政策性文件,完善中华优秀传统文化教育的评价机制、督导制度,在教学基础上展开理论研究,及时发现教育教学过程中的问题,总结经验,使中华传统文化教育能够积极有效地展开,为新时代中国经济发展、文化腾飞培养更多人才。

(作者单位:浙江越秀外国语学院)

《洪水时代》与大禹书写

张　清①

　　大禹,姓姒,名文命,字(高)密。史称大禹、帝禹,为夏后氏首领、夏朝开国君王。其父名鲧,被帝尧封于崇,为伯爵,世称"崇伯鲧"或"崇伯",其母为有莘氏之女修己。禹幼年随父亲鲧东迁,来到中原。其父鲧被封于崇。帝尧时,中原洪水泛滥,造成水患灾祸,百姓苦不堪言。帝尧命令鲧治理水患。鲧治水采用障水法,也就是在岸边设置河堤,但水越堵越高,鲧历时九年未能平息洪水灾祸,因此被舜赐死。接着禹被任命为司空,继续治水之事。禹治水三过家门而不入,正是他劳心劳力的最好证明。禹与伯益、后稷一起,召集百姓前来协助。他视察河道,检讨鲧治水失败的原因。禹总结了其父治水失败的教训,改革治水方案,以疏导河川治水为主,利用水向低处流的自然趋势,疏通了九河,使人民从丘陵移居到平原,使荒地变沃土,使废土变良田,发展农业生产,使人民安居乐业。因此,大禹的历史功绩自古以来被广为传颂,被文学作品不断书写着。这里探讨一下郭沫若的《洪水时代》对大禹的书写和歌颂。

　　郭沫若的《洪水时代》创作于1921年12月8日,最初发表于1922年1月出版的《学艺》第3卷第8号,被收入诗集《女神》中。全诗对大禹治水的丰功伟绩进行了热情的歌颂。

　　全诗六个小节,写的是大禹与伯益、后稷视察河道,过家门闻妻子呼唤而不入的画面。请看《洪水时代》的第一节:

---

① 本文作者系浙江越秀外国语学院中国语言文化学院2018级学生,指导教师刘家思。

我望着那月下的海波，
　　想到了上古的洪水，
　　想到了一个浪漫的奇观，
　　使我的中心如醉。
　　那时节，茫茫的大海之上
　　汇成了一片汪洋；
　　只剩下几朵荒山，
　　好像是海洲一样。
　　那时节，鱼在山腰游戏，树在水中飘摇，
　　孑遗的人类
　　全都逃避在山椒。

　　这一节，作者透过月下海波，联想到上古洪水，自然地展开想象，他穿越时代的阻隔，思忆在大禹曾经历过的洪水时代，遥遥望着洪水时代"水漫金山"的场景。大地早已变成一片汪洋，人类也失去了住所，只有高耸的山峰可以抵挡洪水的侵袭，给人类一个容身之所。这里虽未提到大禹，但并不代表没有大禹的形象。这一节对洪水到来时人类无处容身的惨状的描写，恰恰是一个很好地阐释大禹形象的突破口。

　　首先，大禹治水的背景是洪水泛滥成灾，甚至已经威胁到中华民族的生命安全。这就说明了治水的难度是很大的。虽然大禹的父亲鲧治水失败了，但大禹成功了，这种丰功伟绩显示了大禹的才能与魄力，是值得肯定的。因此，这一节的描写，为表现大禹有着非比寻常的聪明才智做了铺垫。

　　其次，大禹治水时，平原上几乎没有房屋，人们住在山上，当时民众的生活非常艰苦，大禹的生活条件自然也并不好，甚至捉襟见肘。据上下文可知，当时大禹有妻有儿，是家中唯一成年的劳力，养家糊口的担子全压在他一人的肩上，任务是极重的。但就在这个时候，大禹却为了天下苍生忙着治水，忙着为大家开辟一个洪水不再肆虐的时代，从这里我们可以看出大禹这个人真正心怀天下。在他眼里，部落的安危更重要，自己的儿女私情可以放在一边。从《尚书》描写他受命治水的情景中，我们就可以明白这一点：

　　二十有八载，帝乃殂落。百姓如丧考妣，三载，四海遏密八音。月正元日，舜格于文祖，询于四岳，辟四门，明四目，达四聪。

"咨,十有二牧!"曰:"食哉惟时! 柔远能迩,惇德允元,而难任人,蛮夷率服。"

舜曰:"咨,四岳! 有能奋庸熙帝之载,使宅百揆,亮采惠畴?"

佥曰:"伯禹作司空。"

帝曰:"俞,咨! 禹,汝平水土,惟时懋哉!"禹拜稽首,让于稷、契暨皋陶。

帝曰:"俞,汝往哉!"①

尧逝世以后,舜帝问四岳说:"有谁能光大尧帝的事业,让他担任官职呢?"

大家说道:"伯禹当司空,可以光大尧帝的事业。"

舜说:"嗯,好!"然后命令禹说,"你去平治水土,要努力办好啊!"禹叩头拜谢,谦让给后稷、皋陶、契。

舜说:"你还是快去办理你的公事吧!"

从这段文字中,我们看到"大家"都对大禹寄予厚望,或者说对大禹的能力,"大家"都给予了高度的肯定与赞扬,从侧面表现了大禹的工作能力以及他在众人心中的高大形象。我们不能忽视一个细节,那就是禹在接受舜的命令之后,曾谦让过。也就是说,我们可以猜想,他接受治水的任务后是想过妻子、家人的。可是,在谦让无效后,他便全心全意投入事业中,治水成功前都没有再回过家。这就说明,他治水的确是一丝不苟、专注认真的。作品第三节这样描写涂山氏的盼望:

> 等待行人呵不归,
> 滔滔洪水呵几时消退?
> 不见净土呵已满十年,
> 不见行人呵已满周岁。
> 儿生在抱呵儿爱号咷,
> 不见行人呵我心寂寥。
> 夜不能寐呵在此徘徊,
> 行人何处呵今宵?——
> 唉,消去吧,洪水呀!
> 归来吧,我的爱人呀!
> 你若不肯早归来,

---

① 孔子著,周秉钧注译:《尚书》,长沙:岳麓书社2001年版,第10页。

我愿成为那水底的鱼虾！

家里妻子带着小孩,他都不顾,不是他绝情无义,而是他将民众的利益、国家的利益放在了最高位置,显示了公而忘私的高尚品质。大禹吸取了其父采用堵截方法治水的教训,而使用一种疏导治水的新方法,其要点就是疏通水道,使得水能够顺利地东流入海。他的治水方法是把中国的山山水水当作一个整体来治理,先治理山,疏通水道,使得水能够顺利地往下流去,不至于堵塞水道。山路治理好了以后,他就开始理通水脉。虽然在《尚书》中并没有详尽地介绍大禹治水的过程,但就其结果,以及后世对大禹治水的传颂来看,我们也可以肯定大禹为人处世的能力和他在改造世界方面的卓越才能。

妻子的期盼,大禹自然是知道的,他心里,自然也惦记着他们。可是治水大业,不容他懈怠。郭沫若在《洪水时代》第二节中描述了一个画面——涂山氏(大禹的妻子)怀抱着婴儿,在山上唱着悲怆的歌谣期盼着丈夫归来:

我看见,涂山之上
徘徊着两个女郎:
一个抱着初生的婴儿,
一个扶着抱儿的来往。
她们头上的散发,
她们身上的白衣,
同在月下迷离,
同在风中飘举。
抱儿的,对着皎皎的月轮,
歌唱出清越的高音;
月儿在分外扬辉,
四山都生起了回应。

涂山氏的期盼,更加表现了大禹公而忘私的精神,强化了作品的情感冲击力。她的歌声响彻云霄,传到了治水的远方。大禹和同僚听着涂山氏的歌声,同僚忍不住规劝大禹回家探望,但大禹婉拒了。他笑着说:"宇宙便是我的住家,我还有什么私有的家庭?"他心里装的是天下苍生。他是笑着说的,这就说明了他是发自内心地热爱这片大地,真心治水为苍生。正是这样,他率先垂范,带领大众治理好了洪水。

从家仇方面看,舜是大禹的杀父仇人,也就是说他们两人的关系应该势同水火,大禹要想着如何替父报仇,舜应该要尽心机害死可能对自己有异心的大禹。那么舜任命大禹治水,只是个幌子,实际上,他想通过任命大禹治水,让大禹重蹈其父的覆辙,治不好水,再一次赐死,而且名正言顺。但禹对舜依旧恭敬,不仅接受了任务,还尽心尽力圆满完成了任务。为了完成治水大业,大禹连家都顾不上回,可见他不是公私不分的人,反而是公私分明。他是有机会替父报仇的,但他没有,由此看来,他是从心底里敬畏舜,这就又表现了大禹的一个性格特征:忠心。禹没有因为血脉传承、继位问题而对舜不恭,自始至终,大禹在乎的都是人民,以及自己的职责。他没有因为父亲的死而怨恨舜,也没有因为舜的不喜欢而愤怒,他把人民的幸福放在首位。在其位,谋其职,大禹在这一点上,完成得确实出色。

在《洪水时代》的最后一节,郭沫若的思绪回到了他真正所处的时代,"思慕着古代的英雄,他那刚毅的精神好像是近代的劳工"。这就将大禹与民众紧紧相连的品质凸显出来了。这正是大禹治水成功的关键所在。在郭沫若的《洪水时代》中,大禹几乎就是完美的代名词。大禹出身高贵,但并不骄傲蛮横,而是一心为民。即使听到了妻子悲怆的歌声,即使伯益、后稷劝他回家探望,他也不曾动摇,依旧选择了治水为先。他不是无能之辈,他不但接下了帝舜布置的任务,而且圆满完成了它,他在改造世界方面的卓越才能值得肯定。他很大度、宽容。帝舜杀了他父亲,但他公私分明,不心存怨恨,而是忠心耿耿。

以上便是《洪水时代》对大禹治水的书写和歌颂。大禹为中华民族的历史发展做出了巨大贡献。他的伟大之处不仅在于治理洪水,疏通三川九河,更重要的是他结束了中国原始社会部落联盟的社会组织形态,创造了"国家"这一新型的社会政治形态。大禹完成了国家的建立,用阶级代替原始社会,以文明社会代替野蛮社会,推动了中国帝王历史的沿革发展。这一点,我们今后再来探讨。

(作者单位:浙江越秀外国语学院)

浅谈大禹形象

应温柔[①]

禹,姓姒,名文命,字(高)密。他是夏后氏首领,也是夏朝的开国君王,后人称他为夏禹,但更多称其为大禹。大禹的"大"即为伟大,是一种尊称。一提到大禹,人们脑海中浮现的大多是大禹治水的故事。经查阅文献发现,大禹的形象存在着一个转变的过程。在西周时期的文献记录中大多涉及的是大禹在治水方面的成就,此时的大禹还是人性多于神性。从东周开始,大禹的形象发生了转变,逐渐从人性向神性转变。《禹贡》是详尽描述大禹治水故事的文献,因此也是研究大禹治水的最有参考价值的文献。西汉时期的文学家司马迁在《史记·夏本纪》中运用了大量的篇幅讲述了大禹那个时期的历史。到了近代,顾颉刚等疑古学派的学者开始对大禹的真实性提出了质疑,顾颉刚提出的"我以为禹是九鼎上铸的一种动物",在学术界产生了不小的影响。如今,大量的考古学成果已经证明夏朝乃至更早的王国的存在,因此,大禹的历史真实性不可置疑。本文收集不同时期、不同背景、不同人物对大禹的一些不同看法,在整理和分析的基础上,对大禹这一人物进行浅层次的论述。

一

根据神话传说和考古学相关研究成果可知,大禹生活的那个时期恰好处于公元前2000年左右气候异常的洪水期,各种文献以及刻在青铜器上的铭文也记录了

[①] 本文作者系浙江越秀外国语学院中国语言文化学院2018级学生,指导教师刘家思。

那个时间段发生了气候异常的现象:"洪水芒芒,禹敷下土方""当尧之时,天下犹未平,洪水横流,泛滥于天下""舜之时,共工振滔洪水,以薄空桑"①"禹之时,十年九潦"②"汤汤洪水方割,荡荡怀山襄陵,浩浩滔天,下民其咨"③。自然灾害带来的危害是我们难以想象的,也凸显了人类在大自然面前何其渺小。在那场天灾后,"民无所定,下者为巢,上者为营窟"④,从这短短的几句话中,就可以知道当时水灾危害之大。此时,大禹治水"三过家门而不入",令人永为传颂。

在先秦时期,许多文献都对大禹治水这一事件进行了记载,比如,《尚书》除《尧典》之外,《益稷》中也记载:"禹曰:'洪水滔天,浩浩怀山襄陵,下民昏垫。予乘四载,随山刊木,暨益奏庶鲜食。予决九川,距四海,浚畎浍距川;暨稷播,奏庶艰食鲜食。懋迁有无化居。烝民乃粒,万邦作乂。'皋陶曰:'俞!师汝昌言。'"⑤《庄子·天下》也说:"昔禹之湮洪水,决江河而通四夷九州也。名山三百,支川三千,小者无数。禹亲自操橐耜而九杂天下之川。腓无胈,胫无毛,沐甚雨,栉疾风,置万国。禹大圣也,而形劳天下也如此。"⑥大禹治理洪水,疏导江河而沟通四夷九州,大川三百,支流三千,小河无数。禹亲自持筐操铲劳作,汇合天下的河川,辛苦得连腿上的汗毛都磨光了,风里来雨里去,终于安定了天下。禹是大圣人,为了天下如此劳苦。可见,大禹在治水过程中具有伟大的献身精神,他的精神已闪耀于中华民族的历史之中,树起了一块永垂不朽的丰碑。

也有许多文献记载了大禹治水时的坚持不懈以及艰辛。《孟子·滕文公》云:"禹疏九河,瀹济、漯而注诸海,决汝、汉,排淮、泗而注之江,然后中国可得而食也。当是时也,禹八年于外,三过其门而不入。"⑦《史记·夏本纪》云:"禹居外十三年,过家门不敢入。"⑧根据史料记载,大禹治水之时,禹与涂氏刚结婚不到五天,后十三年未归,充分反映了大禹对治水坚定不移的态度以及大禹治水的不易。《拾遗记》卷二云:"禹凿龙关之山,亦谓之龙门,至一空岩,深数十里,幽暗不可复行,禹乃负火而进。"⑨《太平广计》引《三秦记》:"龙门山,在河东界,禹凿山断门,阔一里

---

① 刘安著,许慎注,陈广忠点校:《淮南子》,上海:上海古籍出版社2016年版,第183页。
② 庄周著,郭象注:《庄子》,上海:上海古籍出版社1989年版,第92页。
③ 李民、王健:《尚书译注》,上海:上海古籍出版社2004年版,第7页。
④ 万丽华、蓝旭译注:《孟子》,北京:中华书局2010年版,第101页。
⑤ 李民、王健:《尚书译注》,上海:上海古籍出版社2004年版,第43页。
⑥ 庄周著,郭象注:《庄子》,上海:上海古籍出版社1989年版,第165页。
⑦ 万丽华、蓝旭译注:《孟子》,北京:中华书局2010年版,第82页。
⑧ 司马迁:《史记》,北京:线装书局2006年版,第5页。
⑨ 王嘉撰,肖绮录,齐治平校注:《拾遗记校注》,北京:中华书局1981年版,第38页。

余,黄河自中流下,两岸不通车马。"①《淮南子》:"禹乃使太章步自东极,至于西极,二亿三万三千五百七十五步;使竖亥步自北极,至于南极,二亿三万三千五百七十五步。凡洪水渊薮,自三百仞以上,二亿三万三千五百五十里,有九渊。禹乃以息土填洪水,以为名山。"②《吕氏春秋》云:"禹东至榑木之地,日出九津,青羌之野,攒树之所,㨉天之山,鸟谷、青丘之乡,黑齿之国;南至交趾、孙朴、续樠之国,丹粟、漆树、沸水、漂漂、九阳之山,羽人、裸民之处,不死之乡,西至三危之国,巫山之下,饮露吸气之民,积金之山,其肱、一臂、三面之乡;北至人正之国,夏海之穷,衡山之上,犬戎之国,夸父之野,禹强之所,积水、积石之山;不由懈堕,忧其黔首,颜色黎黑,窍藏不通,步步相过,以求贤人,欲尽地利,至劳也。"③显然,大禹治水走遍了东南西北各个地方,丝毫不敢懈怠。这都表明了大禹治水时的艰辛与不易。

大禹带领民众经过13年的奋斗,取得了治水的成功,因此许多文献对大禹治水的丰功伟绩有所记载,如《诗经》中就有多处记载。《大雅·文王有声》:"丰水东注,维禹之绩。"《小雅·信南山》:"信彼南山,维禹甸之。"《商颂·殷武》:"在昔后稷,惟上帝之言克播百谷,登禹之绩。"④《淮南子》:"舜乃使禹疏三江五胡。"⑤《尚书·吕刑》:"禹平水土,主名山川。"⑥

由此看来,在战国之前,文献中描述的大禹还没有被赋予神性,而是突出了人性。他并没有神话传说中的神力,凭借的是自身的能力以及他人的帮助和支持,展现了一个远古社会的普通人面对天灾时坚忍不拔、无私忘我的献身精神。

二

到了秦汉时期,大禹的形象逐渐向神性转化,形成了神性大于人性的面貌。

(一)大禹的出生具有神秘性

关于大禹的出生,汉代后逐渐被神化。《山海经·海内经》中记载:"洪水滔天。鲧窃帝之息壤以堙洪水,不待帝命。帝令祝融杀鲧于羽郊。鲧复生禹。帝乃

---

① 刘庆柱辑注:《三秦记辑注 关中记辑注》,西安:三秦出版社2006年版,第94页。
② 刘安著,许慎注,陈广忠点校:《淮南子》,上海:上海古籍出版社2016年版,第83页。
③ 高诱注,毕沅校,徐小蛮标点:《吕氏春秋》,上海:上海古籍出版社2014年版,第541页。
④ 以上分别引自李立成校注:《诗经》,杭州:浙江教育出版社2011年版,第238、195、322页。
⑤ 刘安著,许慎注,陈广忠点校:《淮南子》,上海:上海古籍出版社2016年版,第183页。
⑥ 李民、王健:《尚书译注》,上海:上海古籍出版社2004年版,第399页。

命禹卒布土以定九州。"①大禹的父亲鲧也是一位帮助黄帝治水的功臣,他偷了黄帝的息壤试图堵塞洪水。息壤是黄帝珍藏的神土,因而黄帝十分气愤,便将其杀了,但是鲧在羽山中灵魂不死,帝便派人将其肚子剖开以防万一。谁都没有预料到,从他肚子中竟然跳出了一个小孩,这即是禹,黄帝便让禹承父业去治水。这段描述令人感到不可思议,具有神话色彩。《今本竹书纪年》中有记载:"母曰修己,出行,见流星贯昴,梦接意感,既而吞神珠,修己背剖而生禹于石纽。"②《今本竹书纪年》记载了从五帝到战国历代所发生的事件。后世辑佚将传说植入其中了。《史记·夏本纪》正义载《帝王纪》云:"吞神珠薏苡,胸坼而生禹。"③这些文献记载,都带有神话传奇色彩。

（二）大禹文化被神化

大禹文化被神化,体现为其自身形象、妻子、对手、手下、个人行为被神化。

1. 自身形象被神化。大禹不再是一个普通人,而是有了动物的某些显著的特点,成为一个被神化了的大禹。《说文》:"禹,虫也。"这里是说大禹是虫。《拾遗记》卷二:"尧命夏鲧治水,九载无绩,鲧自沉于羽渊,化为玄鱼。时扬须振鳞,横修波之上,见者谓为河精,羽渊与河海通源也。海民于羽山之中修立鲧庙,四时以致祭祀。常见玄鱼与蛟龙跳跃而出,观者惊而畏矣。"④这说明大禹的父亲化作了玄鱼,这对大禹本人的神化有所影响,可以大致推测大禹及其家族以龙为图腾。《汉书·武帝纪》引《淮南子》:"禹治洪水,通轩辕山,化为熊。谓涂山氏曰:'欲饷,闻鼓声乃来。'禹跳石,误中鼓。涂山氏往,见禹方作熊,惭而去,至嵩高山下化为石,方生启。禹曰:'归我子!'石破北方而启生。"这里将大禹神化为熊。《史记·夏本纪》说:"夏禹,名曰文命。"⑤《帝系》中说:"颛顼产鲧,鲧产文命,是为禹。"⑥这两部文献中都提到了"文命"一词,那"文命"一词该如何解释呢?何山青先生将其理解为"有文采的称号",认为禹可以被理解为一只有彩色羽毛的鸟。《山海经·西山经》:"有鸟焉,其状如翟而五采文,名曰鸾鸟,见则天下宁。"⑦《逸周书·王会》:

---

① 郭璞注,毕沅校:《山海经》,上海:上海古籍出版社1989年版,第120页。
② 倪德卫:《竹书纪年解谜》,上海:上海古籍出版社2015年版,第154页。
③ 司马迁:《史记》上册,北京:中华书局2005年版,第37页。
④ 王嘉撰,肖绮录,齐治平注:《拾遗记校注》,北京:中华书局1981年版,第19页。
⑤ 司马迁:《史记》上册,北京:中华书局2005年版,第5页。
⑥ 王聘珍:《大戴礼记解诂》,北京:中华书局1983年版,第126页。
⑦ 郭璞注,毕沅校:《山海经》,上海:上海古籍出版社1989年版,第22页。

"氐羌以鸾鸟。"①众所周知,鸾鸟是中国传说中的神鸟。《广雅》:"鸾鸟,凤皇属也。"可见,鸾鸟既是戎羌族的祥瑞之兆,也与凤有着很大关系。我们不仅可以从"具有极大价值的第三手资料"——文献资料入手,也可以从考古角度用实物去证实其存在性,例如,在三星堆遗址中发现了和大禹有关的内容。由此,通过文献资料的研究和考古学的考察,我们可以大致推断,大禹曾被神化为羽毛艳丽的鸟。

2. 妻子被神化。"女娲氏,亦风姓也,作笙簧,亦蛇身人首,一曰女希,是为女皇。"②"禹始纳涂山氏女,曰女娲,合婚于台桑,有白狐九尾之瑞,到至是为攸女。"③文中的"瑞"是指征兆的意思,由此可以推断出将禹妻神化为白狐,才会得出九尾白狐来转述合婚之意。《淮南子·冥览训》:"往古之时,四极废,九州裂,天不兼覆,地不周载,火爁炎而不灭,水浩洋而不息,猛兽食颛民,鸷鸟攫老弱。于是女娲炼五色石以补苍天,断鳌足以立四极,杀黑龙以济冀州,积芦灰以止淫水;苍天补,四极正,淫水涸,冀州平。"④《吴越春秋·越王无余外传》:"禹三十未娶,行到涂山,恐时之暮,失其度制。乃辞云:'吾娶也,必有应矣。'乃有九尾白狐造于禹。禹曰:'白者,吾之服也;其九尾者'王者之证也,涂山之歌曰:'绥绥白狐,九尾庞庞;我家嘉夷,来宾为王;成家成室,我造彼昌;天人之际,于兹则行。'明矣哉!禹因娶涂山,谓之女娇。"⑤如此多的文献资料都记载了大禹妻子被神化的故事。连大禹的妻子都被神化,更何况是大禹本人呢?

3. 对手被神化。文献记载,禹和共工曾发动了一场战争。首先,共工之臣相柳氏作恶,"禹杀相柳,其血腥,不可以树五谷种,禹厥之"⑥。《淮南子·天文》云:"昔者共工与颛顼争为帝,怒而触不周之山,天柱折,地维绝,天倾西北,故日月星辰移焉;地不满东南,故水潦尘埃归焉。"⑦《山海经·海外北经》云:"相柳者,九首人面,蛇身而青。"⑧《荀子·成相》云:"禹有功,抑下鸿,辟除民害逐共工。"⑨相柳是共工手下的大臣,禹杀害相柳意图表现得很明显,就是想让共工臣服于禹,听其号召。

---

① 皇甫谧撰,宋翔凤、钱宝塘辑,刘晓东校点:《逸周书》,沈阳:辽宁教育出版社1997年版,第62页。
② 皇甫谧著,徐宗元辑:《帝王世纪辑存》,北京:中华书局1964年版,第9页。
③ 李昉:《太平御览》,石家庄:河北教育出版社1994年版,第300页。
④ 刘安著,许慎注,陈广忠点校:《淮南子》,上海:上海古籍出版社2016年版,第145页。
⑤ 赵晔:《吴越春秋》,北京:中华书局1985年版,第128—129页。
⑥ 郭璞注,毕沅校:《山海经》,上海:上海古籍出版社1989年版,第85页。
⑦ 刘安著,许慎注,陈广忠点校:《淮南子》,上海:上海古籍出版社2016年版,第54页。
⑧ 郭璞注,毕沅校:《山海经》,上海:上海古籍出版社1989年版,第86页。
⑨ 荀况著,谢丹、书田译注:《荀子》,太原:书海出版社2001年版,第232页。

既然相柳已经被神化了,那么可以推测出共工也具有神力且比相柳的能力更强一些,不然相柳为何甘愿臣服于共工呢?由此可以推断,共工不肯臣服于禹,而是希望与禹对抗,一拼高下。

征三苗是夏后氏禹发动的规模最大的一场对外战争,在这个神话故事中,"禹曰:'济济有众,咸听朕言!非惟小子,敢行称乱。蠢兹有苗,用天之罚。若予既率尔群对诸群,以征有苗。'禹之征有苗也,非以求以重富贵,干福禄,乐耳目也;以求兴天下之利,除天下之害。即此禹兼也;虽子墨子之所谓兼者,于禹求焉"。禹想通过上天的神力来压制不肯屈服的三苗。"昔者三苗大乱,天命殛之。日妖宵出,雨血三朝,龙生庙,大哭乎市,夏冰,地坼及泉,五谷变化,民乃大振。高阳乃命玄宫,禹亲把天之瑞令,以征有苗。四电诱祇,有神人面鸟身,若瑾以侍,搤矢有苗之祥。苗师大乱,后乃遂几。禹既已克有三苗,焉磨为山川,别物上下,卿制大极,而神明不违,天下乃静。则此禹之所以征有苗也。"[①]该段写到大禹拿着天赐的玉符去讨伐有苗,在雷电大震的同时,出现了一位人面鸟身的神,有苗的将领就被其用箭杀死了。与治水时相比,大禹的性格发生了彻底的转变,从无私地造福人类变成了具有杀气、性格暴躁、滥杀无辜、争权夺利的帝王。文献不可完全肯定其真实性,要用批判的眼光去看待。

4. 手下被神化。《拾遗记》卷二云:"禹尽力沟洫,导川夷岳,黄龙曳尾于前,玄龟负青泥于后。""有兽状如豕,衔夜明之珠,其光如烛。又有青犬,行吠于前,禹计可十里,迷于昼夜。既觉渐明,见向来豕犬,变为人形,皆着玄衣。又见一神,蛇身人面,禹因与语。神即示禹八卦之图,列于金版之上。又有八神侍侧。禹曰:'华胥生圣子,是汝耶?'答曰:'华胥是九河神女,以生余也。'乃探玉简授禹,长一尺二寸,以合十二时之数,使量度天地。禹即执此简,以平定水土。蛇身之神,即羲皇也。"[②]黄龙、玄龟、豕、青犬、蛇身人面、八神等来协助大禹治水,也为其增添了某种玄幻的色彩。

5. 个人行为被神化。大禹治水的故事流传之后,不同时期的人对其各抒己见,相应地也产生了不同的看法。于是,有些人便将大禹的治水过程神化了。比如:"天命禹敷土,隳浚,川;乃畴方设正,降民监德。"《尚书·洪范》:"天乃赐禹洪范久畴,彝伦攸叙。"孔氏传:"天与禹洛出书,神龟负文而出,列于背,有数至于九。禹

---

① 毕沅校注,吴旭民标点:《墨子》,上海:上海古籍出版社1995年版,第60页。
② 王嘉撰,肖绮录,齐治平校注:《拾遗记校注》,北京:中华书局1981年版,第38页。

遂因而第之,以成九类常道,所以次叙。"①《拾遗记》:"玄龟,河精之使者也,龟颔下有印,文皆古篆,字作九州山川之字。禹所穿凿之处皆以青泥封记其所,使玄龟印其上。"②这表明禹治水过程有进展并取得成功是因为其遵循了天书。天与人的相辅相成,体现出了一定的神话性。《太平广记》卷五:"云华夫人,王母第二十三女,太真王夫人之妹也。名瑶姬,受徊风混合万景炼神飞化之道。尝东海游还,过江上,有巫山焉,峰岩挺拔,林壑幽丽,巨石如坛,留连久之。时大禹理水,驻山下。大风卒至,崖振谷陨不可制。因与夫人相值,拜而求助。即敕侍女,授禹策召鬼神之书,因命其神狂章、虞余、黄魔、大翳、庚辰、童律等,助禹斫石疏波,决塞导阨,以循其流。禹拜而谢焉。禹尝诣之,崇巘之巅,顾盼之际,化而为石;或倏然飞腾,散为轻云,油然而止,聚为夕雨;或化游龙,或为翔鹤,千态万状,不可亲也。禹疑其狡狯怪诞,非真仙也,问诸童律。"③可见,西王母的女儿妖姬帮助大禹治水的故事也有一定的被神化的趋向。

近代以来,古史辨派代表顾颉刚在《与钱玄同先生论古史书》中曾提出:"禹,《说云》云:'虫也,从内,象形。'内,《说文》云:'兽足蹂地也。'以虫而有足蹂地,大约是蜥蜴之类。我以为禹或是九鼎上铸的一种动物,当时铸鼎象物,奇怪的形状一定很多,禹是鼎上动物的最有力者,或者有敷土的样子,所以就算他是开天辟地的人。"④

鲁迅先生在《中国小说史略》第二篇中曾说:"传说之所道,或为神性之人,或为古英雄,其奇才异能神勇为凡人所不及,而由于天授,或有天相者,简狄吞燕卵而生商,刘媪得交龙而孕季,皆其例也。"⑤这是鲁迅对中国传统神话故事中的人不同于平常人的神性特点及其生成原因的概括与总结,非常准确,从中也可以折射出进步知识分子对大禹等神话人物的基本看法与态度。

三

在春秋战国时期出现的百家争鸣中,涌现了许多不同学派的学者,他们怀揣着不同的思想,希望大众能够认可自己的思想,从而成为主流思潮,形成了各流派争

---

① 章炳麟著,徐复注:《訄书详注》,上海:上海古籍出版社2017年版,第38页。
② 王嘉撰,萧绮录,齐治平校注:《拾遗记校注》,北京:中华书局1981年版,第37页。
③ 闻一多:《神话与诗》,天津:天津古籍出版社2008年版,第139页。
④ 顾颉刚:《古史辨自序》上,北京:商务印书馆2017年版,第5页。
⑤ 鲁迅:《中国小说史略》,《鲁迅全集》第9卷,北京:人民文学出版社2005年版,第20页。

芳斗艳的局面。百家争鸣反映了当时社会激烈而又复杂的政治斗争。这个斗争主要存在于新兴的地主阶级和没落的奴隶主阶级之间,经过此次思想上的争鸣,出现了学术界中繁荣的景象,大致奠定了整个封建社会的思想文化基础。为了适应阶级统治的需要,先秦诸子通过对人物形象的改造与创造,体现出不同的政治倾向,且与当时社会环境下的大趋势相贴合,不论是知识分子还是下层人民都愿意接受这种思想大潮流。在春秋战国这个奴隶社会向封建社会过渡的时期,大禹这一人物形象也慢慢发生了转变。大禹的形象不仅被大众所认同,也被诸子百家所采用,尤其是被儒家、道家、墨家所推崇,同时他的形象也随着封建伦理观念的发展,逐渐丰满。曾有人感慨:"也只有大禹,不仅被夏商周三代所缅怀赞颂,而且也得到了春秋战国诸子百家的一致肯定。"

  儒家对大禹评价很高,孔子尤甚。"禹,吾无间然矣!菲衣食而致孝乎鬼神,恶衣服而致美乎黻冕;卑宫室而尽力乎沟洫。禹,吾无间然矣。"①对于禹,孔子说没有什么可以挑剔和抱怨的,他用精美的祭品供奉鬼神祖先,自己却衣食寡淡菲薄;祭服祭礼制作得庄严精致,自己却居住在简朴的宫室里,将人力物力都投入农田水利建设中,促进了华夏农业文明的发展。大禹亲自持筐操铲地劳作,汇合天下的河川,辛苦得连腿上的汗毛都磨光了,风里来雨里去,终于安定了天下。《韩非子》中记载了韩非子对他的评价:"虽臣虏之劳不苦于此矣。"②从以上可以看出,韩非子对大禹的评价还是很高的,大多都是对其无私奉公、克己修身美好品质的赞扬。

  《墨子》中对大禹形象的描述,大致可以从三个方面来展现。首先,大禹是一个爱护百姓的好君主。"昔之圣王禹汤文武,百里之诸侯也,说忠行义,取天下。"③何为"忠行义,取天下"?就是喜欢忠诚,实行仁义,从侧面指出了大禹是一个选贤任能的君王。其次,他还是一个勤劳节俭的劳动者。"《夏书》曰'禹七年水'……此其离凶饿甚矣,然而民不冻饿者,何也?其生财密,其用之节也。"④百姓不挨饿受冻,是大禹努力的成果。再者,他还是一个信天命的人。"禹欲以天之为政于天子,明说天下之百姓,故莫不犓牛羊,豢犬彘,洁为粢盛酒醴,以祭祀上帝鬼神,而求祈福于天。"⑤

---

① 孔子著,杨伯峻、杨逢彬注译:《论语》,长沙:岳麓书社2000年版,第76页。
② 王先慎集解,姜俊俊校点:《韩非子》,上海:上海古籍出版社2005年版,第537页。
③ 毕沅校注,吴旭民标点:《墨子》,上海:上海古籍出版社2015年版,第194页。
④ 毕沅校注,吴旭民标点:《墨子》,上海:上海古籍出版社2015年版,第16页。
⑤ 毕沅校注,吴旭民标点:《墨子》,上海:上海古籍出版社2015年版,第90页。

《韩非子·显学》说:"孔子、墨子俱到尧舜,而取舍不同。皆自谓真尧舜,尧舜不复生,将谁使定儒墨之诚乎?"①表明了儒家和墨家对大禹形象进行了不同方面的取舍,使之成为一个与自家学派的思想相符合的人物形象。实际上,这显示出大禹精神的丰富性。

《史记·夏本纪》主要记载的是夏朝的历史,即讲述的是从大禹到夏桀四百多年的历史。据记载,司马迁所处的时期正是汉武帝罢黜百家、独尊儒术之时,这与春秋战国时期儒家思想不被推崇形成了鲜明的对比,而儒家对大禹这一人物形象是持赞赏态度的。

在《孔子家语·五帝德》中记载了一段宰我与孔子的对话。"宰我曰:'请问禹。'孔子曰:'高阳之孙,鲧之子也,曰夏后。敏给克齐,其德不爽,其仁可亲,其言可信。声为律,身为度,亹亹穆穆,为纪为纲。其功为百神主,其惠为民父母。左准绳,右规矩,履四时,据四海。任皋繇、伯益,以赞其治,兴六师以征不序,四极民,莫敢不服。'"②意思是说大禹勤勉不倦,恭敬严肃,树立典范,时刻遵循标准和规则,做事不违背时宜,因此四方之民没有不臣服的。文献中还有很多赞美大禹的言语,就不再一一赘述。

鲁迅先生曾以"固不失为史家之绝唱,无韵之离骚矣"③来评价《史记》。为了写出这一巨作,司马迁"尝西至空桐,北过涿鹿,东渐于海,南浮江淮矣,至长老皆各往往称黄帝、尧、舜之处,风教固殊焉"④。他到各个地方去考证,但是每个人都各抒己见,说法不同。于是,"予观《春秋》《国语》,其发明《五帝德》《帝系姓》章矣,顾弟弗深考,其所表见皆不虚。书缺有间矣,其轶乃时时见于他说。非好学深思,心知其意,固难为浅见寡闻道也。余并论次,择其言尤雅者,故著为本纪书首"⑤。

总而言之,大禹这一人物形象在不同历史时期既有共性又有个性。大禹所处的时期距离我们相当遥远,学者探讨大禹形象大多都是参考之前的文献。然而,很多文献的编撰都掺杂了个人的情感色彩,而这些个人的情感色彩又被时代背景所影响,需要甄别。总的来说,大禹对中华民族的发展功不可没。大禹优秀的品质,

---

① 王先慎集解,姜俊俊校点:《韩非子》,上海:上海古籍出版社2005年版,第553页。
② 魏王肃注:《孔子家语》,上海:上海启新书局民国石印本,第249页。
③ 鲁迅:《汉文学史纲要》,《鲁迅全集》第9卷,北京:人民文学出版社2005年版,第435页。
④ 司马迁:《史记》,北京:线装书局2006年版,第4页。
⑤ 司马迁:《史记》,北京:线装书局2006年版,第4页。

比如坚忍不拔、忘我无私的献身精神等,已经与中华民族传统精神相结合,并深深地影响了一辈又一辈的中国人。人们已经将这些品质潜移默化地融入平常生活之中,也在无形中促进了历史的发展和进步。这就是大禹的生命力。

(作者单位:浙江越秀外国语学院)

论《尚书》等文献中的大禹形象

王 倩[①]

大禹,名文命,父亲是鲧,祖父是颛顼。据司马迁《史记·夏本纪》的记载,我们可以得知大禹是黄帝的玄孙。所以大禹和"帝高阳之苗裔兮,朕皇考曰伯庸"[②]的屈原一样,出身非凡。因为禹治水有功,后世的人为表示对他的敬仰与缅怀之情,尊称他为"大禹",即"伟大的禹"。也有人称其为夏禹,取意为夏朝的第一位天子。

一、知其难为　行而为之

大禹的人生,是经过严峻考验的。这就是治理洪水。当时洪水泛滥,无人能够战胜洪水。大禹的父亲鲧领命治水,失败后被治罪。谁来继任治水大臣一职呢?大家都推举大禹。请看《尚书》的记载:

舜曰:"咨!四岳。有能奋庸熙帝之载。使宅百揆,亮采惠畴?"佥曰:"伯禹作司空。"帝曰:"俞,咨!禹,汝平水土,惟时懋哉!"禹拜稽首,让于稷、契暨皋陶,帝曰:"俞!汝往哉!"[③]

[①] 本文作者系浙江越秀外国语学院中国语言文化学院2018级学生,指导教师刘家思。
[②] 闻一多:《离骚解诂》,上海:上海古籍出版社1985年版,第1页。
[③] 李民、王健:《尚书译注》,上海:上海古籍出版社2004年版,第18页。

天灾,非人力所能及也。滔滔洪水,浩浩荡荡,浊浪接天。鲧治水九年而未能成,最终流放而死。面对父亲这样的结局,禹并没有选择退缩,而是子承父业,挑起了治水的重担。

在《尚书》中,舜帝称赞禹道:"来,禹!洚水儆予,成允成功,惟汝贤;克勤于邦,克俭于家,不自满假,惟汝贤。汝惟不矜,天下莫与汝争能;汝惟不伐,天下莫与汝争功。予懋乃德,嘉乃丕绩。天之历数在汝躬,汝终陟元后。"①大禹为人聪明机智、吃苦耐劳、节俭贤明、仁爱可亲、言行可信,是一个拥有自己行为准则的人。而大禹这样的性格特征和优良品质,也为他成功治水和开创夏朝奠定了坚实的基础。

顶级杂志《科学》刊发论文写道:吴庆龙团队在青藏高原边界发现了远古滑坡坝遗址。他们模拟重建了遗址的形成过程,发现这是一个由于滑坡而形成的超级堰塞湖,但是堰塞湖是不稳定的。当这个超级堰塞湖崩塌时,洪水的瞬间泛滥足以造成黄河下游的改道和绵延,从而形成洪灾。最重要的是,这次堰塞湖崩溃的时间与历史上中原地区大规模的文化迁移事件的时间相吻合。简而言之,大禹时代的洪水是因为一场大地震而引发黄河被拦腰截断形成的堰塞湖,黄河水积蓄了6—9个月后,形成了大约7倍于1998年长江大洪水的水量,然后在瞬间崩塌,使得整个北方被淹没。② 我们只有在了解大禹治水的难度之大后,才能更直观地感受到大禹治水的艰辛和他为之付出的努力以及身上具备的宝贵品质。大禹面对困难与挑战时,想到的不是放弃,不是退缩,而是迎难而上、勇往直前,"以故能成水土功"③。大禹身上那义无反顾的精神和勇气值得我们学习。

倘若抛开《史记》《尚书》等各种史书对大禹丰功伟绩的全面记载之外,我们所知晓的大禹身上最突出的品质就是"舍小家为大家"的全力治水的无私奉献精神。大禹治水的传说一直流传在中国历史上,不论是正史还是野史,上至孔圣人,下至贩夫走卒,无人不知,无人不晓。大禹在父亲鲧因治水不利被流放而亡后,并未对舜心怀芥蒂,而是更努力更尽心地去治理泛滥成灾的洪水,尽自己最大的力量来帮助百姓远离水患带来的苦难。为此,大禹告别了新婚不久的妻子涂山氏,毅然决然地走向了更需要他的黎民百姓。对百姓来说,他们需要的不是一个神话传说中完美的英雄,而是真正怀揣热忱,敢于站出来,无私无畏地和他们一起面对洪灾,带领

---

① 李民、王健:《尚书译注》,上海:上海古籍出版社2004年版,第32页。
② 吴庆龙:《公元前1920年的洪水暴发为中国传说中的大洪水和夏朝的存在提供依据》,《科学》2016年8月5日。
③ 司马迁:《史记》,长沙:岳麓书社1988年版,第12页。

大家尽心尽力治水，战胜灾害的人。大禹在舜帝一筹莫展时，勇敢地站出来了。大禹，因他的责任感和献身精神而伟大。《尚书·皋陶谟》有简要记载："娶于涂山，辛壬癸甲。启呱呱而泣，予弗子，惟荒度土功。"①大禹娶涂山氏而生启，在启呱呱坠地，待养之际，禹因忙于治水事功而远离家门。大禹为了治水，劳身焦思，"居外十三年，过家门不敢入"②，于是就有了"三过家门而不入"的典故。其中的"不敢"二字又包含了多少辛酸与苦楚？一切尽在不言中。禹是伟大的，他的家人、妻子涂山氏也是伟大的，家国面前，国字为先，他们"舍小家为大家"的牺牲与奉献精神也足以感动世人了。为了治水，大禹"薄衣食，致孝于鬼神。卑宫室，致费于沟洫。陆行乘车，水行乘船，泥行乘橇，山行乘樏"③。真正地做到了与人民同吃同住，披星戴月，一同劳动。大禹充分吸收了父亲鲧治水的经验和教训，认识到了治水宜疏不宜堵，他集结人力物力，"荒度土功"④，孟子曰："禹掘地而注之海。"⑤大禹大力疏通了水道，疏导了9条大河，使得洪水可以东流至大海。大禹凭着自身的智慧和艰苦奋斗的精神治理好了洪水，而治水也成就了大禹。治水是大禹实现自己政治抱负，提高政治地位的必经之路。语言是苍白无力的，这三言两语，远不足以描述大禹治水的困难与艰辛。

大禹治水的成功不仅在当时有重大意义，而且对后世产生了深远的影响——大禹治水给后世提供了丰富的经验和经典的案例。古往今来，许多事都是"前人栽树，后人乘凉"，例如书法大家王羲之不泥于古，不背乎今，"兼撮众法，备成一家"，如若没有前人留下的"众法"，王羲之又怎能"备成一家"呢？唐太宗李世民也曾说："以古为镜，可以知兴替。"从大禹治水中，我们可以看出他是一个怀有政治理想和抱负的人，他有着远大的情怀和开阔的视野，在他身上有担当，更有家国情怀，这也是他成大事的先决条件。

总的来说，大禹成功治水的原因有以下几点：其一是大禹遇到了舜这样的贤明君主。杜甫在《奉赠韦左丞丈二十二韵》中写道："致君尧舜上，再使风俗淳。"从中便可以看出舜的贤明了。同时，我们还可以从舜的选贤任能中看出他是一个任人唯贤、礼贤下士的人。其二是大禹自身所具备的"舍小家为大家"的牺牲奉献精神。其三是大禹有归纳总结的能力，他吸取父亲鲧治水的失败经验，决定以疏导为

---

① 李民、王健：《尚书译注》，上海：上海古籍出版社2004年版，第49页。
② 司马迁：《史记》，长沙：岳麓书社1988年版，第9页。
③ 司马迁：《史记》，长沙：岳麓书社1988年版，第9页。
④ 李民、王健：《尚书译注》，上海：上海古籍出版社2004年版，第49页。
⑤ 万丽华、蓝旭译注：《孟子》，北京：中华书局2010年版，第101页。

主。正如孟子所说:"禹之行水也,行其所无事也。"①这为他成功地治水奠定了重要基础。其四是大禹全身心投入,他靠自己的行动赢得了百姓的信任,自助者天助,一切自然也就水到渠成了。其五便是依靠大自然的力量,天时、地利、人和。

二、以德佩天　治世安民

"大道之行也,天下为公,选贤与能。"②在成功治理洪水后,大禹获得了舜的信任,最终,贤明之帝舜将禹举荐给了上天,让大禹成了帝位的继承人,这一切都是顺理成章、水到渠成的。可以说大禹是通过治水而掌握国家大权的。治国如治水,因势利导之。大禹在接受天子之位后,南面接受了诸侯的朝拜,取国号为夏,姓姒氏,他的政治抱负终于得以实现。史铁生说:"那路途中的一切,有些与我擦肩而过,从此天各一方;有些便永久驻进我的心魄,雕琢我、塑造我、锤炼我、融入我而成为我。"③可以说,大禹行过的路,结交过的人,做过的事,最后也会沉淀下来,融入他而成为他。治水于他便是如此。

好男儿志在四方。《尚书》记载:"禹敷土,随山刊木,奠高山大川。"④禹在华夏境内、九州之中,分封诸侯,赐土地,赐姓名,设五服,宣传德行教化,推行礼乐制度。禹是一个肯干实事的人,对百姓以德道之,以礼齐之。治水成功,不仅奠定了他的政治地位,扩大了他的社会影响,使舜将王位禅让给他,而且形成"九州攸同,四隩既宅,九山刊旅,九川涤源,九泽既陂,四海会同"⑤的社会局面,百姓安居乐业,生活稳定。难怪舜由衷地说道:"道吾德,乃女功序之也。"⑥皋陶也敬大禹之德:"令民皆则禹,不如言,刑从之。"⑦

大禹不仅拥有政治才干,在治理国家、管理行政上亦有不少精辟见解。例如:"知人则哲,能官人,安民则惠,黎民怀之"⑧,"安汝止,惟几惟康,其弼直,惟动丕

---

① 万丽华、蓝旭译注:《孟子》,北京:中华书局2010年版,第136页。
② 陈澔注,金晓东校点:《礼记》,上海:上海古籍出版社2016年版,第248页。
③ 史铁生:《病隙碎笔》,长沙:湖南文艺出版社2018年版,第91页。
④ 李民、王健:《尚书译注》,上海:上海古籍出版社2004年版,第54页。
⑤ 李民、王健:《尚书译注》,上海:上海古籍出版社2004年版,第83页。
⑥ 司马迁:《史记》,长沙:岳麓书社1988年版,第12页。
⑦ 司马迁:《史记》,长沙:岳麓书社1988年版,第12页。
⑧ 李民、王健:《尚书译注》,上海:上海古籍出版社2004年版,第37页。

应"①,"德惟善政,政在养民"②。大禹真正做到了魏征所说的"求木之长者,必固其根本;欲流之远者,必浚其泉源;思国之安者,必积其德义"③。在大禹看来,百姓是国家的根本,"民惟邦本,本固邦宁"④。对古代帝王来说,有这一认识是非常难得的,水能载舟,亦可覆舟。"予何言?予思日孜孜"⑤则写出了大禹兢兢业业、埋头苦干、真抓实干的做事风格。舜赞赏他"克勤于邦,克俭于家,不自满假"⑥。司马迁评价他"为人敏给克勤,其德不违,其仁可亲,其言可信,声为律,身为度,称以出,亹亹穆穆,为纲为纪"⑦。深究其人,大禹当得起这样的赞美。

三、行以载道　万古长存

大禹的儿子启的继位也在中国历史上留下了浓重的一笔。自从启继承帝位后,帝位由"传贤"变成了"传子",由"禅让制"转变成了"世袭制",由"公天下"变成了"家天下"。皇帝独尊,皇权至上,皇位世袭使得社会政治、经济、文化得以稳定的发展。虽然后来历史上也出现了臣弑君、子弑父、兄弟相残、后宫相争等血腥事件,但不管怎么说,大禹确立的王位世袭制是历史形成的,符合当时历史发展的潮流,所以可以代代相传。纵观古今中外,大部分国家的帝位都是世袭的,随着历史的发展,一些国家的帝位拥有者已不再掌握国家实权,而是成了王室荣耀的象征,例如英国王室,这也是不同民族和国家的历史选择。可以说,王位世袭是世界历史发展的潮流,构建了世界权利史的历史形态。

大禹为百姓做出了伟大的贡献,改变了历史的走向,对历史的发展起到了巨大的推动作用,值得我们尊敬。他无私奉献、吃苦耐劳的精神也对后世产生了深远影响。这些精神在历代得到了充分的继承和发扬,尤其在人类和自然灾害的对抗中,表现得更为突出。例如2008年汶川地震时,"一方有难,八方支援;万众一心,众志成城"充分展现了我国人民以爱国主义为核心,团结、不屈、勤劳、勇敢的伟大民族

---

① 李民、王健:《尚书译注》,上海:上海古籍出版社2004年版,第43页。
② 李民、王健:《尚书译注》,上海:上海古籍出版社2004年版,第26页。
③ 魏征:《谏太宗十思疏》,吴楚材、吴调侯编注:《古文观止》,西安:三秦出版社2017年版,第165页。
④ 李民、王健:《尚书译注》,上海:上海古籍出版社2004年版,第93页。
⑤ 李民、王健:《尚书译注》,上海:上海古籍出版社2004年版,第43页。
⑥ 李民、王健:《尚书译注》,上海:上海古籍出版社2004年版,第32页。
⑦ 司马迁:《史记》,长沙:岳麓书社1988年版,第8—9页。

精神。再如,2020年在抗击新冠肺炎的战斗中,一个又一个挺身而出的最美逆行者,充分传承和发扬了大禹心系天下、公而忘私、舍己救人、无私奉献的崇高精神。孔夫子评价大禹:"禹,吾无间然矣。菲饮食而致孝乎鬼神,恶衣服而致美乎黻冕,卑宫室而尽力乎沟洫。禹,吾无间然矣。"[1]古人云:"大上有立德,其次有立功,其次有立言……此之谓不朽。"[2]大禹一生做到了"三不朽",与尧、舜并称,三者一同被推崇为"三圣",既是后世人民对民族英雄的敬仰,也是人们对贤明君主的期盼。他身上具备的精神品质体现了中华民族精神的重要源头。治理洪水,大禹知其艰难,又知其唯为,便行而为之,于是就有了后世迎难而上、勇往直前的精神;治理国家,大禹奉行"民为邦本,本固邦宁"的原则,于是就有了后世对民本思想的传承与张扬。大禹不仅是治水功臣,而且是帝王典范,他公而忘私的奉献精神和改革创新的科学精神,对推动我国社会主义现代化建设,实现中国梦和中华民族伟大复兴具有重大意义。大禹作为中华民族的重要始祖,不仅是中国的,也是世界的。随着历史的发展、社会的进步,大禹已经成为一种人类文化符号、一种精神象征,其丰富的内涵被世界人民不断开掘、吸取。大禹精神永放光芒。

(作者单位:浙江越秀外国语学院)

---

[1] 孔子:《论语》,长沙:岳麓书社2000年版,第76页。
[2] 左丘明撰,蒋冀骋标点:《左传》,长沙:岳麓书社1988年版,第226页。

一心为公，方能守住初心
——浅谈大禹形象

申屠雪雯[1]

大禹，名文命，黄帝的后代。在三皇五帝时期，黄河泛滥，大禹受命于舜，治理洪水。"三过家门而不入"就是对他不顾个人利益，无私奉献精神的高度赞扬。但在谈到大禹舍己为公、无私奉献的精神时，我们的记忆不能仅仅停留在大禹治水这一件事情上。大禹精神是民族复兴的力量源泉。

一、承父重任　勇而怀德

大禹的故事，要从大禹的父亲鲧说起。"当帝尧之时，鸿水滔天，浩浩怀山襄陵，下民其忧。尧求能治水者，群臣四岳皆曰鲧可。尧曰：'鲧为人负命毁族，不可。'四岳曰：'等之未有贤于鲧者，愿帝试之。'于是尧听四岳，用鲧治水。"[2]尧帝在位时，黄河水灾泛滥，在臣子的推荐下，尧帝派遣鲧前去治理洪水，但鲧治理了九年却没有任何成效，于是有了"行视鲧之治水无状，乃殛鲧于羽山以死"[3]的结果。而后，大禹被举荐治理水患。大禹在其父因未能完成治水任务而获罪的情况下，没有丝毫胆怯和退缩，接手了父亲未完成的治理水患的任务。在《史记·夏本纪》中写到大禹"过家门不敢入"[4]，一个"敢"字，我们可以看到大禹因担心自己不能完成这

---

[1] 本文作者系浙江越秀外国语学院中国语言文化学院2018级学生，指导教师刘家思。
[2] 司马迁著，韩兆琦评注：《史记》，长沙：岳麓书社2011年版，第21页。
[3] 司马迁著，韩兆琦评注：《史记》，长沙：岳麓书社2011年版，第21页。
[4] 司马迁著，韩兆琦评注：《史记》，长沙：岳麓书社2011年版，第21页。

个任务而在门口徘徊的场景。这个场景可以让人感受到大禹接受任命时的压力之大,而大禹果敢地接受了任命也证明了他的勇气之大。从另一方面来讲,大禹的父亲鲧因被流放而死在了羽山,换言之,舜帝间接地杀死了大禹的父亲。但大禹不仅没有因为舜帝流放父亲而记恨,也没有因父亲的死而感到丝毫不满,反而心平气和地接受了治水的工作,并且为此呕心沥血。大禹甚至还十分感念尧帝和舜帝对百姓的恩德,将尧帝和舜帝当作父亲一般敬重。在《吴越春秋》中记载着"尧崩,禹服三年之丧,如丧考妣,昼哭夜泣,气不属声"①,以及"舜崩,禅位命禹。禹服三年,形体枯槁,面目黎黑,让位商均,退处阳山之南,阴阿之北……禹三年服毕,哀民,不得已,即天子之位"②。从"如丧考妣""昼哭夜泣,气不属声""形体枯槁,面目黎黑"这些词中,可以看出大禹在面对尧帝、舜帝死亡时内心真的悲痛万分,可见大禹对尧帝和舜帝的感情之深厚。

但大禹接替父亲治理水患,不仅仅是因为父亲和舜帝,更多的是为了百姓,为了让百姓早日脱离水深火热,不再受苦。因此,他跋山涉水、呕心沥血,不敢停留,不曾抱怨。

二、主张美政 为民着想

大禹在治理好水患之后,没有居功自傲,依旧敬重舜帝,谨慎地辅佐他。大禹在与舜帝商讨国事的时候说:"后克艰厥后,臣克艰厥臣,政乃乂,黎民敏德。"③意思是君主能够克服君主的艰难,臣下能够克服臣下的艰难,政事就能治理,众人就能勉力于德行了。可见,大禹在成功治理水患,成为有功之臣,得到舜帝的宠信之后,还是尽心做好自己应该做的事,咨政参谋,献计献策。他主张在其位,谋其政,做与自己身份相匹配的事,并且努力克服困难,不愧对自己的职位。可以看出大禹是一心为公的,他希望每个人都能够各尽其力,使得政事能够被治理,百姓也能够安居乐业。同时,大禹也劝解舜帝要做好君主该做的事,他对舜帝没有丝毫隐瞒,坦诚直言,表现了大禹正直不阿、一心为公的品质。舜帝也十分赞赏大禹并且非常认同大禹的说法。舜帝说:"允若兹,嘉言罔攸伏,野无遗贤,万邦咸宁。"④也就是

---

① 赵晔:《吴越春秋》,北京:中华书局1985年版,第132页。
② 赵晔:《吴越春秋》,北京:中华书局1985年版,第132页。
③ 李民、王健:《尚书译注》,上海:上海古籍出版社2004年版,第26页。
④ 李民、王健:《尚书译注》,上海:上海古籍出版社2004年版,第26页。

说,舜帝听了大禹的话后,觉得如果真像这样,善言不被隐伏,朝廷之外没有被遗弃的贤人,万国之民就都安宁了。大禹还说:"惠迪吉,从逆凶,惟影响。"① 也就是说,顺从善道就吉,逆道就凶,就如同影子跟随着形体,回响伴随着声音一样。大禹所指的是舜帝治理天下之道,大禹建议舜帝像尧帝一样治国,施行德政,"稽于众,舍己从人,不虐无告,不废困穷"②。从大禹给舜帝的建议中可以看出,大禹有着为百姓着想和耿直无私的品质。

大禹认为舜帝的德政应当是使政治美好,而政治在于养民。大禹曾为罪犯哭泣,有人不解,罪犯本就应该受到惩处,于是问他哭泣的原因,大禹解释说:"天下有道,民不罹辜;天下无道,罪及善人。吾闻,一男不耕,有受其饥;一女不桑,有受其寒。吾为帝统治水土,调民安居,使得其所,今乃罹法如斯,此吾德薄,不能化民证也。故哭之悲耳。"③ 大禹从这个犯罪的人身上找到了人民犯罪的根本原因是天下无道,这件事体现出大禹所崇尚的"德惟善政,政在养民"的思想,在他看来,只有正确的执政观念才能使百姓生活安定。另外,大禹还认为应当建立水、火、金、木、土、谷六种生活资料,重视正德、利用、厚生三件大事。三件大事中的"正德"指的是重视财政规划,为民兴利除弊,改善民生;"利用"指的是利用自然资源,利用工具;"厚生"指的是轻徭薄敛,使民以时。这三件大事不仅可以修己助人,共谋群体发展,还可以使得教养兼施,使得生理与心理并重。大禹认为只有这些事理顺了,天下才能理顺,并主张用善言规劝臣民,用九歌勉励臣民。由此可见,大禹崇尚美政,主张恩威并施,重视生产,关心百姓的生活。大禹从底层出发考虑国家大事,没有站在制高点上一味地考虑个人利益,说明大禹是一个质朴、爱民、为百姓着想的人。另外,大禹主张用善言规劝犯错的臣民,用威罚监督臣民,既不是一味处罚,也不是单纯劝说。两者并重的治国方式也体现了大禹的谋略。六府三事是为民着想,也是为国考虑。

舜帝在位时,大禹为民着想主要体现在辅佐舜帝,给舜帝提一些利民的建议上。而在舜帝逝世后,大禹继位,大禹为民着想则是落在了行动上。舜帝逝世,大禹悲痛万分,身体憔悴,面色黑瘦,没有余力再去治理国家,于是把帝位让给了商均,退避而居。但百姓们不依附商均,纷纷投奔大禹所在地,白天歌唱,晚上吟咏。大禹哀怜百姓,于是在三年服丧期结束后又重新登上了天子之位。为了百姓的请

---

① 李民、王健:《尚书译注》,上海:上海古籍出版社 2004 年版,第 26 页。
② 李民、王健:《尚书译注》,上海:上海古籍出版社 2004 年版,第 26 页。
③ 赵晔:《吴越春秋》,北京:中华书局 1985 年版,第 130 页。

求,不忍百姓日日等待,又见百姓如此拥戴自己,大禹终究不得不放弃自己安逸的生活,重新回到了那个沉重的位子上,为百姓谋福祉。大禹再次登上帝位后,花了三年的时间考核功绩,走遍了整个国家,五年便稳定了政局,接着颁布政令,使民众休养生息。又"封有功,爵有德,恶无细而不诛,功无微而不赏"①,于是天下人都敬仰崇拜大禹。大禹临终前,嘱咐群臣说:"吾百世之后,葬我会稽之山,苇椁桐棺,穿圹七尺,下无及泉,坟高三尺,土阶三等。葬之后,曰:无改亩,以为居之者乐,为之者苦。"②大禹即使在面对死亡时,考虑的也不是自己,而是百姓,甚至担心自己逝世之后,尸体会不会影响到百姓以后的生产生活。大禹为民着想是忘我的,他认为不能为了自己死后的安乐而使耕种埋葬了他尸体的田地的人民劳苦。也正是因为大禹一心为百姓着想,才使得他死后,百姓一直没有忘记他,十多年后,重整祭祀,百姓都很高兴,一年四季都供奉大禹,交纳祭品。不论是请求大禹再登帝位,还是死后供奉大禹,都可以说明百姓对大禹是敬仰的,由此可以看出,大禹对百姓的爱护和为百姓着想的心理和行动,换来了人民的爱戴和缅怀。

三、三推帝位 二接帝位

虽说我们对大禹的记忆不能只是停留在治理水患上,但成功治理水患确实是大禹一生中重要的功绩之一。大禹在治理黄河时,最先做的就是以高山大河为界,划分土地的疆界,然后从壶口开始依次解决各个地方不同的问题。从源头开始,改原本以堵塞治理洪水的办法为疏通河道。大禹花了十三年的时间治理水患,这十三年间,大禹三次路过家门,但都没有进去。为什么呢？不仅为了不辜负舜帝的信任,而且为了让百姓能够安居乐业,不再遭受水患带来的伤害。因此,他舍弃了他的小家,放下了在家中殷切祈盼的妻子,放下了自己心中那份难耐的思念之情。十三年来他恪尽职守,一心一意地治理水患,早已到了公而忘私的地步。同时,他也不敢进入家门,他的使命没有完成,百姓还处于水深火热之中,他不敢面对对他充满殷切期待的亲人们。正是这样,他治水成功,获得了舜帝的赞誉和百姓的拥戴。

舜帝居帝位三十三年后,年岁已老,常常被繁重的事务所累,感到辛苦不堪,想要将帝位让给大禹,希望大禹能够努力不懈地治理国家,统领舜帝的子民。但是大禹却希望舜帝能够将帝位让给皋陶。大禹告诉舜帝,自己的德才不能胜任帝位,而

---

① 赵晔:《吴越春秋》,北京:中华书局1985年版,第133页。
② 赵晔:《吴越春秋》,北京:中华书局1985年版,第134页。

皋陶勤勉树立德政，德惠下施于民，百姓们都很怀念他，舜帝也应当多想着他。"念德的人是皋陶，悦德的人是皋陶，宣扬德的人是皋陶，诚心推行德的人也是皋陶。"大禹在舜帝面前大肆地夸赞皋陶，说明大禹不仅是一个谦逊的人，还是一个慧眼识人、举能举贤的人。大禹向舜帝推荐皋陶，说明大禹懂得欣赏他人，善于发现别人的优点，不嫉妒，重视有贤德的人。另外，大禹无私地将有贤德的人推荐给舜帝，说明他为国家着想，一心为公，没有私心，淡泊功名利禄。

舜帝听了大禹的建议，在赞扬了皋陶辅佐自己治理天下的功劳之后，又再一次将"矛头"指向了大禹。舜帝再次劝说大禹，希望大禹能够接受帝位，并且举了许多例子来证明大禹是适合接任帝位的。举例一，在洪水泛滥，警诫大家重视自然的时候，能够实现政教的信诺，完成治水工作的人只有大禹，因此可以证明大禹是一个有能力、充满智慧的人，可以接任帝位；举例二，大禹能够辛劳地辅佐舜帝治国，对待家庭能够节俭持家，还不自满自大，因此可以证明大禹是一个贤能的人，可以接任帝位；举例三，大禹不认为自己是贤人，所以天下没有人可以和大禹争能；大禹不夸耀自己的功劳，所以天下没有人可以和大禹争功，由此可见大禹德行兼备，可以接任帝位。舜帝认为大禹不仅有功绩，而且德才兼备，应当升为大君，接受上天的任命。从舜帝的举例中，我们可以从侧面了解大禹的为人，首先他是一个贤能的人；其次，他谦逊，不自满自大，能够正确地认识自己；最后他不与人争功，不为私利，心怀天下。舜帝阐述完了自己认为大禹应该担任皇帝的原因之后，警诫大禹人心都是危险的，而道心精妙难以察觉，只有专心守一才能保持中道，不听无信验的话，不用独断的谋划，谨慎对待帝位，敬行人民所愿的事。此时舜帝已经认定了大禹就是未来的皇帝，但大禹还是推辞，并以占卜为借口，指出应由大龟来决定未来大君人选。在被舜帝告知自己的志向大于大龟的占卜后，大禹跪拜叩首，又一次推辞。大禹的跪拜叩首从细节处表现出了他对舜帝的敬重，也可以看出他是一个恭谨、懂礼节的人。大禹前后三次推辞帝位，说明大禹不重视功名利禄，但最终为了百姓，为了国家，大禹接受了帝位。可见大禹是无私的，他没有为了自己的安逸而逃避，而是为了国家和百姓接受了上天派给他的大任，承担起了他的责任。

四、征伐苗民　以德治国

征伐三苗，消除祸患，是大禹人生中的又一重要功绩。舜帝在位时，苗民不依教命，昏昧不敬，辱慢常法，妄自尊大，违反正道，败坏常德，造成了贤人在野，小人在位的恶劣现象。于是舜帝派大禹前去征讨他们。大禹在战前会合各诸侯并告诫军士,要听从他的命令,他将奉行舜帝的旨意,带领他们同心协力,讨伐苗民。经过三十多天的征讨,苗民还是不服。伯益辅佐大禹并告诉大禹施德政可以感动上天,即使距离很远人们都会前来服从。盈满招损,谦虚受益,是天道。舜帝之前到历山去耕田的时候,天天向上天号哭,向父母号泣,自己负罪引咎;恭敬地对待瞽叟,瞽叟才信任并顺从了他,他的真诚也感动了神明。真诚连神明都可以感动,又何况是苗民呢?大禹在听了这些劝告之后,还师回朝,大施文教,决定以诚动人,以柔克刚。七十天后,苗民接受了教化,依顺教命了。从大禹听从伯益的建议可以看出,大禹从谏如流,认真听取别人的建议,并及时改正自己的错误,是一个知错就改的人。他没有因为所谓的面子而不听劝告,一意孤行,相反,还拜谢了伯益的嘉言。这再次显示了大禹以德治国的理念。

总而言之,大禹的一生,自接受治理洪水的任务开始,一直为了国家和百姓而奋斗,皆是为公。无论是大禹治水时三过家门而不入,还是在与舜帝商讨政事时坚持美政,抑或是多次推辞帝位,又或是对苗民由征伐改为教化,他都坚守了自己在治水前的初心,治国安邦,从未忘记。

(作者单位:浙江越秀外国语学院)

浅谈大禹的治国策略与人格魅力

周嘉琪[①]

我国汤汤的历史长河中,出现过三千六百多位皇帝。有秦始皇统一六国,汉武帝持续辉煌,唐太宗开启贞观盛世;也有周幽王为博红颜一笑,烽火戏诸侯而致国家覆灭;宋高祖为了私欲,残害忠臣岳飞,阻止二帝回京,使宋朝一再沦为他国的笑柄;咸丰帝贪恋女色,吸食鸦片,清朝就在这淫乱之中度过了黄昏时刻。

五千年的时间,诞生了许许多多的皇帝,有雄才大略、励精图治的皇帝,但同样也产生了很多荒淫无道、玩物丧志的皇帝。

大禹作为一代圣王,为人熟知的是他三过家门而不入的舍己精神,还有大禹治水这口口相传的故事。大禹不仅仅在治水方面有过人之处,在管理国家方面也兢兢业业。他创建了夏朝,创立了世袭制,从此中国进入奴隶社会。大禹治理了滔天洪水,又划定中国九州版图。可以说,他开启了中国社会的发展之路,自他之后,中国出现了另一光景。

《尚书》着重讲述大禹、伯益和舜谋划政事。盛世的形成在于正德、利用、厚生、惟和。以德治国,物尽其用,厚待万物,保持和谐。这是大禹描述的治国理念,也是他一生的目标和努力的方向。

一、国之根本

以德服人,以德治国。这是每一代明君所遵循的基本原则。可以说这是一个

[①] 本文作者系浙江越秀外国语学院中国语言文化学院2018级学生,指导教师刘家思。

法则,顺它者,则福泽万民;逆它者,则祸国殃民。秦始皇是千古一帝,完成了统一六国的宏图霸业,但后世对其褒贬不一。批评最多的便是他的暴政:焚书坑儒,刑罚过重,奴役百姓。秦始皇是个有能力的皇帝。他在位时,百姓虽苦,但敢怒不敢言。秦二世没有他父亲那样的能力和魄力,却继承了他父亲的暴虐性格。所以没几年,秦就覆灭了。同样二世而亡的隋朝,隋文帝杨坚犯了同样的错误——不体谅百姓,奢靡浪费,残暴不仁。所谓"君者,舟也;庶人者,水则载舟,水则覆舟"①栽在这句话上的又何止这三人呢?还有穷凶极恶的商纣王、杀兄夺嫡的昭武皇帝刘聪、荒淫无道的吴末帝孙皓。与他们相比,一些明君则为后代君王所效仿,为后世所称赞。尧、舜、禹三帝便是众所周知的明君,他们选择以德服人的方式来教化百姓。因此,这艘"大舟"才能安稳地徜徉于波涛汹涌的"大海"之上。《尚书》中记载,舜帝与大禹、伯益讨论治理国家之事时,伯益曾说:"德惟善政,政在养民。水、火、金、木、土、谷、惟修,正德、利用、厚生、惟和。九功惟叙,九叙惟歌。戒之用休,董之用威,劝之以九歌,俾勿坏。"②这是大禹的政治理念,亦是为君之道。孔子在宣扬"仁政"思想时,经常会提及大禹这一先贤。正是在大禹的英明统治下,才形成了一个理想的社会,国力强盛,百姓安居乐业。

厚生——厚待万物。都说"溥天之下,莫非王土,率土之滨,莫非王臣"③。既然全天下的生灵都是帝王的,那皇家对待自家之物不该珍惜吗?大禹在位期间,不仅如亲人般对待臣子,对待百姓,也珍爱全天下的一草一木。犯错的囚犯,大禹并没有戴有色眼镜去看待他们,而是施以同样的关心。对于囚犯,他并没有过多苛责,而更多的是自责,认为是自己的原因。如果自己处理好国内之事,解决温饱,引人向善,哪会有如此多的囚犯? 这与他纯良的本性有关。历史上有作为的皇帝有很多,但厚生的皇帝却不多。秦始皇功绩卓著,却是一代暴君。汉武帝雄才大略,但到了统治后期,也难免犯糊涂。大禹却不同,他比大部分的帝王都优秀。抛开他的功绩不谈,单单只说他一如既往地爱民如子、厚待生灵这一方面,便是许多帝王都无法做到的。更不用说那些在位期间犯过根本性错误的帝王。

回望历史,我们会发现每一代明君基本上都是像大禹这么做的。帝德应当使政治安定、美好,政治在于养民。大禹提出了正德、利用、厚生、惟和的观点。而正德又被放在第一位,可见仁政的重要性。德政是一个优秀的帝王应当提倡的美德,

---

① 荀子著,孙安邦、马银华译注:《荀子》,太原:山西古籍出版社2003年版,第103页。
② 李民、王健:《尚书译注》,上海:上海古籍出版社2004年版,第26页。
③ 高亨注:《诗经今注》下,上海:上海古籍出版社2018年版,第340页。

也是一个国家稳定的关键。暴政或许能够一时镇压住百姓,但长此以往国家肯定会失控。德政能赢来太平盛世,暴政只能导致民不聊生的惨状,这是历史的规律,是看不见的法则。大禹统治时期百姓安居乐业,无非是因为大禹遵循了这一规律。暴政是得不到民心的。重罚重刑,民心溃散,没有凝聚力,国家根基就会动摇。所以,很多人说时势造英雄。这里的"时势"可能也包括这种情状。历史是必然的,不是偶然的。能换来四海升平的,既可能是大禹,也可能是杨坚、纣王、刘聪,但前提是要遵循这一历史规律。遵循了这一历史规律的人,便可能是"大禹"。秦始皇很有能力,他却未能参透这一规律。而大禹和其他贤明之人参悟了这一规律,所以他们名垂青史。

当然,除了悟性,这还与个人品质是分不开的。历史上那些施仁政的皇帝,一般都比较纯良,道德高尚。大禹把百姓的幸福作为己任,为了正义的事业不断努力,不放弃,心怀天下。范仲淹说的"先天下之忧而忧,后天下之乐而乐"[①],便是指这类人。大禹在位期间,赏罚分明,刑罚不及于子孙,奖赏却施于后代。君王为了国家繁荣昌盛,不得不制定利民的政策,推动发展的政策,简约治民。一个帝王的德行体现在方方面面,大禹时时布德施善。一次,大禹遇到了一个受到处罚的人在诉冤。回去后大禹便彻查此事,发现此人确属冤枉,便放了那个人,并补偿了他。不枉罚任何一个百姓,对百姓负责,从内心深处关心百姓,方方面面体现仁德。这不是每个君王能够做到的。即使有的君王遵循了上述规律,却不是真正的仁义。所以导致有的皇帝前期励精图治,后期却荒淫无道、残暴不仁。大禹公而忘私,忧国忧民,艰苦奋斗,坚忍不拔;以身为度,以声为律;严明法度,公正执法。大禹是一个真正施行仁德的君王,也是一个自始至终都关爱百姓的好君王。大禹以身作则,向百姓,甚至向后世传播着优良的美德。从大禹的身上,我们确确实实看到了中华民族的传统美德!

二、兴国之策

当然,治理一个国家,统领一方百姓,仅仅怀有一颗慈悲之心,那肯定是不够的。国家的资源、人才的调动,这些都考验一个统治者的能力。

利用——物尽其用。对于一个国家来说,这是一个极有利的政策。大禹以身作则,反对铺张浪费,提倡节俭。对所有物资都平等对待,对水、火、金、木、土、谷,

---

① 张觉:《荀子译注》,上海:上海古籍出版社1995年版,第675页。

合理利用。不仅对物资如此,对人才也应当如此。大禹公平对待天下人才,根据每个人的长处,将人才放在合适的位置上,将每个人的优势完全发挥出来。大禹选贤举能,对于国家栋梁一视同仁,既不偏袒贵族世胄也不贬低寒门人才。每一件物品、每一个人,都有其优点与缺点,对其了解透彻,权衡利弊,将利发挥到极致,是最理想的做法。显然,大禹就是这么一个聪明能干的帝王。

惟和——维持和谐,维护国家的安定,是帝王必须要做到的。可以说,这是对一个帝王的基本要求。大禹时代,国家繁荣昌盛,人民团结一心,淳朴自然,外邦都不敢轻易挑衅。当初,苗民因物资稀缺,不得已时常侵犯边境,而舜为了国内和谐稳定,不得不命大禹出兵讨伐。但经过三十天的激战,苗民还是不服。后来,伯益向大禹提出了意见:唯有修德才能感动上天,才能让远民前来臣服。盈满招损,谦虚受益,这是自然规律。大禹退兵回去后,大施文教,改善国民生活。最后,苗民看到中原物产丰饶,国泰民安,在大禹治国之道的感召下,自愿臣服。之后,大禹没有打压苗族,反而给予他们物资,传递文化。大禹以其人格魅力感动了一族人民。四海升平,百姓安居乐业,是一个统治者最希望看到的。和谐,不只是人与人之间的和谐,也指人与自然之间的和谐。大禹以德治国,四海之内皆是一片祥和之景,实现了人与人之间的和谐;大禹治理洪水,安定后却选择休养生息的政策,不过度开发,爱护万物,做到了人与自然的和谐。

正德、利用、厚生、惟和,这四点不可分割,相辅相成。正德、利用、厚生,才能做到和谐;而正德之人,方能做到厚生;合理利用也是另一方面的和谐。品行优良的人必定有一颗怜悯天下的心,大禹能做到这四点,自然与他的优良品质分不开。

三、人格魅力

大禹拥有美好的品格:心怀天下、正直、勇敢、无私、坚毅、谦逊……其中,谦逊,是大禹最大的特点。当初舜推举他为帝,大禹却推举其他人。他认为皋陶勤勉树立德政,德惠能下施于民。大禹说皋陶的功绩德行都高于他,理应让皋陶总统众民。这是他的谦逊。谦逊的人能够每日三省,反省自己的行为、做法,时刻督促自己施德政、行善事。谦虚的人格局很大,他认为世界是无穷的,人总能进步;而自大的人格局很小,总认为自己做得足够好。这种人只看到了眼前的一点利益,而看不到的却是一片汪洋大海。一个鼠目寸光的统治者,是一个国家的灾难;而一个谦逊的统治者,是一个国家的福泽。

为君者,必定无惧无畏。治理洪水,这是一件极艰巨的任务,许多人都束手无策,甚至大禹的父亲也为此丧命,但大禹还是义无反顾地去治理洪水,不辞劳苦地勘测每座山每条河。这需要莫大的勇气和坚定的信念。

爱国爱民,是大禹骨子里的品质,融入身体的血液中,好像与生俱来并且生根了一般。大禹心怀天下苍生,他有一颗赤诚的爱国之心,甘愿将自己奉献给国家。他真诚地对待每一个人,爱民如子。都说,看一个人,他的财富、名气不是最重要的,最重要的是他的品行。大禹拥有了世界上很多人都无法企及的财富——拥有一个国家。但同时,他也拥有了一个美好的人格。这便是他与许多帝王不同的地方。他不似其他君王那般只注重国家的财富、军力,他还注重自己的德行、百姓的安定、国家的稳定、疆域的安全,以及民族之间的和谐。如此,方为明君!

大禹身上充分体现了我们中华民族的精神——以爱国主义为核心,团结统一,珍爱和平,勤劳勇敢,自强不息。

大禹备受后世推崇,每个朝代都有人祭拜这古往今来的一代明君。大禹被人记住的不应该只是一个大禹治水、三过家门而不入的故事。他的品质、他当帝王时的功绩,都是人们记住他的理由。可以说,他是君王的楷模!他不似刘邦那样奸诈狡猾,也不似项羽那样鲁莽无脑,只有与尧、舜相提并论,才比较客观公正。

(作者单位:浙江越秀外国语学院)

浅谈《尚书》中的大禹书写

吴斌斌①

《尚书》是我国历史上最早的一部历史文献汇编,是儒家经典之一。《尚书》分为《古文尚书》和《今文尚书》,相传《尚书》共有五十八篇,由于年代久远,其内容真假难辨。但可以确定的是,其中有些篇目确实是真正的《尚书》内容。作为我国最古老的历史文献之一,《尚书》因其保存了大量弥足珍贵的尧、舜及三代直至先秦的有关政治经济等方面的资料,向来即为学界经常参稽的重要典籍,为史学界所重视。②

传说禹是黄帝的玄孙、颛顼的孙子,但也有人认为禹应为颛顼六世孙,古书中没有明确的记载,这些不过只是传说,具体如何尚未可知。但可以肯定的是,禹的父亲叫鲧,受封在崇,禹是一个伯爵,世称"崇伯鲧"或"崇伯"。鲧因治水不力被流放羽山而亡。禹的母亲是有莘氏之女修己,关于大禹母亲的记载很少,但有莘氏族是夏商时期东方重要的氏族部落,在周代时也十分繁盛。

大禹是历史上的传奇人物,是与尧、舜齐名的贤圣帝王,人们称其为英雄。大禹的形象,在《史记》中会表现得更加全面,其他书籍只是零散呈现了大禹的事迹,而《史记》中的《夏本纪》专门记载了大禹的事迹。但如若想要突破对大禹原有形象的认知,从其他书籍中有更好的突破口。不过,《尚书》当中的大禹形象更加侧重的是大禹的品德。

《尚书》中涉及大禹的篇目有:《舜典》《大禹谟》《皋陶谟》《益稷》《禹贡》《五

---

① 本文作者系浙江越秀外国语学院中国语言文化学院2018级学生,指导教师刘家思。
② 王定璋:《〈尚书〉所载的大禹》,《天府新论》2007年第3期。

子之歌》《仲虺之诰》《洪范》《立政》以及《吕刑》。

一、大禹治水与治理九州

在历史上,大禹治水三过家门而不入,最后因治水成功,为舜禅让而继承帝位,成为夏朝的开国君主。当然,大禹不可能一蹴而就,摇身就成为帝王。在《尚书·虞书·舜典》中就有记载,百官一致认为大禹可以身居百揆之官辅佐政事,因此舜帝赋予禹以司空之位平治水土。在成为帝王之前,禹也是从官员开始做起的,他的品德是大家有目共睹的,因此才被舜帝一眼相中。

水灾为自然灾害,洪水的泛滥与气候密切相关。具体原因是:气候变化导致季风雨带北移,从而使降水量增加或降水时间延长;冷期降水频率的增大提高了异常洪水的发生概率;气候变化导致植被覆盖率降低,水土流失加剧,使黄河等北方河流决溢的可能性大大提高。[①] 这就造成了舜帝时期洪水频发,降水量高于以往的任何时候,而人为治水(这里以鲧治水为代表)的方法不对,从而导致治理洪水治标不治本的"不治之症"。

周书《洪范》总结了大禹的父亲鲧治水失败的原因:昔鲧堙洪水,汩陈其五行。帝乃震怒,不畀洪范九畴,彝伦攸斁。鲧则殛死,禹乃嗣兴,天乃赐禹洪范九畴,彝伦攸叙。[②] 从中可以了解到鲧治水采用的是用土将水堵住的方法,正所谓兵来将挡,水来土掩,但是这种方式只会让洪水日积月累,最后形成大爆发,造成不可挽回的后果。除此之外,鲧还在金木水火土的用物上处理不当,因此舜帝大怒。鲧因此被流放而死,大禹继承父业,从父亲治水的失败当中总结经验,敢于创新,一改父亲鲧堵塞河流通道的做法,将水流通过支流分散,减少主流河水的水量,最终治水成功。

夏书《禹贡》就记述了大禹如何治理水患,划分九州,以及各地山川湖泽、交通物产、贡赋等级的具体情况。从冀州到济河惟兖州,到海岱惟青州,到海岱及淮惟徐州,到淮海惟扬州,到荆及衡阳惟荆州,到荆河惟豫州,再到华阳、黑水惟梁州,最后到黑水、西河惟雍州,每一州的处理都十分细致,打通了九州中堵塞洪水的各山,形成河流的支流,疏通每一处堵塞,成功地将积聚已久的水流朝着四面八方分散开

---

① 吴文祥、葛全胜:《夏朝前夕洪水发生的可能性及大禹治水真相》,《第四纪研究》2005年第6期。

② 李民、王健:《尚书译注》,上海:上海古籍出版社2004年版,第217页。

来,洪水发生的可能性随着支流的增多而逐渐降低。

这么一来,就形成了"九州攸同,四隩既宅,九山刊旅,九川涤源,九泽既陂,四海会同"①的结果。九州的所有工程全部落幕,九州便统一了。四方的土地都可以居住了,九条山脉都可以通行了,九条河流都被疏通了,九个湖泽都修筑了堤防,四海之内进贡的道路也都畅通无阻了。水患也随着九州工程的结束而消除。四方的百姓都可以安然地居住在这一片土地上了。

大禹治水与治理九州的过程,反映了大禹的精神:其一,勇于担当;其二,忠于职守;其三,敢于创新;其四,善于团结。② 大禹精神也是大禹高尚品德的折射,具有重要的历史意义。大禹治水的成功,不仅为我国国家的形成,也为夏、商、周三代的物质文明奠定了基础。③

在大禹治水的过程中所表现出来的思想、观念、道德标准,成为中华民族传统文化的组成部分,并已融入我国历史的政治、社会与经济生活当中。④ 这就是大禹文化带来的影响,不管这是不是个传说故事,大禹治水都为华夏民族带来了不可磨灭的成就,彰显了华夏民族的智慧。而大禹治理九州,促进了"大一统"思想的形成,为汉代的州郡制奠定了基础。⑤

二、独到的政治见解

大禹能够成为舜帝禅让的人选,并不仅仅是因为大禹能够治理水患、播时百谷,更是因为大禹对治国之道的见解独到而深刻。

大禹治理洪水,疏通九州之后,九州大地开始正常征收赋税,按照土地的上、中、下三等来制定税收的标准,然后再把土地分封给诸侯,以德行为先。这就很好地消除了统治者无法管辖大片土地的弊端,由诸侯管理各地,定期上报情况并定期朝贡,加强对国家的治理。

真正的德政在历史上并没有几位君王能够落实。为了使国库充足,君王往往会采用加重赋税的做法,这种做法往往会引起百姓的不满,这在秦始皇时期非常明显。而大禹在做臣子之时就有因地征收赋税的想法并加以落实,可见大禹是一个

---

① 李民、王健:《尚书译注》,上海:上海古籍出版社2004年版,第83页。
② 江远胜:《论〈尚书〉中的大禹文化》,《天府新论》2007年第3期。
③ 李岩:《大禹治水与中国国家起源》,《学术论坛》2011年第10期。
④ 范颖:《论大禹治水及其影响》,武汉:武汉大学2005年硕士论文。
⑤ 江远胜:《论〈尚书〉中的大禹文化》,《天府新论》2007年第3期。

贤臣。大禹懂得换位思考，站在百姓的立场上，让他们利益最大化的同时也为国家尽些绵薄之力，真正实现国泰民安。他又站在帝王的立场上为舜帝着想，帮助舜帝治理国家，使百姓信服舜帝。

大禹认为："后克艰厥后，臣克艰厥臣，政乃义，黎民敏德。"①君主要克服做君主的困难，臣子要克服做臣子的困难，只有这样国家才能够治理妥善，平民百姓才会勉力于德行。这就是在其位谋其政的道理，治国有成效，百姓才会信服君王。顺道从善方是福，逆道从恶便成祸。

不仅如此，大禹还提出："德惟善政，政在养民。"②治理政事，修德很重要，为政的核心是教养人民，且百姓所需要的生活资料要齐全，人民才会端其品行，便利用物，过上小康生活。小康生活在当代社会被定义为介于温饱和富裕之间的比较殷实的一种生活状态，帝王想让百姓过上安居乐业的生活，国泰民安才是正道。要实现这样的目标，就必须实施德政，"戒之用休，董之用威，劝之以九歌，俾勿坏"③。要用广阔的前景去鼓舞勤劳的人，要用严峻的刑罚去督促懒惰的人。而当人民受到恩惠感到欢喜的时候，就要及时鼓励他们开展有关歌咏活动，使他们快乐而忘记了劳累，让他们保持充沛的精力，这样一来，德政就不会被破坏。

《尚书·大禹谟》中记载了大禹征苗民一事：

帝曰："咨，禹！惟时有苗弗率，汝徂征。"

禹乃会群后，誓于师曰："济济有众，咸听朕命。蠢兹有苗，昏迷不恭，侮慢自贤，反道败德，君子在野，小人在位，民弃不保，天降之咎，肆予以尔众士，奉辞伐罪。尔尚一乃心力，其克有勋。"

三旬，苗民逆命。益赞于禹曰："惟德动天，无远弗届。满招损，谦受益，时乃天道。帝初于历山，往于田，日号泣于旻天，于父母，负罪引慝。祗载见瞽叟，夔夔斋栗，瞽亦允若。至诚感神，矧兹有苗。"

禹拜昌言曰："俞！"班师振旅。帝乃诞敷文德，舞干羽于两阶，七旬有苗格。④

---

① 李民、王健：《尚书译注》，上海：上海古籍出版社2004年版，第26页。
② 李民、王健：《尚书译注》，上海：上海古籍出版社2004年版，第26页。
③ 李民、王健：《尚书译注》，上海：上海古籍出版社2004年版，第26页。
④ 李民、王健：《尚书译注》，上海：上海古籍出版社2004年版，第34页。

从舜帝与大禹谈论关于出征收服三苗的内容来看,在处理三苗部落的事情上,大禹没有一味地用武力制服。在使用武力无法解决问题的时候要及时停止使用武力,武力只会使对方负隅顽抗直至死亡,因此大禹采纳了伯益的建议,并告知舜帝,舜帝也采纳了两人的建议,大力布施美善的德行,停止武力,修缮美德。好事传千里,三苗部落也因此归顺。由此可见,采纳别人的建议也是一种美德,这是相信对方的表现。大禹和舜帝能够这样,也难怪是历史上流芳百世的贤帝了。懂得采纳他人的建议,被采纳的建议带来的结果需要自己承担。

大禹作为上古时期杰出的首领,具有超乎常人的智慧,他自身所具有的美好品德是毋庸置疑的。但一个不容置疑的事实是:人类早期部落融合的过程并不像儒家描绘的那样文明和充满理性。① 大禹是将部落转化为国家的开拓者,使散落的一个个部落合成一个整体。

大禹一直以来都把百姓放在第一位,努力工作,为了各项工程的实施东奔西走,为国家操劳。由于大水漫天,甚至包围了山顶,淹没了山丘,老百姓也被淹没在洪水里无法自救。为了老百姓能够安居乐业,他疏通九州的河流,使它们流入大海,在田间挖了许多水沟分散水流量。不仅如此,大禹还调配粮食到缺乏食物的地区,百姓安定,国家才会安定。当时大禹尽到自己做臣子的义务,献上自己的良策并且实施它。大禹还时刻提醒舜帝要"慎乃在位"才不至于酿成大祸,重用有道德的贤才。

在任用贤才方面,大禹总是以德为先。当舜帝要提拔他时,他认为自己的品德还不够,恐不如皋陶,难以使人民归附自己,便推荐皋陶。大禹说:"皋陶迈种德,德乃降,黎民怀之。"②希望舜帝能够考虑皋陶这样的人才,顾念皋陶的功德,他认为皋陶的功德是大家有目共睹的,黎民百姓也会信服他。大禹不因自己功高而自大,不因自己获得舜帝的赏识而自负,不把自己置身于前,而是站在百姓的角度选拔更能胜任帝位的人选。他从皋陶的品德说明皋陶的功德,认为皋陶比自己更加适合接任帝位,说明大禹确实是难得的贤才。

三、从他人的角度看大禹的品德

大禹的品德受到大家的好评。舜帝多次夸赞大禹"惟汝贤"。舜帝认为在言

---

① 周苇风:《〈大禹谟〉——禹征苗民一节文字的时代归属问题》,《殷都学刊》2011年第5期。

② 李民、王健:《尚书译注》,上海:上海古籍出版社2004年版,第30页。

行一致完成治水平土工程这一方面,大禹最贤,大禹解决了大家不能解决的问题,超越了其父,成功治理水患。在勤劳为国、节俭持家这一方面,也是大禹最贤,大禹将自己的重心放在国事上,把百姓置于自己的家庭之上,很少有人能够做到如此地步。在不抬高自己、不夸耀自己这一方面,也是大禹最贤,大禹不把自己的功德拿出来说,相反还夸赞皋陶,认为皋陶比自己更加适合帝位。大禹不居功,才无人敢与之争功,上至帝王,下至百姓,无一人反对大禹,大家都甘愿臣服于大禹。因此,舜帝认为大禹身负天命,拒绝了大禹以占卜来决定由谁继位的做法。

大禹能够得到舜帝的赏识,并接任统治者的位子,成为夏朝的开国君主,他的能力是毋庸置疑的,他为人民做出的贡献也是无法磨灭的。尽管后世将大禹神化,但也说明了这是人民对大禹的赞美,否则一个碌碌无为的人是不会流芳百世的。

一位帝王,最重要的就是他的品德。《尚书》记载的大多是君臣之间的对话,大禹在做臣子之时就有如此胆量和魄力,在成为帝王之后,大禹依旧令人信服。文王及其臣子都效仿大禹,陟禹之迹,方行天下。[①] 追寻大禹的足迹,使文王的威望遍行天下,直至海外,普天之下的百姓无一不敢臣服。由此可见,大禹的德高望重对后代产生了深远的影响,后世都在借鉴他的做法。

结　语

大禹是为中华民族的历史发展做出了巨大贡献的伟大历史人物,他的功绩不仅仅在于治理水患,让百姓安居乐业,更重要的是,他结束了中国原始社会部落联盟松散的组织形态。自舜帝把帝位禅让给大禹后,大禹建立了中国第一个王朝——夏王朝,这对中国的历史是有重大意义的,推动了历史的发展。子曰:"禹,吾无间然矣。菲饮食而致孝乎鬼神,恶衣服而致美乎黻冕,卑宫室而尽力乎沟洫。禹,吾无间然矣。"孔子都认为自己无法挑出大禹的毛病。

大禹治水与治理九州的功绩是显赫的,如此庞大的工程自然不会是大禹一人所为,这是集结了华夏民族所有人的心血共同铸造而成的。《尚书》中所蕴含的大禹文化对华夏民族文化的发展产生了深远的影响。禹作为治水工程的总指挥,在统一协调各氏族部落进行治水的过程中,掌握了各地区丰富的自然地理和人文方面的知识,这既为他指挥治水工作带来了便利,同时也为其在治水结束后进行统一

---

① 李民、王健:《尚书译注》,上海:上海古籍出版社2004年版,第356页。

的行政区划奠定了基础①,为夏代的政治统治营造了一个庞大的格局。

  《尚书》中的大禹形象体现了一个臣子的风度和一个帝王该有的风范。高尚的品德不在于外在表现,而在于内心散发出来的真实。大禹一直保持着这一份真实,尽到了臣子的义务,尽到了帝王的责任。这样一个帝王,所有人都甘愿臣服其下。

(作者单位:浙江越秀外国语学院)

---

① 李佩瑶:《出土上古文献的神话传说研究》,济南:济南大学2012年硕士论文。

《尚书》中的大禹形象初探

周凌祎[①]

禹,是我国上古时代与尧、舜齐名的贤圣帝王,也是流传千古的治水英雄。这是大众对他的普遍评价。"大禹治水""三过家门而不入"是他的人生标签。一般而言,大多数人都对大禹的第一印象深刻,又何必去细细研究人物的更深层面?然而,依我而言,第一印象固然重要,深入了解也很必要。像孔子以貌取人失之子羽,孙权因貌错失庞统等例子,就证明了眼见不一定为实,第一印象不能决定我们对一个人的最终判断。康德的哲学理论表明判断力是知性和理性的联结,知性以有限的和有条件的事物为对象,那么理性则以无限的和无条件的事物为对象。所以,我们需要在有限的史料和调查研究中,结合无限的拓展和思考,去发掘一个人的所作所为背后的"为什么"。

对于大禹的认识,也可运用这种哲学原理。

一

大禹,姓姒,名文命,字密,是黄帝的玄孙、颛顼的孙子,其父名鲧,其母为有莘氏之女修己。就出身而言,禹的家世是尊贵显赫的,既有富足的经济基础,又有高贵的地位和血统。其父是尧在位时的肱骨大臣,又是崇山一带的首领。追溯到其祖父一脉,据《史记》载"五帝"中的颛顼是他的祖父。大禹称得上是名副其实的皇亲国戚。《吴越春秋·越王无余外传》中记载:"鲧娶于有莘氏之女,名曰女嬉,年

[①] 本文作者系浙江越秀外国语学院中国语言文化学院2018级学生,指导教师刘家思。

壮未孳,嬉于砥山,得薏苡而吞之,意若为人所感,因而妊孕,剖胁而产高密。家于西羌,地曰石纽,石纽在蜀西川也。"①大禹出生于石纽,随父奔走,耳濡目染,临危受命治理水患。

　　大禹,作为崇伯鲧之子,子从父,为天下,父之业则是子之业;父之过,子纠之,父之功,子继之!据《尚书·舜典》记载,佥曰:"伯禹作司空。"帝曰:"俞!咨禹,汝平水土,惟时懋哉!"②由此,大禹受舜册封继任其父崇伯鲧的职位大司空,统领天下治水大业。《尚书·禹贡》:"禹敷土,随山刊木,奠高山大川。"③大禹依据九州山形地势,因地制宜进行疏导,开展工作。他分九州山脉为四列,对九条河流和各水系按照先北后南、先上游后下游、先主流后支流的顺序,采取导山导水相结合的方法进行治水。同时以京都为中心,由近及远,分为甸、侯、绥、要、荒五服进行管理。从治理手段和管理制度两方面入手,解决国家的内忧外患。《尚书·禹贡》记载大禹治水的情形:"东渐于海,西被于流沙,朔、南暨声教,讫于四海。禹锡玄圭,告厥成功。"④禹为人臣下,治水有功,遂获封赏。无疑,大禹是务实勤勉的。

二

　　都说成功的男人背后一定有个默默支持的女人。而禹的妻子则做到了极致——丈夫外出治水为国,自己抚养儿子。据记载,大禹的妻子涂山氏女娇,容貌美丽,娴静温柔,是当地有名的美女,其父也是上古时代东夷强大的涂山氏首领,地位崇高。也有传言,认为禹的妻子是一只九尾狐。大禹陵的碑文中曾这样介绍"九尾狐":祯祥之物,太平之时,出而为瑞,禹三十未娶,治水至涂山,有九尾白狐,造访大禹,禹见之曰:白色即是我的衣色,九尾乃是王者之证,于是娶之为妻,妻名女娇。

　　《尚书·益稷》:"娶于涂山,辛壬癸甲。启呱呱而泣,予弗子,惟荒度土功。"⑤三十岁的大禹,在涂山治水时,与涂山氏女认识相爱,以国为重的他,成亲后第四日便启程离开。大禹肩负治水重任,必须全力以赴,只能暂时放下苦苦等待的妻子。妻子翘首企盼,吟咏:"候人兮,猗!"以歌寄情,由此表达对丈夫的思念,期待丈夫归家。该诗歌也被称为南音之始。这首诗是有史可稽的中国第一首情诗,也成为

---

①　赵晔:《吴越春秋》,北京:中华书局1985年版,第123页。
②　李民、王健:《尚书译注》,上海:上海古籍出版社2004年版,第18页。
③　李民、王健:《尚书译注》,上海:上海古籍出版社2004年版,第54页。
④　李民、王健:《尚书译注》,上海:上海古籍出版社2004年版,第83页。
⑤　李民、王健:《尚书译注》,上海:上海古籍出版社2004年版,第49页。

爱情诗的圭臬,是爱情诗的鼻祖。涂山女娇,也因此成为中国远古神话中的诗歌女神。大禹夫妻二人分离,三过家门而不入,率先垂范,因此,虽然手下民众同样承受着离别之苦,但都跟随大禹治水,心志不变。

大禹在治水患的同时,也考虑民之所需,注重发展农业,恢复生产力。他采取治水与农耕相结合的办法,一部分人离家治水,一部分人在家务农,等到季节交替之际,实现人员的流动,两者相互支持并同时发展。这样,不仅解决了治水人员缺失的问题,也带动了农业的发展。通过上述方法,大禹得到了强大的人力资源和物质基础,也为治水提供了有力的支持。

对大禹实行的这一政策,众人纷纷表示赞同,治水也更加卖力。由此可知,大禹作为一个臣子,努力报效国家;作为丈夫,即便思念也只能接受分别。夫妻相隔千山万水,思念深藏于心。仅一门之隔,却连相互倾诉道别的时间都没有。或说是无情于妻与子,或说是忠诚于国家,无论如何,他选择了自己认为对的方式,权衡利弊之下做出了于己于人都最正确的选择——三过家门而不入。他将自己的一切都奉献给了治水大业。从治水大业上来看,大禹取得了不菲的成就。但同样重要的是,治水的同时也必须学会治人。治人必先治心。作为一个领导者,必须了解群众的需求和心声,这样才能让人心甘情愿地服从领导。涂山氏的所作所为,展现了男人与女人在面对问题时的不同选择。在当代社会,选择"事业"还是"家庭"这一社会难题与大禹所面对的问题有异曲同工之处。"事业"和"家庭"两者如何达到平衡,是一个两难的选择。最后两人商量决定采取交替互补的方式,既保证了工作效率又实现了民众归家的心愿。政策的实施,获得了民众的信任,也促进工作的有效进行。民众齐心协力、精诚团结,是治水的重要组成部分。治水不只是简单地治水而已,有情有感、有商有量地治水才更具价值和意义。

三

《尚书·大禹谟》则主要记述了大禹、伯益和舜谋划政事的远古史料。"人心惟危,道心惟微,惟精惟一,允执厥中"[1],这十六字便取自其中。同时这十六字箴言也被道学家看作是对儒家圣古相传心法的精一概括。其意思是人心危险难安,道心微妙难明。唯有精心体察,专心守住,才能坚持一条不偏不倚的正确路线。这一论点的提出与孔圣人的中庸之道有异曲同工之处,用以"对已发未发、道心人心、

---

[1] 李民、王健:《尚书译注》,上海:上海古籍出版社2004年版,第32页。

天理人欲、性情体用的集中阐释，同时也是自尧舜伊始到宋代儒家道统延续脉络的流通"①。北宋二程也指出："人心惟危，人欲也。道心惟微，天理也。惟精惟一，所以至之。允执厥中，所以行之，用也。"②康熙也曾提笔写下对联："江淮河汉思明德，精一危微见道心。"此联现存于绍兴市会稽山下的大禹陵。按当代思想去理解，即为广大人民群众希望中央政府采取正确的领导方式，政府只有全心全意为人民服务，为民众办实事、办好事，脚踏实地，从基础工作做起，才能担得起历史所赋予的重任。这与我们当前所倡导的政府与群众之间的和谐关系不谋而合。由此引申，从古至今，被实践证明的真理总会被认同和采纳，并应用于社会生活中。

舜帝把帝位传给大禹，以这十六字箴言告诫他人心险恶，帝王必须秉持中庸，为政以德。而历史上对于舜传位给禹也有诸多争论。一是说举贤禅让，二是说残酷政变。舜、大禹是否就如口口相传的那样如此完美？荀子在《荀子·正论》中说过，"夫曰'尧舜'禅让，是虚言也，是浅者之传，陋者之说也。不知逆顺之理，小大、至不至之变者也，未可与及天下之大理者也"③。韩非子在《韩非子·说疑》中也曾写道："舜逼尧，禹逼舜，汤放桀，武王伐纣，此四王者，人臣弑其君者也，而天下誉之。"④一个人要有雄心壮志，但又不能逾越自己的身份界限，只有这样，别人才不会怀疑他有谋反的野心。君臣之别，利益之分，也导致了舜、禹的关系扑朔迷离，但我们都愿相信尧禅舜、舜禅禹是一桩美谈。《礼记·礼运》中记载："大道之行也，天下为公。选贤与能，讲信修睦。"⑤天下是大家的，应选用贤能的人来治理。因而禹成为帝王也是民心所向。

据《尚书》载，当舜帝提出要传帝位于大禹时，大禹反复推辞，最后禹曰："枚卜功臣，惟吉之从。"⑥占卜一事的提出，可以说遵循了古代一贯的传统。一遇大事，便要占卜吉凶。禹虽是古代圣贤，但身上依然存在上古时代的思想文化特征。以当代的眼光来看待，占卜是一种迷信。"预言在漫长的时间里都代表了一种人类预测和掌控历史进程的意图，不过即便是伴随的经验的积累以及预测手段的进步，预言也不能和真正的科学精神相提并论，甚至可以说相去甚远。"⑦对待事情的正确

---

① 宋霞：《"允执厥中"的皇极维度与性情制度》，《延安大学学报》2017年第6期。
② 程颢、程颐撰，潘富恩导读：《二程遗书》，上海：上海古籍出版社2000年版，第173页。
③ 荀子：《荀子》，北京：万卷出版公司2009年版，第262页。
④ 张觉等撰：《韩非子译注》，上海：上海古籍出版社2007年版，第617页。
⑤ 陈澔注：《礼记》，上海：上海古籍出版社2016年版，第248页。
⑥ 李民、王健：《尚书译注》，上海：上海古籍出版社2004年版，第32页。
⑦ 史海波：《古代的预言、占卜与"历史"》，《外国问题研究》2018年第2期。

态度是尽人事听天命。而禹毕竟为古人,在当时社会环境下,人无法摆脱宗教的禁锢,占卜也就成了大禹处理事务的一种方式,也是他预测自身和未来的一种手段。禹用占卜吉凶来推让帝位,舜则言辞恳切,态度坚决,仿尧禅让帝位。

据《尚书》记载,在大禹的人生中,受命征伐三苗是一件很重要的事情。舜帝曰:"咨,禹!惟时有苗弗率,汝徂征!"①大禹接到帝舜征伐三苗的命令,历经三十天,苗民仍不归服。益赞于禹曰:"惟德动天,无远弗届。满招损,谦受益,时乃天道。"②禹拜昌言曰:"俞!"于是,"班师振旅,帝乃诞敷文德,舞干羽于两阶,七旬,有苗格"③。在此,《尚书·大禹谟》提出了中国传统政治学说中的一个重要概念——"文德"。舜、禹的征伐理念发生了明显的转变——从武力征服到以德服人,前后形成鲜明对比,这也突出了德政的强大作用。这实际上是大禹首先推行的。在后世,各大学派和思想家不断发展,其思想内涵也得到丰富和完善。如子曰:"为政以德,譬如北辰,居其所而众心共之。"④"武德"或许能换取一时的安宁和归服,但无法获得远人长期的认同和归服。正是着眼于"文德"显著的优越性,以其为根据的德政架构才得以支持中国不断向前发展。

纵观中华民族的发展历程,大禹所建立的丰功伟绩是无法磨灭的。禹,作为夏朝的开国君主、古代治水的杰出领袖,以天下苍生为己任,大公无私、任劳任怨,突显了中华民族勤劳、勇敢、献身、求实等高尚品德,为后世留下了宝贵的精神财富。伯禹—大禹—帝禹—神禹,这八字简单地概括了禹传奇的一生。无论处在何种位置,禹无不表现得尽善尽美。他的所作所为,促进了部落间的团结统一,将禅让制逐渐转变为世袭制,主张建立军队,制定刑法,推动了早期国家的形成。他治水时因地制宜,注重当地的农业发展,恢复生产力,达到重建经济基础、恢复农民生产生活的目的。根据上文所述,禹是人,不可能做到面面俱到,这也导致了历史争议的存在。相关学术资料各有见解,看法不一,但并不妨碍我们将禹看作一个完人,看作一个无可争议的治水英雄、拥有雄才谋略的天生帝王。孔子也曾评价他说:"禹,吾无间然矣。菲饮食而致孝乎鬼神,恶衣服而致美乎黻冕,卑宫室而尽力乎沟洫。禹,吾无间然矣。"⑤

到目前为止,中国社会发展已历尽几千年,大禹也逐渐扩展成为一个完整的文

---

① 李民、王健:《尚书译注》,上海:上海古籍出版社2004年版,第34页。
② 李民、王健:《尚书译注》,上海:上海古籍出版社2004年版,第34页。
③ 李民、王健:《尚书译注》,上海:上海古籍出版社2004年版,第34页。
④ 孔丘著,杨伯峻、杨逢彬注译:《论语》,长沙:岳麓书社2000年版,第8页。
⑤ 孔丘著,杨伯峻、杨逢彬注译:《论语》,长沙:岳麓书社2000年版,第76页。

化体系——大禹文化体系。其中涵盖了大禹治水的精神文化、大禹遗迹的山水文化、大禹的治国政治文化以及各类与大禹有关的传说等多个方面。很多地方相继出现了对大禹文化的研究,缅怀禹德,宏扬大禹精神。以禹为楷模,继承禹德,发扬大禹精神,为建设国家、建设家乡积极努力,从而更好地向世界展现中国传统文化的独特魅力和精神气韵。

(作者单位:浙江越秀外国语学院)

文化广场与文化开发

清朝入关之前的儒学风气

李贵连

金天兴亡国之后,皇族完颜氏几于族灭,居住汉地的女真人或因通婚,或为躲避战乱而隐姓埋名,与汉人融为一体。居近内蒙古地区的女真人因受蒙古文化影响较深,在元代"若女真、契丹生西北不通汉语者,同蒙古人"①的政策之下,加入蒙古族群。而金代未迁入内地的东北女真人,遂成为明代女真人的主体及清代满族的先世。

一、服膺天道与勤勉国政——努尔哈赤时期的儒学渊源

明嘉靖三十八年(1559),努尔哈赤生于苏克苏浒河畔的赫图阿拉。《清史稿·太祖本纪》称努尔哈赤:"其先盖金遗部。始祖布库里雍顺,母曰佛库伦,相传感朱果而孕。稍长,定三姓之乱,众奉为贝勒,居长白山东俄漠惠之野俄朵里城,号其部族曰满洲。满洲自此始。元于其地置军民万户府,明初置建州卫。"②努尔哈赤出生的时代,嘉靖皇帝迷信神仙道教,荒怠国政,大明王朝锦绣繁华的背后,已是一片西山晚照。而遍布东北大地的女真各部,却在蒙昧朴野的时空中迎来皎月初升。努尔哈赤时期的辽东女真,主要分为建州、海西和野人女真三部。每一分支之下,又有许多部落。建州女真主要聚居于抚顺关以东、鸭绿江以北及长白山南麓;海西女真主要居住在东辽河流域及乌拉河、辉发河一带;野人女真则大致散居在长

---

① 宋濂等:《元史》卷十三《世祖十》,北京:中华书局1976年版,第268页。
② 赵尔巽等:《清史稿》,北京:中华书局1998年版,第58页。

白山北坡,乌苏里江靠海处以及黑龙江中下游一带。由于地处荒远且生产条件落后,女真人长期处于以渔猎为主的奴隶社会状态,在中原王朝的心目中,自然是蛮夷之鄙人。

明代从永乐皇帝朱棣开始,就在东北设置卫所,采取"以夷治夷"的策略,通过分封有势力的部落酋长,以达到对女真人的实际统治。努尔哈赤的六世祖猛哥帖木儿,就曾经在永乐三年(1405)进京接受了朱棣的敕谕,被授予建州卫指挥使的爵位。努尔哈赤的祖父觉昌安,父塔克世虽属女真贵族阶层,但是他们并没能继承明朝的任何官方职位,财力权势均非显赫。在部落的权力争斗和仇怨纷争中,他们只能环卫而居以求保御。觉昌安为振兴祖业以及族人生存考虑,与当时建州女真势力最大的部落酋长王杲结为亲家。据《清史稿》的记载,是为"阿太,王杲之子,礼敦之女夫也"①。礼敦即为觉昌安之长子。此外,还有《清史稿》所言之"显祖宣皇后,喜塔腊氏,都督阿古女"②中的阿古即为王杲,也就是说王杲同时可能还是努尔哈赤的外祖父。③ 应该是在李成梁讨伐王杲古勒山寨的战役中,年少的努尔哈赤为明军俘虏并成为李成梁帐下的亲兵。《山中闻见录》记载:"太祖既长,身长八尺,智力过人,隶成梁标下。每战必先登,屡立功,成梁厚待之。"④历史的机缘促使努尔哈赤和李成梁之间建立了情同父子的关系,否则就无法解释李成梁在任辽东总兵官的几十年间,对其他部落都是采取打压政策,而对努尔哈赤则是优容备至。努尔哈赤自幼与汉人的密切交往及其所受汉文化的熏陶,促使其开阔视野,宏远识度。

努尔哈赤青年时期所处的辽东地区,民族矛盾紧张,明朝边将趾高气扬,女真各部之间也往往为了粮食、人口和牛羊而自相残杀,甚至骨肉相残。万历十一年(1583),努尔哈赤以父祖遗甲十三副起兵,征讨在觉昌安、塔克世被明兵误杀事件中负重要责任的尼堪外兰。努尔哈赤起兵初期,就颇具王者之风。在夺取诺米纳的本部萨尔浒城时,于城破之时安顿降民,不使夫妻离散。努尔哈赤不仅每战身先

---

① 赵尔巽等:《清史稿》,北京:中华书局1998年版,第58页。
② 赵尔巽等:《清史稿》,北京:中华书局1998年版,第2298页。
③ 比如孟森《清朝前纪·显祖纪第九》中所言的"阿古都督为何等人,又不明言。今可断言阿古即王杲之转音,不明言者,讳之也"。见汉史氏述《清朝兴亡史·外八种》,北京:北京出版社1999年版,第79页。当然也有根据《永陵喜塔腊谱书》记载,言"阿古并非王杲"者,见李林《满族宗谱研究》中编之《宗谱分析》,沈阳:辽宁民族出版社2006年版,第127页。关于王杲与努尔哈赤之真实关系,迄无定论。
④ 彭孙贻:《山中闻见录》卷一,《丛书集成续编》第二十四册,上海:上海书店1994年版,第184页。

士卒,而且能够不计前怨,廓然大度。万历十二年(1584),在攻打翁克洛城时,鄂尔果尼和罗科射伤努尔哈赤。二人被俘后,努尔哈赤赞其为"壮士",授职佐领并户三百。万历十五年(1587),努尔哈赤终于杀死宿敌尼堪外兰,建城佛阿拉,自称淑勒贝勒。努尔哈赤布教令于部中,"禁暴乱,戢盗窃,立法制"①,对建州女真的秩序维护及文明进程起到了重要推动作用。自此,努尔哈赤凭借惊人的勇力和狡黠的智慧,征抚并用,逐步实施其统一女真的谋划。

努尔哈赤用表面上的谦卑恭顺迷惑明王朝,用厚赂取得李成梁的宽容甚至是放纵,实力日益壮大。万历十七年(1589),努尔哈赤被明廷任命为建州卫都督佥事,此时的努尔哈赤已经充分认识到了汉族知识分子的重要性。浙江绍兴府会稽县人龚正陆(又写作龚正六)客于辽东,遭女真扣留,即在此年前后归顺努尔哈赤。努尔哈赤尊龚正陆为"师傅",对之"极其厚待"②。龚正陆为努尔哈赤润色文字、教授子侄。虽然在朝鲜人看来,龚正陆或许"文理未尽通"③,但他对努尔哈赤治国理政的谋划和儒家思想的启迪,具有难掩之功。虽然清朝的官方文献人为抹去了这位后来涉嫌向朝鲜透露女真信息之人,但是《李朝实录·宣祖实录》等文献,却记载了当时为女真文化进步做出杰出贡献的龚正陆等人。除龚正陆之外,努尔哈赤时期生活于辽东的汉人文士,还有见于《李朝实录·宣祖实录》的"唐人教师方孝忠、陈国用、陈忠等"④,以及载于《满洲实录》的"秀才郭肇基"⑤等。虽然这些汉人文士并没有留下翔实的历史史料,但他们在满汉民族文化的交流和女真汉化过程中所起的作用,应该是不可抹杀的。

文字作为人类高度文明的重要表征,是凝聚族人和承载民族文化的特定载体。西夏元昊令野利仁荣仿照汉字创制西夏文字,完颜阿骨打也曾令完颜希尹和叶鲁二人参照契丹大字和汉字创制女真大字,完颜亶又依照契丹小字创制女真小字。朝鲜世宗大王也在重重压力之下,颁行新创制的朝鲜文字"训民正音"。满洲初起时,使用蒙古文字,由于蒙古文字和女真语言不同,所以在实际使用中要进行移译,

---

① 赵尔巽等:《清史稿》,北京:中华书局1998年版,第58页。
② 《宣祖实录》卷七十,《李朝实录》第二十八册,日本学习院东洋文化研究所1961年影印本,第415页。
③ 《宣祖实录》卷七十,《李朝实录》第二十八册,日本学习院东洋文化研究所1961年影印本,第415页。
④ 《宣祖实录》卷七十三,《李朝实录》第二十八册,日本学习院东洋文化研究所1961年影印本,第469页。
⑤ 《满洲实录》卷七,《清实录》第一册,北京:中华书局1986年影印本,第343页。

显然会带来种种不便。万历二十七年(1599),努尔哈赤命额尔德尼、噶盖以蒙古字协女真语言,连属成句,因文见义,是为无圈点满文。其后皇太极时期,又令达海对满文酌加圈点,以区别姓名及山川、土地之称。又以满文与汉字对音,补所未备,满文的文字语音体系自是更加完善。满文的创制让政令法规的颁行更加便捷畅通,也对普及满族民众的文化及提升其教育程度居功至伟。因为无论是学习汉字还是蒙古字,都局限于精英文化圈的范畴。满文依女真语音制成,显然更易于为普通民众所理解和掌握。努尔哈赤及其继任者皇太极,命令达海等人用满文翻译了《大明会典》《素书》《三略》《万宝全书》《资治通鉴》《六韬》及《孟子》等著作,甚至还翻译了明太祖朱元璋的《大诰》作为治国指导。虽然有清一代官方皆三令五申维护承载本民族文化的"国语骑射",但是满文的创制颁行,却对满族民众学习汉文化起到了辗转的媒介作用。

万历二十九年(1601),努尔哈赤订立以旗统民、以旗治民的黄、红、白、黑四旗制度,以后又逐渐扩充至四镶旗,并易黑为蓝。在努尔哈赤的八旗制度日益完善,军民日渐增多的同时,最基本意义上的民本思想也在其头脑中不断加强。告子曰:"性无善无不善也。"①或曰:"性可以为善,可以为不善;是故文武兴,则民好善;幽厉兴,则民好暴。"②虽然战争不可避免有血腥和残杀,但自古未有嗜杀而可得天下者。如果一味以屠戮为策,只会激起更多更持久的反抗。无论是努尔哈赤所接触的儒家仁政思想,抑或是现实的残酷教训,无疑都会让"天锡智勇"的努尔哈赤学会爱惜民命。万历四十年(1612),努尔哈赤在率兵讨伐乌拉时,莽古尔泰请示渡河屠城,努尔哈赤就明确提及:"无仆何以为主? 无民何以为君?"③此外,"治国者以积贤为道"④,国家族群的兴旺,除民众的人心所向,还需要贤能之士的倾心匡助。随着国事日繁,努尔哈赤也多次申谕臣下举荐人才,流露其"多得贤人,各任之以事"⑤的渴求。

万历四十三年(1615),是努尔哈赤为建立后金政权做准备的最后一年,他令人在赫图阿拉兴建孔庙、佛寺、玉皇庙等建筑。虽然同时兴建的依然包括承载满族人萨满信仰的祭天堂子,建造其他庙宇的信仰实用主义也比较明显,但是中原文明的

---

① 杨伯峻译注:《孟子译注》,北京:中华书局1960年版,第258页。
② 杨伯峻译注:《孟子译注》,北京:中华书局1960年版,第258页。
③ 赵尔巽等:《清史稿》,北京:中华书局1998年版,第2323页。
④ 董天工笺注,黄江军整理:《春秋繁露笺注》卷七,上海:华东师范大学出版社2017年版,第102页。
⑤ 《满洲实录》卷四,《清实录》第一册,北京:中华书局1986年影印本,第180页。

精神内核,已经日益取代萨满巫教,成为女真文化的主要面向。努尔哈赤建元天命,定国号为金之后,即已着手开始其与明廷逐鹿中原的作战准备。在懈怠荒淫的万历皇帝统治之下,努尔哈赤于萨尔浒一战,扭转了此前女真处于弱势的战略局势。随着抚顺、辽阳、沈阳、广宁等大片土地的获得,如何统治和治理汉人,平息紧张的民族矛盾,整顿社会秩序,成为困扰努尔哈赤的紧要问题。天命五年即明万历四十八年(1620),努尔哈赤竖二木于门,谕令"凡有下情不得上达者,可书诉词悬于木上"①。努尔哈赤根据诉词颠末,以便审问。在天命六年即明天启元年(1621)迁都辽阳时,还专门派其子德格类及侄斋桑古安抚人民,传令军士"不许扰害居民,劫夺财物,可登城而宿,勿入民室"②。

有志于取明朝皇帝而代之的努尔哈赤,致力于建立有效的政治管理,维护社会秩序的和谐稳定。除政治、法律等强权工具之外,还需要风俗、信仰的人文教化和思想羁络。天命七年即明天启二年(1622),在蒙古兀鲁特部等十七贝勒并喀尔喀部来归附时,努尔哈赤谕之曰:"吾国之风俗,主忠信,持法度。贤能者举之不遗,横逆者惩治不贷,无盗贼诈伪,无凶顽暴乱,是以道不拾遗,拾物必还其主,皇天所以眷顾,盖因吾国风俗如此。尔蒙古人持素珠念佛,而盗贼欺伪之行不息,是以上天不佑。使汝诸贝勒之心变乱为害,而殃及于国矣。今既归我,俱有来降之功。有才德者固优待之,无才能者亦抚育之,切毋萌不善之念。若旧恶不悛,即以国法治之。"③

虽然蒙古、女真人的宗教信仰及风俗习惯不尽相同,但对"上天"的敬畏,却对各族民众均有较为普遍的约束作用。诗云:"畏天之威,于时保之。"④(《周颂·我将》)所以努尔哈赤在告诫蒙古各部时,抬出"上天"这一足以警诫世人的恒常规范。天命八年即明天启三年(1623),努尔哈赤在八角殿召阿吉格福晋及众公主,训之曰:"天作之君,凡制礼作乐,岂可不体天心。然天心何以体之?莫若举善以感发其善者,诛恶以惩创其恶者。"⑤天命十年即明天启五年(1625),努尔哈赤在回复科尔沁鄂巴洪台吉的书信中言及:"盖兵不在众寡,惟在乎天,凡国皆天所立者也,以众害寡,天岂容之。"⑥中国先秦时期兴起的儒学"敬天法古"的核心信念,不仅是努

---

① 《满洲实录》卷六,《清实录》第一册,北京:中华书局1986年影印本,第296页。
② 《满洲实录》卷七,《清实录》第一册,北京:中华书局1986年影印本,第332页。
③ 《满洲实录》卷七,《清实录》第一册,北京:中华书局1986年影印本,第347—348页。
④ 程俊英译注:《诗经译注》,上海:上海古籍出版社2014年版,第463页。
⑤ 《满洲实录》卷七,《清实录》第一册,北京:中华书局1986年影印本,第358页。
⑥ 《满洲实录》卷七,《清实录》第一册,北京:中华书局1986年影印本,第384页。

尔哈赤治国理政的意识形态工具,而且已经内化为努尔哈赤的价值追求。"乐天者保天下,畏天者保其国"①(《孟子·梁惠王章句下》),无论是从"外王"层面的"保天下",还是从安邦角度的"保其国","天道""天命",都已经成为努尔哈赤的内心敬畏。李民寏《建州闻见录》记载努尔哈赤:"虽其妻子及素亲爱者,少有所忤,即加杀害,是以人莫不畏惧。"②虽然从李民寏的角度看来,努尔哈赤未免"猜厉威暴",但是也能够从侧面看出,努尔哈赤的奖善惩恶和上体天心并非虚言,而是雷厉风行的。

努尔哈赤在人生的后期,还时常自如地运用儒家"遵道""才德"等观念。天命七年即明天启二年(1622),当八固山额真等问努尔哈赤"上天所予之规模何以底定,所锡之福祉何以永承"③时,努尔哈赤曰:

> 继我而为君者,毋令强梁之人为之,此等人一为国君,恐倚强自恣,获罪于天也。且一人之识见,能及众人之智虑耶? 尔八人可为八固山之王,庶几同心干国,可无失矣。尔等八固山王中,有才德能受谏者,可继我之位。若不纳谏,不遵道,可更择有德者立之。④

努尔哈赤在盛京建造了大政殿和十王亭,国政由八旗旗主共商,征战所得也皆由八家均分。这种贵族集权制,将汗王置于和硕贝勒的监督之下。虽然当时中原王朝的帝制也没有约束皇权的制度保障,但是努尔哈赤领导下的"八王共治",却从政治组织形式上赋予女真贵族更多的权利。在政治权力的传承人问题上,努尔哈赤所倾向的推举制,也与中原宗法结构下所优先的"立嫡立长"不同。而努尔哈赤将汗位继承人的标准纳入天道、德行的衡量体系,又体现了对儒家"天命靡常,惟德是辅"⑤(《尚书·君奭》)天道观的服膺。

天命十一年即明天启六年(1626),努尔哈赤在宁远卫遇到了誓死不退的袁崇焕。努尔哈赤自二十五岁起兵以来,攻无不克,战无不胜,唯宁远一城不下,不怿而

---

① 杨伯峻译注:《孟子译注》,北京:中华书局1960年版,第30页。
② 李民寏著,徐恒晋校释:《栅中日录校释 建州闻见录校释》,《清初史料丛刊》第八、九种,辽宁大学历史系1978年影印本,第45页。
③ 《满洲实录》卷七,《清实录》第一册,北京:中华书局1986年影印本,第349页。
④ 《满洲实录》卷七,《清实录》第一册,北京:中华书局1986年影印本,第349页。
⑤ 库勒纳等撰,平之标点注释:《日讲书经解义》卷十,海口:海南出版社2012年版,第390页。

归。努尔哈赤自省曰：

> 吾筹虑之事甚多，意者朕或倦勤而不留心于治道欤？国势安危，民情甘苦而不省察欤？功勋正直之人有所颠倒欤？再思吾子嗣中，果有效吾尽心为国者否？大臣等果俱勤谨于政事否？[①]

同年六月二十四日，自感时日无多的努尔哈赤训斥诸王曰：

> 昔我宁古塔诸贝勒及栋鄂、完颜、哈达、叶赫、乌拉、辉发、蒙古，俱贪财货，尚私曲，不尚公直，昆弟中自相争夺戕害，以至于败亡。不待我言，汝等岂无耳目？亦尝见闻之矣。吾以彼为前鉴，预定八家，但得一物，令八家均分之，毋得私有……昔卫鞅云："貌言华也，至言实也，苦言药也，甘言疾也。"又《忠经》云："谏于未形者，上也；谏于既形者，下也。违而不谏，则非忠臣。"
>
> ……
>
> 昔宋刘裕谓群臣曰："自古明君贤相，皆由困而亨。舜发畎亩，傅说举版筑，胶鬲举鱼盐，百里奚食牛，天意何居？"群臣对曰："君相之任，大任也。故天将降大任于斯人也，必先苦心志，使之遍虑事物而内不得安，劳筋骨使外不得逸，饿体肤使食不得充，所以动心忍性，增益其所不能。是人而为君，必能达国事，是人而为相，必能悉民隐，天意如此而已。"
>
> 若人之言，诚为善识天意者也。以历艰苦者为君，致令国受其福；以享安逸者为君，致令国受其苦。天见我国之民甚苦，故降吾，身历艰辛，使之推己以及民。吾艰苦所聚之民，恐尔诸王多享安逸，未知艰苦，致劳吾民也。不知有德政方可为君为王，否则君王何以称也？[②]

这段颇长的文字，是处于人生晚期的努尔哈赤对自己一生经验教训的总结，也是对后生晚辈的殷切嘱托。努尔哈赤引用了《史记·商君列传》、马融《忠经》等经典，虽然刘裕与群臣的对话不知出自何典，但是其中所讨论的，其实是《孟子》中的传世之论。努尔哈赤能够如此熟稔在汉文化中影响深远的书籍和典故，不难体见其对儒家经世之学的关注和效仿。尽管官方记载中往往充斥着"仁爱德政"的假

[①] 《满洲实录》卷八，《清实录》第一册，北京：中华书局1986年影印本，第397—398页。
[②] 《满洲实录》卷八，《清实录》第一册，北京：中华书局1986年影印本，第411—414页。

面,但又在粉饰文字中泅透出暴力铁拳之下的泪泪鲜血。《满洲实录》之类记载中的语句或有文人集团的当时润色和后世加工,但对于经国治世的核心精神,努尔哈赤当是深悉并尽力践行的。努尔哈赤作为"蒙难坚贞,明夷用晦"①(《清史稿·太祖本纪》)的开国之君,在政治、军事、外交上均有不凡建树。虽然与元代的成吉思汗类似,努尔哈赤也往往有"仇之以仇,恨之以恨,恩之以恩,德之以德"②的恣意恩仇,在其执政期间也不止一次对汉族民众进行野蛮残杀,但努尔哈赤注重任用贤才,不拘亲疏门第,赏罚分明,善于学习,服膺儒家文化,勤力于国家的理政治平,亦可谓瑕不掩瑜,对推动女真民族的文明进步做出了卓越贡献。

二、倾心相近与择己所利——皇太极时期的崇儒风尚

也许是由于努尔哈赤在继任者问题上倾向于八旗旗主共同推举制,所以临终前并未指定汗位继承人。皇太极最终因文武双全、德行优异而胜出。皇太极誓告天地,以"行正道、循礼义、敦友爱、尽公忠"③敦勉诸大贝勒等。《商书·汤誓》有云:"予畏上帝,不敢不正。"④这里的"上帝",不必做神格化的理解,而看作是对"上天""天道"理性自然的敬畏,是周代以后阐释的主流倾向。努尔哈赤已经把对"天道"的畏惧和"德行"的持守看作君王的内在职责。如何展现自身对"天道""德行"的践履与追求?努尔哈赤所提供的答案是勤勉与德政。但是勤勉与德政有时难免会局限于"施予者"的主观和高高在上的态度,而皇太极将敦行"天道"的落脚点放在"行正道"上,却大致包含对"受予者"声音的聆听与对民意的吸纳考量。因为"正道"与否,不在于统治者的自我宣称,而是沉淀于世道人心中的考评。《周易·说卦》有云:"圣人南面而听天下,向明而治。"⑤《周易上经·离卦》言及:"重明以丽乎正,乃化成天下。"⑥何以遵循民意而敦行"正道"?皇太极的履行之道是"循礼

---

① 赵尔巽等:《清史稿》,北京:中华书局1998年版,第62页。
② 特·官布扎布、阿斯钢译:《蒙古秘史》,北京:新华出版社2005年版,第172页。
③ 赵尔巽等:《清史稿》,北京:中华书局1998年版,第62页。
④ 库勒纳等撰,平之标点注释:《日讲书经解义》卷十,海口:海南出版社2012年版,第127页。
⑤ 王弼、韩康伯注,孔颖达疏,陆德明音义:《周易注疏》卷十三,北京:中央编译出版社2013年版,第411页。
⑥ 王弼、韩康伯注,孔颖达疏,陆德明音义:《周易注疏》卷五,北京:中央编译出版社2013年版,第181页。

义、敦友爱、尽公忠"。"礼义"是《礼记》中认为"人之所以为人"的礼法道义①;"友爱"是敦勉宗族血亲乃至世人之间和谐团结,不至仇怨相杀的普遍信仰;而"公忠"是《庄子·天地》中拔擢贤才以"公正忠诚、尽忠为公"的用人精神和人格向往。②

  皇太极自幼受教于龚正陆等汉人文士,从内心倾慕儒家文化,在当时就以"识字"即粗通汉文,而在朝鲜人李民寏《建州闻见录》中有专意记载。③ 皇太极即位以后,一改努尔哈赤对待汉人的高压政策,推行民族和解策略。皇太极谕令:"满洲、汉人,毋或异视,狱讼差徭,务使均一。"④虽然在当时的满洲统治区域,真正意义上的满、汉平等还路途遥远,但皇太极毕竟从法令的层面给予了政策支持。而且,从实际行政的角度,皇太极大幅减少了汉人隶于奴籍的人丁,将之编户为民,并选择汉官廉正者进行治理。皇太极即位的天聪元年即明天启七年(1627),满洲大饥荒,民不聊生,以致百姓铤而走险。如果按照努尔哈赤时期的严刑峻法,定会有大批百姓性命不保,皇太极则恻然曰:"民饥为盗,可尽杀乎!"⑤令人鞭而释之,仍发国帑赈济灾民。皇太极能从百姓的角度出发,哀悯民生之多艰,而并非一概斥之为暴民乱众,近乎孟子所言的"恻隐之心,仁之端也"⑥。

  天聪三年即明崇祯二年(1629),皇太极为儒臣设置"文馆",亦曰"书房",命达海及刚林等翻译汉字书籍。为选拔更多的文人秀士,皇太极谕令:"自古及今,文武并用,以文治世,以武克敌。今欲振兴文教,试录生员。诸贝勒府及满、汉、蒙古所有生员,俱令赴试。中式者以他丁偿之。"⑦皇太极对文人儒士甚为尊重,厢红旗牛录章京柯汝极乘马,途遇正白旗秀才,嗔怪其不躲避威仪,掌掴其面。皇太极训斥曰:"柯汝极既系礼部参政,如何打秀才的脸,问以应得之罪。"⑧(《清太宗实录稿本》)当时有些富有才华的汉人文士比如宁完我,为保全性命,屈从于满洲贵族人

---

① 《礼记·冠义》:"凡人之所以为人者,礼义也。"见郑玄注,孔颖达等正义,黄侃经文句读:《礼记正义》,上海:上海古籍出版社1990年版,第996页。
② 《庄子集释》卷五上《天地第十二》云:"吾谓鲁君曰:'必服恭俭,拔出公忠之属而无阿私,民孰敢不辑!'"见郭庆藩辑,王孝鱼整理:《庄子集释》第二册,北京:中华书局1961年版,第430页。
③ 李民寏著,徐恒晋校释:《栅中日录校释建州闻见录校释》,《清初史料丛刊》第八、九种,辽宁大学历史系1978年,第44页。
④ 赵尔巽等:《清史稿》,北京:中华书局1998年版,第62页。
⑤ 赵尔巽等:《清史稿》,北京:中华书局1998年版,第63页。
⑥ 杨伯峻译注:《孟子译注》,北京:中华书局1960年版,第80页。
⑦ 赵尔巽等:《清史稿》,北京:中华书局1998年版,第64页。
⑧ 《清初史料丛刊第三种——清太宗实录稿本》,辽宁大学历史系1978年影印本,第54页。

家为奴。宁完我入直文馆之后,又推荐鲍承先等人,凡此诸人,均为皇太极政权的恢廓壮大建殊大功勋。努尔哈赤也曾对龚正陆、范文程等人优礼有加,但是真正从精神气质上亲近汉文化,倾心委任汉人文士的,却要从皇太极开始。《清史稿·范文程传》记云:"文程所典皆机密事,每入对,必漏下数十刻始出;或未及食息,复召入。"① 不管是身边文人士子的尽力推荐,还是皇太极自己对科试选拔贤才,抚慰凝聚人心的重要作用有深刻认识,总之,皇太极的这次考试既拔擢了二百余名各族生员,也对缓解民族矛盾起到了重要作用。努尔哈赤曾经敦勉执政诸人推荐贤才,而皇太极所做的则是从制度层面而非人情方式去选贤任能,有效避免了干谒奔竞和市恩贾义。

当然,皇太极对汉人文士的亲近,是源于其经国治世的杰出才华,而非如金熙宗完颜亶一样,似乎更痴迷于汉人的雅歌儒服、琴棋书画。范文程等汉人文士向皇太极所献谋的,也是如何统一区夏,安定百姓,而非进以"宫室、服御、妃嫔、禁卫之盛"②。皇太极在亲近文士的同时,也清楚地知道文武各有其用,不可单赖其一。以皇太极写给朝鲜国王李倧的书信为例,当需要以儒家大义进行劝服之时,儒者之言即为不易之真理,书云:

> 尔国每以南朝为天子,君也父也;其余皆属夷,小民也。殊不知明朝朱姓之祖宗,果系皇帝苗裔乎?古云:"天下者,非一人之天下;乃天下人之天下。"诚哉是言也。匹夫有大德即为天子,天子若无德,即为独夫……是故大辽,乃东北之夷,而为天子;大金以东夷,灭辽举宋,而有天下;大元以北夷,混一金宋,而有天下;明朝洪武乃黄觉寺僧,而有元之天下。考此诸国主天下时,尔朝鲜世修职贡。由此推之,则天下惟有德者主之耳,奚在继世者始有天下乎?③

当朝鲜文臣阻抑两国达成结盟,反对降顺满洲之时,则宣谕之曰:

> 彼书生既败两国之好,大兴争战之端,将令此书生搦管前驱乎?抑令诸军

---

① 赵尔巽等:《清史稿》,北京:中华书局1998年版,第2412页。
② 宇文懋昭撰,崔文印校证:《大金国志校证》,北京:中华书局1986年版,第151页。
③ 《清初史料丛刊第三种——清太宗实录稿本》,辽宁大学历史系1978年影印本,第20页。

荷戈以战乎？设军民罹祸,此书生讵能操儒者之言以相救乎？[1]

朝鲜作为明朝的藩属国,一直视明帝如君如父,虽然惮于满洲的军事实力,但其实很难从心底真正跨越胡虏视之的障碍,与清朝结成统一战线。皇太极恩威并用,一边不断赏赐恩徕,一边又加以威胁利诱。皇太极既重视文士以求聚拢人心,对儒家王政之德推崇备至并积极致用,同时又秉持兵革之利对威天下不可或缺的观念,的确称得上深谙允文允武之精髓。

皇太极承努尔哈赤之志,或谓代表当时满洲贵族整体利益,继续着手实施征明大业。此时皇太极的出师理由,已与努尔哈赤时要报"七大恨"不同,而是升级为"朕承天命,兴师伐明"[2]。曾经蕞尔小邦的报仇雪恨,在儒家文化战争观的影响下,通过彰显道德使命意识,为己方争取战争道义的合理性。因为"兵出无名,事故不成","明其为贼,敌乃可服"[3](《汉书·高帝纪》)。与顺承天命的口吻相承,皇太极也要尽力体现"仁者无敌"的气象和识度。皇太极谕令:"拒者戮,降者勿扰。俘获之人,父母妻子勿使离散。勿淫人妇女,勿褫人衣服,勿毁庐舍器皿,勿伐果木,勿酗酒。违者罪无赦。固山额真等不禁,罪加之。"[4]在攻打遵化过程中,蒙古兵扰害罗文峪民众,皇太极严令,掠夺归降城堡财物者斩,擅自杀害降民者抵罪,强取民物,加倍偿还。然而由于满洲"衣服极贵,部落男女殆无以掩体……战场僵尸,无不赤脱,其贵衣服可知"[5](《建州闻见录校释》),不久仍复有蒙古兵杀人褫夺其衣,皇太极令人射杀之。当然,由于战争的残酷性及其难以完全掌控,满洲军队所过之处,其实也很难完全做到令行禁止。而且从皇太极的心态上来说,他有时候也默许军队能够"有所收获",所以其带给汉族普通百姓的痛苦,也是毋庸讳言的。

随着与明兵接连作战得胜及大片土地的获得,皇太极对待汉人的心态渐渐发生了实质性的改变。天聪四年即明崇祯三年(1630),皇太极谕令:"天以明土地人民予我,其民即吾民,宜饬军士勿加侵害,违者治罪。"[6]长期以来,北方游牧游猎民

---

[1] 《清初史料丛刊第三种——清太宗实录稿本》,辽宁大学历史系1978年影印本,第93页。
[2] 赵尔巽等:《清史稿》,北京:中华书局1998年版,第64页。
[3] 班固撰,颜师古注:《汉书》卷一上,北京:中华书局1962年版,第34页。
[4] 赵尔巽等:《清史稿》,北京:中华书局1998年版,第64页。
[5] 李民寏著,徐恒晋校释:《栅中日录校释 建州闻见录校释》,《清初史料丛刊》第八、九种,辽宁大学历史系1978年影印本,第44页。
[6] 赵尔巽等:《清史稿》,北京:中华书局1998年版,第65页。

族诸如东胡、匈奴、鲜卑、突厥、回纥、契丹等等,常常在物资匮乏之时越过长城,深入农牧交集区域甚至是中原内地恣纵抢掠。其视农耕文化下的居民,往往如待宰之肥羊。金代女真人虽以中国之主自许,但是其统治区域局限于北方,而且金代虽然也算人文蔚兴,但在尽伦尽制的内圣外王冀求中,表现出一定程度上的知易行难。蒙古统治者始终在精神气质上亲近蒙古文化,明确将百姓划分为"蒙古、色目、汉人、南人"四等,自然不能寄希望于他们对四等民众一视同仁。"诸蒙古人与汉人争,殴汉人,汉人勿还报,许诉于有司"①(《志第五十三·刑法四·斗殴》),"诸蒙古人因争及乘醉殴死汉人者,断罚出征,并全征烧埋银"②(《志第五十三·刑法四·杀伤》),这样触目惊心的民族压迫政策,赫然出现在元代的国家法典之中。

当然,终清一代,满族人在社会地位、仕途机遇以及福利保障上也优厚于汉人,但是这些都是相对隐形层面的选择性看待,而非专意赋予满人明确的高于汉人的法律特权。相反,"满蒙一体""满汉一家",倒是清朝官方着意宣扬的政治主张。以努尔哈赤论,也许是因为他并未真正看到即将取代明朝皇帝,入主中原的希望,所以即便对待辽西地区的汉人,都难以称得上是"近者悦,远者来"③(《论语·子路》)。但到皇太极时,由于崇祯皇帝的刚愎猜疑和大臣们的各图自保,大明王朝已经犹如盲马所驾之敝车,日益驰向万劫不复之深渊。满洲定鼎中原的梦想虽然尚未实现,但黎明前的曙光已经照耀着皇太极和矢志团结的满洲贵族。所以皇太极对待已经或者即将成为满洲政权统治下的汉人百姓,有"其民即吾民"的珍惜感,才会认为:"财帛不足喜,惟多得人为可喜耳。"④同时,也只有从内心订立了依靠汉人,在汉地建立长远统治的追求和打算,才能真正从心态上贴近以儒家文化为重要表征之一的汉文化。

中国有历史悠久的史学传统,历代政权都比较注重以史为鉴。从南北朝开始,把皇帝的政令、言行编为实录,已逐渐成为定制。但由于儒家文化亲疏等差的分别,坦白直率的标准往往是"父为子隐,子为父隐——直在其中矣"⑤(《论语·子路》)。所以本来就颇有"史氏有事涉君亲,必言多隐讳"⑥(《史通·曲笔第二十

---

① 宋濂等:《元史》卷一百五,北京:中华书局1976年版,第2673页。
② 宋濂等:《元史》卷一百五,北京:中华书局1976年版,第2675页。
③ 杨伯峻译注:《论语译注》,北京:中华书局2009年版,第137页。
④ 赵尔巽等:《清史稿》,北京:中华书局1998年版,第65页。
⑤ 杨伯峻译注:《论语译注》,北京:中华书局2009年版,第137页。
⑥ 刘知几撰,浦起龙通释:《史通》,上海:上海古籍出版社2015年版,第183页。

五》)的痼疾,倘使君主再如北魏世宗元恪一般"尝私敕肇,有所降恕"①,未必史官皆能如游肇一般坚执不从,秉笔直书。唐太宗李世民曾因为好奇,向褚遂良索要自己的《起居注》观看,所幸被褚遂良严词拒绝。虽然贤如唐太宗,不会像北魏太武帝拓跋焘一样,因崔浩秉笔直书而冤杀之,相反唐太宗之后反而要求史官不加隐讳,如实记载玄武门之变。但是若非贤良中正如褚遂良者,也难保会有人曲笔阿世,谀辞媚主。

天聪五年即明崇祯四年(1631),皇太极幸文馆,入库尔缠直房,问其所修何书,库尔缠答为"记注所行政事"之书。皇太极曰:"如此,朕不宜观。"②(《清史稿·太宗本纪》)皇太极对史职的尊重和自觉回避,是对儒家济古维来文化传统的顺承,也是对民心公论和历史道义的敬畏。皇太极又览达海所译《武诠》(《东华录》作《武经》),见其中"投醪饮河"故事,叹曰:"古良将体恤士卒,三军之士乐为致死。若额附顾三台对敌时,见战士殁者,以绳曳之归,安能得人死力乎!"③(《清史稿·太宗本纪》)历代统治者,皆重视"善可为法,恶可为戒"④(司马光《进〈资治通鉴〉表》)的史鉴传统,皇太极对嘉善矜恶的追求,不单单是出于取是舍非的道德追求,更多的是出于治国层面的积极思考。

也许是皇太极对儒家维护君权的特殊作用有深刻认识,抑或说他对儒家文化有真正心灵上的亲近,所以总会利用机会甚至创造借口以推行儒学。祖大寿据守大凌河,一开始拒不投降,其中担心重蹈白养粹等降顺之后被阿敏、硕讬所杀,城中士民尽被屠戮覆辙的因素占很大比重。因为满洲兵"先年克辽东、广宁,诛汉人拒命者,后复屠永平、滦州,以是人怀疑惧,纵极力晓谕,人亦不信"⑤。但是皇太极利用此次机会,宣谕:"我兵之弃永平四城,皆贝勒等不学无术所致。顷大凌河之役,城中人相食,明人犹死守,及援尽城降,而锦州、松、杏犹不下,岂非其人读书明理尽忠其主乎?自今凡子弟年十五岁以下、八岁以上,皆令读书。"⑥

皇太极之外,当时的满洲贵族统治阶层比如阿敏、硕讬等,颇多信奉弱肉强食的赳赳武夫,不乏对儒家文化及文人士子谈不上好感之人。而皇太极对儒学及官

---

① 魏收:《魏书》,北京:中华书局1974年版,第1218页。
② 赵尔巽等:《清史稿》,北京:中华书局1998年版,第66页。
③ 赵尔巽等:《清史稿》,北京:中华书局1998年版,第66页。
④ 司马光著,李之亮笺注:《司马温公集编年笺注》第6册,成都:巴蜀书社2009年版,第87页。
⑤ 蒋良骐撰,鲍思陶、西原点校:《东华录》,济南:齐鲁书社2005年版,第29页。
⑥ 赵尔巽等:《清史稿》,北京:中华书局1998年版,第67页。

学教育的崇弘,则对满洲教化氛围的文蔚起到了重要推动作用。不仅是满洲的政治国策日益趋近儒家文化,在社会风俗及民间信仰的世俗层面,也发生了明显变化。皇太极禁止私立庙寺,喇嘛僧人违律者勒令还俗,原本深受满洲百姓崇信的萨满教也越来越受到上至官方,下至民众的理性质疑。皇太极下令:"满洲、蒙古、汉人端公道士,永不许与人家跳神拿邪、妄言祸福,蛊惑人心。若不遵者杀之,用端公道士之家,出人赔偿。"①这里虽然没有明言萨满教之名,但是连类而及,对萨满教的贬斥不言而喻。

天聪八年即明崇祯七年(1634),初命礼部考试,满、汉人通满、汉、蒙古语者,擢取刚林等十六人为举人。次年,命文馆翻译宋、辽、金、元四史。因为此年八月皇太极偶然获得元顺帝传国玉玺,被认为是皇权天授,满洲各旗主贝勒遂积极向皇太极劝进。明崇祯九年(1636),皇太极称帝,改元崇德,改后金为大清。各行政机构或从无到有,或加以改善。不仅设置了旨在纠弹缺失的都察院,还遣官祭拜孔子,力图在政治气象上与帝王之业相伴。当然,在吸取中原文化优胜因素的同时,皇太极也始终保持着不可盲目全盘照搬汉文化的警惕意识。比如在读到《金史》中的金世宗时,皇太极感叹道:

> 朕读史,知金世宗真贤君也。当熙宗及完颜亮时,尽废太祖、太宗旧制,盘乐无度。世宗即位,恐子孙效法汉人,谕以无忘祖法,练习骑射。后世一不遵守,以讫于亡。我国娴骑射,以战则克,以攻则取。往者巴克什达海等屡劝朕易满洲衣服以从汉制。朕惟宽衣博袖,必废骑射,当朕之身,岂有变更。恐后世子孙忘之,废骑射而效汉人,滋足虑焉。尔等谨识之。②

因为金人是满洲的先世,所以尤为皇太极所效法借鉴。在金戈铁马的冷兵器时代,胡服骑射一直是制敌的有利因素,战国时期的赵武灵王也曾经力排众议效法模仿。金代女真人多有效仿汉人装束者,致使骑射技艺渐疏。吸取这一前车之鉴后,皇太极谕令礼部,若"有效他国衣冠束发裹足者,重治其罪"③。而终清一代,国语骑射也一直是不可移易的国策。

---

① 《清初史料丛刊第三种——清太宗实录稿本》,辽宁大学历史系1978年影印本,第13—14页。
② 赵尔巽等:《清史稿》卷三《太宗本纪》,北京:中华书局1998年版,第72页。
③ 蒋良骐撰,鲍思陶、西原点校:《东华录》,济南:齐鲁书社2005年版,第37页。

皇太极称帝之后，清一直胶着于与明廷的战事，凭借精娴骑射和勠力同心，逐渐在对峙中将明朝的元气消耗殆尽。洪承畴、祖大寿等，终因势尽而于崇德七年即明崇祯十五年（1642）实意降清。关于洪承畴投降时的情形，《清史稿·太宗本纪》记云：

> 上问承畴曰："明帝视宗室被俘，置若罔闻。阵亡将帅及穹蹙降我者，皆奴戮之。旧规乎？抑新例乎？"承畴对曰："昔无此例，近因文臣妄奏，故然。"上曰："君暗臣蔽，枉杀至此。夫将士被擒乞降，使其可赎，犹当赎之，奈何戮其妻子！"承畴曰："皇上真仁主也。"①

汉武帝时，李陵被匈奴所虏，本不欲真心投降，后因父母妻子皆被屠戮，反迫其真意降顺。明朝末苦于战乱，崇祯皇帝自顾尚且不能，无暇顾及被俘宗室，倒也情非得已。与崇祯的务虚名而处实祸相承，明末士夫亦多躁竞气矜，"噍杀恚怒之音多，顺成啴缓之音寡"（钱谦益《施愚山诗集序》）②。政治暴虐所致的戾气，充斥于明末一众士人学子的腹心。关于当时的社会氛围，赵园在《说"戾气"——明清之际士人对一种文化现象的批判》中描述为："平居贫，临难死，且是可不贫之贫，非必死之死——似与生命有仇，非自戕其生即不足以成贤成圣。"③这种对己对人都很苛刻的生命态度，致使明廷上至帝王，下至官员百姓，对被俘投降之人及其家人亲属难以宽容。王夫之曾在《宋论》中盛赞赵匡胤"以宽大养士人之正气"④。赵匡胤虽出身武职，但是却定下了有宋一代崇尚文治和优待士人的传统。皇太极的崇儒佑文虽或不及赵匡胤之敬惧勤谨，但是值明代朝堂"上积疑其臣而蓄以奴隶，下积畏其君而视同秦越"⑤（《子刘子学言》卷一）的离心之际，其宽厚仁和之政还是颇为人所称赏的。所谓"王道本乎人情。又曰'人情即天理'"⑥（《子刘子学言》卷一），如能善养民心士气，自然万姓归之如流水。

---

① 赵尔巽等：《清史稿》，北京：中华书局1998年版，第76页。
② 施闰章撰，何庆善、杨应芹点校：《施愚山集》第四册，合肥：黄山书社1993年版，第246页。
③ 赵园：《赵园自选集》，桂林：广西师范大学出版社1999年版，第248页。
④ 王夫之著，舒士彦点校：《宋论》，北京：中华书局1964年版，第5页。
⑤ 黄宗羲著，沈善洪主编：《黄宗羲全集》第一册，杭州：浙江古籍出版社1985年版，第276—277页。
⑥ 黄宗羲著，沈善洪主编：《黄宗羲全集》第一册，杭州：浙江古籍出版社1985年版，第276页。

皇太极于崇德八年即明崇祯十六年(1643),无疾而终。虽然当时清朝尚未实现入关定鼎中原的宏图大业,但是清世祖顺治皇帝即位翌年,关内外即归于统一,不能不归功于皇太极时期的励精图治,从而奠定王政之始基。清前期的八旗王公贵族,骄纵不法之事时有,皇太极总是着意弹压,不甚以其为满洲勋戚,有开国之功而刻意庇护开脱。相反,成为"天下共主"的理想总是激励皇太极敦本务农桑,戒谕诸王贝勒以"治生者务在节用,治国者重在土地人民"①。

　　自然,皇太极之善行,有些是源自兄弟子侄、大臣之谏诤,不能掠众人之美而尽归其一人。有时其所行也不能尽如其所自我标榜,但他继努尔哈赤之后,从其父"草创之武夫,有秋霜烈日之威",一变而为"颇具开阔之胸度,饶春风和畅之情"②。保存满族风俗的同时,优待汉人,崇儒兴学,大大加快了满洲汉化的脚步,由是才能进一步奄有中原,文教蔚兴。

(作者单位:浙江越秀外国语学院)

---

① 赵尔巽等:《清史稿》,北京:中华书局1998年版,第77页。
② 萧一山:《清代通史》上册,北京:商务印书馆民国二十一年(1932)版,第205—206页。

论梅尧臣的儒、释、道三教思想

涂序南

经历晚唐五季之山河动荡,人心思治。太祖赵匡胤顺时应势,使天下重归一统。为避免重蹈藩镇坐大、武人擅权之覆辙,宋廷制定了佑文抑武的治国方略。终宋一代,虽然边患严重,但是文化繁荣,创造了彪炳史册的宋代文化景观,其在中国文化史上与唐代文化双峰并峙。在思想领域,言路宽松,儒学复兴,佛道亦得到发展,三教呈进一步合流趋势。张宏生在《宋诗:融通与开拓》中说:"北宋建国以后,儒学复兴,文化昌明,但思想却并没有定于一尊,人们可以在一个多元的文化格局中,比较自由地阐述自己的思想,选择自己的宗奉,而不必担心受到粗暴的干涉。因此,社会比较开放,有着一定的自由度。这可以从以下几个方面看出来。首先,从唐代而来的三教合流倾向进一步发展……"[1]王水照亦言:"宋代是中国思想史上继先秦、汉、魏晋、唐之后的又一高潮所在,儒、释、道三家合流是其时的一个基本趋向。"[2]三教合流,在宋诗开创者梅尧臣身上亦有明显的体现。儒家积极进取、治国平天下的理想是诗人奋身仕途、爱国忧民的不竭动力。佛教的随缘任运和道家的乐天知命的思想给诗人以人生不得意时精神的慰藉和超脱。本篇就其沾溉三家而又有所融会的思想状况加以梳理、分析。

---

[1] 张宏生:《宋诗:融通与开拓》,上海:上海古籍出版社2001年版,第131页。
[2] 王水照主编:《宋代文学通论》,开封:河南大学出版社1997年版,第18页。

一、我世本儒术

梅尧臣的人生观兼容儒、释、道思想。对于三教的关系,他在《题三教圆通堂》诗中说:"处中最灵智,人与天地参。其间有佛老,曷又推为三。共以圆通出,诚明自包含。排楹压文础,焕采涂朱蓝。而将置吾儒,复欲笼彼聃。二徒不自晓,恬若均笑谈。"①尧臣以一种诙谐的口吻谈到宋代三教融通、合流的情况,并表明了自己的儒者身份,然而诗人是秉持以儒为主、兼容释道的颇为圆通的态度的。梅尧臣在诗文中多次申明自己的儒家立场。康定元年,《依韵和李君读余注孙子》云:"我世本儒术,所谈圣人篇。圣篇辟乎道,信谓天地根。"②在国难当头之时,尧臣注释《孙子兵法》献给朝廷,意欲为国尽力,体现了对儒家思想的积极践行。庆历七年,《新息重修孔子庙记》云:"鸣呼,孔子之道与天地久,与日月昭,一郡一邑之庙,不足以光显厥德,报厥功也。"③则体现了梅尧臣对儒家创始人孔子及孔子之道的尊崇。嘉祐元年,《送薛氏妇归绛州》云:"为妇若此能,乃是儒家子。"④薛氏妇即梅尧臣之女。由此可知,梅尧臣无论是在早年还是在晚年,儒家思想都始终占据其思想的核心位置。梅尧臣以儒者身份自居,然而他反对徒作空言的"俗儒"和欺世盗名的"盗儒",《送张推官洞赴晏相公辟》云:"岂是为俗儒,空言事夸大。"⑤《明经试大义多不通有感依韵和范景仁舍人》云:"明经与进士,皆欲取公卿。自是俗儒陋,非于吾道轻。昔由羔雁聘,今乃草莱并。不措一辞去,缘何禄代耕。"⑥《盗儒》云:"其衣乃儒服,其说乃墨夷。天生物一本,今尔二本为。尔忍不葬亲,委以饱狐狸。吾心则孟子,不听尔矢辞。"⑦梅尧臣注重的是儒家思想中心忧天下、关怀民生的精神和情怀。据笔者统计,梅尧臣现实题材的各类诗歌约有126首,虽然占其诗歌总量的比重不高(4%),但是绝对数量亦颇可观,远胜同时流辈,如《田家》《陶者》《田家语》《汝坟贫女》《小村》等皆是忧时悯民的现实主义名作。

---

① 梅尧臣著,朱东润编年校注:《梅尧臣集编年校注》卷二一,上海:上海古籍出版社2006年版,第576页。(以下简称书名和页码,不再另注出处)
② 《梅尧臣集编年校注》卷一〇,第160页。
③ 《梅尧臣集编年校注》卷一七,第415页。
④ 《梅尧臣集编年校注》卷二六,第889页。
⑤ 《梅尧臣集编年校注》卷二一,第565页。
⑥ 《梅尧臣集编年校注》卷二七,第935页。
⑦ 《梅尧臣集编年校注》卷二五,第799页。

儒家思想对梅尧臣的影响还体现在诗人对科举、功名的追求和态度中。儒家讲求社会责任，要求士大夫齐家治国平天下，以积极的入世精神参与社会政治，而科举几乎是宋代士人入仕的唯一途径。宋朝是一个极其重视科举的时代。新科进士尹洙曾如此形容及第时的荣耀："状元登第，虽将兵数十万，恢复幽蓟，逐强敌于穷漠，凯歌劳还，献捷太庙，其荣亦不可及也。"①梅尧臣在诗中也屡有表述，如《送谢寺丞新赐及第赴扶沟宰》云："世所重登科，如君特才选。丽赋惊宗工，妙誉动京辇。"②《杂言送王无咎及第后授江都尉先归建昌》云："白袍来，黄绶回。来跨蹇驴回跨马，麻源三谷桂花开。"③及第前后的处境判若两人。《送张山甫秘校归缑氏》云："去年来折桂，今年来娶妇。得意春风前，还家寒食后。"④及第后衣锦还乡，真所谓"春风得意马蹄疾，一日看尽长安花"。《送林大年殿丞登第倅和州》云："败亡项籍江边庙，应愧文场战胜来。"⑤表明即使昔日英雄盖世的西楚霸王如果面对今日的文场状元也会汗颜。在这样的社会氛围中，梅尧臣自然也与大多数士人一样，企图蟾宫折桂，实践功业抱负。然而不幸的是，他始终没有考取进士。梅尧臣参加过多少次科举考试，史无明载，但景祐元年他应进士举下第后，就再也没有参加过科考。场屋的失败对梅尧臣影响甚巨，失意之情时有流露。景祐元年下第不久，尧臣作《西宫怨》诗，借美人失宠来抒愤懑、哀怨之情："汉宫中选时，天下谁为校。宠至莫言非，恩移难恃貌。一朝居别馆，悔妒何由效。买赋岂无金，其如君不乐。"⑥同年，《外兄施伯侃下第赴并门叔父招》云："共是干时者，同为失意人。"⑦然而科举的失败并未浇灭尧臣的用世之心和功名之念，仕途坎壈，遂常有壮志难酬之感、岁华虚度之叹。《依韵和陈秘校见寄》云："郁郁东堂桂，常期接袂攀。羽翰殊不及，蓬苹却空还。江水几经岁，鉴中无壮颜。"⑧《寄汶上》云："大第未尝身一至，人猜巧宦我应非。弹冠不读《先贤传》，说剑休更短后衣。瘦马青袍三十载，故人朱毂几多违。功名富贵无能取，乱石清泉自忆归。"⑨诗人眼看着故人多取功名富贵，而自己仍然"大第未尝身一至"，依然是"瘦马青袍"，心中不免感伤，然而所谓"乱石清

---

① 田况：《儒林公议》，《四库全书·子部》第1036册，北京：中华书局2016年版，第278页。
② 《梅尧臣集编年校注》卷一五，第295页。
③ 《梅尧臣集编年校注》卷二七，第961页。
④ 《梅尧臣集编年校注》卷二八，第1002页。
⑤ 《梅尧臣集编年校注》卷二九，第1096页。
⑥ 《梅尧臣集编年校注》卷四，第57页。
⑦ 《梅尧臣集编年校注》卷四，第58页。
⑧ 《依韵和陈秘校见寄》，《梅尧臣集编年校注》卷八，第126页。
⑨ 《梅尧臣集编年校注》卷一五，第274页。

泉自忆归",实则是诗人生不逢时、无可奈何之言。庆历八年,梅尧臣授国子博士,赐绯衣银鱼,有诗《赐绯鱼》表达兴奋激动之情:"蹉跎四十七,腰间始悬鱼。茜袍虽可贵,发短齿已疏。儿女眼未识,竞来牵人裾。不知外朝众,君恩惭有余。"①然而,诗人对自己未能由科举正途出身始终耿耿于怀,同年,《和淮阳燕秀才》云:"我官忝博士,曾昧通经术。前因辟书来,亦不习文律。循旧临学宫,虎革被羊质。倚席未能讲,占牍聊置日。朴钝既若兹,愧彼噉枣粟。……惭予延荫人,安得结子韈。心虽羡名场,才命甘汩没。禄仕二十年,屡遭龙牓揭。在昔见麻衣,于今尽超越。是以对杯觞,谨严微敢忽。宁唯畏后生,自恨疏节骨。……归应愿生男,生男付纸笔。乃信读书荣,况即服缊韠。……"②尧臣虽已列官博士,但由门荫出仕的遗憾始终是诗人难以解开的心结。科举、仕途的不顺,常使诗人陷于仕与隐的矛盾之中,然而隐只是仕而不得的牢骚之言,是表象,仕才是内在的真实,终其一生,诗人对仕的追求,不曾间断过。这也体现了儒家思想是梅尧臣立身行事的主导。

二、喜与高僧语

梅尧臣生活在佛教日益兴盛的年代。虽然欧阳修曾撰《本论》(《欧阳修全集》卷一七)辟佛,但他后来也转变了观点。宋仁宗嘉祐年间,契嵩携专为驳斥《本论》而写的《辅教编》进京,献给皇帝,"大学者若今首揆王相、欧阳诸巨公,皆低簪以礼焉"③。另据南宋释志磐《佛祖统记》卷四十五记载,欧阳修将归庐陵,"舟次九江,因托意游庐山,入东林圆通,谒祖印禅师居讷,与之论道。师出入百家,而折衷于佛法。修肃然心服,耸听忘倦,至夜分不能已。默默首肯,平时排佛为之内销,迟回逾旬不忍去"④。其实欧阳修早年即与释子交游,如其《送昙颖归庐山》诗云:"昙颖十年旧,风尘客京都。"⑤诗题庆历元年作,他们已交往十年了,正是天圣末年,欧、梅、尹等人在西京唱和期间。实际上,宋代文人和僧徒交游蔚然成风,他们彼此诗文唱酬,评诗论艺,"僧人和士大夫结交实际上是时代的风气,在双向交流中为宋代的文化思潮注入了活力"⑥。

---

① 《梅尧臣集编年校注》卷一八,第429页。
② 《梅尧臣集编年校注》卷一八,第505页。
③ 僧文莹:《湘山野录》卷下。
④ 转引自张宏生:《宋诗:融通与开拓》,上海:上海古籍出版社2001年版,第131—132页。
⑤ 欧阳修著,李逸安点校:《欧阳修全集》卷一,北京:中华书局2001年版,第20页。
⑥ 张宏生:《宋诗:融通与开拓》,上海:上海古籍出版社2001年版,第129页。

梅尧臣平生亦喜结交僧人,正如其《访报本简长老》诗所云:"比泛苕溪来,初逢下山雨。雨收精舍出,喜与高僧语。"①元方回《名僧诗话序》云:"陶渊明于惠远,韦苏州于皎然,刘禹锡于灵澈,石曼卿于山东演,梅圣俞于达观颖,……极一时斤垩磁铁之契,流风至今。"②据刘守宜统计,"尧臣早年好与方外释子交往,终其生,与僧隐酬游,见录于《宛陵集》者,多达七十人",其中交往尤密者有达观禅师昙颖、梵才吉上人、怀贤上人、文鉴大士、可真上人、显忠上人。③ 这些僧人多是诗僧,如《僧可真东归因谒范苏州》云"谁爱杼山句,使君应姓韦"④。唐诗僧皎然居杼山,有《杼山集》十卷,尧臣将僧可真的诗与其相比。宋代僧人多能诗,就连矿坑老僧亦能诗,《访矿坑老僧》云:"解言南国事,能咏碧云篇。"⑤《吊矿坑惠灯上人》云:"自昔多诗句,而今几许存。"⑥其他,如《还文雅师书帙》云:"编绝不加新,于今十二春。绿窗重展目,静几勿生尘。"⑦《宋史·艺文志》著录《僧文雅集》一卷。《次韵和长吉上人淮甸相遇》云:"自言东越来,箧中多好诗。文字皆妥帖,业术无倾欹。前辈尝有言,清气散人脾。语妙见情性,说之聊解颐。始推杼山学,得非素所师。此固有深趣,吾心久已知。……复遗三百言,玩味自挽髭。序事尽成故,慨吟良有资。其词何亹亹,宛若对风规。泠然耸心目,不觉整官绶。重以超俗韵,顾予贱职司。是犹猿鸟情,并此驽枥卑。报投仍勉强,实谬匠者为。应哂不量力,短兵兹已疲。"⑧尧臣高度称赞长吉上人的诗歌成就,并自叹不如。当然这是谦辞,由此也可见僧人的诗艺之高超。《答新长老诗篇》云:"江东释子多能诗,窗前树下如蝉嘶。朝风暮月只自老,建安旧体谁攀跻。唯师独慕陶彭泽,奇迹仍收王会稽。此焉趣尚已不浅,更在措意摩云霓。"⑨指出新长老作诗有"措意摩云霓"的抱负。《依韵和守贤上人晚秋书事》:"我居溪之阴,早景诚所慕。开篱吐初阳,独吟神与晤。岂意方袍人,而怀此焉趣。忽枉琼玖章,无惭惠休句。"⑩《览显忠上人诗》云:"师来笑贾岛,只解

---

① 《梅尧臣集编年校注》卷一二,第204页。
② 方回:《桐江集》卷一,《续修四库全书》本,上海:上海古籍出版社2002年版。
③ 刘守宜:《梅尧臣诗之研究及其年谱》,台北:文史哲出版社1980年版,第232—239页。
④ 《梅尧臣集编年校注》卷四,第67页。
⑤ 《梅尧臣集编年校注》卷五,第86页。
⑥ 《梅尧臣集编年校注》卷七,第106页。
⑦ 《梅尧臣集编年校注》卷八,第132页。
⑧ 《梅尧臣集编年校注》卷一一,第193页。
⑨ 《梅尧臣集编年校注》卷一三,第216页。
⑩ 《梅尧臣集编年校注》卷一三,第225页。

咏嘉陵。"①梅尧臣的诗名在庆历年间即已渐著,声闻于僧道,多有僧人向其求诗问诗者,如《送师厚归南阳会天大风遂宿高阳山寺明日同至姜店》云:"老僧扫壁持笔砚,请予强此题岁年。"②《金山寺》诗序云:"薄暮返舟,寺僧乞诗,强为之句以应其请。"③《与用文师》云:"师名学佛者,何乃爱吾诗?"④其他如《答楚僧智普始与吴僧显忠来过今见二人诗进于旧矣》(卷一七)、《僧子思以卷来见》(卷二五)等亦如是。和宋代士大夫一样,宋代僧人亦多才多艺,有的旁通文史之学,尧臣诗《送良玉上人还昆山》云:"孤舟洞庭去,落日松江宿。"⑤龚明之《中吴纪闻》记载道:"昆山慧聚寺良玉字蕴之,僧行甚高,旁通文史之学,又善书,工琴棋。因游京师,梅圣俞见而喜之,以姓名闻于朝,赐以紫衣。其东归也,梅圣俞以诗送之。载此诗。"⑥有的僧人通晓音律,如《赠琴僧知白》云:"上人南方来,手抱伏羲器。颓然造我门,不顾门下吏。上堂弄金徽,深得太古意。清风萧萧生,修竹摇晚翠。声妙非可传,弹罢不复记。明日告以行,徒兴江海思。"⑦有的精于绘画,如《传神悦躬上人》云:"子诚丹青妙,巧夺造化深。妍媸必尽得,幻妄恐交侵。"⑧在某些方面,尧臣甚至认为儒、佛是相通的,如《送微上人归省天台》云:"释子怀慈母,吾儒未易轻。"⑨儒、佛都重视孝道。

梅尧臣和僧人诗文酬游甚密,其诗也有受佛教影响的痕迹,富有禅趣。如《补题东都善惠师禅斋》:"心是寒瓶水,明无宝境埃。世人何扰扰,时为一言开。"⑩类似唐代高僧慧能大师的《菩提偈》:"菩提本无树,明镜亦非台。本来无一物,何处惹尘埃。"其他如《送僧在己归秀州》"水天闻唳鹤,不复有尘埃"⑪,《送祖印大师显忠》"渡江见海月,秋光上遥林。团团冰玉盘,莹然如禅心"⑫等,遣词用语都受佛家影响,立意构思也充满了佛理禅趣。又如《俨上人粹隐堂》云:"十年不出户,世事

---

① 《梅尧臣集编年校注》卷二七,第 990 页。
② 《梅尧臣集编年校注》卷一〇,第 170 页。
③ 《梅尧臣集编年校注》卷一一,第 191 页。
④ 《梅尧臣集编年校注》卷一八,第 446 页。
⑤ 《梅尧臣集编年校注》卷二八,第 1044 页。
⑥ 龚明之:《中吴纪闻》,文渊阁《四库全书》本。
⑦ 《梅尧臣集编年校注》卷九,第 150 页。
⑧ 《梅尧臣集编年校注》卷一三,第 226 页。
⑨ 《梅尧臣集编年校注》卷二九,第 1099 页。
⑩ 《梅尧臣集编年校注》卷二五,第 763 页。
⑪ 《梅尧臣集编年校注》卷二八,第 1021 页。
⑫ 《梅尧臣集编年校注》卷二八,第 1021 页。

皆划锄。时无车马游,焚香坐读书。有堂曰粹隐,惟见安且舒。心远迹非远,岁月速轮舆。寓目暂为实,过者即为虚。譬若开是室,终日于此居。欲问昨日事,已觉今日疏。明朝却视今,复与前何如。聊悟此中乐,犹观濠上鱼。"①梅尧臣将佛家的时间观和道家的濠上之辩结合起来,以儒者的贞定之心去看待光阴之易迁,儒释道三者融而为一。张文利《理禅融会与宋诗研究》说:"梅尧臣的平淡诗风,开了宋诗尚平淡风气之先,而这一风格的形成,与理学思想的萌芽和习禅的社会风气有一定的关联。"②将梅诗平淡风格的形成与习禅的社会风气联系起来,也正是看到了二者之间的联系。

由于佛教思想的影响,梅尧臣时起山林之念。天圣九年,梅尧臣初登诗坛即在《元政上人游终南》诗中说:"若见采芝人,余非恋微禄。"③庆历元年,《金山芷芝二僧携茗见访》云:"一游江山上,日日吟不足。……还将尘虑涤,自愧冠缨束。"④《淮南遇梵才吉上人因悼谢南阳畴昔之游》:"久已厌宦旅,故兹归江南。始时遽辞邑,不及事春蚕。……曷不念旧隐,山水唯素耽。我从湖上去,微爵轻子男。"⑤《次韵和长吉上人淮甸相遇》:"天台况奇胜,日夕劳梦思。尚忝齿缨绥,终年趋路歧。俯愧渊中鱼,游泳水之湄。仰羡云间鸳,凌厉辞絷维。居常起斯念,未去情不怡。"⑥《说上人游庐山》云:"夙怀高世趣,固足林壑情。欲游名山遍,遂为庐岳行。……洗荡万古虑,薰蒸千载名。我今滞孤宦,空羡瓶锡轻。"⑦《寄题梵才大士台州安隐堂》表达了尧臣对僧人无拘无束之境界的向往:"好鸟时一呼,澄明望寥廓。诗兴犹不忘,禅心讵云著。所以得自然,宁必万缘缚。未能与之游,怀慕徒有作。"⑧僧侣如闲云野鹤,云游四方,无拘无束,可以饱览风景名胜,而寺院多在山水清幽的名山胜地。梅尧臣素爱山水自然,其诗集中记游诗达483首之多,占诗歌总量的17%,性情志趣正与佛徒僧侣相投合,再加上梅尧臣仕途坎壈蹭蹬,时起山林之念就自然而然了。但是主观上的向往并不等于客观上的行动,忧济天下的儒者情怀毕竟是诗人思想的主导方面。因此,尧臣的思想时时陷于仕与隐的矛盾之中。

---

① 《梅尧臣集编年校注》卷一五,第298页。
② 张文利:《理禅融会与宋诗研究》,北京:中国社会科学出版社2004年版,第226页。
③ 《梅尧臣集编年校注》卷一,第18页。
④ 《梅尧臣集编年校注》卷一一,第192页。
⑤ 《梅尧臣集编年校注》卷一一,第192页。
⑥ 《梅尧臣集编年校注》卷一一,第193页。
⑦ 《梅尧臣集编年校注》卷一三,第224页。
⑧ 《梅尧臣集编年校注》卷一二,第196页。

虽然梅尧臣与僧人往还密切,但是他受佛教思想的影响还是有限的。庆历三年,《送梵才吉上人归天台》比较具体地阐明了他对佛教的态度:"顷余游巩洛,值子入天台。当时群卿士,共羡出氛埃。荏苒逾一纪,却向人间来。问子何为尔,言兴般若台。虽将发愚暗,般若安在哉。此教久已炽,增海非一杯。我言亦爝火,岂使万木灰。盖欲守中道,焉能力损裁。子勿疑我言,遂以为嫌猜。忽闻携锡杖,思向石桥回。城霞与琪树,璨璨助诗才。嘉辞遍入口,幸足息岩隈。"①"盖欲守中道,焉能力损裁",梅尧臣对佛教持的是中立态度,比较理智,他既羡慕僧人如闲云野鹤般自由,又能不崇佛、佞佛。如前所述,儒家思想始终是梅尧臣思想的核心,如《依韵和达观禅师山中见寄》云:"孔孟久殁言可师,千古布散叶与枝。今来闭户自有趣,世上沄沄非我为。"②视孔孟为万世师表。儒家思想的核心价值观"仁义"亦时时出现在描写梅尧臣与僧人交往的诗中,如《答了素上人用其韵》:"尔寻远公去,挈钵庐峰下。我趋仁义急,不解如陶谢。"③《寄金山昙颖师呈永叔内翰》:"江中峨峨山,上有道人住。风涛响殿阁,云雾生席屦。道人如不闻,道人如不顾。谁能识此心,来往只鸥鹭。京洛三十年,尘埃一相遇。我与信都公(按:指欧阳修),已落衣冠故。平生守仁义,齿发忽衰暮。世事不我拘,自有浩然趣。未(朱东润校云:疑当作"末")由逢故人,坐石语平素。"④尧臣既仰慕释子如鸥鹭般浩然逸趣,又旗帜鲜明地表明了自己的儒家立场。嘉祐四年,《长歌行》探讨了对待死亡的态度:"世人何恶死,死必胜于生。劳劳尘土中,役役岁月更。大寒求以燠,大暑求以清。维馁求以馆,维渴求以觥。其少欲所惑,其老病所婴。富贵拘法律,贫贱畏笞榜。生既若此苦,死当一切平。释子外形骸,道士完髓精。二皆趋死途,足以见其情。遗形得极乐,升仙上玉京。是乃等为死,安有蜕骨轻。日中不见影,阳魂与鬼并。庄周谓之息,漏泄理甚明。仲尼曰焉知,不使人道倾。此论吾得之,曷要世间行。"⑤程杰师对此诗分析道:"通过儒、释、道三家比较否定了释、道两家的出世永生之术,认定庄子不以为意、孔子付诸阙如的态度最为可靠。这是一种典型的理性主义的态度。从容的理性讨论中体现出作者面对人生大限平静、淡泊的心境。"⑥儒家的理性主义态度,是尧臣思考世事、人生问题时的角度。

---

① 《梅尧臣集编年校注》卷一三,第219页。
② 《梅尧臣集编年校注》卷二〇,第540页。
③ 《梅尧臣集编年校注》卷二五,第804页。
④ 《梅尧臣集编年校注》卷二九,第1130页。
⑤ 《梅尧臣集编年校注》卷二九,第1074—1075页。
⑥ 程杰:《北宋诗文革新研究》,呼和浩特:内蒙古教育出版社2000年版,第142页。

三、老氏吾将师

道教在宋代亦受到统治者极度的推崇,宋真宗曾上演天书的闹剧。然而相比僧人而言,梅尧臣与道士的交往要少得多,仅见《修真观李道士年老贫饿无所依忽缢死因为诗以悼之》(卷七)一诗。梅尧臣受道家思想的影响也很深,这主要体现在他对老庄、周易哲学的崇奉上。如景祐元年,梅尧臣应进士举下第,作《拟王维偶然作》云:"嵇康任天性,傲散喜端居。自云安卑者,窃比老庄与。……一曲情自寄,一杯欢有余。尚子志所慕,阮生甘不如。黄精可养寿,广泽宜睹鱼。不堪行作吏,章服裹猿狙。"①梅尧臣倾慕嵇康傲散不羁的个性,魏晋时人崇尚玄学、清谈,其源头可溯源到老庄,诗人科场失意,遂从老庄思想中寻求精神慰藉。庆历六年,《睡意》云:"少时好睡常不足,上事亲尊日拘束。夜吟朝诵无暂休,目眥生疮臂消肉。今逾四十无所闻,又况丧妻仍独宿。虚堂净扫焚清香,安寝都忘世间欲。花时啼鸟不妨喧,清暑北窗聊避燠。叶落夜雨声满阶,雪下晓寒低压屋。四时自得兴味佳,岂必锵金与鸣玉。万事易厌此不厌,真可养恬无夭促。且梦庄周化蝴蝶,焉顾仲尼讥朽木。人事几不如梦中,休用区区走荣禄。"②梅尧臣仕途不偶,又兼丧妻之痛,寡居独处,道家超脱达观的思想正可有效地抚平诗人心灵的创伤。同年,《合流河堤上亭子》反映了诗人同样的心理状态:"隔河桑榆晚,蔼蔼明远川。寒渔下滩时,翠鸟飞我前。山药植琐细,野性仍所便。令人思濠上,独咏庄叟篇。"③皇祐四年,《上元雪》云:"春雪如蝴蝶,春灯如百花。漫漫飞不已,愁杀千万家。我今无复梦,拥被读《南华》。"④此时,梅尧臣正监永济仓,任凭窗外雪花飞舞,我自平静自若,体现了道家经典《南华》对诗人心态的显著影响。皇祐五年,《赴刁景纯招作将进酒呈同会》云:"著书欲传道,未必如孔丘。当时及后代,见薄彼聃周。功名信难立,德行徒自修。劳劳于我生,蒂挂如赘疣。不如听邻笛,就其举杯瓯。……计较无以过,试共阮籍谋。"⑤诗人感慨功名之难立,德行之徒修,阮籍的诗酒狂放遂使诗人产生共鸣。梅尧臣晚年对《易经》产生浓厚的兴趣。至和元年,尧臣丁母忧居宣城,作诗《闲居》云:"读《易》忘饥倦,东窗尽日开。庭花昏自敛,野蝶昼还来。谩数

---

① 《梅尧臣集编年校注》卷四,第69页。
② 《梅尧臣集编年校注》卷一六,第340—341页。
③ 《梅尧臣集编年校注》卷一六,第363页。
④ 《梅尧臣集编年校注》卷二二,第591页。
⑤ 《梅尧臣集编年校注》卷二三,第693页。

过篱笋,遥窥隔叶梅。唯愁车马入,门外起尘埃。"①此时诗人心境恬淡,终日以庭花、野蝶为伴,读《易》可以怡然忘饥,消遣世虑。嘉祐元年,《依韵和许待制病起偶书》云:"年逾五十惟耽《易》,能格神明莫若诚。"②梅尧臣晚年的诗歌充满人生感慨,受道家思想影响更深。嘉祐元年,《依韵和邵不疑以雨止烹茶观画听琴之会》云:"淡泊全精神,老氏吾将师。"③嘉祐二年,《依韵和永叔内翰酬寄杨州刘原甫舍人》:"忆听谈老庄,达生无恐惧。"④尧臣直言要以老庄为师,老庄齐生死、一万物的思想能使诗人坦然面对人生的困境和死亡,获得精神的超脱。嘉祐五年,《寄题张令阳翟希隐堂》云:"每读陶潜诗,令人忘世虑。潜本太尉孙,心远迹亦去。不希五斗粟,自种五株树。旷然箕山情,复起濠上趣。今时有若此,我岂不怀慕。"⑤陶渊明的远离尘俗和庄子的濠上之趣在精神上有相通之处,梅尧臣心向往之。不过,梅尧臣似乎不满庄子轻视孔子。庆历元年,《陪淮南转运魏兵部游濠上庄生台》云:"周当战国时,何为守静正。干戈既日寻,仁义固不竞。天下皆跂徒,宁知圣为圣。是将万物齐,不顾千金聘。所以忘形骸,所以保性命。安能小仲尼,岂不识世病。"⑥尧臣批评道家将战国纷争的"世病"归咎于孔丘,有尊孔抑庄的意味。

综上所述,梅尧臣的主导思想仍是儒家思想,它支配着诗人一生的立身行事。虽仕宦不彰,时为贫饿所累,但诗人始终仁民爱物,心忧天下。梅尧臣早年与僧人交游广泛,诗文唱酬,这对其山水记游诗的写作有显著影响,但是他不佞佛、不崇佛。晚年的梅尧臣,受老庄思想影响较深,使诗人能够以超脱、达观的心态面对人生的困境和死亡,消遣世虑,忘怀得失。因此,梅尧臣能够出入儒释道三教,有所侧重,而又能融会贯通。

(作者单位:浙江越秀外国语学院)

---

① 《梅尧臣集编年校注》卷二四,第 727 页。
② 《梅尧臣集编年校注》卷二六,第 841 页。
③ 《梅尧臣集编年校注》卷二六,第 847 页。
④ 《梅尧臣集编年校注》卷二七,第 987 页。
⑤ 《梅尧臣集编年校注》卷三〇,第 1147 页。
⑥ 《梅尧臣集编年校注》卷一一,第 188 页。

浅谈《全唐诗》中的上巳诗

周 焕[1]

引 言

唐朝是中国古代封建王朝中最为昌盛的朝代之一,以其繁荣的文化气度享誉世界。作为唐代官方三大节令之一的上巳节在这条民俗长河中有着举足轻重的作用。虽然到现代,上巳节逐渐被遗忘在时间的尘埃之中,但是研究上巳诗对管窥唐代的上巳文化和社会风貌有着极其重要的意义。

一、唐代以前上巳节的流变

(一)先秦时期

上巳节的历史由来已久。关于它的起源大体有两种说法,一说是源于古代驱灾辟邪的巫术活动,另一说是源于先民的生殖崇拜。

祓禊是当时最重要的一项消灾祈福、祛凶辟邪的巫术仪式,常常伴有兰汤沐浴、斋戒等活动。《日知录》言:"季春之月,辰为建,巳为除,故用三月上巳祓除不祥。古人谓病愈为巳,亦此意也。"[2]《周礼·春官·女巫》载:"女巫掌岁时祓除衅

---

[1] 本文作者系浙江越秀外国语学院2016届学生,指导老师涂序南。
[2] 顾炎武著,黄汝成集释,栾保群、吕宗力校点:《日知录集释》卷三二,上海:上海古籍出版社2014年版,第714页。

浴。"郑玄注解说:"岁时被除,如今三月上巳,如水上之类;衅浴,谓以香薰草药沐浴。"①

《玉篇》曰:"巳,嗣也。"②学界认为上巳节起源于祭祀高禖的活动。高禖是掌管生育和婚姻的神。《礼记·月令》云:"是月也,玄鸟至,至之日,以大牢祠于高禖,天子亲往。后妃帅九嫔御。乃礼天子所御,带以弓韣,授以弓矢,于高禖之前。"③

古人崇尚天人感应,上巳节正值春意盎然之际,是男女相会、谈情说爱的好时节,自然而然就演变为表达爱情、绵延子嗣的节日。《国风·郑风·溱洧》描绘了郑国的青年男女三月三日在溱水与洧水河畔游春嬉戏、赠物寄情的画面:

溱与洧,方涣涣兮。士与女,方秉蕳兮。女曰"观乎?"士曰"既且。""且往观乎!"洧之外,洵訏且乐。维士与女,伊其相谑,赠之以勺药。

溱与洧,浏其清矣。士与女,殷其盈兮。女曰"观乎?"士曰"既且。""且往观乎!"洧之外,洵訏且乐。维士与女,伊其将谑,赠之以勺药。④

此诗中的"蕳"与"勺药"都是一种香草,手持蕳草祛除不祥,相赠勺药以表爱慕。

此外,民间也开始出现游春活动。《论语·先进》为我们呈现出先秦时人们在上巳节沐浴唱歌的欢快场景:"暮春者,春服既成,冠者五六人,童子六七人,浴乎沂,风乎舞雩,咏而归。"⑤

(二)两汉时期

"巳"位于十二地支的第六位,到了汉代,上巳才被确定为三月上旬的第一个巳日。汉代上巳节依旧保留祛凶辟邪的传统。

上巳节也是一个求子节。《汉书·外戚传》言:"武帝即位,数年无子。平阳主求良家女十余人,饰置家。帝祓霸上,还过平阳主,见所侍美人,帝不悦。"⑥可见除灾祛邪中附有祈求子嗣之目的。

---

① 阮元校刻:《十三经注疏》,北京:中华书局1980年版,第816页。
② 胡吉宣:《玉篇校释》卷三〇,上海:上海古籍出版社1989年版,第5833页。
③ 钱玄等注译:《礼记》,长沙:岳麓书社2001年版,第204页。
④ 葛培岭注译评:《诗经》,郑州:中州古籍出版社2005年版,第74页。
⑤ 孔丘著,杨伯峻、杨逢彬注译:《论语》,长沙:岳麓书社2000年版,第104页。
⑥ 班固:《汉书》,北京:中华书局1962年版,第701页。

两汉时期的上巳节虽然仍带有一定的巫术意味,但其活动逐渐向全民性和娱乐性转变。汉代开始出现水边设宴的习俗。《后汉书·袁绍传》云:"三月上巳,大会宾徒于薄落津。"①三月上巳正值春光灿烂、万物复苏之际,青年男女多爱游春踏青。张衡《南都赋》云:"于是暮春之禊,元巳之辰,方轨齐轸,祓于阳濒。朱帷连网,曜野映云。男女姣服,骆驿缤纷。"②描绘出身着华服的人们游行的盛大场面。

(三)魏晋南北朝时期

上巳节源于巫祭,兴于两汉,盛于魏晋。到了魏晋南北朝时期,上巳节才正式被确定为三月三日。《晋书·礼志》则明确表示:"汉仪,季春上巳,官及百姓皆禊于东流水上,洗濯祓除去宿垢。而自魏以后,但用三日,不以上巳也。"③

魏晋时期祓禊的风俗逐渐衰落,风雅娱心的集会活动开始流行,其中最为人熟知的表现形式就是曲水流觞。曲水流觞本是一种在水边祈福祛灾的流杯饮酒仪式,到了魏晋时期就逐渐演变为文人彼此唱和、附庸风雅的宴会活动。魏晋时期最盛大的曲水流觞集会当属王羲之的兰亭集会,这次集会为后世留下了著名的《兰亭集序》。

魏晋南北朝是一个文化大繁荣时期,帝王们广招文士,网罗英才,热衷于舞文弄墨、赋诗唱和,加之魏晋时期的宴饮之风盛行,上巳节就成了一个宴饮的好时节。上到皇亲国戚,下到平民百姓,无一例外。统治者的倡导不仅提升了上巳节的地位,使之逐渐向宫廷化发展,同时也为文学的发展开创了条件。晋武帝在皇家园林举办过多次宴会,召集了一大批文人骚客赋诗应景,其中大部分都是歌功颂德的应制诗。如荀勖《从武帝华林园宴诗》就是称颂君主贤德的:"习习春阳,帝出乎震。天施地生,以应仲春。思文圣皇,顺时秉仁。钦若灵则,饮御嘉宾。洪恩普畅,庆乃众臣。"④这种粉饰太平之气在奢靡的南朝更甚。

南北朝时期,由于民族文化的大融合,衍生出了走马骑射的内容。《隋书·礼仪志》中就有这样的记载:

> 后齐三月三日,皇帝常服乘舆,诣射所,升堂即坐,皇太子及群臣坐定,登歌,进酒行爵。皇帝入便殿,更衣以出,骅骝令进御马,有司进弓矢,帝射讫,还

---

① 范晔:《后汉书》,北京:中华书局1962年版,第2381页。
② 严可均校辑:《全上古三代秦汉三国六朝文》,北京:中华书局1999年版,第768页。
③ 房玄龄等:《晋书》,北京:中华书局1974年版,第671页。
④ 欧阳询等:《艺文类聚》,北京:中华书局1965年版,第710页。

御坐,射悬候,又毕,群官乃射五埒。①

魏晋南北朝依旧沿袭了先秦两汉时期的传统,又在一定的基础上开辟了新的节俗。但在演变发展中,其巫术意味逐渐被淡化,取而代之的是文人雅士的宴乐活动。社会的动荡、现实的苦闷,加之玄学的盛行,迫使人们不得不自发地寄情山水,纵情欢歌。至此,上巳节成为审美趣味极高的全民娱乐性活动。

二、上巳诗在唐代兴盛的原因

(一)宽松开放的文学环境是上巳诗在唐代兴盛的重要基础

国力鼎盛、经济富庶、政治开明、民族融合的博大盛世为文学的繁荣奠定了良好的基础。杜甫曾在《忆昔二首》(其二)中为我们描绘了大唐一派生机繁荣的景象:"忆昔开元全盛日,小邑犹藏万家室。稻米流脂粟米白,公私仓廪俱丰实。九州道路无豺虎,远行不劳吉日出。齐纨鲁缟车班班,男耕女桑不相失。宫中圣人奏云门,天下朋友皆胶漆。百余年间未灾变,叔孙礼乐萧何律。"②

唐朝农业、手工业发展迅猛,对外交流出现空前盛况。刚从前朝战火中新生的李唐王朝,推行了一系列的政策降低赋税,鼓励生产,兴修水利,发展小农经济,以提高百姓的生活水平。

唐朝承袭并完善了隋朝的三省六部制,建立起完备的中央集权统治。统治者政治开明,广纳谏言,善于批评与自我批评,对新事物的接受能力强。相对公平的科举制为国家源源不断地输送人才,寒门学子借以登上舞台,有了施展才华的一方天地。较之豪门贵子,他们对世俗生活有着更为敏锐的触觉,更乐于发现和表现大唐的绚烂多彩。

大唐疆域辽阔,对外交往频繁,外交政策开明,民族政策平等友好。历朝历代,极少出现像唐朝这样在文化上有兼容并包、海纳百川的胸襟与气度的。海晏河清、岁丰人和的社会环境使得唐人精神空前自由,这也造就了唐朝开放包容的文化环境。高度的文化自信使得唐人乐于借鉴和吸收其他民族的优秀文化成果,博采众长。

唐朝,是诗的时代,举国上下皆好诗歌。《唐音癸签》言:"唐时风气豪奢,如上

---

① 魏征等:《隋书》,北京:中华书局2000年版,第165页。
② 彭定求:《全唐诗》卷二二〇,北京:中华书局1999年版,第2328页。

元山棚,诞节舞马,赐酺纵观,万众同乐。更民间爱重节序,好修故事,彩缕达于王公,粔籹不废俚贱。文人纪赏年华,概如歌咏。……朝士词人有赋,翼日流传京师。当时唱酬之多,诗篇之盛,此亦其一助也。"①在这样一种浓烈的诗歌氛围中,文人情绪高涨,上巳诗自然而然得到了发展。

(二)统治者的高度重视是上巳诗在唐代兴盛的重要前提

统治者的推崇将上巳诗的繁荣推向了另一个高潮。《唐六典》言:"正月七日、十五日、晦日、春秋二社、二月八日、三月三日、四月八日、五月五日、三伏日、七月七日、十五日、九月九日、十月一日、立春、春分、立秋、秋分、立夏、立冬、每旬并给休假一日。"②朝廷明确规定了官吏的假期,三月三日上巳节可以休假一日。烂漫的春光和热闹宏大的节日氛围让上至皇亲国戚下至布衣百姓走出家门,融入社会,亲近自然,丰富精神生活。

唐德宗贞元四年九月颁布《三节赐宴赏钱诏》将自魏晋时期流传下来的宴赏习俗制度化、法律化:

> 比者卿士内外,朝夕公务。今方隅无事,烝民小康。其正月晦日、三月三日、九月九日三节日,宜任文武百僚,择胜地追赏。每节宰相常参官共赐钱五百贯文,翰林学士一百贯文,左右神威神策等十军各赐五百贯,金吾英武威远及诸卫将军共赐二百贯,客省奏事共赐一百贯,委度支每节前五日支付,永为常制。③

在唐代上巳诗中有许多都是应制诗,唐代帝王喜欢设宴招待群臣,更热衷于诗歌创作。在官方的努力下,上巳节的地位得到巩固,上巳诗也更加成熟。唐德宗、唐文宗都留下过诗篇佳作。

(三)唐人纵情享乐的心态是上巳诗在唐代兴盛的重要动力

空前繁荣的物质生活和高度解放的精神自由,滋生出人们追求安逸享乐的心态。《和上巳连寒食有怀京洛》一诗就描绘了上巳盛大的节日图景:"天津御柳碧遥遥,轩骑相从半下朝。行乐光辉寒食借,太平歌舞晚春饶。红妆楼下东郊道,青

---

① 胡震亨:《唐音癸签》卷二七,上海:上海古籍出版社1985年版,第284页。
② 李林甫等著,陈仲夫点校:《唐六典》,北京:中华书局1992年版,第35页。
③ 董诰等:《全唐文》卷五二,上海:上海古籍出版社1990年版,第240页。

草洲边南渡桥。坐见司空扫西第,看君侍从落花朝。"①气象万千、歌舞升平的大唐王朝令人陶醉。

开放包容的环境和与日俱增的文化自信培养了唐人大胆的创新精神。唐人继承发展了前朝的节俗,并创造性地发明了踏青、斗鸡、竞渡等活动,将上巳节推向了官方三大节令的宝座之一。

三、《全唐诗》中上巳诗的节俗事项

上巳节起源于先秦,发展于两汉,繁荣于魏晋南北朝,至唐朝达到了鼎盛。随着太平盛世的来临,上巳节已经发展成为法定的官方节日。虽然在唐代,上巳节的巫术意味已经没有那么深厚了,但是祓禊习俗并没有完全消失。朝廷也进一步继承和壮大了前朝的游宴活动和踏青活动。社会兼容并包的风气和唐人纵情于乐的心态,使得唐朝的上巳节涌现出更多新颖丰富的娱乐活动,泛舟、竞渡、骑射、斗鸡等盛世狂欢登上历史舞台。这些节俗在唐诗中都有迹可循,诗人以强烈的时代自豪感和生动的笔触再现了大唐博大恢宏的盛世之景,展现了独属于那个时代的风俗民情,谱写了一曲明朗瑰丽的盛世最强音。

(一)祓禊游宴

前朝带有巫术基调的祓禊仪式至唐代早已名存实亡。统治者将祓禊习俗与魏晋南北朝时期的临水宴饮、临流赋诗相结合,使之逐渐演变为一场浩大欢腾的娱乐活动。纵观《全唐诗》中的上巳诗,我们不难发现诸如"祓禊""禊饮"等字样。如刘宪有诗《上巳日祓禊渭滨应制》言:"此时御跸来游处,愿奉年年祓禊觞。"②又如权德舆在《上巳日贡院考杂文不遂赴九华观祓禊之会以二绝句申赠》一诗中说道:"禊饮寻春兴有余,深情婉婉见双鱼。"③等等。上巳佳节,人们纷纷走出家门,或应邀赴会,或赏玩春色,或载酒赋诗,好不快意洒脱!

魏晋名流最喜在集会宴饮时举办流觞曲水、以诗会友的欢娱活动,唐朝文士也不例外。陈希烈《奉和圣制三月三日》这样描绘君臣同乐的盛况:"上巳迁龙驾,中流泛羽觞。酒因朝太子,诗为乐贤王。锦缆方舟渡,琼筵大乐张。风摇垂柳色,花

---

① 彭定求:《全唐诗》卷九六,北京:中华书局1999年版,第1040页。
② 彭定求:《全唐诗》卷七一,北京:中华书局1999年版,第782页。
③ 彭定求:《全唐诗》卷三二九,北京:中华书局1999年版,第3681页。

发异林香。野老歌无事,朝臣饮岁芳。皇情被群物,中外洽恩光。"①亦如白居易在《三月三日祓禊洛滨》一诗中写道:"三月草萋萋,黄莺歇又啼。柳桥晴有絮,沙路润无泥。禊事修初半,游人到欲齐。金钿耀桃李,丝管骇凫鹥。转岸回船尾,临流簇马蹄。闹翻扬子渡,蹋破魏王堤。妓接谢公宴,诗陪荀令题。舟同李膺泛,醴为穆生携。"②诗人不仅赞颂了上巳时节的芳菲美景,描绘了流觞曲水的盛况,还抒发了自己与友人饮酒赋诗的欢快心情。

(二)泛舟竞渡

随着水利的便捷,船上、水上的活动更加繁多热闹。泛舟在唐代也是一项重要活动。

刘长卿在《上巳日越中与鲍侍郎泛舟耶溪》一诗中这样写道:"兰桡缦转傍汀沙,应接云峰到若耶。旧浦满来移渡口,垂杨深处有人家。永和春色千年在,曲水乡心万里赊。君见渔船时借问,前洲几路入烟花。"③阳春三月,在一个明媚的日子里,同友人结伴出行,共赏这片盎然的春意,泛舟溪流,多么悠然惬意。若是得闲,也能像崔护《三月五日陪裴大夫泛长沙东湖》一诗中描写的那样,赏彩舟浮荡、醉人风光,亦能看鸟弄桐花,鱼翻谷雨,再配上杳杳笙歌、袅袅曼舞,当真不虚此行。亦能像卢纶在《奉陪浑侍中上巳日泛渭河》一诗中那般,观青舸锦帆,浪动金罍。

唐代上巳节还衍生出了一种新的节俗,名为竞渡。据《新唐书·杜亚传》记载:"方春,南民为竞度戏,亚欲轻驶,乃髹船底,使篙人衣油彩衣,没水不濡,观沼华遽,费皆千万。"④这表明唐朝时竞渡的全民参与度极高,人们甚至为了赢得比赛,不惜斥巨资。

全唐诗中也有多处记载竞渡这一活动。如白居易在《和春深二十首》中云:"齐桡争渡处,一匹锦标斜。"⑤张祜《上巳乐》又言:"猩猩血彩系头标,天上齐声举画桡。却是内人争意切,六宫红袖一时招。"⑥这两首诗都渲染出竞渡时水中彩旗飘飘,岸上游人激烈呐喊助威的紧张气氛。

其中当属薛逢《观竞渡》一诗描述比赛战况最为详尽:

---

① 彭定求:《全唐诗》卷一二一,北京:中华书局1999年版,第1215页。
② 彭定求:《全唐诗》卷四五六,北京:中华书局1999年版,第5203页。
③ 彭定求:《全唐诗》卷一五一,北京:中华书局1999年版,第1569页。
④ 欧阳修、宋祁:《全唐文》卷一七二,北京:中华书局1975年版,第5207页。
⑤ 彭定求:《全唐诗》卷四四九,北京:中华书局1999年版,第5087页。
⑥ 彭定求:《全唐诗》卷五一一,北京:中华书局1999年版,第5876页。

三月三日天清明,杨花绕江啼晓莺。使君未出郡斋内,江上已闻齐和声。
使君出时皆有引,马前已被红旗阵。两岸罗衣破鼻香,银钗照日如霜刃。
鼓声三下红旗开,两龙跃出浮水来。擢影干波飞万剑,鼓声劈浪鸣千雷。
雷声冲急波相近,两龙望标目如瞬。江上人呼霹雳声,竿头彩挂虹霓晕。
前船抢水已得标,后船失势空挥桡。疮眉血首争不定,输岸一朋心似烧。
只将标示输赢赏,两岸十舟五来往。须臾戏罢各东西,竟脱文身请书上。
吾今细观竞渡儿,何殊当路权相持。不思得所各休去,会到摧舟折楫时。①

这首诗为我们展示了一幅热闹非凡的节令画卷。故事发生在天朗气清、鸟语花香的三月三,当日恰逢竞渡比赛。"使君未出郡斋内,江上已闻齐和声。使君出时皆有引,马前已被红旗阵。两岸罗衣破鼻香,银钗照日如霜刃。"这三句未闻其景,先闻其声,极力渲染出游人如织的热闹场景,比赛一触即发。"雷声冲急波相近,两龙望标目如瞬。江上人呼霹雳声,竿头彩挂虹霓晕。前船抢水已得标,后船失势空挥桡。疮眉血首争不定,输岸一朋心似烧。"这四句运用夸张和比喻的修辞手法,将水上激烈的竞赛与岸边游人的激情喝彩惟妙惟肖地描绘了出来。龙舟急速前进如万箭齐发,鼓声如雷鸣般轰隆作响,观众呐喊声震耳欲聋,"疮眉血首"的争夺使气氛紧张又刺激。

(二)踏青游春

踏青这一民俗源自农耕祭祀的迎春习俗。上巳节的出现,为原本正式严肃的习俗注入了新鲜血液,使之彰显出新的生命力。每逢上巳,男女老少倾城而出,长安城内外人流如潮,为的是一饱这满目的春色眼福。

崔知贤《三月三日宴王明府山亭(得鱼字)》中"影媚元巳,和风上除。云开翠帘,水弩鲜居。林渚萦映,烟霞卷舒。花飘粉蝶,藻跃文鱼"②道尽了迷醉的湖光山色。皇甫冉《三月三日义兴李明府后亭泛舟》中"江南烟景复如何,闻道新亭更可过。处处艺兰春浦绿,萋萋藉草远山多"③又是对清新自然的江南春景的无限赞美。许棠《曲江三月三日》中"满国赏芳辰,飞蹄复走轮。好花皆折尽,明日恐无春"④则高度概括了百姓的激昂心情。

---

① 彭定求:《全唐诗》卷五四八,北京:中华书局1999年版,第6375页。
② 彭定求:《全唐诗》卷七二,北京:中华书局1999年版,第785页。
③ 彭定求:《全唐诗》卷二四九,北京:中华书局1999年版,第2788页。
④ 彭定求:《全唐诗》卷六〇三,北京:中华书局1999年版,第7029页。

万齐融《三日绿潭篇》为我们呈现了公子王孙踏青游玩的盛大场面：

> 春潭混漾接隋宫，宫阙连延潭水东。苹苔嫩色涵波绿，桃李新花照底红。
> 垂菱布藻如妆镜，丽日晴天相照映。素影沉沉对蝶飞，金沙砾砾窥鱼泳。
> 佳人被禊赏韶年，倾国倾城并可怜。拾翠总来芳树下，踏青争绕绿潭边。
> 公子王孙恣游玩，沙阳水曲情无厌。禽浮似抱羽觞杯，鳞跃疑投水心剑。
> 金鞍玉勒骋轻肥，落絮红尘拥路飞。绿水残霞催席散，画楼初月待人归。①

佳节三月，佳木葱茏，芳草葳蕤。娉婷佳人选择在这一日相伴出行，拾翠芳树下，踏青绿潭边，共赏韶光春色。公子王孙恣情欢谑，得意驰骋，掷杯投剑，快意人生。

（三）骑射斗鸡

唐朝的对外开放交流之广泛，历朝历代都难以企及。宽松、包容的文化环境也造就了唐人大胆、热情和敢于创新、追求刺激的心态。娱乐形式的多样化使得唐代上巳节成为雅俗结合、全民共享的典范。源于北朝游牧民族的骑射活动也被唐人所继承。《唐会要·大射》中有许多关于高祖、太宗、高宗在三月三日举行大射的记载：

> 武德二年正月。赐群臣大射于元武门。
> 贞观三年三月三日。赐重臣大射于元德门。
> 永徽三年三月三日。幸观德殿。赐群臣大射。
> 麟德元年三月三日。展大射礼。（自后。遂不行此礼。）②

纵情享乐的诗人也不例外。沈佺期《三日独坐驩州思忆旧游》就描写了全民参与骑射活动："童子成春服，宫人罢射鞲。禊堂通汉苑，解席绕秦楼。束晳言谈妙，张华史汉遒。无亭不驻马，何浦不横舟。舞籥千门度，帷屏百道流。"③

景云二年谏议大夫源乾曜就曾上书唐睿宗，请求恢复在麟德年间就已经停止的射礼："先观射礼，所以明和容之义，非取乐一时。夫射者，别正邪，观德行，中祭

---

① 彭定求：《全唐诗》卷一一七，北京：中华书局1999年版，第1183页。
② 王溥：《唐会要》卷二六，北京：中华书局1955年版，第499页。
③ 彭定求：《全唐诗》卷九七，北京：中华书局1999年版，第1045页。

祀,辟寇戎。古先哲王,莫不递袭。臣窃见数年以来,射礼便废,或缘所司惜费,遂使大射有亏。臣愚以为所费者财,所全者礼。故孔子云:尔爱其羊。我爱其礼。伏望令圣人之教。今古常行。天下幸甚。"①在源乾曜看来,重开射礼在一定程度上可以帮助帝王治理天下,体察民情。开元八年,给事中许景先上奏批评了这一铺张浪费、劳民伤财的行为,射礼这一节俗最终被废。

孟浩然有诗言:"卜洛成周地,浮杯上巳筵。斗鸡寒食下,走马射堂前。垂柳金堤合,平沙翠幕连。不知王逸少,何处会群贤?"②这首诗几乎涵盖了唐朝上巳节大部分节俗,临水宴饮、骑射斗鸡、踏青赏春,生动地展现了唐人的精神风貌。

四、《全唐诗》中上巳诗的分类

上巳节发展到唐朝已经完成了其从巫祭到娱乐的转变。根据彭定求《全唐诗》和陈尚君的《全唐诗补编》统计,共有92首唐诗提及"上巳"或"三月三日",这些诗歌真实地再现了上巳节的节日欢情和民风民俗。根据诗歌的内容和反映的主旨,笔者将筛选出来的上巳诗归为以下四大类。

(一)帝王赐宴,群臣唱和

上巳节作为唐代最重要的三个节令之一,不仅受到民间的广泛追捧,而且也深得统治者的喜爱。正是由于统治者的大力推崇,才使得上巳诗的发展渐入佳境。上巳三月,帝王往往会选择在曲江赐宴群臣,共同欢度佳节。《全唐诗》也收录了一些帝王所作之诗,如唐德宗李适的《三日书怀因示百僚》、唐文宗李昂的《上巳日赐裴度》等。

帝王赐宴群臣,群臣必然响应帝王的号召,这类诗歌多表现为应制的唱和诗,在全唐诗的上巳诗中占了较大的篇幅。如玄宗朝王维的《三月三日曲江侍宴应制》、宪宗朝白居易的《上巳日恩赐曲江宴会即事》等等。

佳节三月,风景宜人,帝王赐宴,群臣唱和,令人回味无穷。这类应制唱和诗不仅描绘出山水景致的秀美,君臣游宴的繁华盛景,更表现了诗人歌功颂德的普遍心情。阎朝隐《三日三日曲水侍宴应制》一诗赞叹"圣泽如东海,天文似北辰"的国家形势,抒发"陛下制万国,臣作水心人"③的碧血丹心。张说《三月三日诏宴定昆池

---

① 王溥:《唐会要》卷二六,北京:中华书局1955年版,第500页。
② 彭定求:《全唐诗》卷一六〇,北京:中华书局1999年版,第1639页。
③ 彭定求:《全唐诗》卷六九,北京:中华书局1999年版,第768页。

宫庄赋得筵字》以"旧识平阳佳丽地,今逢上巳盛明年""不降玉人观禊饮,谁令醉舞拂宾筵"①展现出歌舞升平的太平盛世。

(二)饮酒集会,临流赋诗

在唐代上巳节,文人集会非常流行。三五好友,应邀前往,或水边相戏,或载酒泛舟,或临水宴饮。刘禹锡《三月三日与乐天及河南李尹奉陪裴令公泛洛禊饮各赋十二韵》为我们呈现出好友集会,竞技诗艺的生动场面:

洛下今修禊,群贤胜会稽。盛筵陪玉铉,通籍尽金闺。
波上神仙妓,岸傍桃李蹊。水嬉如鹭振,歌响杂莺啼。
历览风光好,沿洄意思迷。棹歌能俪曲,墨客竞分题。
翠幄连云起,香车向道齐。人夸绫步障,马惜锦障泥。
尘暗宫墙外,霞明苑树西。舟形随鹢转,桥影与虹低。
川色晴犹远,乌声暮欲栖。唯余踏青伴,待月魏王堤。②

诗人一开始就将此次集会与王羲之的兰亭集会作对比,豪迈地表明"群贤胜会稽"的得意之情。紧接着描写宴会的豪奢情景与华丽排场,春光无限,歌舞萦绕。"棹歌能俪曲,墨客竞分题"一句更是点出了文人骚客临流赋诗的热闹场景。

(三)踏青赏芳,泛舟游春

落英缤纷之际,春意盎然之时,最适宜走出家门踏青赏芳,泛舟游春观赏祖国的大好河山。白居易《三月三日祓禊洛滨》中是这样描绘春景的:"三月草萋萋,黄莺歇又啼。柳桥晴有絮,沙路润无泥。"③芳草萋萋,莺啼婉转,柳絮纷飞,沙路无泥,令人向往。刘言史《上巳日陪襄阳李尚书宴光风亭》用区区几笔为我们勾勒出一幅轻快明朗的春景图:"碧池萍嫩柳垂波,绮席丝镛舞翠娥。"④"碧""嫩"二字,将植物娇嫩欲滴的样子呈现在我们眼前。

上巳诗中也有多首涉及泛舟这一活动。刘长卿在《上巳日越中与鲍侍郎泛舟耶溪》中这样写道:"兰桡缦转傍汀沙,应接云峰到若耶。旧浦满来移渡口,垂杨深处有人家。永和春色千年在,曲水乡心万里余。君见渔船时借问,前洲几路入烟

---

① 彭定求:《全唐诗》卷八七,北京:中华书局1999年版,第954页。
② 彭定求:《全唐诗》卷三六二,北京:中华书局1999年版,第4102页。
③ 彭定求:《全唐诗》卷四五六,北京:中华书局1999年版,第5203页。
④ 彭定求:《全唐诗》卷四六八,北京:中华书局1999年版,第5360页。

花。"①悠闲恬淡的心情瞬间跃然纸上。

(四)怀乡忆友,感时寄赠

文人雅士的心总是敏感又脆弱的,尤其是在这样一个亲友相聚共度佳节的时刻,独处异乡、漂泊万里的诗人更容易萌发怀乡忆友的羁旅之思。

宋之问在《桂州三月三日》一诗中感慨家书难得,渲染出游子思乡的浓烈悲伤:"主人丝管清且悲,客子肝肠断还续。荔浦蘅皋万里余,洛阳音信绝能疏。故园今日应愁思,曲水何能更祓除。逐伴谁怜合浦叶,思归岂食桂江鱼。不求汉使金囊赠,愿得佳人锦字书。"②王驾《永和县上巳》言:"一觞一咏无诗侣,病倚山窗忆故人。"③诗人病体羸弱,只能倚靠山窗,追忆和友人流觞曲水、饮酒赋诗的快乐时光。

孤独寂寞的心情无法排遣,只能写诗寄赠亲友聊表思念,慰藉内心。独孤及《三月三日自京到华阴于水亭独酌寄裴六薛八》一诗以"旧友适远别,谁当接欢欣。呼儿命长瓢,独酌湘吴醇"④表现孤苦无依、无人对酌的凄苦心情。孟浩然《上巳日涧南园期王山人、陈七诸公不至》一诗用"群公望不至,虚掷此芳晨"⑤道出难以再会、虚掷光阴的无可奈何。韦应物《三月三日寄诸弟兼怀崔都水》一诗借"对酒始依依,怀人还的的。谁当曲水行,相思寻旧迹"⑥抒发内心的怅然若失和对故土的深沉思念。

五、《全唐诗》中上巳诗的审美内蕴

(一)沉醉春日美景,展现节日欢情

春天美好而短暂,大自然焕发的色彩触动诗人柔软的内心,带给诗人强烈的美感,激发了人们的"喜春"情怀。

唐高宗调露二年曾于三月三日宴王明府山亭,这是一场非常盛大的帝王赐宴活动,孙慎行、崔知贤、席元明、韩仲宣、高球、高瑾、陈子昂均有参加,留下了六首四言古诗和一篇散文。在这些四言古诗中,诗人用了大量的笔墨赞美春天清新妩媚

---

① 彭定求:《全唐诗》卷一五一,北京:中华书局1999年版,第1569页。
② 彭定求:《全唐诗》卷五一,北京:中华书局1999年版,第632页。
③ 陈尚君辑校:《全唐诗补编》,北京:中华书局1992年版,第443页。
④ 彭定求:《全唐诗》卷二四六,北京:中华书局1999年版,第2753页。
⑤ 彭定求:《全唐诗》卷一六○,北京:中华书局1999年版,第1666页。
⑥ 彭定求:《全唐诗》卷一八八,北京:中华书局1999年版,第1924页。

的风光。

席元明《三月三日宴王明府山亭(得郊字)》就是这样用清新的笔触描摹可爱烂漫的春景的:"烟霏万雉,花明四郊。沼苹白带,山花紫苞。"①崔知贤在《三月三日宴王明府山亭(得鱼字)》一诗中用"影媚元巳,和风上除。云开翠帟,水骛鲜居。林渚萦映,烟霞卷舒。花飘粉蝶,藻跃文鱼"②描摹出了绿意融融、生机勃勃的春日画卷。陈子昂《三月三日宴王明府山亭》亦为我们展现了"连帷竞野,袨服缛津。青郊树密,翠渚萍新"③的盛景。

春景盛情无一不牵动、陶醉着人心。崔颢"停车须傍水,奏乐要惊尘。弱柳障行骑,浮桥拥看人"④再现了游人如织、喧嚣热闹的节日气氛。沈佺期《和上巳连寒食有怀京洛》一诗回忆了长安上巳恢宏的节日场面,展现出歌舞升平的大唐气象:"天津御柳碧遥遥,轩骑相从半下朝。行乐光辉寒食借,太平歌舞晚春。"⑤

但是就有这样一群人,他们不爱歌舞升平之乐,只愿享受独属于自己的悠闲时光。在雨后放晴的日子看渡头悠悠荡荡的轻舟,观漂浮着桃花的溪水长流,是多么惬意:"雨歇杨林东渡头,永和三日荡轻舟。故人家在桃花岸,直到门前溪水流。"⑥春景深处暗访一小村庄,看游童嬉水、妇女湔裾也别有一番滋味:"弄水游童棹,湔裾小妇车。"⑦暮春时节,柳絮翩飞,燕子低拂,尝数杯冷酒,跳一曲柘枝舞,仿佛天地间只剩下这一抹清欢:"画堂三月初三日,絮扑窗纱燕拂檐。莲子数杯尝冷酒,柘枝一曲试春衫。"⑧

(二)讴歌太平盛世,表达赤子丹心

唐朝国力鼎盛,社会安定,政通人和。诗人创作的诗歌都体现出强烈的时代自豪感与满足感,充满对盛世王朝的无限歌咏与赞叹。上巳诗中的应制诗大都体现了这类心理。王维《三月三日曲江侍宴应制》言:"仙籞龙媒下,神皋凤跸留。从今亿万岁,天宝纪春秋。"⑨《三月三日勤政楼侍宴应制》道:"天保无为德,人欢不战

---

① 彭定求:《全唐诗》卷七二,北京:中华书局1999年版,第785页。
② 彭定求:《全唐诗》卷七二,北京:中华书局1999年版,第785页。
③ 彭定求:《全唐诗》卷八四,北京:中华书局1999年版,第913页。
④ 彭定求:《全唐诗》卷一三〇,北京:中华书局1999年版,第1327页。
⑤ 彭定求:《全唐诗》卷九六,北京:中华书局1999年版,第1040页。
⑥ 彭定求:《全唐诗》卷一四四,北京:中华书局1999年版,第1466页。
⑦ 彭定求:《全唐诗》卷四四九,北京:中华书局1999年版,第5087页。
⑧ 彭定求:《全唐诗》卷四五六,北京:中华书局1999年版,第5190页。
⑨ 彭定求:《全唐诗》卷一二七,北京:中华书局1999年版,第1285页。

功。"①无一不是歌颂安稳和乐的太平盛世。

除了赞叹太平盛世,诗作也呈现出了对皇恩浩荡的感激之情。张说《奉和三日被禊渭滨应制》"幸得欢娱承湛露,心同草树乐春天"②将自己的赤诚之心与草木乐春的情态相比,展现出自己对得到皇帝赏识的激动之情。陈希烈《奉和圣制三月三日》:"野老歌无事,朝臣饮岁芳。皇情被群物,中外洽恩光。"③体现出盛世下舒适安逸生活的满足,对帝王恩宠的感激。

九州清晏,国泰民安,激发了文人报效君王,施展雄心抱负,鞠躬尽瘁、死而后已的人生志向。阎朝隐《三日曲水侍宴应制》"陛下制万国,臣作水心人"④直接阐发了愿为君王效劳的赤子之心。韦嗣立《上巳日祓禊渭滨应制》最后一句直接将自己比作姜子牙,将帝王比作周文王,说"还笑当时水滨老,衰年八十待文王"⑤,一方面歌颂了君王的贤能,另一方面更表现自己渴求施展抱负的迫切心情。

(三)思念远方故土,怀忆旧时老友

在这样一个盛大的节日里,自然是有人欢喜有人忧。欢声笑语的节日气氛勾起了漂泊万里、客居他乡的游子孤寂敏感的心思,思乡之情油然而生。

乡愁是什么？乡愁是宋之问《桂州三月三日》中千金难求的家书:"不求汉使金囊赠,愿得佳人锦字书。"⑥乡愁是沈佺期《三日独坐驩州思忆旧游》中借酒消愁愁更愁的孤独心境:"无人对炉酒,宁缓去乡忧。"⑦乡愁还是刘长卿《上巳日越中与鲍侍郎泛舟耶溪》中满城春色压不住,剪不断理还乱的愁绪:"永和春色千年在,曲水乡心万里赊。"⑧

"每逢佳节倍思亲"的凄苦心情使人魂牵梦萦,亲友相伴对"独在异乡为异客"的诗人来说也是一种奢侈的企盼。这份思念是白居易在《三月三日登庾楼寄庾三十二》中可望而不可即的睹物思人之情:"每登高处长相忆,何况兹楼属庾家。"⑨也是独孤及《三月三日自京到华阴于水亭独酌寄裴六薛八》中独居山县、无人对酌的寂寞追忆:"山县何所有,高城闭青春。和风不吾欺,桃杏满四邻。旧友适远别,谁

---

① 彭定求:《全唐诗》卷八九,北京:中华书局1999年版,第976页。
② 彭定求:《全唐诗》卷一二七,北京:中华书局1999年版,第1285页。
③ 彭定求:《全唐诗》卷一二一,北京:中华书局1999年版,第1215页。
④ 彭定求:《全唐诗》卷六九,北京:中华书局1999年版,第768页。
⑤ 彭定求:《全唐诗》卷九一,北京:中华书局1999年版,第983页。
⑥ 彭定求:《全唐诗》卷五一,北京:中华书局1999年版,第632页。
⑦ 彭定求:《全唐诗》卷九七,北京:中华书局1999年版,第1045页。
⑧ 彭定求:《全唐诗》卷一五一,北京:中华书局1999年版,第1569页。
⑨ 彭定求:《全唐诗》卷四三九,北京:中华书局1999年版,第4889页。

当接欢欣。呼儿命长瓢,独酌湘吴醇。"①

（四）感慨光阴易逝,嗟叹人生无常

一年之计在于春。春天,美丽而多情,短暂又灿烂。春,可喜可悲。自古文人都有一种"悲春"情怀。在这样一种节日氛围下,更容易滋生光阴易逝、青春难再的嗟叹,激发诗人感物伤怀、珍惜时光的情感。

元稹在《酬乐天三月三日见寄》一诗中这样写道:"当年此日花前醉,今日花前病里销。独倚破帘闲怅望,可怜虚度好春朝。"②诗人将"当年此日花前醉"与"今日花前病里销"相对比,揭示今非昔比、人生无常、疾病缠身的窘迫境况,进而感慨春景虚掷,时光易逝。刘商《上巳日两县寮友会集时主邮不遂驰赴辄题以寄方寸》这样哀叹:"踏青看竹共佳期,春水晴山祓禊词。独坐邮亭心欲醉,樱桃落尽暮愁时。"③佳节踏青看茂林修竹如何？观春水晴山如何？祓禊吟咏又如何？到头来只不过独坐邮亭,看樱桃落尽,徒增悲伤罢了。刘得仁《上巳日》又是这样感慨的:"未敢分明赏物华,十年如见梦中花。游人过尽衡门掩,独自凭栏到日斜。"④诗人说自己不敢仔细观赏春日盛景,十年来恍然如梦。尽管外面游人如织,诗人也不愿加入人群,只是一人独自依靠栏杆看日落下山。时光如白驹过隙,转眼间便物是人非,焉能叫人不伤心！

（五）追溯身世之苦,抒发仕途之悲

美好的春天显然不能引起所有诗人的欣悦欢愉之情,往往凄苦的愁绪总是来得这样快。晚唐诗人唐彦谦《上巳》描绘悲凉凄苦的身世遭际:"上巳接寒食,莺花寥落晨。微微泼火雨,草草踏青人。凉似三秋景,清无九陌尘。与余同病者,对此合伤神。"⑤暮春三月的景是冷清寥落的,虚弱消瘦的诗人只能黯然神伤,身残心也残。晚唐王朝逐渐走向没落,统治腐朽,战火频繁,民不聊生。在那样一个黑暗混沌的时代里,即便是美好的春景也难以在诗人的心里激起半点涟漪。

亦如白居易《三月三日怀微之》那般哀叹:"良时光景长虚掷,壮岁风情已暗销。忽忆同为校书日,每年同醉是今朝。"⑥时光流转,今非昔比,流露出美人迟暮的心酸。作者想起曾与同僚共事的日子,想到自己年华不在,一颗雄心早已随着时

---

① 彭定求:《全唐诗》卷二四六,北京:中华书局1999年版,第2753页。
② 彭定求:《全唐诗》卷四一六,北京:中华书局1999年版,第4605页。
③ 彭定求:《全唐诗》卷三〇四,北京:中华书局1999年版,第3461页。
④ 彭定求:《全唐诗》卷五四五,北京:中华书局1999年版,第6356页。
⑤ 彭定求:《全唐诗》卷六七二,北京:中华书局1999年版,第7754页。
⑥ 彭定求:《全唐诗》卷四四〇,北京:中华书局1999年版,第4926页。

光而消磨殆尽,不由得悲从中来。纵观白居易的一生,他的仕途并非一帆风顺,而是屡遭贬谪。他聪颖过人,然而正值国家风雨飘荡之际,才华得不到施展,怎能不苦闷?

深受儒家积极入世思想熏陶的古代文人,自然有着对盛世强国、贤君能臣的渴盼,他们穷尽一生都在追求功成名就,希望能够施展才华辅佐圣主。正是因为这种理想与现实的强烈反差,使得文人苦闷感伤,难以释怀。"吁嗟名未立,空咏宴游诗"①是独孤良弼在《上巳接清明游宴》一诗中的深沉嗟叹;"此日不得意,青春徒少年"②是司马扎在《上巳日曲江有感》一诗中对功名仕途的拳拳向往。

(六)批判骄奢作风,保持节俭之心

盛大的上巳活动,诱发了人们竞奢斗富的心态。杜甫《丽人行》就很好地揭示了当时贵族阶层骄奢淫逸的生活常态:

> 三月三日天气新,长安水边多丽人。
> 态浓意远淑且真,肌理细腻骨肉匀。
> 绣罗衣裳照暮春,蹙金孔雀银麒麟。
> 头上何所有?翠微盍叶垂鬓唇。
> 背后何所见?珠压腰衱稳称身。
> 就中云幕椒房亲,赐名大国虢与秦。
> 紫驼之峰出翠釜,水精之盘行素鳞。
> 犀箸厌饫久未下,鸾刀缕切空纷纶。
> 黄门飞鞚不动尘,御厨络绎送八珍。
> 箫鼓哀吟感鬼神,宾从杂沓实要津。
> 后来鞍马何逡巡,当轩下马入锦茵。
> 杨花雪落覆白苹,青鸟飞去衔红巾。
> 炙手可热势绝伦,慎莫近前丞相嗔!③

全诗先通过姿态妍丽的佳人身着绫罗华服游春的场景,表现出三月上巳节的繁华热闹。紧接着引出杨贵妃的姐姐们出行的盛大排场,珠翠缠绕,锦衣玉食,丝

---

① 彭定求:《全唐诗》卷五四五,北京:中华书局1999年版,第6356页。
② 彭定求:《全唐诗》卷四六六,北京:中华书局1999年版,第5300页。
③ 彭定求:《全唐诗》卷二一六,北京:中华书局1999年版,第2261页。

竹缠绵。最后又写杨国忠仗势欺人的嚣张气焰。诗人借杨氏兄妹的纸醉金迷,有力地控诉了权贵阶层穷侈极奢的生活作风。

李适《三日书怀因示百僚》言:"恭己每从俭,清心常保真。戒兹游衍乐,书以示群臣。"① 君主虽然清心保真,告诫群臣戒奢宁俭,但是成效并不明显,唐朝的奢靡之风依旧盛行。

结　语

上巳节发展到唐代,被赋予了新的时代意义和节日内涵。繁荣的经济、稳定的政治、宽松的文化环境为唐人创造了丰富多样的物质生活。在统治者的大力推崇下,制度化、法律化的上巳节发展为全民狂欢的娱乐节日,唐朝继承前朝的习俗,又创造性地增添了新的节俗,如竞渡、斗鸡等。唐代上巳诗承载着丰厚的历史记忆与文化内蕴,真实地还原了唐代的社会风貌,使千百年后的我们仍可以感受那份盛世风情。无论是喜是悲,诗人都用灵动的笔触为我们展现了大唐豪迈开阔的胸襟和唐人积极进取、大胆创新的精神。

虽然在唐朝,上巳节、清明节、寒食节都是独立存在的节日,但是因为三个节日日期相近,已经隐隐有三节合一的趋向。如羊士谔《寒食宴城北山池即故郡守荥阳郑钢目为折柳亭》言:"落花经上巳,细雨带清明。"② 唐彦谦《上巳》又道:"上巳接寒食,莺花寥落晨。"③

上巳节起于先秦,在两汉时期得到了进一步的发展,至魏晋南北朝与唐朝达到繁荣兴盛的高潮,然而到了宋朝已经开始走向衰微。宋朝节俗众多,上巳节逐渐失去它官方的地位了,加之唐朝三节合一的趋向也进一步影响了宋朝上巳节的发展。韩琦《清明同上巳》云:"清明池馆足游人,祓禊风光共此辰。晋俗浮觞存胜事,汉宫传腊宠邻臣。"④ 周必大《三月三日适值清明会客江楼共观并蒂魏紫偶成》曰:"上巳清明共一时,魏花开处亦连枝。"⑤ 从上述的诗文中我们不难发现,上巳节到了宋朝已然和清明、寒食节相互融合了。

上巳节虽然并没有完全消失,但在宋朝已不复荣光。诗人虽描绘节日风情,但

---

① 彭定求:《全唐诗》卷四,北京:中华书局1999年版,第46页。
② 彭定求:《全唐诗》卷三三二,北京:中华书局1999年版,第3711页。
③ 彭定求:《全唐诗》卷六七二,北京:中华书局1999年版,第7754页。
④ 傅璇琮主编:《全宋诗》卷三三六,北京:中华书局1999年版,第4107页。
⑤ 傅璇琮主编:《全宋诗》卷二三二八,北京:北京大学出版社1991年版,第26781页。

更多的是表现出对往日繁华的追忆。叶梦得在《虞美人(上巳席上)》一词中感叹道:"茂林修竹山阴道。千载谁重到。半湖流水夕阳前。犹有一觞一咏、似当年。"①

元明清时期的上巳节进一步衰微,现代人对上巳节也更为陌生。上巳节对西南地区少数民族的影响颇深,我们可以从少数民族的一些节日中看到上巳节的影子,如壮族的花婆节、傣族的泼水节等等。上巳节又称女儿节,现在日本美丽浪漫的女儿节就是源自我国古代的上巳节。

(作者单位:浙江越秀外国语学院)

---

① 朱德才主编:《增订注释全宋词》,北京:文化艺术出版社1997年版,第724页。

明清象数类等韵文献产生的社会背景

曾 恺

集中出现在明清时期的近二十种象数类等韵文献不约而同地采取了十二个韵部的框架。不论是它们记录的语音现象还是蕴含的文化特点都流露出了强烈的时代气息。当时的社会文化风貌是催生这批著作的土壤,它们不像有深厚历史积淀的易学精神那样从最根本的思维方式层面对韵作者施以潜移默化的作用,而是以最直接最激烈的方式影响着当时的学者。

一、时代思潮激发新的创作思路

明清时探索声音本原的音韵著作和当时的社会思潮关系密切。在务实的社会风气下,各种应用型的学科得到迅速发展。书斋中的学者也意识到只有掌握变化的规律才能方便使用,格物致知的学说被引入对自然现象的探索中。"格物致知"是儒家的传统,它出自《礼记·大学》:"致知在格物,物格而后知至。"由于除此之外的先秦典籍皆不见这种提法,因此对它的意义儒学界争论长达千余年。从最早为《大学》作注的东汉郑玄开始直到今天都尚无定论。郑玄的解释是:"格,来也。物,犹事也。其知于善深,则来善物。其知于恶深,则来恶物。言事缘人所好来也。此致或为至。"意思是事物的发生,随人所知习性喜好。宋代以前的"格物致知"是单纯作为道德修养的理论来理解的。到了程颐和朱熹那里,"格物"则被理解成了"穷理而至于物",穷究事物的客观道理。朱熹认为人心本来就有知的,天下万物也各具其理。人的本心虽在于内,其所知却可以实周于物;万物虽在外,其理实具于人的本心。只要外在之物理没有穷尽,心中之知也无法全部被"唤醒"。至此,

"格物"与"心性"联系了起来。明清时期的音韵学家从朱熹的思想学说中吸取了对客观规律的探索精神——不满足于对语音的记录和描写,希望从语音的表面探索它的深层来源,试图通过音韵体系去触及声音的本原乃至世界、宇宙的根本规律。

  在走向极盛的同时,以朱熹学说为代表的理学也限制了自己的发展而逐渐僵化,成为钳制、禁锢思想的教条。程朱理学的僵局在明代被盛行的陆王心学打破,王阳明的学说和理学有分庭抗礼之势。王阳明在《大学问》中重新诠释了"格物致知"。他的"物"指心之物,所谓"无心外之理,无心外之物"。在王学的体系里,一切物质化的东西都内化于心了,格物便是格心,是去恶归善。"知"是"良知",即人的良心,主张天理、道德皆在人心。他把朱熹学说中绝对的"理"移植到每个人的"心"里,强调"以吾心之是非为是非","不必以孔子之是非为是非"。即是说判断是非的标准,不是儒家圣贤的论述,而是自己的"心",所以他的学说被称为"心学"。他说:"夫道,天下之公道也;学,天下之公学也。非朱子可得而私也,非孔子可得而私也。""道"和"学"不是朱熹一个人可以垄断的,也不是孔子一个人可以垄断的。学术乃天下之公器,他鼓励怀疑、创新,强调不盲目崇拜权威的个人独立精神。王阳明的心学破除了独尊一家的束缚,为学术研究提供了自由的气氛,解放了学者的思想。极富创新精神的音韵学家敢于突破前人韵学框架与音系,立足当时实际语音著书立说,成就了韵学领域的繁荣。

  明代末年,方以智又赋予"格物致知"新的时代特征。作为一名深受西方思想影响的哲学家和科学家,他的格致之学与以往注重心性修养的理论有所不同,更加注重对客观物理世界的探究,具有浓郁的"实学"色彩。这标志着明末清初的学者已经开始对传统格致论的内涵与功能进行反思。实学思潮兴起,经世致用的治学方式取代了"无事袖手谈心性"的理学流弊。

  明末清初政局变动,江山易主,少数民族政权威临天下,对当时的学术思潮造成了深远的影响。明朝的灭亡促使知识分子在哀悼亡国之痛的同时也开始理性反思、检讨,对晚明思想学术展开声势浩大的历史清算,极力批判"束书不观,游谈无根"的清谈,竭力提倡实事求是、学以致用的学术态度。齐思和论清代三百年学术演变时说,学风有三期转换,第一变正是明末清初之际:"清初诸大儒,多明代遗老,痛空谈之亡国,恨书生之乏术,黜虚崇质,提倡实学。说经者则讲求典章名物,声音训诂,而厌薄玩弄性灵。讲学者亦以笃行实践为依归,不喜离事而言理。皆只在讲求天下之利病,隐求民族之复兴,此学风之一变也。其代表人物为顾炎武先生。"①顾炎武强调凡所做学问,"必古人之所未及就,后世之所不可无,而后为之"。不袭古人,独立思考,贵在创新的精神,使清初的经世致用思想家在各个学术领域都别开生面,取得巨大成就。"经世致用"的思潮也为理学注入经学求实的内容,唤起求真观念。他大力提倡"舍经学无理学",批判空疏清谈的心学末流,读经方能明道救世,而读经的第一要务正是识字。旧儒内心深处的经世致用思想被重新唤醒,实学思潮登峰造极。痛彻心扉的民族之失促使知识分子开始进行朴实的知识启蒙。

二、政治局势扩充研究人员队伍

清代投身于汉语音韵研究的人员数量众多,不仅有本族学者,还有八旗子弟。这与少数民族政权的建立有很大关系,明清的政治突变影响了一代的学术变迁。

明末清初,汉人埋首学术研究基本上可以说是情非得已被迫做学问。为救社稷于危难,脱胎于阳明学派的读书人纷纷抛弃旧派的思想,转而做起以治事、救世为急务的学问,然而原本为政治建设做的准备也随着明代的灭亡而走到尽头。大批学者的政治梦想破灭了,出于对清廷的蔑视与仇恨而不食周粟。梁启超曾发出这样的感慨:"他们里头,因政治活动而死去的人很多,剩下生存的也断断不肯和满洲人合作,宁可把梦想的'经世致用之学'依旧托诸空言,但求改变学风以收将来的效果。"②学者以避世的消极姿态来应对清王朝的高压政治。康熙以后,局势逐渐发生变化。明朝遗老所剩无几,成长于新朝的读书人看到天下太平、海晏河清,也明白江山不是一下子就能从旗人手里夺回来的。再加上统治者施行的民族怀柔政策向汉人开放权力,并从文化上融入汉族的传统,让不少打算为前朝守节的读书人重新回到了庙堂之上。但与此同时,主权者为加强思想、文化控制大兴文字狱。仅乾隆一朝的文字狱就多达百余起,大肆屠戮,株连甚广。残酷而荒唐的屠杀与迫害让文人噤若寒蝉,不敢讨论时政,因为开口便可能犯忌讳。无所适从的知识分子为了逃避现实又开始钻研起以经学为中心的传统学术。音韵作为朴学的一个分支也随之繁荣起来。

满族人能在汉语音韵领域有所建树归功于清朝的文化政策。统治者为巩固政

---

① 齐思和:《魏源与晚清学风》,北京:中华书局1981年版,第315页。
② 梁启超:《中国近三百年学术史》,武汉:崇文书局2015年版,第15页。

权,推行"满汉一家",大力提倡本族学习汉语,方便民族交流。官方所设的各类学校都为其子弟学习汉文提供了优良的条件,原本的目的是让他们尽快掌握汉族文化,以便充当政府各级官吏。加上旗人入关后长期与汉民杂居,与汉族来往密切。有千年历史的中原文化具有更强的稳定性和同化力,旗人渐渐丢失了自己的传统融入其中,开始出现舍满用汉的情况。到了乾隆后期,族内竟出现满语生疏的现象。乾隆皇帝称:"八旗满洲子弟,自其祖父久居京城,不但蒙古语不能兼通,即满洲语亦日渐遗忘。"[1]爱新觉罗·瀛生在讲述清代的满语教学时说:"在清入关之初的百余年间,由于满族人一出生,于儿时牙牙学语即学满语,至学龄入学读书,学习满语,并学习汉语汉文,从而学会满文与汉文间的翻译。过了一百余年,约自乾隆后期始,满族人渐渐改用汉语,及至学龄时入学后才学习满语,直至清末,关内满人皆系如此。"[2]可见乾隆年间汉语已取代满语的母语地位,旗人已经熟练掌握了汉语,其水平足以进行语言研究。语言和文字类型的不同使他们在音韵结构的分析与描写上具有先天优势,对语音的结构划分更加敏感。他们为汉族学者的传统等韵研究带来了焕然一新的思路和方法。都四德、裕恩都是乾隆之后的旗人。十二摄著作之外还有一部大概成于乾隆八年的《圆音正考》,虽然作者不可考,但全书是用满文中的尖团区别来解决满汉语言翻译中的一些问题,所以应该也是旗人之作。

　　明清等韵学是传统人文科学的一部分,与当时的社会文化活动有千丝万缕的联系。传统等韵学家的学识往往不囿于单一领域,他们知识通贯,著书讲究文以载道。在传统思维的影响下,明清韵著的一大特点就是通过韵图来探索语言乃至世界的规律,传达作者的哲学思想,研究方法带有许多如数学那样的色彩。因此,若想彻底掌握等韵学的发展历史,不仅要研究语料语音,更要结合当时的文化背景和社会条件,这样才能了解等韵学家的思想与心理,厘清汉语等韵学发展的动因。

---

[1] 《清实录·高宗实录》卷一〇二二。
[2] 爱新觉罗·瀛生:《满语杂识》,北京:语文出版社1992年版,第958—959页。

"古雅说"缘何难抵"境界说"

潘海军

王国维作为近代殊为罕见的美学天才,他的理论创见和革新精神深远弗界。审视王国维的文艺理论园地,"境界说"可谓一枝耀眼夺目的奇葩,受到了学界同人极大关注。相对于"境界说"之"热","古雅说"仿佛一株落寞小草,沉寂了许多。王氏"古雅说"缘何缺乏"境界说"的"理论召唤力"?前者被"冷落",后者受"追捧"的深层原因何在?因此有必要深入思考"古雅说"的"赋型理路",进而分析理论创新的价值依托与持守原则,对于当下文艺美学发展也具启示价值。

一、释义无"根"

学界关于王国维"境界说"的价值渊源见仁见智,但是《人间词话》对中国古典诗词的鉴赏判断一以贯之,读者可以感受其概念范畴的本土氛围。笔者多次述及这种美学传统的内在联系,此处不赘。接下来分析"古雅说"的价值脉络。王国维提出"古雅说"的美学背景是西方美学场域:"美术者,天才之制作也。此自汗德以来百余年间学者之定论也。然天下之物,有决非真正之美术品而又决非利用品者;又其制作之人,决非必为天才,而吾人之视之也,若与天才所制作之美术无异也,无以名之,名之曰古雅。"[①]王国维认为还有大量的"非真正之美术品",然而也绝非"利用品",而且制作之人也绝非是"天才",其作品与天才所制作的美学无异者,故名之为"古雅"。简言之,所谓"古雅"乃"非天才之天才制作",即非具天才禀赋者

---

① 王国维著,林文光选编:《王国维文选》,成都:四川文艺出版社2009年版,第138页。

创制出了具有天才质素的美术品。王国维谈及美的分类:"而美之为物有两种:一曰优美,一曰壮美。苟一物焉,与吾人无利害之关系,而吾人之观之,不观其关系,而但观其物;或吾人之心中,无丝毫生活之欲存,而其观物也,不视为与我有关系之物,而但视为外物,则今之所观者,非昔之所观者也。此时吾心宁静之状态,名之曰优美之情,而谓此物曰优美。若此物大不利于吾人,而吾人生活之意志为之破裂,因之意志遁去,而知力得为独立之作用,以观其物,吾人谓此物曰壮美,而谓其感情曰壮美之情。"①他认为就美之自身而言,无论是优美还是宏壮,皆呈现"形式之美"。形式之美也即客体之美。康德强调无论是优美还是崇高,都侧重主体的审美能力,也就是说主体感受崇高必须具有体验崇高的能力,优美亦然。但是,王国维"古雅说"没有言及主体的审美能力,而是以"形式"代之。他从艺术的分类来审察诸如建筑、雕刻、音乐皆存在"形式之美",而图画诗歌也可被视为一种形式。他进而言之,戏剧主人公的遭际于文章而言是素材,而对于能够激荡审美主体之感情而言则无疑是"最适之形式"。据此,王国维下了一个定义:"故出吾人之感情外,凡属于美之对象者,皆形式而非材质也。而一切形式之美,又不可无他形式以表之,惟经过此第二之形式,斯美者愈增其美,而吾人之所谓古雅,即此第二种之形式。即形式之无优美与宏壮之属性者,亦因此第二形式故,而得一种独立之价值,故古雅者,可谓之形式之美之形式之美也。"②王国维创制"古雅"理论是以康德美学为凭依的,如"第二之形式""优美及宏壮中不可缺少之原质""形式之无优美与宏壮之属性"等。至于"故古雅者,可谓之形式之美之形式之美也",释义模糊,义理抽象,范畴个性较弱。

王国维认为古雅存在于"第二种之形式"中。他特别交代了第二形式"即形式之无优美与宏壮之属性者",实际上将审美对象的形式特征进行区分。在康德笔下崇高对象诸如高大的橡树、寂静的阴影和幽深的夜空,无不给人以强烈的精神震撼,主体因而体会到崇高。而那些多姿的花坛、精心修剪的树木,则给主体带来优美的情调。无论是崇高还是优美,康德皆强调了审美主体应具有感受崇高或优美的能力。王国维提出的"古雅说"将引起优美与崇高的自然客体排除在外了。他认为自然客观呈现为"第一形式",经过审美主体加工和艺术想象所"创造"而赋形成为新形式,也即"第二形式"。王国维认为即便同一题材,表述也会存在差异;同一曲调,演奏也不同;同一雕刻绘画,真本摹本悬殊,诗歌同样如此。他引用具体诗

---

① 王国维著,林文光选编:《王国维文选》,成都:四川文艺出版社2009年版,第3—4页。
② 王国维著,林文光选编:《王国维文选》,成都:四川文艺出版社2009年版,第139页。

例:"'夜阑更秉烛,相对如梦寐',杜甫《羌村》诗之于'今宵剩把银釭照,犹恐相逢是梦中',晏几道《鹧鸪天》'愿言思伯,甘心首疾'(《诗·卫风·伯兮》)之于'衣带渐宽终不悔,为伊消得人憔悴'(欧阳修《蝶恋花》词)其第一形式同。而前者温厚,后者刻露者,其第二形式异也。一切艺术无不皆然,于是有所为雅俗之区别起。优美及宏壮必与古雅合,然后得显其固有之价值。不过优美及宏壮之原质愈显,则古雅之原质愈蔽。然吾人所以感如此之美且壮者,实以表出之雅故,即以其美之第一形式,更以雅之第二形式表出之故也。"①同一题材在不同作家笔下,自有其审美表达与艺术旨趣的差异,自是确然之理。王国维不仅提出雅俗说法,而且还思考古雅与优美、宏壮的关系,但是语焉不详,内涵颇难索解,比如"优美及宏壮必与古雅合,然后得显其固有之价值""优美及宏壮之原质愈显,则古雅之原质愈蔽",存在阐释上的困难。优美与宏壮作为西方美学范畴,具有内指性和自证性,缘何与古雅合就得以显固有之价值?为何优美及宏壮之原质愈显,则古雅之原质愈蔽?王国维认为,我们之所以感受到了优美与宏壮,源于"第二形式表出之故",缺乏充分论证和必要说明。如果说"境界说"极具创新精神,那么"古雅说"则逊色了很多。学界同人也对"古雅说"提出批评性看法,比如夏中义先生认为:"'古雅说'所以有上述欠缺,原因之一,是王国维将叔本华美学引进到他的艺术美学时,尚欠融会贯通所致。"②这种看法有道理。古雅这个概念西式印痕较深,尚欠圆润通透。

王国维推崇天才般的艺术想象力和思想洞察力,审美主体对客观自然予以创造性想象和艺术再加工,一些寻常景物获得了美的韵味。王国维认为"此等趣味,不自第一形式得之,而自第二形式得之无疑也"③。王国维认为鉴赏评论雕刻书画时,有"神韵气味"者,即第二形式言之者多,而第一形式言之者少。他紧接着论述"西汉之匡、刘,东京之崔、蔡,其文字优美宏壮,远在贾、马、班、张之下,而吾人之嗜之也亦无逊于彼者,以雅故也。南丰之于文,不必工于苏、王,姜夔之于词,且远逊于欧、秦,而后人亦嗜之者,以雅故也。由是观之,则古雅之原质,为优美及宏壮中不可缺之原质,且得离优美宏壮而有独立之价值,则固一不可诬之事实也"④。西汉匡衡,刘三家奏议文自是古雅,但是王国维言及"其文字优美宏壮"当如何解之?是对文字特色的评价还是对"奏议文"内容的判断?遂得出结论"古雅之原质,为

---

① 王国维著,林文光选编:《王国维文选》,成都:四川文艺出版社2009年版,第139页。
② 夏中义:《王国维:世纪苦魂》,北京:北京大学出版社2006年版,第27页。
③ 王国维著,林文光选编:《王国维文选》,成都:四川文艺出版社2009年版,第139页。
④ 王国维著,林文光选编:《王国维文选》,成都:四川文艺出版社2009年版,第140页。

优美及宏壮中不可缺之原质",其审美判断是否严谨?"古雅"自然有"独立价值",为什么一定要以"优美宏壮"作为比照对象?王国维在评价极具中国传统文体特征的"奏议文"时,若采用西方文艺理论的"优美宏壮",是否有错位之嫌?我以为对于诸如"优美宏壮"这样的西方理论范畴,若无视其"质的规定性",而将其置换于完全异质的语境中,不适效应会很明显。王国维没有脱离西方美学语境论析古雅,使其范畴创新性"大打折扣",减弱了理论范畴本身的自足性和独特性。由于"游离"了与本土美学的价值联系,使得这个概念处于"无源之水,无本之木"的"失根"状态。

　　回溯中国古代文论,"古雅"作为一个美学范畴,最早由唐朝诗人王昌龄在《诗格》中提出。他将诗格的审美品格分为五类:"高格""古雅""闲逸""幽深""神仙",并就每一种品格附诗例予以说明。南宋词论家沈义父所撰的《乐府指迷》中,也颇为推崇古雅的审美特质。在其笔下,古雅不仅意味着词句语言的清真典雅,而且还指涉传神写意,清空高古,崇尚法度。词人张炎论词也有"清空则古雅峭拔,质实则凝涩晦昧(《词源·清空》)"的描述。后人如王世贞也在诗论中提及古雅,但是对这个范畴深入论述的无疑是王国维。但是王国维并没有阐释"古雅说"的"本土"渊源,对其范畴的延续性缺乏分析,虽然肯定古雅的创作主体需要学识品格及雅致高情,但是客观上造成了这个概念的"无根性"和"异质性"。佛雏认为:"至于'古雅'与'美、壮'的关系则属于王氏的一种独创。他把那种缺乏天才、全凭学养的人制作出来的、具有'典雅'性质的'美',名之为'古雅';'古雅'处于'优美'与'宏壮'之间,'兼有此二者之性质';'古雅'之作,虽逼似'美、壮',但又'决非真正之艺术品'。此说意在弥补康德美学的不足。"[①]王国维言说视域始终无法脱离"优美""宏壮"等西学语境,比如"宏壮之形式常以不可抵抗之势力唤起人钦仰之情,古雅之形式则以不习于世俗之耳目故,而唤起一种之惊讶。惊讶者,钦仰之情初步,故虽谓古雅为低度之宏壮,亦无不可也。"[②]古雅范畴缺乏"自含性"与"自足性",有附会之嫌。追索原因,罗钢认为与王国维对待古雅的犹疑和矛盾相关。"王国维一方面在艺术上把'古雅'看作是天才的对立面,认为它是经由后天的修养习得的,是摹仿的,是技术性的,是一种艺术的赝品。另一方面,为了使'古雅'作为一个审美范畴能够获得与优美、宏壮比肩而立的地位,他又必须论证它的独特价值,证明它是一种'形式之美之形式之美',即使相对于优美、宏壮,仍具有一种

---

① 佛雏:《王国维诗学研究》,北京:北京大学出版社2006年版,第136页。
② 王国维著,林文光选编:《王国维文选》,成都:四川文艺出版社2009年版,第141页。

不可替代、不可或缺的作用。正是这种内在的矛盾导致这一范畴在理论上左支右绌,留下许多破绽。大约王国维自己对这个范畴也缺乏足够的自信,在次年发表的《人间词话》中,优美、宏壮仍然被作为重要的范畴采用,'古雅'却就此失去了踪影。"[1]我以为罗钢上述说法是有道理的。

二、"自由"乏"度"

王国维"境界说"推崇"绝望现象学",重在存在论场域抒发有死性的恐惧与战栗,肯定主体精神的坦露。"境界说"突破了"乐而不淫,哀而不伤"的"中和"法度,将真理与自由的维度彰显了出来。这显然是人类学的范畴,是人性深度情感的凝结。因此,就王国维"境界说"的"自由"维度而言,深度情感的蕴含是范畴独特性的基本构成。唯有"天才"的心灵才会生发"形而上无家可归"的生命体验,才能对人类存在困境与终极悲剧有切实感受。如果没有对"真感情"的深度推崇,王国维"境界说"不会呈现出如此巨大的创新性。约言之,王国维"境界说"内蕴自由情感的深度和广度,造就了这一理论范畴的"人类学"维度。若仔细推敲,王国维"境界说"对"真感情"的推崇,和康德所言及的"崇高"体验具有内在契合性。康德认为崇高只能在我们的观念里寻找,但崇高是以审美对象的自然形式作为基础的:"高耸而下垂威胁着人的断岩,天边层层堆垒的乌云里而挟着闪电与雷鸣,火山……我们愿意称呼这些对象为崇高。"[2]"我们称呼这些对象为崇高,因它们提高了我们的精神力量越过平常的尺度,而让我们在内心里发现另一种类的抵抗的能力,这赋予我们勇气来和自然界的全能威力的假象较量一下。"[3]王国维谈及古雅与优美宏壮的差异性时认为,古雅只存于艺术层面而不存在于自然中,但是优美宏壮则具有普遍性和必然性。古雅的特殊性在于因人而异,因时代而异。即便同一时代也因人而异。如果"境界说"具有人类性维度,那么"古雅说"则具有时代性和个体差异性。"吾人所断之古雅者,实由吾人今日之位置断之。古代之遗物无不雅于近世之制作,古代之文学虽至拙劣,自吾人读之无不古雅者,若自古人之眼观之,殆不然矣。然古雅之判断,后天的也,经验的也,故也特别的也,偶然的也。此由古代表

---

[1] 罗钢:《传统的幻象:跨文化语境中的王国维诗学》,北京:人民文学出版社2015年版,第188页。
[2] 康德:《判断力批判》,宗白华译,北京:商务印书馆1964年版,第101页。
[3] 王国维著,林文光选编:《王国维文选》,成都:四川文艺出版社2009年版,第101页。

出第一形式之道与近世大异,故吾人睹其遗迹,不觉有遗世之感随之,然在今日,则不能若优美及宏壮,则固无此时间上之限制也。"①王国维屡次言及古雅的审美特质不具有艺术普遍性,而且"泛大众"立场很明显。如果说,王国维"境界说"对天才式情感与艺术匠心推崇到了极致,那么古雅显然是降低"艺术期待"的产物。用王国维的话来说就是"艺术中古雅之部分,不必尽俟天才,而亦得以人力致之。苟其人格诚高,学问诚博,则虽无艺术上的天才者,其制作亦不失为古雅"②。如果一部作品不能喻其"优美"或"宏壮",那么还"犹能喻其古雅之部分"。因为优美或者宏壮类作品,则是天才之制作。但是第三流以下的艺术家,则只能达到古雅程度。较之境界显然自由乏度,古雅不仅是一种情感维度的降低,而且还体现在理论预设过于宽泛松散,缺乏某种义理聚焦。质言之,"古雅说"向心力不强,缺乏"境界说"的立体性、开放性和深刻性。王国维然后以绘画、文学等举证,意在说明一切艺术莫不如此。"此等神兴枯涸之处,非以古雅弥缝之不可。而此等古雅之部分,又非藉修养之力不可。若优美与宏壮,则固修养之所能为力也。"③王国维虽然否认古雅内含天才的创造力和艺术想象力,但是肯定其艺术的价值。因为一切艺术品皆具有超功利性,能使人"超出乎利害之范围外,而惝恍于缥缈宁静之域",从这个角度而言,古雅堪称"低度之优美"。王国维总结道:"故古雅之位置,可谓在优美与宏壮之间,而兼有此两者之性质也。至论其实践方面,则以古雅之能力,能由修养得之,故可为美育普及之津梁。虽中智以下之人,不能创造优美及宏壮之物者,亦得由修养而有古雅之创造力;又虽不能喻优美及宏壮之价值者,亦得于优美宏壮中之古雅之原质,或于古雅之制作物中得其直接之慰藉。故古雅之价值,自美学上观之诚不能及优美及宏壮,然自其教育众庶之效言之,则虽谓其范围较大成效较著可也。因美学上尚未有专论古雅者,故略述其性质及位置如右。"④王国维肯定古雅具有审美价值,触及古雅的大众美学功效,无疑是有见地的说法。但是若与"境界说"的自由维度相比较,显然有差距。

总而言之,王国维构塑的"古雅说"有诸多的"缺憾",不仅存在本土根源的"缺失",而且也没有"境界说"内含的"丰盈"。观览王氏"境界说",诸如"有我之境与

---

① 王国维著,林文光选编:《王国维文选》,成都:四川文艺出版社2009年版,第140页。
② 王国维著,林文光选编:《王国维文选》,成都:四川文艺出版社2009年版,第140—141页。
③ 王国维著,林文光选编:《王国维文选》,成都:四川文艺出版社2009年版,第141页。
④ 王国维著,林文光选编:《王国维文选》,成都:四川文艺出版社2009年版,第141—142页。

无我之境""造境与写境""隔与不隔"等等,构成了立体饱满的价值系统,"古雅说"明显单薄了很多。王国维提出"古雅说"也没有"境界说"的学术自信,从他提出后就搁置不再理会可窥一斑。由此足见,理论创新有"应然"准则。王国维构筑的"境界说"和"古雅说",一显一隐,彰显文艺理论创新必须深深扎在本土文化的根基之中,根愈深叶愈茂,如此才可能有恒久生命力。

应修人与浙东优秀传统文化

刘钧元　刘桂萍

应修人(1900—1933),名麟德,字修士,后改为修人,无产阶级革命家,左翼革命烈士。1900年2月7日(农历正月十一日),应修人出生在慈溪县(今宁波江北区慈城镇)应家河塘的小商人之家,1906年入私塾,接受传统文化教育,学习《三字经》,后又学习《论语》《孟子》《大学》《中庸》,1913年辍学到上海钱庄做学徒,从事金融工作13年,先任豫源合资商业银行储蓄部主任和襄理,后任中国棉业银行出纳股主任。但他坚持自学传统文化,尤其是古典诗词。1919年参加"五四"新文化运动,1925年先后加入中国共产主义青年团和中国共产党。1926年到黄埔军校当会计,1928年到苏联留学,回国后曾在中国共产党中央军委、中央组织部、临时中央办公厅及江苏省委宣传部工作,先后任黄埔军校会计、中央军委油印科长、中共中央会计及中共江苏省委宣传部长等。1933年5月14日壮烈牺牲。纵观应修人的悲壮的人生历程,其精神力量首先在于他自幼接受中华优秀传统文化的熏陶,奠定了他人生的精神基石。本文试图就应修人接受的浙东优秀传统文化进行一些探讨,以期就教于大家。

浙东是中华优秀传统文化重要的发祥地,儒家文化传统经久不衰。慈溪县城(今称慈城)是越文化重要的发源地,并且与大禹文化有着密切的关系。自唐虞以来,慈溪为《禹贡》扬州之属地。据史记载,夏朝少康封庶子无余建越国,析"无余"二字在越国境内设句无、句余。句余成为慈溪最早的行政区域。春秋战国时期,越王勾践在句余境内筑句余城。据《史记》载:"周元王三年(前473),越王勾践城——句余。"其城址在慈城西南王家坝。句余是慈城最早的古名。据《十三州志》载:"越王勾践之地,南至句余,其后并吴,因大城句余,章(彰)伯(霸)功以示子孙,故曰句章。"即为周元王四年(前472),勾践灭吴,向周天子呈贡,周元王赐勾践胙,并命以"伯",越王称霸,勾践为向子孙表彰灭吴封伯之功,将原越之南方边地句余扩大,而改"句余"为"句章"。公元前222年,秦灭六国,置会稽郡,建句章县,这是慈溪最早的县级建制。由汉晋至陈,基本上沿用秦制。隋炀帝时,句章一度并有余姚、鄞、鄮等三县之地。唐武德四年(621),析句章地置姚州,还原鄞县、鄮县、句章三县,又升句章为鄞州。武德八年(625),废鄞州为鄮县,兼并鄞县、句章县,治小溪镇(今宁波市鄞州区鄞江镇),属越州(治所在今绍兴市越城区),为"大鄮县"。唐开元二十六年(738),浙东采访使齐澣奏请朝廷,于鄮县设明州,又析鄮地置慈溪、奉化、翁山等四县,句章始改为慈溪,以后历朝沿用此名。慈溪经过2400多年的历史沉淀,拥有极其深厚的文化底蕴,体现了深厚的浙东人文精神,这给应修人以巨大的影响。主要体现在如下几个方面:

一是大禹精神。

大禹精神在浙东地区家喻户晓。大禹治水,三过家门而不入,体现出利他和为民的精神、忘我的精神,根本目的就是要为民众造福,为国家尽力。面对滔滔洪水,面对民众即将葬身鱼腹的危险,他不顾个人的荣辱毁誉,受命于危难之中,拯救民众,拯救国家,显示了一种崇高的人生志向和伟大的人格。他是人类的道德楷模。大禹精神形成于浙东的会稽山,大禹在这里完成了封禅、娶妻、计功、归葬四件大事。大禹精神成为古越文明的精神源头。《史记·夏本纪》曰:"禹会诸侯江南,计功而崩,因葬焉,命曰会稽。会稽者,会计也。"[1]《越传》说:"禹到大越,上苗山,大会计,爵有德,封有功,因而更名苗山曰会稽山。"[2]慈溪是越文化所在地,大禹精神在浙东代代相传,影响着一代代于越人,自古至今,慈溪人传承着大禹文化。应修人从小聪明好学,自然也接受了大禹精神的熏陶。

二是孝文化。

浙东孝文化源远流长,内容十分丰富。慈溪之名就来自孝文化。"入则孝,出则悌",这是慈溪人自古以来就很重视的两个方面。慈溪自古以来注重礼仪节孝,在县城孔庙中有节孝祠,系1726年建造的忠义孝悌祠和节孝妇女祠。这里不仅流传着曹娥投江的故事,而且也流传着汉代董黯"汲水奉母"的故事。在慈溪县,有关董黯行孝的传说有很多。传说董黯被皇帝旌表为孝子,是因为他在父亲死后知道母亲与邻村一男子相好,就每天待天一擦黑即背着母亲去她的相好家,第二天拂

---

[1] 王利器:《吕氏春秋注疏》第2册,成都:巴蜀书社2002年版,第1003页。
[2] 王利器:《吕氏春秋注疏》第2册,成都:巴蜀书社2002年版,第1003页。

晓前又将母亲背回家。董母逝世后,董黯将母亲的相好杀了后投案自首。当皇帝钦定该案时,听到董黯"背母亲是因为报母恩,杀人是因为报父仇"的供词时,不仅免其一死,还旌表为孝子。在慈湖岸畔、浮碧山西麓山脚下,有一口用乱石垒成的土井,据《慈溪县志》记载,这是董黯为其母挖的。"汲水奉母"的故事是说,董黯听说用大隐溪水煎药对母亲的病有疗效,就不惜跋涉30里前往大隐溪挑水。其母病愈后,有水自溪边涌出,其味清冽如大隐溪,董黯即在涌泉处挖井汲水,此井后被人称为"董孝子井"。唐代房琯为句章县令时,选择九龙戏珠的风水宝地,即今慈城之地,迁建县治,因为被汉代名儒董仲舒六世孙董黯"汲水奉母"的事迹所感动,遂改句章县为慈溪县。

　　慈城自古多水井,据说全是孝子们学董黯为母亲而开挖的。慈溪县城有董、孙、张三孝子祠,所以慈溪一度也叫三孝乡。民国时期,慈城镇一度改名为孝中镇。在应修人出生的应家河塘,就有一条孝子路。这虽然是一条在任何乡村都可见到的普通泥石路,蜿蜒于绿色田野间,然而这条小路却有着非常重要的意义。应家河塘以前有个寡妇,因无法度日,就带着孩子改了嫁,却被族人刁难,族长在她出嫁离村时声明:你从这条路出嫁就别再从这条路回来。寡妇改嫁后,她一直想回应家祠堂,在列祖列宗前认罪,却没有路可走,总是难以摆脱良心的谴责,心里非常痛苦。她常常告诉儿女们,她"生是应家人,死是应家鬼"。贫苦人家的孩子总是更懂事,寡妇的儿子从小看到母亲伤心、郁闷,他自己也被人辱称为"拖油瓶",长大后他拉黄包车,什么活都干,艰苦奋斗,二十多年后终于凭自己的勤劳与诚信创立了一番事业,成为一个大老板。他发财后做的第一件事就是为母亲回应家祠堂祭祖修一条新路。这条路就是东泽路,东起慈城的三板桥西埭,直通到应家河塘村口,后有人称其为孝子路。据记载,慈城自唐开元二十六年(738)设县城以来,被皇帝旌表的孝子(女)有30多个,其中董黯、孙之翰、张无择最出名。[①] 因此,自古以来,慈溪人深知孝爱乐循的道理,人们牢记着"慈孝"二字。这种孝文化对应修人也具有重要的影响。如他的诗歌《小小儿的请求》就鲜明地表现了这一点。

　　三是儒家文化。

　　自古以来,浙东地区对教育非常重视,慈溪人尊孔意识很强。慈溪县城,不仅有孔庙、校士馆等张扬教育与文化的标志性古建筑,而且还留存官宦宅第、学宫书院等文物古迹。孔庙不仅是用来祭祀我国伟大的思想家、政治家、教育家孔子的地方,更是地方重视教育、崇尚教育的体现。慈城孔庙位于城内中心位置上,建于北

---

① 王静:《留住慈城》,上海:上海远东出版社2004年版,第190页。

宋雍熙元年（984），比现今北京孔庙还要早300多年。1048年迁移到现址，历代累有兴毁，现存的孔庙仍保持清代光绪年间之貌。其占地约7000平方米，共有祠、阁等房屋137间，建筑布局完整、气势宏大。中轴线上由南向北分别为棂星门、泮池、大成门、大成殿、明伦堂、梯云亭；两侧的左右轴线上也对称地建有祠、阁，体现出"中和为美"的审美标准。孔庙前通衢东西设有"腾蛟""起凤"二坊："腾蛟"，蛟龙腾跃；"起凤"，凤凰起舞，出自唐代诗人王勃《滕王阁序》"腾蛟起凤，孟学士之词宗"之句，是确立孔孟之道为正宗的显示。自然，这也养成了慈溪人尊师重教的传统以及推崇学习的传统。

慈溪孔庙历代因种种原因损毁，但总是能够重建，甚至扩建，至今达50多次。在庙前有两块石碑，刻着"一应文武官员军民人等至此下马"，提醒人们路过此地时，下马、下轿步行，可见当地人对孔子的敬重。在庙内，有康熙二十八年（1689）御制的《先师孔子赞》及《颜曾思孟四子赞并序》勒石置碑，王安石撰写、清咸丰九年（1859）重刻的《慈溪县建学记》碑，以及明伦堂御制卧碑等20余方古碑。同时还悬挂有康熙二十四年（1685）御书"万世师表"、雍正三年（1725）御书"生民未有"、光绪元年（1875）御书"斯文在兹"等匾额，渲染了浓烈的儒家文化氛围。这是江南地区保存最完整、最古老的学舍讲堂，至今已有1000多年的历史。这里曾经是高级官员、教谕为生员、贡生上大课，开大会，处理大事的地方，是学宫重要的活动场所。生员犯科，须在明伦堂上讨论、评议，然后革除功名。故有"先入明伦堂，再登梯云亭"之说。在孔庙中，不仅供奉着至圣先师的神像，而且建有梯云亭和进士第。梯云亭是孔庙中的最高建筑，其寓意为学子要像爬楼梯一样努力，才能登入梯云高处，成为"人中之人"。在其两旁的进士第中，陈列着慈溪从唐宋至明清500多名进士的名单，这些人都在孔庙中学习过。在中国古代，获取功名，不仅是个人获得成就的路径，也是读书人参与治国、为国效力的一个基本途径。因此慈溪人尊孔，重视功名，从一定意义上说，也是凸显个人为国效忠的精神。

四是民本思想。

民本思想作为中国传统文化的重要内容，最早是大禹提出的。大禹不仅提出了"民可近，不可下，民惟邦本，本固邦宁"[①]的思想，而且提出了"德惟善政，政在养民"[②]的思想，在其治国中也一直践行着。大禹这种思想在儒家学说中被发扬光大，成为历代执政者的主要思想理念。这种思想在慈溪得到了很好的传承，形成了

---

① 李民、王健：《尚书译注》，上海：上海古籍出版社2004年版，第93页。
② 李民、王健：《尚书译注》，上海：上海古籍出版社2004年版，第93页。

忠烈为民的政治文化传统。房琯首任慈溪县令,就下令在县城东北处开凿慈湖,面积150余亩,用以灌溉农田,体现了为民尽忠的思想。历史上,在慈溪任职的大小官员,形成了一种为民请命、为民担当、泽被后世的传统,流传着罗河岳等许多官吏清正廉明的事迹。如1240年,王致远任县令时,浙东发生大饥荒,饥民四处流亡,他带领众官吏慰问灾民,号召大家共渡难关,捐出自己的俸禄,呈请上级拨款发粮,煮粥分食。富家大户也积极响应,纷纷设锅煮粥,分食饥民。度过饥荒后,他又召集官吏和地方士绅商议筹划完善公益事业,创立居养院收留孤寡无助老人,创办慈幼院收养弃婴,设置慈济院帮助穷困人家等。对这种立制惠民的善举,慈溪民众交口称赞,称他为活菩萨,在庙里塑像祭祀他。再如清代嘉庆年间的县令罗河岳,坚决拒绝按惯例征收赋银时加收火耗钱,并用自己的俸禄去补贴俸禄低的胥吏,提出"苦民众不如苦自己"。这种廉洁奉公的事迹也为慈溪士民传颂不已。

五是忠烈文化。

自古以来,忠烈文化在中国传统文化中具有重要的地位。它与孝文化连成一体,它们像一对孪生兄妹,总是相互依存着。所谓在家尽孝,为国尽忠,是中华民族的传统文化心理。孝敬父母,是小忠,也是小孝;而为国尽忠,为全国人民谋福祉,是大孝。常说忠孝不能两全,是指选择小孝小忠,还是选择大孝大忠的问题。忠烈文化是慈溪传统文化之一。一方面,慈溪人将"妻贤助夫贵,母良教子忠"作为治家兴邦之道,提倡封建伦理道德,常常表彰贤妻良母式的女子。宋朝以来,慈溪记载的旌表的贞孝节烈女子有5000多人。另一方面,慈溪人非常重视功名,宣扬为国效忠。这里流传着许多为国捐躯的忠烈故事。代表性的有抗清尽忠的三忠墓。1645年,清军入浙,董志宁、王翊、冯京第三人与钱肃乐、华夏、王家勤从事抗清复明运动,先后以身殉国。同时还有为国捐躯的抗英名将朱贵祠。1842年3月15日,英军2000人兵分两路侵犯慈溪、余姚,驻防慈溪县西大宝山的朱贵将军腹背受敌,他指挥将士奋勇还击,数次击溃来犯之敌,当弹尽粮绝而后援不及时,他跃马横刀,带领将士杀入敌阵。他杀死10余名敌军后因战马中弹而坠地,后又纵身杀敌数名,最终胸部中弹,壮烈牺牲。其子昭南及200余名将士也先后为国捐躯。英军伤亡也很惨重,用小火轮运送伤员和尸体数日才结束,从此英军不敢西侵,不久退出宁波。应修人自幼受到这种文化传统的熏陶,形成了一种很强的主体意识。这正是应修人后来一直为公益而操劳,为革命而牺牲的思想基础。

六是商帮文化。

近代以来,宁波文化一个最突出的表现形态就是商帮文化。应该说,宁波商帮文化的兴起与明清时期浙东学派崛起,浙东学术影响日益广泛有关。宁波人经商历史悠久,在明末已开始出名。当时,宁波商人控制着北京的中药业、成衣业、钱庄业等行业。近代以后,他们又凭沙船业、钱庄业等,跻身中外贸易。明清时期,中国有十大商帮——山西商帮、徽州商帮、陕西商帮、山东商帮、福建商帮、洞庭商帮、广东商帮、江右商帮、龙游商帮、宁波商帮。到近代,宁波商帮成为影响力最大的商帮之一,"无宁不成市",就充分反映了他们的影响力。到20世纪初,十大商帮中有九大商帮被淘汰出局,唯独留下了宁波商帮,成为浙商的主干力量。"宁波商帮,泛指旧宁波府属的鄞县、镇海、慈溪、奉化、象山、定海六县在外地的商人、企业家及旅居外地的宁波商人。宁波商帮形成的主要标志,是宁波商人在北京创设鄞县会馆,这是由鄞县在京的药业商人在明朝万历到天启这一时期创办的。在中外贸易中,宁波商人较早地接受了西方近代工业文明的影响,因此宁波商帮为中国民族工商业的发展做出了贡献,推动了中国工商业的近代化,如第一家近代意义的中资银行、第一家中资轮船航运公司、第一家中资机器厂等等,都是宁波商人创办的,涌现出如包玉刚、董浩云、邵逸夫、王宽诚、陈廷骅、厉树雄等名闻中外的巨商。宁波商帮对清末上海的崛起和二战后香港的繁荣都做出了贡献。宁波商人善于与时俱进,宁波商帮文化富有活力。

在宁波商帮文化的发展中,慈溪人发挥了重要作用。据清光绪《慈溪县志》载,慈溪商业在唐宋元以来就很发达,在戏台四面,"楼前商舻百货云屯",贸易繁盛,"街衢往来之人,肩摩踵接"[1],强烈地冲击着传统的思想观念。至明末,在浙东学派的倡行之下,崇本抑末的思想开始动摇,重商、崇商之风已经形成,"古道遗风,鲜有存者"[2]。而人多地少的生存困境又推动当地人纷纷外出经商,因商致富代有其人。明后期,还有一批慈溪成衣业匠人前往北京谋生,并于明嘉靖年间"商同各辅掌柜,伙友出资,在于南大市路南创办浙慈馆。……当时成衣行业,皆系浙江慈溪县人民,来京贸易,教道(导)各省徒弟,故名曰浙慈馆,专归成衣行祀神会馆"[3]。慈溪人创立浙慈会馆,即"浙江省慈溪县成衣行业商人会馆",显示了宁波商帮重要组成部分的明代慈溪商人在北京的影响力。近代以来,更有大批慈溪人外出创业,足迹几遍全国。据清光绪《慈溪县志》载,由于慈溪一地"生齿日盛,地之所产,不给于用,四出营生,商旅遍于天下,如杭州、绍兴、苏州、吴城、汉口、牛庄、胶州、闽

---

[1] 龚烈沸选点,周冠明校注:光绪《慈溪县志》(节选本),宁波:宁波出版社2003年版,第258页。
[2] 王遂今主编:《宁波帮企业家的崛起》,杭州:浙江人民出版社1989年版,第4页。
[3] 天启《慈溪县志》卷一《风俗》篇。

粤,贸易綦多。……甚至东西南洋诸国,亦措自结队而往,开设廛肆"[①]。他们在商界也具有很大影响。如1854年,慈溪费纶志与镇海李也亭、盛植管集银7万两,从英国购买了中国第一艘轮船,名为"宝顺号",并配备武装,为商船护航;1897年,慈溪严信厚、镇海叶澄衷、定海朱葆三在上海创办第一家华人银行——中国通商银行,具有很大的影响力。宁波商帮不仅促进了中国经济的发展和中国工业技术的进步,而且形成了一种文化精神,这种精神影响着一代代宁波人。宁波商帮不仅具有开放的心态,而且具有很强的合作精神、创新意识,同时还有强烈的爱国精神和突出的诚信务实的品格。正是这种文化精神支撑着宁波商帮一直走在时代的前沿。应修人出生在商帮文化十分发达的浙江宁波,其祖父和父亲都是宁波商帮的一分子,他自然也接受了这些文化的影响。他尤其接受了宁波商人进取行善、爱国爱乡的精神。这在他后来的人生中有鲜明的表现。

总之,应修人一生都在为国家复兴、人民富裕、社会进步而奋斗,始终都是将报国和利民放在首位,从来没有以私损公,以己害人,而是为国家兴而思,为人民幸福而想,为乡村发展而虑,突出了一个青年优秀崇高的品质,充分体现了对国家的忠诚。同时,应修人孝敬父母,重视友爱和亲情。他出于孝道,接受父母为他安排的婚姻,并对妻子尽心尽责,关爱有加;当朋友遇到困难总是及时帮助,这些都体现了传统孝悌、友善的观念。慷慨好施,乐于奉献,为国效劳,为民尽心,全心全意利国利乡利民,是对他人生的集中概括。在他身上,彰显了中国共产党人全心全意为人民的优秀品质,显示了浙东的文化精神,也显示了浙东优秀传统文化的影响。

(作者单位:浙江越秀外国语学院、宁波职业技术学院)

[①] 龚烈沸选点,周冠明校注:光绪《慈溪县志》(节选本),宁波:宁波出版社2003年版,第259页。

现代乡村地域性特色及其品牌建设问题研究[①]
——以塔头底古村落的发展为例

林存厅[②]

自改革开放以来,人们的物质生活不断得到丰富,文化旅游是近几年盛行的一种旅游方式,是游客在旅游过程中体验当地文化的一种表现形式。习近平总书记在党的十九大报告中提出,乡村振兴战略不仅为建设现代化乡村提供了极好的发展平台,还加快了农村经济发展的步伐,更是积极促进了对乡村文化的发掘。塔头底古村落迎着这股春风,快速发展旅游业,成为当今现代化乡村建设中的一个缩影。笔者前期做了大量关于发掘塔头底古村落文化资源的工作,调查后发现塔头底古村落在乡村文化资源的开发上有极大潜力,这也是在建设过程中体现现代乡村地域性特色的重要一环。

在塔头底古村落民居的发展上要突出其重要的文化价值,党的十九大报告提出的乡村振兴战略也明确表示了走中国特色社会主义乡村振兴道路,必须传承发展提升农耕文明,走乡村文化兴盛之路。文化是一个国家、一个民族的灵魂,乡村文化是传统文化的生命家园。[③]

塔头底古村落的始祖季茂龄保留着其父季淳留下的明景泰六年的圣旨,在《分疆录》中有相关记载。季淳,丽水人,景泰朝历官至内阁中书,英宗复辟,弃官流寓邑城后定居牙阳。其裔家藏景泰六年授官敕犹存。用端锦镶,长五尺余,高一尺

[①] 本文为国家级大学生创新创业训练计划(201812792019)阶段性成果。
[②] 本文作者系浙江越秀外国语学院中国语言文化学院2016级学生。
[③] 罗娟、高红霞:《2018年四川省委一号文件解读——实施乡村振兴战略,必须坚持走中国特色社会主义乡村振兴道路》。http://sc.people.com.cn/n2/2018/0208/c345167-31236197.html。

余,系织造预制者。轴首织"奉天敕命"四字,敕后织"景泰二年制"五字,并围以蟠龙。前幅系淳身分敕,后系其妻张氏敕。两敕之间,低三字,分三行,书"初任鸿胪寺序班,二任光禄寺良酝署监事,今任今职"云云。距今四百年,几经兵灾而此敕岿然无恙。①

塔头底古村落始祖季茂龄,在季氏家谱中记载道:"公应成化四年登癸卯进士,擢高邮尹。四年,以政闻,迁翰林学士。"②这表明季氏家族在季茂龄的带领下刚由丽水迁至泰顺雅阳大坪洋后塆时还是书香门第,家学渊源深厚。直到清朝康熙十八年季茂龄玄孙季德重、季德立带领族人迁于塔头底,两人率领族人勤勉耕耘,渐渐积累了一些财富。到两人的孙辈季元英时,季元英与五个儿子一起用富余的钱财修建了仁、义、礼、智、信五厝,后人在前人的基础上继续发展塔头底古村落。

季茂龄为了族内子孙接受书香熏陶,修建了上达书斋。季氏迁到塔头底后,季元英为复兴祖上家学修建了育贤斋。到后辈季国和时,兴建三枫书斋,该书斋也成了当时县内颇负盛名的书斋,培养了一大批人才。可惜在"文化大革命"时期,三枫书斋被毁。季氏家学因此渐渐衰微。

同时,当地民风民俗的文化价值极大。其中又有许多非物质文化遗产,典型的如提线木偶戏、药发木偶戏、米塑、采茶舞曲、百家宴等,这些文化遗产许多都是塔头底古村落在全国范围内所独有的。由此可知,塔头底古村落是具有相当深厚的文化底蕴的。其在前期的开发建设过程中对乡村文化资源发掘得较少。

笔者在指导老师的指导下,通过全面的实地考察,采访了塔头底古村落村民并记录了相关信息,深入挖掘当地的乡村文化资源。在掌握大量的第一手资料后,认真探究塔头底古村落在发展过程中存在的问题,积极寻找解决方法。

一、塔头底古村落的开发及其存在的问题

(一)塔头底古村落的概况

塔头底古村落,位于浙江省温州市泰顺县雅阳镇和平村,属亚热带海洋型季风气候,四季分明,气候温和,雨量充沛,动植物资源丰富。据村中季氏族谱记载,明正德戊寅年,季氏家族由始祖季茂龄带领从丽水迁至泰邑牙阳八都大坪后湾居住,在清康熙己未年时,季德重、季德立二人又带领族人迁居至塔头底,至今已有三百

---

① 林鹗:《分疆录》影印本,台北:成文出版社1975年版,第436页。
② 张郑二:《季氏家秉》自印本。

多年历史。村中包括下厝、中央厝、尾厝、旗杆厝等主要住宅,且拥有丰富的文化资源。

2016年塔头底古村落由浙江云涧旅游开发公司投资建设,采取"PPP"投资模式,按照"修旧如旧"的理念进行改造,保留主题风格,内部加以现代化的装饰,还引入承天氡泉的泉水,计划将古村落打造成庭院式温泉古典民宿。

2018年,投资166亿元的华东大峡谷国际旅游度假区项目正式启动,塔头底古村落所在的和平村为其第一阶段开发建设的主体。塔头底民宿——迷途·七厝旅店中的三厝于当年5月开始营业,顺利完成了其所在的雅阳镇氡泉小镇项目的第一阶段开发工作,其外围包括直通华东大峡谷的古道仍在建设中。

(二)古民居的修复问题

对类似塔头底古村落的古民居的保护是贯彻落实乡村振兴战略的重要举措。以"修旧如旧"的理念对塔头底古村落的民居进行修缮,即在修复过程中尽可能地保留其原有风貌,其中部分建筑在原有基础上进行改造。民居中的主要房梁以及小部分柱子为旧时所用物件,其他柱子均是上半部分为旧体,下半部分采用新的木料来替换。塔头底古村落七厝中的下厝、尾厝以及中央厝的房屋都有两屋并为一屋的改造,屋上房瓦均已更换为新瓦,每厝中间均放置可遮阳的躺椅。屋外的百米长廊,改造过程中把贯通的长廊逐一分割成每厝专属的部分,改变了原有的结构。旧屋外的楼梯在将两屋改造为一屋后遗留了下来,破坏了长廊的美观性。修复工作仍旧存在一些类似的问题以及许多要改进与完善之处,具体还要在实际工作中解决。

(三)民居内饰不够精细

塔头底的古民居保存完整,数量众多。根据开发的需要,可以分为居住区域和公共区域两类。

首先是居住区域,目前塔头底的古民居大多近似于近现代乡村民居,仅满足于基本的居住需求,未能避免民居建筑的模式化,同时缺乏个性化。其次是民居的内饰。古典建筑的内饰种类丰富,有砖雕、石雕、木雕、陶瓷器等。而目前塔头底古民居的内饰比较简单,多为盆栽、挂画以及一些保留下来的木雕花纹,显得单调,缺乏观赏性。

(四)景点较单一,创造发挥空间较大

根据开发的需要,可以将塔头底的景点分为自然景点和人造景点两大类。目前塔头底古村落的自然景点和人造景点均无法满足游客游览需求和人文需求。

首先是自然景点,塔头底古村落依山傍水,其中湖泊已由旅游集团承包开发,但仍具有很大的发挥空间。湖泊周围仅是单一的木质栏杆,湖边只有一个木质水车,湖中也只是散养了一些供游客投食的锦鲤。其次在人造景点方面,除了村口用古树搭建的大门外还有专门纪念塔头底古村落的长亭,以及还在建造中的城隍庙,这些具有极大的发挥余地。

(五)景区范围小,周边民居整改不彻底

塔头底古村落所在的和平村面积为2258亩,其中耕地面积201亩,森林面积1714亩,故包括古村落在内的居住区面积仅为343亩。可以看出塔头底古村落的占地面积太小,以至于极大地限制了游客在古村落的游览时间,这是古村落未来发展道路上极大的隐患。因此,对古村落景区的扩建就显得非常重要,对于周边民居的搬迁与改造也是不可避免要进行的。

笔者在调研中发现,还在改造中的旁厝边上仍为村中居民所居住的房子,暴露了塔头底古村落景区整改的不彻底性。对于整体环境而言,不利于古村落的扩建与创新。

(六)相关的发展项目存在协作不确定性

雅阳镇的氡泉小镇计划是把塔头底古村落建设成为拥有承天氡泉的温泉古村。其中雅阳承天氡泉、塔头底古村落、华东大峡谷共同构建成氡泉小镇,建成后将是集度假、养生、娱乐、观光等功能于一体的休闲景点。如今,氡泉小镇计划正在有条不紊地实施,且塔头底古村落也已经顺利地完成了计划的一期目标。

泰顺·华东大峡谷国际旅游度假区是由"回归的泰商"投资建设的项目。项目选址于泰顺县雅阳镇,定位为集旅游观光、休闲度假、探秘探险和医疗康养为一体的综合旅游休闲度假区。按照规划总用地面积约23.66平方公里,总投资约166亿元,计划分3期建设、8年建成。建成后,预计年接待游客将达到300万人次以上,年创税1亿元以上,解决带动当地就业约1万人,同时,大大推进了当地交通水电等相关配套设施的建设进度,也加快了雅阳镇城镇化建设。该项目一期征地范围涉及和平村、中村村、白巢村、埠下村、沐峰村,5个村落中,和平村的攻坚难度最大。项目涉及该村用地面积达1400亩且历史遗留问题多,但政策相关成员却在一个月内啃下这块"硬骨头",在此过程中,村民的配合无疑为项目快速落地添砖加瓦。[①]

虽然这两个项目的规模有所不同,但都是以塔头底古村落的发展建设作为整

---

① 郑小萍、张温乐:《泰顺"最大引资项目"快速落地,温州华东大峡谷氡泉旅游度假区项目今日开工》。http://news.66wz.com/system/2018/12/01/105132665.shtml。

体工程的起点,并都涉及塔头底古村落的未来发展。两个项目之间存在何种协作关系尚无定论,华东大峡谷项目的立项与实施都晚于氡泉小镇计划。为此,两个项目应该尽快明确一种协作关系,相互协作,弥补自身不足。

(七)镇上的街道建设与绿化不够完善

雅阳镇处于塔头底古村落范围,是泰顺县的旅游重镇,近几年启动了综合整治小镇环境项目,加大了对雅阳镇内各大主干道的环境整治工作的力度。实施"上改下"工程,实施绿化改造,极大提升了小镇内环境质量,同时完善建成区车辆乱停靠、垃圾随意丢弃、污水乱排放等综合整治,提高了城管等执法者的整治力度,雅阳镇于2018年顺利通过浙江省的省级验收。但是仍存在很大的提升空间,许多细节方面仍存在不足。例如镇民在家门口随意倾倒垃圾,集中处理镇上垃圾的地点对周边环境存在污染隐患等。

塔头底古村落与雅阳镇间有一条直通的道路,这条路直接与雅阳镇的主干道雅阳大道相连,长度约为两千米。该道路从未有过修整,仍为简单的黄土路面,下雨天十分泥泞。笔者在2019年元宵节期间发现该道路对来塔头底古村落游玩的游客造成了极大的不便,且道路周边并未有良好的绿化装饰,缺乏乡村文明所应具有的绿色生态性,与雅阳镇的现代化景象格格不入。这对塔头底古村落的形象造成了消极影响,也对来此旅游的游客形成阻碍,可以说是雅阳镇街道环境整治中的瑕疵与纰漏之处。道路是农村经济发展的命脉,因此为塔头底古村落营造良好的交通环境是其发展道路上不可或缺的重要条件,雅阳镇在这方面还有许多工作要做。

二、关于开发塔头底古村落所遵循的基本原则

(一)开发时尽量保留乡村的地域性特色

塔头底古村落本身就具备着极为浓厚的乡土气息和丰富的地域文化。这是开发塔头底文化产业的根本。近几年来随着人们物质水平的不断提高,当地人对塔头底古村落的传统文化保护意识越发淡薄。因此在民居的开发过程中,要着重保护塔头底古村落的地域性特色文化,激发当地人们的保护意识。

在民居整体改造以及景区的建设上要做到与当地文化相适应。文化旅游注重的就是景点原汁原味的地域性特色,这要求项目开展时要尊重当地居民的文化习惯,以及注重以人为本的科学发展观。

(二)合理开发当地自然资源

古村落所在的泰顺县具有非常丰富的生态资源,雅阳镇更是有着得天独厚的温泉资源,吸引了四面八方的游客前来度假。古村落周边有着茂盛的植被,气候温和,是一个养生福地,且在建设过程中引入了承天氡泉泉水,占据并改造了村落周边的土地,对自然环境产生了影响。

乡村的自然资源是其现代化进程的基石,也是乡村文化的物质保障。因此对古村落自然资源的开发利用要具有一定的合理性与可持续发展性。在开发周边土地时要尽量保护环境,避免不必要的污染。同时,为尽量避免在开发过程中出现的安全隐患,相关工作人员应当做好前期的安全防护工作。

(三)培植人文环境,挖掘古村落的文化

塔头底古村落的季氏家族人才辈出,家学深厚。无论是对周边乡镇还是对整个泰顺县都产生了深远的影响。明朝时季氏家族曾组织族人抵御倭寇,之后兴建许多书院为乡里输送了大批知识分子。塔头底古村落自然成了体现季氏家族文化的场所,深挖古村落的文化对古村落的开发利用有着极为重要的作用。

塔头底古村落原本的乡村文化因为时间的推移和现代化进程的影响逐渐被人遗忘,所以文化资源的发掘价值极大。乡村振兴战略的重点之一便是发扬乡村文化,增添古乡村的人文色彩。因此深挖塔头底古村落的文化资源要求项目开发人员深入当地居民当中,了解相关文化信息,仔细调查有关文献,以严谨的态度去对待。

(四)打造乡村品牌,加强乡村品牌意识

塔头底古村落目前在宣传过程中遇到的问题是缺乏一个具有代表性的品牌形象,所以当务之急在于确立塔头底古村落自己的独特品牌。打造具有自主品牌的乡村对于未来向外发展具有积极意义,以乡村品牌带动旅游产业建设,提高古村落的知名度。乡村品牌的建设是与其他现代化乡村区别的一个重要因素,拥有乡村品牌意识是凝聚整个运营团队的关键。塔头底古村落打造的乡村品牌应具有独特性,品牌名称与品牌标志要让消费者一目了然。在未来的发展过程中要时时顾及品牌效应,这是一笔无形的资产,具有一定的商业价值。

三、关于塔头底古村落发展的建议与对策

(一)丰富民居修复形式,精细化处理民居内饰

第一,民居的内饰可以采用新旧对比的修复方法。

首先,为了明显区别于原有的模样并适应现代诸多使用功能的需要,可以改变

物件的时代痕迹,在原有基础上创造出新的功能。其次,可以将需要修缮的物件组合利用,通过改变它们展现的形式,发掘出新的配套使用方法。让修缮的物件与其他古老物件进行历史对话,其中,强烈的历史情感冲击会使人印象深刻。

在建筑的整体改造上可以适当融入现今日式建筑风格,在内饰之中添加一些日式风格的元素。例如,民居的茶室可以加入日式的榻榻米与屏风,部分民居可以设计玄关供旅客进屋时整理仪表,使中式之美与日式之美处于同一场景之中,两者遥相呼应,又相互融合,给人更多的体验。这种创新形式在古民居建筑的扩建、重塑中效果最好,为适应现代化生活赋予了民居新的用途和功能。出于安全考虑,屋外的百米长廊虽被迫分隔,但塔头底古村落在民居格局完整性的保护上仍做得相当出色,且尽最大可能地保留了塔头底七厝的村落格局,并未有过于明显的迁修,保留了塔头底古村落所拥有的文化韵味,这一点值得其他类似的古村落借鉴。

在保留民居主体扩大民居面积时,可以吸取欧式乡村度假庄园的长处。以当地自然环境为基础,建设具有地方性特色且主打养生与饮食品牌的庄园,如在其中融入泰顺自己的茶文化。泰顺境内群山环抱、低温高湿、云雾缭绕、环境优越,茶叶生产条件得天独厚,泰顺是全国重点产茶县、中国茶叶之乡。并且近年来,泰顺县委县政府十分重视茶产业发展,加大打造"三杯香"品牌的力度,不断提高"三杯香"茶的市场竞争力和知名度。茶叶质量和效益逐年提高,并呈现出良好的发展态势。①

在餐食方面,借鉴传统的"以茶入馔",在饮茶的基础上推出茶肴,有意识地将茶作为菜肴和饭食的原材料,形成茶饭、茶菜等茶食品全面配套的地方特色餐饮。

在饮品方面,依托县政府的文化兴茶战略,塔头底可以推出以"三杯香"茶为核心的养生茶系列作为游客观光时的主要饮品。同时深入发掘和传承《采茶舞曲》、泰顺茶俗、茶故事等茶文化资源,丰富茶文化内涵,把泰顺独具特色的民间民俗和畲族特色风情等各种文化融入茶文化发展中。

第二,民居内部装饰的精细化处理。

以绍兴的青藤书屋为例,其为明代著名文豪徐渭的故居。其中留有徐渭亲题的匾额、题诗、水池名等,因此具备深厚的文化底蕴,表现出独特的个性。文化底蕴无法被轻易复制,因此着重点应放在民居重建的个性化体现上。因为民居面向市场人群较为有限,包括背包客、"驴友"、小资文化旅游人等。如在重建的青藤书屋

---

① 贾晓雯:《专访泰顺县副县长雷子亮:泰顺探索茶产业发展 深耕产业文化》。http://cs.zjol.com.cn/ycll_16501/201805/t20180508_7208325.shtml。

内有徐渭画的《青藤书屋图》，落款为"几间东倒西歪屋，一个南腔北调人"。诗风放荡不羁、潇洒自然更适合现代人的品位。塔头底民居可效法青藤书屋，在独栋民居设立诗风不同的诗书字画，或提供娱乐性质的书法服务，如在民居放置文房四宝等。若能得到良好的游客反馈，可进一步让供货商提供装裱等服务。

为了避免模式化，应将独栋民居设立分区间隔。一方面保证旅客拥有个人的私密空间；另一方面可以为民居设计独立庭院。庭院设计的风格保持多样化，如中式、日式、韩式、混合式等。庭院氛围可以依靠古典庭院配件来营造，如日式庭院常见的醒竹、惊鹿等。在民居客厅设置大面积的落地窗结构，为旅客提供良好的视野观赏庭院以及远眺村落外的山景。同时，为独栋民居设计不同的房名，如琉璃、离朱等，具体可根据不同民居的设计风格来设计房名。

对于乡村民宿的房客而言，乡村民宿的每一个细微的人性化设计，每一处设施的完善，都会对租客居住体验及居住心情带来不同的影响。[①] 根据民居房屋大小的不同，为不同的民居设计不同的房间，如茶室、棋室、酒室、书房等。但一间民居内不应同时设计茶室、棋室等房间，要错开搭配，让每个房间具有独特性。

原有的内饰，如木雕花纹可以在保留的基础上进一步完善。例如，在室内楼梯的栏杆上可以运用现代的木雕技术，以花纹的形式绘制出塔头底古村落特有的民间故事里的相关画面。

对室内引进的承天温泉的装饰，要突出清新自然的特点。在添加现代化设备的基础上又要保留其古朴的气息，可以配置具有当地特色的一些饰物与器具，例如廊桥模型、竹制家具等。

而对于不属于民居整体的挂饰，如盆栽、挂画等，可以做适当的删减。为保证旅客的私密空间，房间里可以设置屏风或竹帘帷幔。房间里也可以放置香炉和熏香，香炉使房间气味更加清新，熏香可以提高旅客的睡眠质量。为保证民居的个性化，民居内部的挂饰也应与民居设计的风格相近，不需要过多添加挂饰造成冗余。为遵循民居个性化特点，在民居的房间内设置相应文化的挂饰更有利于氛围的营造。如在酒室设置古代专用的酒桌"七巧桌"，也可以放置樽、壶、觥、觯等古代酒器，以及投壶、手势令、姆战、藏钩、射覆、牙牌、猜枚等酒桌游戏道具。在浴室中可以准备传统的服饰，如吴服和木屐。

目前塔头底古村落的建筑，除了古民居之外还有一座小型祠堂和一座小型庙

[①] 杨珍珍、唐建：《老宅新生——旧民居改造的乡村民宿建筑设计探析》，《设计》2017年第9期。

宇。为了满足文化旅游的需要,应对祠堂和庙宇进行大规模的扩建。

祠堂,是我国农村普遍存在的一种古老建筑。历史上,它具备了家族议事、供奉祖先、继承传统、团结宗亲等重要的作用,是同姓乡里最为庄严的聚集场所。塔头底村祠堂的扩建重心应放在乡村文化的重建上。

为了满足游客对文化旅游的需求,在尽量保留祠堂原貌的基础上,要扩大戏台等内部设施,添置修建祠前公园、长廊等建筑。应以祠堂为中心恢复泰顺木偶戏的活动。作为泰顺传统市民文化娱乐活动,木偶戏剧目题材广泛,内容丰富多彩,涉及武打戏、文戏、审案戏等样式,文化底蕴深厚,更能满足现代游客对传统文化活动的好奇心。同时,木偶戏活动的推进将进一步有利于庙会活动的开展,这对塔头底古村落的文化建设将起到积极的作用。

(二)景点立争多元化

首先,是关于自然景点的创新性开发利用。

第一,开发夜钓与夜游项目。可以为钓鱼爱好者提供夜钓的钓具和荧光设备,也可为夜钓归来的游客提供料理服务。夜游项目,可以在村落中设置传统的乌篷船等船只,游客可以乘船夜游湖泊,同时在船上为游客提供酒水菜品。酒水菜品可以取自当地特产的米酒和家常菜,让游客体味塔头底的传统味道。

第二,开发踏青野餐项目。塔头底旁群山密布,可以专门开发远足踏青项目,同时恢复古代斗百草等娱乐游戏活动。也可利用湖泊开辟水道,使游客可以在水道旁野餐娱乐,同时恢复古代曲水流觞等娱乐游戏活动,这两个项目都可以增进游客的游玩乐趣和对传统文化的了解。

其次,关于人造景点的建设可以大致分为以下几点。

第一,将城隍庙与庙会活动联系起来,在修复的基础上进一步扩大城隍庙的规模。恢复古代的城隍文化,售卖古代庙会的传统商品,比如油鞋、泥屐、雨伞、男女缎靴,以及时画、圣像、估衣、竿子。建立泰顺小吃一条街,推出米面、瘦肉丸、兔子肉等食品,让游客在品尝美食中了解泰顺的美食文化。

第二,修复塔头底的石碑,并完善石碑背后的民间故事。同时在村落内重修祖上的学堂学社,恢复塔头底村的私塾文化,培训私塾老师,每日定时模拟古代学堂的学习活动,让游客体验传统的学堂学习活动。同时为学堂购置国学经典名著,供游客阅览与学习。

第三,开辟古村落前往埠下廊桥的捷径,泰顺创造了具有山区田园特色的地方文明,留下了无比珍贵的历史文化遗产。泰顺廊桥,就是其中最杰出的代表。这样做既丰富了塔头底的建筑景观,又满足了游客的观赏需求。泰顺廊桥的用途很多,可遮阳避雨,供人休憩、交流、聚会、看风景等。还可以与前文所述的湖泊景点项目相结合。

夜游项目所提供的船舶数量有限,加上廊桥景点更能满足广大游客的观光需要。在廊桥内可以装饰以卞之琳的《断章》等主题现代诗和《廊桥诗词楹联三百首》中的诗词,满足游客的文化观光需要。

第四,在湖泊修建磨坊和湖心静室。磨坊可以让游客体验古代劳动人民的劳作活动。游客可以在湖心静室沐浴斋戒,远离城市生活的喧嚣,体会隐逸生活的安逸祥和。

(三)整改景区与周边民居,开展项目协同合作

在品牌与特色型古村落的建设过程中,为了延长游客的浏览时间,也为了留存将来所需新项目可以利用的空间,周边民居应该在政府的配合下进行改迁。村里居民住房的改迁,一是有利于扩大建筑面积,二是尽可能使古村落保留原有的古民居气息,三是减少了人为因素对古村落的破坏。其中要重点注意危房,将其整改为特色古民居的一部分,最大限度地利用原有的基础设施,减少不必要的铺张浪费。周边民房在改迁后建设特色民居的过程中要注意土地的利用,可以依山而建的尽量不要征用其他用地,综合管理用地,集中建设,节约土地资源。坚持以民为本,尊重居民意志的改迁理念。尽量理解居民的改迁意向,维护居民在改迁工作中的切身利益。项目负责人要清晰地向居民表述项目内容,在与政府部门的协同下帮助居民了解最新最全面的扶持政策。

景区的扩大需要政府部门的配合,也需要管理者做好完备稳妥的整体规划,在计划可行性的基础上要注重土地资源的充分利用。游客的游览时间与景区的规模要成正比,能吸引住游客的视线是提高古村落的整体效益的重要因素之一。酒店大厅的左侧是一块天然的低洼地带,附近的土地上有村民栽种的茶树以及其他花草。在景区扩张的过程中可将原来古村落中间的湖泊水引流至该低洼地带。关于前文提到的湖泊夜游项目,考虑到乘船游客的数量,因此未来要适当地扩大湖泊规模。恰巧湖泊右侧是一个小盆地且其中并没有重要的农作物,将来可以将湖泊水引流至此,为景区扩建提供资源。而后,可以围绕着扩大后的湖泊扩建塔头底古村落的特色民居。在湖泊水引流的过程中要与小盆地周边种植茶树的居民协商好,可以尽量保留一些茶树作为民居外围的绿化带,这也为以后入住的游客提供了体验当地人采茶农作的机会,延长了游客的停留时间并且丰富了塔头底古村落的活动形式。

因此,景区的扩建是塔头底古村落未来长远发展的基础,也是其所在的氡泉小

镇计划与华东大峡谷项目战略合作的重要纽带。

和平村中的塔头底古村落是这两个项目的重要板块。氡泉小镇计划侧重的是和平村中的塔头底古村落，而华东大峡谷项目侧重的是古村落所在的整个和平村的发展。因此两个项目间要做好协调工作，与当地的雅阳镇镇政府协同规划，广泛征集当地村民的意见，做好前期准备工作，制定好发展计划，解决好执行计划过程中出现的问题，促进两个项目能够得到切实无误的实施。

（四）改善路况，完善绿化

雅阳镇干道两边的绿化带主要是一些普通的行道树，以及一些经过简单修整的矮型绿篱。这一块的提升空间很大，为此，在镇内绿化整改的过程中可以适当融入当代美学设计，将其与本土文化结合起来。将道路的显眼部分作为一个小型景点升华意境，突显出道路绿化中的传统文化内涵。雅阳大道作为贯穿全镇的主干道，路程较长，道路绿化率较高但是色彩不够丰富，较单调。可适量增加其他颜色的树种和开花树种，在雅阳大道起始段的绿化带进行局部的重组整合，而后加入高型灌木，并加以修剪，形成具有乡土气息的灌木艺术品。背景树木可以栽种色彩较鲜艳的落叶乔木或者秋果品种等，适当增减背景树木的种类和数量，以此形成具有强烈色彩板块视觉冲击力的道路绿化景象，创造出富有地方特色和艺术气息的林冠线。

雅阳镇作为塔头底古村落面对海内外来客的"门面"，游客对雅阳镇的印象势必直接影响到塔头底古村落给人的印象。氡泉小镇计划在环境以及其他资源方面占有较高的比重，但是在项目实施过程中不能顾此失彼，降低了对雅阳镇的整体要求。笔者采访了和平村的公务人员和雅阳镇周边乡村村民，发现雅阳镇对塔头底古村落的建设与发展的要求较高，但是从雅阳镇自身的发展来看，塔头底古村落良好的发展势头使得雅阳镇忽略了周边其他乡村。因此，塔头底古村落与周边乡村的发展速度的差距应该要保持在一个合理的区间，避免未来在相关政策和项目的实施上留下障碍。有许多方面仍需要做好周全的计划，防患于未然。

（五）发挥乡村文化资源的作用，突显现代乡村地域性特色

"满足人民过上美好生活的新期待，必须提供丰富的精神食粮。"[①]塔头底古村落的文化资源本就十分丰富，但是受改革开放政策的影响，人们注重提高物质生活水平，并未很好地发掘古村落的文化资源。所以开发古村落的文化资源对于发展塔头底古村落具有非常重大的意义。

---

① 翁淮南、郭慧等：《2017 总书记和我们在一起》，《党建》2018 年第 1 期。

首先，在土地规划上可以在尾厝旁重新兴建三枫书斋，招聘相关的国学课老师，创新族谱中所开设的国学课程，使得三枫书斋不是一个供人观赏的躯壳，而是一个名副其实的让人学习国学的书斋。

其次，古村落要多融入民风民俗的元素，这是在体现现代化乡村地域性特色中浓墨重彩的一笔，也是在现代乡村地域性特色及其品牌性建设中的重要一环。笔者通过对塔头底古村落周边村镇的大量调查与走访发现，当地的民风民俗资源非常丰富。被誉为"天下第一福宴"的泰顺百家宴于2010年入选世界吉尼斯纪录，每年元宵节为了向上天祈求当年的福分，泰顺各乡镇都会举办百家宴，还有许多慕名而来的游客。百家宴期间会展示许多富有当地特色的文化活动，除了一些传统项目如舞龙、龙凤狮子灯、腰鼓队等表演，还有展现省级非物质文化遗产的泰顺提线木偶戏。元宵节夜间会在雅阳镇广场中心进行药发木偶的表演，由于该项表演属于烟火表演，近几年受公安部门颁发的禁放令影响，药发木偶表演已被取消。农历二月二日在民间被称为"龙抬头"，而在雅阳镇被当地人称作"作福"。泰顺许多乡镇会将那天当作民俗文化节来庆祝，主要祈求当年风调雨顺，家人幸福安康。并且活动会展示各类民俗项目，有上文提到的百家宴、泰顺提线木偶戏，还会组织人们品尝一些富有地方特色的用以祈福的菜肴。笔者发现在这些开展活动的节日里，塔头底古村落仅作为各地游客来到雅阳镇后休息的落脚点，停留驻足的时间极短，并且在此期间，塔头底古村落并没有开展活动来吸引游客。所以，笔者认为在塔头底古村落的建设过程中要尽力吸纳这些特色民风民俗活动，以此为基础展现出自身独特的文化影响力。

笔者建议，在元宵节与"作福"等当地传统节日中，塔头底古村落可以开辟一个专门的特色区域来承办节日活动。再凭借其度假村的性质吸引游客，延长游客驻足的时间。在游客增长到一定数量时，可以在土地开发与规划上考虑扩大活动区域，比如开设泰顺提线木偶戏小剧场，像百家宴这类规模较大且需要大量工作人员的活动要在节日到来前与村政府一同做好准备工作。在进行药发木偶等危险物品表演时，不但要严要求地规范场地设施，还要在法律允许的条件下与监管部门达成共识，共同开展相关作业。其他如舞龙、龙凤狮子灯等对场地要求不高，效果主要取决于游客数量的民俗活动应注意在开展过程中的安全问题。这些活动的开展一定程度上吸引了大批游客，同时也对管理人员的素质要求更高。同时这也为非物质文化遗产的传承者提供了一份稳定的收入，积极宣传了相关的传统文化，对于保护非物质文化遗产具有持续的积极作用。

通过修建具有当地特色的农产品展馆来体现包括塔头底古村落在内的整个雅

阳镇所具有的地方代表性文化。笔者向村中古村落发展的负责人提过相关的意见,恰巧与雅阳镇镇政府的想法相契合,得到了他们的肯定。2019年5月泰顺县雅阳镇人民政府发出了泰顺县雅阳镇农产品展示展销中心工程的招标文件。笔者还向村干部建议拍摄具有自身特色的塔头底古村落宣传视频,发布到网上让更多的人认识塔头底古村落。而后笔者以顾问的身份参与了相关微电影的前期策划工作,2019年暑假期间整个团队完成了相关视频的拍摄与后期制作工作。2019年8月28日,泰顺县和平村村史微电影《塔头底》[①]在优酷网络平台发布。

(六)打造古村落氡泉品牌

塔头底古村落在民宿中最具创新意义的一点就是设有室内温泉。该温泉水取自我国七大氡泉之一的雅阳承天氡泉,具有温养身体、治疗疾病的功效,是塔头底古村落主打的民宿特色,因此可以将"氡泉居"打造成塔头底古村落的特色品牌。

将塔头底古村落自身丰富的季氏文化内涵和当地特色民间文化作为基础,以旅游休闲、强身健体、文化体验为目的,打造一个面向国内外的中高端古典特色民宿,成为极能体现塔头底特点的乡村品牌,影响并促进当地旅游形式的转型,加快汉中旅游转型升级,建设成极富文化感且能辐射全国的特色乡村民宿品牌——氡泉居。

四、结论

习近平总书记指出,乡村振兴是全面建设社会主义现代化强国的必然要求。我国乡村条件普遍落后于城市,却有着优质的乡村文化资源。在振兴乡村上,尤其是建设特色型和品牌型乡村的过程中应该充分发挥乡村文化资源的作用,而不是过度依赖乡村自身得天独厚的地理环境。

在乡村开发进程中,投资人、政府、当地居民三者间需要保持良好的沟通与交流。投资人应依法合理投资,与政府部门积极合作,与当地居民互相理解。政府部门要处理好投资人与当地居民的关系,了解各自的需求,将两者引领至正确的共赢的发展道路上。并且结合当地的实际情况,因地制宜,做好扶贫工作。适当加大对投资人的政策扶持力度,出台支持优惠政策,着力解决承接主体在财政、金融、信贷、保险、税收、用地、用电、人才等方面遇到的困难,帮助承接主体做大做强,使承

---

① 周昭龙:《泰顺县和平村——村史微电影〈塔头底〉》。https://v.youku.com/v_show/id_XNDMzNDA5NDMzNg==。

接主体真正成为带动村集体和农民增收致富的领路人。[①] 当地居民要通过正确的途径和合理的手段来维护自身与乡村的利益,帮助投资人了解乡村特色,为政府部门提供支持。三方通力合作,互相扶持,共同发展乡村经济,为我国的现代化建设贡献自己的一份力量。

塔头底古村落的振兴可以为雅阳镇的旅游业发展提供极大的支持与帮助,并且可以对其他古村落的发展起到示范性的带头作用。在发展过程中出现的种种问题以及提出的相关解决方案,地方政府可以将其作为样本,与相邻村镇互相交流,共同进步,为乡村振兴战略的普及实施积累经验。各个乡村要结合自身优势,分析自身不足,不断完善落实相关的制度政策,早日完成国家乡村振兴战略目标。

(作者单位:浙江越秀外国语学院)

[①] 窦祥铭:《深化农村集体产权制度改革的探索与实践——以安徽省首批13村"三变"改革试点为例》,《安徽行政学院学报》2017年第6期。

简　讯

我院举行大禹文化与现代教育国际高峰论坛

王 薇

2019年4月20日下午,由浙江越秀外国语学院主办、浙江越秀外国语学院中国语言文化学院、绍兴市哲学社会科学重点研究基地大禹与中国传统文化研究中心、绍兴市非物质文化遗产研究性传承基地大禹文化研究所、绍兴市第四批重点创新团队大禹与中国传统文化研究团队承办,绍兴市稽山小学协办的"大禹文化与现代教育国际高峰论坛"在浙江越秀外国语学院中国语言文化学院如期举行。数十位来自国内外的大禹文化研究专家、高校学者齐聚浙江越秀外国语学院,围绕"大禹文化与现代教育"这一主题开展学术研讨,分享研究成果,共同探讨大禹文化与当代教育的关系。

大禹文化如何走进青年一代，优秀的中华民族传统文化如何丰润当代青年的理想与精神？论坛上，不少专家就此展开讨论。四川省历史学会会长、大禹研究中心首席专家谭继和认为，大禹文化与现代教育结合是个大事，它的实质是研究大禹、大禹文化、大禹精神和大禹历史文化资源如何走进当代、活在当下、沁入民心的问题。他认为，要回答这个问题，就要解决三个"讲清楚"：讲清楚大禹创新创造华夏国家文明的民族精神；讲清楚大禹文化是人类面临自然灾害、重建和塑造人类家园的精神财富，是促进民族命运与共、心灵契合的精神纽带；讲清楚大禹祖源的历史记忆，认识大禹是原始儒源的始祖，是创立华夏家训的第一人，守护大禹乡里的乡愁乡恋文化，坚守大禹建设的华夏民族精神家园。

香港中文大学潘铭基教授认为，大禹文化给我们现代教育提供了很多参考，要改变保姆式教育，建立让青少年从错误中学习，从而健康成长的现代教育理念。原台湾成功大学文学院院长、浙江越秀外国语学院特聘教授张高评在会上分享了自己带来的课程设计。他认为，在新的历史时期开展大禹文化教育，就要研究探索出一条符合当代教育规律的道路，使大禹文化细雨无声地融入年轻人的精神世界。

浙江越秀外国语学院中国语言文化学院院长、绍兴市哲学社会科学重点研究基地大禹与中国传统文化研究中心主任刘家思教授表示，举办"大禹文化与现代教育国际高峰论坛"，目的就是要探讨现代教育如何传承大禹文化这一重要课题。一直以来，浙江越秀外国语学院高度重视大禹文化的教育和传播，大禹与中国传统文化研究中心是省级非物质文化遗产"大禹传说"的责任单位和市级非物质文化遗产优秀基地。2008年以来，学校在本科专业中开设大禹文化必修课程，学生在多次公祭大禹活动中担当仪仗队，许多学生致力于研究大禹文化课题，学校大禹文化研究氛围浓郁。他认为，开展大禹文化与现代教育的研究，有利于青少年思想道德建设。目前，他主持承担的浙江省新形态教材《大禹文化学导论》已经定稿，8月底将公开出版，这是全国第一本大禹文化高校省级教材，对于绍兴乃至中国的大禹文化教育与传承具有重要的现实意义。

与会专家表示，大禹是中华民族历史上的伟大领袖，各级学校间应当以开放合作的精神，构建起大禹文化与现代教育成果与经验的共享合作机制，为大禹文化不断走入校园共同努力。

大禹与中国传统文化研究中心专家出席四川两个大禹文化研讨会

韩 雷

2019年7月7日至8日,浙江越秀外国语学院大禹与中国传统文化研究中心主任刘家思教授率队,与研究中心成员韩雷、赵宏艳一行三人先后出席了北川"海峡两岸禹羌文化研讨会",及汶川"大禹文化与天府旅游名县建设研讨会"。

在7月7日下午北川"海峡两岸禹羌文化研讨会"的分组讨论会上,刘家思担任主持人。在随后自由发言时,刘家思首先介绍了我校大禹与中国传统文化研究中心成员通力合作编撰的教材《大禹文化学导论》,该书系我校中国语言文化学院本科生的通识课教材,也是全国第一本大禹文化教材;接着简要阐述了传承大禹文化的重要意义及路径,并表达了让大禹文化走进中小学课堂的美好愿景。韩雷教授则从灾难记忆的视角,分析了拓展大禹研究空间的可能;并结合2008年汶川地震,期待大禹研究者能通过某种方式或途径,参与对本土频发灾难的心理疗治和文化记忆的修复工作。赵宏艳博士宣读了论文《从〈孟子〉看大禹在儒家道统论中的地位与形成》。她指出,在儒家道统论的形成过程中,孟子、韩愈、朱熹是最重要的三个环节。道统论发端于孟子,形成于韩愈,承绪于朱熹。学术界对韩愈、朱熹的道统理论的研究及相关阐述极为丰富,但对孟子在儒家道统论形成中的地位、影响及意义却少有申发。大禹是儒家道统论中重要的一环,大禹是如何被儒家纳入道统序列,孟子又在这一过程中做出了哪些有意义的积极探索与理论尝试,并借此重新评估大禹在儒学史和中国思想史之地位,是其论文拟解决的问题。这些发言得到与会专家的共鸣和好评。

7月8日下午,"大禹文化与天府旅游名县建设研讨会"在阿坝州汶川县举行。会议邀请了来自全国的数十位专家、学者参加,大家共同探讨大禹出生地、大禹治水、大禹与古羌文明等话题,并为汶川文旅融合打造"大禹故里""天府旅游名县"品牌建言献策。刘家思在发言时介绍了大禹与中国传统文化研究中心的概况及研究特色,并从文化产业视角深入阐释了大禹文化与打造天府旅游名县的内在联系。韩雷在发言时特别提醒,大禹文化作为农耕文明的杰出代表,在对接当下旅游文化建设时必然有其局限;对大禹文化做深度研究是其前提,其次才是如何对接的问题。

7月8日上午,"2019中国汶川大禹华诞庆典暨大禹文化旅游节"在四川阿坝州汶川绵虒大禹祭坛前拉开帷幕。中午12时,在汶川县绵虒镇大禹村,当地大禹后裔举行大禹华诞食礼,摆起了长龙阵坝坝宴,以中华民族最传统的家族祭祀形式祭祀先贤大禹。与会专家全程参与了上述活动。

第七届日本全国禹王峰会在日本岐阜县海津市召开

吴镒萍

2019年10月19日,第七届日本全国禹王峰会在日本岐阜县海津市召开。海津市海拔零米,木曾川、长良川、揖斐川三条大河流经该市入海,当地村落需堤防围护。因常年水患,该地治水历史久远,拥有大禹遗迹十处,自古在藩主带领下,当地居民的大禹信仰笃深。海津市市长松永清彦先生出席大会,450余名大禹信仰者、大禹文化爱好者参加本次大会。大会突出了"功在大禹,治水之神,不分国籍,利在千秋"的主题。本次大会正值在日本东海地区造成重创的"伊势湾台风"发生60周年之际,八十高龄的亲历者伊藤常行先生回顾历史,呼吁发扬大禹精神,团结村落力量,共同防治水患。国土交通省官员村田启之先生则结合不久前19号台风的肆虐影响,强调了防治水患需注重软硬件的同步建设,特别是在"硬件"日益完善的当代日本,提高人们防灾意识的"软件"建设更为紧迫必要。NPO(非营利组织)木曾川研究会会长久保田稔先生和大垣围堤研究会会长伊藤宪司先生都结合当下频繁发生台风、暴雨等大规模自然灾害的现象,讲述了木曾川和大垣围堤的水患治理历史及水神信仰在现代的传承与弘扬。最后,植村会长表示要让中小学生学习大禹的故事,了解身边的禹迹,获得精神的力量,这个意义非常重大。绍兴市鉴湖研究会应日本治水神·禹王研究会邀请派遣本人参会,会议期间,我代表绍兴市鉴湖研究会向治水神·禹王研究会赠送《浙江禹迹图》。绍兴市鉴湖研究会邱志荣会长向日本海津市市长松永清彦先生赠送"禹风浩荡,遍行天下"书法作品,以及向第七届日本全国禹王峰会致以贺信。本中心向大会发去了贺信。贺信如下:

贺 信

尊敬的植村会长：

在日本第七届全国禹王研究峰会即将举行之际，我们致以诚挚的祝贺！预祝大会圆满成功！

因为学校有重要公务，我们不能参加本次大会，深表遗憾。在此，诚挚地感谢您的盛情邀请。

对于大禹研究，浙江越秀外国语学院非常重视。20 年来，我们一直有一支专门的学术研究队伍，目前已经拥有了一些成果。在这里介绍几部重要的成果与您分享。

2007 年周幼涛老师撰写的《大禹学研究概览》一书和《大禹学研究刍议》一文，得到学界和社会的高度关注。2011 年周幼涛老师主编的《中国禹学》（第一辑）由吉林大学出版社出版。2012 年刘训华老师主编的《大禹文化学概论》在武汉大学出版社出版。当年由周幼涛、何海翔担任主编的《大禹文化学资料选编》（第一辑）由吉林大学出版社正式出版发行。2014 年周幼涛主编的《中国禹学》（第二辑）由吉林大学出版社出版。2019 年由刘家思院长主持编撰了《大禹文化学通论》、《大禹与中国传统文化研究》（第一辑）两本书。

从 2008 年开始，我们举办或者协办的国内及国际级别的大禹文化研讨会共有五次，并印刷制作了相关的论文集。

现在的大禹研究主要是由我校大禹与传统文化研究中心承担的。这是目前国内唯一一家以高校为依托，有高水平的专业研究人员的研究机构。我们中心共有 21 名成员，其中教授 3 名，副教授 4 名，讲师 14 名，高级职称研究人员占团队人数的 33%；博士 20 人（含在读 4 人），占比 95% 以上。自 2014 年以来，由著名绍兴地方文化研究专家刘家思教授全面领导基地的科研和管理工作，基地大力引进年轻人才和跨学科人才，目前团队 45 岁以下成员 16 人，形成了以资深专家为领头，以中青年学者为学术骨干的科研队伍，其中核心成员（学术带头人）中有 4 人专攻大禹研究，他们分别从民俗学、文献学、文艺学和考古学等学科视角研究大禹文化。

会长植村教授，您于 2019 年谷雨日来我校参加祭禹研讨会及发表论文，至今让我们记忆犹新。您对"禹门"的研究至今令人难忘，您所列举的京都市龙光院、知恩院的禹门建筑，使我们看到：明代以来，禹王事迹随着中国元明两朝佛教的盛衰被带到了日本佛教界，防灾治水的禹王被接受，使得"禹门"景观成就了寺院的建筑传统。在中国也是同样的,今湖北武汉市汉阳城区东北部龟山东端,就有元代的禹功矶、禹王祠,如传为大禹亲植的禹柏、元朝建造的禹王庙、明朝建造的晴川阁、清代建造的禹稷行宫(禹王宫)。如今这些建筑合并为一个景区——武汉晴川阁。

最后,再次感谢您的邀请,希望以后有机会能到日本去参观学习,也希望您能再到浙江越秀外国语学院来指导。

敬祝秋安。

浙江越秀外国语学院大禹与中国传统文化研究中心　刘家思、刘丽萍
2019 年 10 月 16 日

编　后　记

《大禹与传统文化研究》(第三辑)已经编辑定稿,作为绍兴市重点创新团队大禹与传统文化研究创新团队、绍兴市哲学社会科学研究重点基地大禹与中国传统文化研究中心、绍兴市非物质文化遗产传承基地大禹文化研究所和浙江越秀外国语学院中国语言文化学院编辑的系列丛书,以推进大禹与传统文化的研究,弘扬大禹精神为宗旨,为传承中华文明,推进社会进步,实现中国梦而做出自己的努力。

本辑刊发的论文,除了征集的来稿外,还精选了一部分"大禹文化与现代教育国际高峰论坛"上的论文。2019年4月20日,由浙江越秀外国语学院举办、浙江越秀外国语学院中国语言文化学院、绍兴市哲学社会科学重点研究基地大禹与中国传统文化研究中心、绍兴市非物质文化遗产研究性传承基地大禹文化研究所、绍兴市第四批重点创新团队大禹与中国传统文化研究团队承办,绍兴市稽山小学协办的"大禹文化与现代教育国际高峰论坛"在浙江越秀外国语学院中国语言文化学院如期举行,数十位国内外的大禹文化研究专家围绕"大禹文化与现代教育"这一主题开展比较深入的学术研讨,一致认为大禹文化是中华民族精神的重要源头和集中体现,是人才培养的重要内容,各级学校之间应当以开放合作的精神,构建起大禹文化与现代教育成果与经验的共享合作机制,为大禹文化不断走入校园共同努力。为此我们精选了部分论文,开辟了"大禹文化及其当代意义"栏目,以飨读者。

本辑论文,保持了既有的"大禹文化史料与历史遗迹"的考证专栏。所选论文,或有问题的发现,或有独特思考,有益于深化大禹文化研究。李德书先生和刘丽萍先生的论文对大禹文物和遗迹展开研究,贾娟博士和毛文鳌博士的论文深入发掘大禹文化史料,都具有重要的参考价值。植村善博和王敏教授的论文,让我们看到了日本大禹研究的现状和取向。

"大禹形象与文学艺术书写",是本期开辟的一个新栏目,目的就是由此窥视大禹文化历史书写与传播状态。所选论文,从小说、戏剧和诗歌创作入手,展示大禹文化不同形态的书写状况和传播特点。刘家思的《论鲁迅小说〈理水〉的大禹原型书写及其思想指向》从当时中华民族面临的生存危机的大背景和鲁迅一向关注的民族问题的主体取向来审视《理水》,阐释远古大禹文化原型的运用与现实隐喻的关系,以历史镜照现实。文章认为《理水》中的大禹治水故事原型在20世纪30年代民族危机不断加剧的历史情势中的置换变形,是关于大禹文化的现代阐释与书写的代表,显示了大禹文化的魅力,具有很强的现实意义。周丹烁、许哲煜、张清的文章或论古代,或论现代,或论当代关于大禹形象书写,都有一定的意义。

我们认为,大禹文化的传播、大禹精神的传承与弘扬,应该落实在青少年身上。他们是民族的未来、国家的希望。因此,从本辑开始,我们将连续开设"大禹文化教育与大学生习得"栏目,目的是引导大学生领会大禹文化精神,培养创新能力。我们给本科生开设了"大禹文化导论"通识必修课程已经多年,不仅较好地开展了中华优秀传统文化教育,而且凸显地方文化特色,彰显了我们的专业建设特色,为大禹文化及其精神的弘扬培养了后备力量。这里我们刊登了赵红艳先生的《地方高校如何开展中国传统文化教育——以浙江越秀外国语学院〈大禹文化导论〉为例》,以我校的"大禹文化导论"课程的开设为切入口,探讨了高校开设大禹文化课程的重要作用、原则与方法等,具有很强的现实意义。同时,我们发表了6篇学生的学习习得,尽管还比较稚嫩,但都显示了他们对大禹精神的理解,是当代大学生学习大禹文化的重要表现,无疑值得肯定。

本辑论文的编辑出版,是刘家思负责的。《大禹与中国传统文化研究》丛书自出版以来,坚持汇集全国各地主要大禹文化研究团队和大禹研究者成果,推动彼此的交流、合作。本辑论文也是这样,各显精彩,无须赘言。自然,也有的论文,既有优点也有不足,尤其是文章的注释和引证,许多都不统一,一方面受限于编者的时间、精力和水平,另一方面也是为尊重原文处理方式,本着文责自负的原则,姑且将批评的权力留给读者和研究者。

值得说明的是,限于篇幅以及编辑中栏目的限制,还有一些优秀的论文(含投稿与会议论文),本辑中没有编入,还请谅解。好在本丛书每年将不定期地连续出版,今后将会陆续精选更多优秀的研究成果出版发行,敬请读者继续关注。

借此机会,感谢中共绍兴市委、绍兴市人民政府以及中共绍兴市委人才工作领导小组、绍兴市社会科学联合会一直以来的厚爱与支持,也感谢全国各地的大禹研究团体和学者对我们工作的支持,也感谢安徽文艺出版社的大力支持,感谢编辑的精心斧正!

恳请各位大禹文化研究专家、学者和广大读者提出宝贵意见和建议,也欢迎大家继续赐稿。

《大禹与中国传统文化研究》编者

2019年11月8日